1113603

Dr. Rudolf Kreis, geboren 1926, Studium der Germanistik, Anglistik und Kunstgeschichte. Promotion, danach im höheren Lehramt. – *Wichtigste Veröffentlichungen:* Die doppelte Rede des Franz Kafka (1976); Die verborgene Geschichte des Kindes in der deutschen Literatur (1980); Nietzsche, Wagner und die Juden, mit einem Vorwort von Gottfried H. Wagner (1995).

ro
ro
ro

Rudolf Kreis

Antisemitismus und Kirche

In den Gedächtnislücken
deutscher Geschichte
mit Heine, Freud, Kafka und Goldhagen

rowohlts enzyklopädie
im Rowohlt Taschenbuch Verlag

rowohlts enzyklopädie
Herausgegeben von Burghard König

Meinen Söhnen Martin, Michael und Oliver

Originalausgabe
Veröffentlicht im Rowohlt Taschenbuch Verlag GmbH,
Reinbek bei Hamburg, November 1999
Copyright © 1999 by Rowohlt Taschenbuch Verlag GmbH,
Reinbek bei Hamburg
Umschlaggestaltung Jens Kreitmeyer
Satz Sabon und Syntax PostScript (PageOne)
Gesamtherstellung Clausen & Bosse, Leck
Printed in Germany
ISBN 3 499 55633 2

Inhalt

Einleitung

Hitler und der Eckstein im Theoriegebäude der «größten sittlichen Macht der Weltgeschichte»

> «Ich habe gewaltig beschworen
> Den tausendjährigen Schmerz.»
> *Heinrich Heine*

> «Man hat ‹Siege› über das Judentum errungen,
> aber es sind immer nur Siege der Macht gewesen,
> gefahrlos und ruhmlos.»
> *Leo Baeck*

Die digitale Revolution führt inzwischen dazu, daß rund um die Erde eine Informationsgesellschaft entsteht, die historisch einmalig ist. Der Raum, in dem sie sich kommunizierend bewegt, ist das Internet, der Cyberspace. Er kennt keine Grenzen. Um in ihn einzutreten, reicht nicht länger der Paß, man braucht das Paßwort. Es verwandelt den User in den Cybernauten. Seine Welt ist frei von Materie, sein Geist abgelöst vom Leib. Denn das Internet ist nicht Wirklichkeit, sondern Wirklichkeitskonstruktion, eine virtuelle Realität.[1] Mit ihr stellt sich uns die Grundfrage, ob oder inwiefern das ‹elektronische Schreiben› in Bild, Sprache und Schrift mit der Vergangenheit bricht und ob – oder inwiefern – es sie fortsetzt.

Den historisch weltweit mächtigsten und nachhaltigsten Medienverbund der Vergangenheit bildete das Christentum aus. Den Anschluß des einzelnen an das Netzwerk Christi vermittelte die Eucharistie. Was im Internet das Paßwort ist, war dort die Hostie, das beliebig multiplikable und transportable Fleisch und Blut des geopferten Sohnes, das die auf Empfang gebrachten Seelen weltweit zum mystischen Leib Christi vereinte. Die hochmobile Hostie schenkte den Menschen eine neue Schöpfung, die den Geist vom Leib, das Jenseits vom Diesseits erlöste.

Opfer dieser neuen Wirklichkeitskonstruktion wurde im Abendland das Volk der Juden. Sie spaltete, wie den Geist vom Leib, seine Identität in die realen jüdischen Menschen und die virtuellen, die an die Wand gemalten, die erfundenen Juden. Insbesondere die Mönche, aber auch Nonnen erweiterten das Netz um immer neue Bildgeschichten des Bösen. Es war dieser operative Symbolgebrauch ihrer Dämonisierung, der dazu führte, daß die wirklichen jüdischen Kinder, Frauen, Männer für diese virtuellen Juden tausend Jahre lang Terror und Tod erleiden mußten. Noch in Hitlers Hirn wie in dem seiner willigen Vollstrecker siegten «die Juden» über reale Menschen aus Fleisch und Blut. Das Netzwerk der christlichen Theologie hatte ein kollektives Gedächtnis erzeugt, dessen Ausmaß an Verdrängungspotential erst mit der Shoah manifest wurde.

Alle psychoanalytischen Versuche, Hitler als monströs, wahnhaft, psychotisch, dämonisch, sexuell abartig, verrückt zu klassifizieren, sind ebenso fehlgeschlagen, wie sie Auschwitz nicht zu erklären vermochten. Gleiches gilt inzwischen für seine willigen Vollstrecker. Simon Wiesenthal kam 1991 zu dem Schluß: «Sie waren Bestien, natürlich, aber nur während dieser paar Jahre. Vorher und nachher waren sie anständige und ganz normale Mitglieder unserer Gesellschaft.» Er wurde dafür angefeindet, wußte auch warum: «Wir wollen nicht, daß Menschen, die zu furchtbaren Verbrechen fähig sind, sich scheinbar kaum von uns unterscheiden.» Was hier abgewehrt wird, ist das Paradox der Normalität des Abnormen. Hitler und seine Helfer für dämonisch, krank und abartig zu erklären, wie das in den ersten Nachkriegsjahrzehnten geschah, war angenehm entschuldigend für die Masse der Deutschen. Aber Joachim Fest oder Sebastian Haffner entdeckten dann in der Person Hitlers selbst nur eine durchschnittliche Begabung und eine merkwürdige «Leere» und «Ausdruckslosigkeit», so daß Psychoanalytiker sich inzwischen die Frage stellen: «Ist nicht Hitlers ‹Normalität› viel erklärungsbedürftiger als seine Gestörtheit?»[2]

Ob die Geschichte ohne diese oder jene historische Persönlichkeit anders verlaufen wäre, als sie verlief, ist eine Frage, die Historiker ebenso entschieden von sich weisen, wie sie sich mit Hitler und dem Rätsel seiner Normalität stellt. Als Jeshajahu Leibowitz, einer der provokantesten Denker dieses Jahrhunderts, gefragt wurde, ob es den Nationalsozialismus ohne Hitler so hätte geben können, war seine Antwort: Man könne «mit ziemlicher Sicherheit» sagen, «daß ohne Hitler das Dritte Reich nicht entstanden wäre»; und er fügte hinzu: «Unsere Welt, in der wir heute leben, ist ein Ergebnis des Dritten Reiches und des Zweiten Weltkrieges. Diesen Krieg hätte es nicht gegeben, wenn Hitler bei einem Verkehrsunfall am 29. Januar 1933 auf seinem Wege ins Reichspräsidentenpalais ums Leben gekommen wäre […] Wenn dies geschehen wäre, wäre die Geschichte der Menschheit anders verlaufen […] Das zeigt auf jeden Fall, daß es in der Geschichte der Menschheit keinen Determinismus gibt.»[3]

Demnach hätte es 1933 auch anders kommen können. Ganz anders. So wie es 1989 ganz anders kam, als den Ideologen des dialektischen Determinismus nicht der Kapitalismus, sondern die eigene Mauer vor die Füße fiel, die ohne Lenin wahrscheinlich nie gebaut worden wäre. Ein erregender Gedanke: Ohne Hitler hätte es sicherlich auch Krieg gegeben, aber nicht diesen, und es hätte Auschwitz nicht gegeben. Doch als es 1933 dann so kam, gab es das alles; und der Zufall wurde Geschichte. Hitler begann, so Leibowitz, «als absolute Null und hat schließlich die gesamte Welt auf den Kopf gestellt.» Er endete auch wieder als Null. Doch in den zwölf Jahren dazwischen füllte diese Null sich auf mit der Leuchtkraft höchster Verheißung. Keinem einzelnen schlug die religiöse Erregung der Massen zustimmender entgegen. Keiner löste jemals mit solch metaphysischer Wucht den (Blut-)Opfer- und Tätergang eines ganzen Volks aus. Was war es, das diese Null mit soviel Nimbus füllte? Was gab ihr die «charismatischste» (Leibowitz) Machtausstrahlung der Weltgeschichte? Dazu gibt es viele Antworten, aber nur eine, die den Nachweis einer buchstäblich tausendjährigen Inkubationsphase vorzuweisen hätte. Um diesen Nachweis geht es hier.

In seiner Posener Geheimrede am 4. Oktober 1943 bewertete Heinrich Himmler, Reichsführer der SS, die Vernichtung des jüdischen Volks als ein «Ruhmesblatt» deutscher Geschichte, das «niemals» geschrieben werden dürfe. Es wurde dann doch geschrieben; mit Verzögerung auch von deutschen Historikern. Dann aber geschah es mit geringer Gedächtnistiefe, die, wenn es hochkam, hinter Versailles bis ins 19. Jahrhundert zurückreichte. Daß wir Deutschen seit den Kreuzzügen rund tausend Jahre lang immer unablösbar jüdische Geschichte mitgeschrieben hatten, die kein Ruhmesblatt für uns war (und ist), es sei denn im Sinne Himmlers, blieb 50 Jahre lang in allen Teilbereichen unserer Geschichtsschreibung eine Leerstelle, blieb stehen als die Null, in die sich Hitlers Nimbus 1945 verflüchtigte. Zwar machten sich gediegene Historiker wie Joachim Fest die Mühe, den Symptomkomplex des Nimbus zu beschreiben, nicht aber machten sie sich an die Vorgeschichte seiner vergessenen Rückseite. Wie der Historikerstreit und die Reaktionen auf Goldhagen bewiesen haben, waren sie dieser Aufgabe nur bedingt gewachsen. Aber Literatur-, Kunst- und Psychohistoriker oder Soziologen hätten diese Anamnese von den fachlichen Voraussetzungen her leisten können. Zum Beispiel mit Hilfe Heines, dem ersten, den das Leidensgedächtnis seines Volks unter uns Deutschen so in die Pflicht nahm, daß wir es alle hätten hören und sehen müssen: «Ich habe gewaltig beschworen, / Den tausendjährigen Schmerz», aus dessen Anamnese nicht nur der «Rabbi von Bacharach» hervorging, sondern Heines ganzes Werk und Leben. Gegen diesen selbsterhellenden Schmerz aber blieben wir immun, so als bestünde Himmlers Schreibverbot fort. Heines Werk wiederum war für Freud so etwas wie seine Lehranalyse. Aus ihm lernte er, wie das abendländische Unbewußte mittels Witz- und Traumarbeit analysiert und entschlüsselt werden kann. Heine und der Heine in Freud spürten auf ihrer Traumjagd durch das abendländische Netzwerk die Mächte auf, unter deren Lenkung sich die Triebstruktur der westlichen Seele immer schon «vergesellschaftete» und so vergesellschaftete, daß auch Hitlers Nimbus die vergessene Tiefe seiner Herkunft offenlegte. Statt immer wieder Dante in die Unterwelt des Abendlandes zu folgen, hätten wir wenigstens einmal probeweise Heine dorthin folgen müssen, um vor Ort zu prüfen, wer hier wessen Teufel war und wer immer wieder wem die Hölle bereitet hatte.

Der Füllstoff des Hitlerschen Nimbus war nicht originell. Seine Strahlkraft verdankte sich religiösen Vorgaben, die zur Zeit der Kreuzzüge voll ausgebildet waren. Die Jagd der Neuhistoriker nach Quellen orientiert sich dahin nicht. Wenn sie den Symptomkomplex des Nimbus beschrieben, gaben die Diagnosen viele Krankheiten her, nur die nicht, aus der die einmalige Aufbau- und Zerstörungsgewalt ihre tiefsten und meist unbewußten Antriebe bezog. Joachim Fest hat das vieldeutige Phänomen noch mit am besten beschrieben. Über Hitler heißt es: «Er war wie behext von der Vorstellung einer großen Weltkrankheit, von Viren, Termitenfraß und Menschheitsgeschwüren [...] Die vielfach so unbegreiflich empfundene Konsequenz, mit der er im Krieg bis zum letztmöglichen Zeitpunkt und ungeachtet aller entgegenstehenden militärischen Notwendigkeiten das Vernichtungswerk gegen die Juden fortsetzte, rührte primär nicht aus krankhaftem Starrsinn; sie war vielmehr in der Vorstellung begründet, einen Titanenkampf zu führen [...] und jene ‹andere Kraft› zu sein, die, zur Rettung des Universums auserwählt, den Bösen ‹wieder zum Luzifer zurückwirft›.»[4]

Hitler sieht im jüdischen Volk keine Mitmenschen, sondern die Inkarnation eines Infernalischen, «eine Wucherung über die ganze Erde hinweg». Zum Kollektivsubjekt «Jude» verdichtet, setzt er es gleich mit einer globalen Infektion: «Der Jude ist wohl Rasse, aber nicht Mensch. Er kann gar nicht Mensch im Sinne des Ebenbildes Gottes, des Ewigen, sein. Der Jude ist das Ebenbild des Teufels. Das Judentum bedeutet Rassentuberkulose der Völker.» Kurz nach dem Beschluß der «Endlösung der Judenfrage» auf der

Wannseekonferenz erklärt Hitler Ende Februar 1942 seiner Tischrunde: «Die Entdeckung des jüdischen Virus ist eine der größten Revolutionen, die in der Welt unternommen worden sind. Der Kampf, den wir führen, ist von derselben Art wie im vergangenen Jahrhundert derjenige von Pasteur und Koch. Wieviele Krankheiten gehen auf den jüdischen Virus zurück! [...] Wir werden die Gesundheit nur wiederherstellen, wenn wir den Juden ausrotten» (S. 303).

Hitler argumentiert in Richtung Juden immer zugleich religiös und medizinisch. Doch auch wenn er sich dabei des damaligen Forschungsstandes der Biologie und Medizin bedient, wurzelt die Entdeckungsgeschichte des «jüdischen Virus» in den Tiefen eines Unbewußten, dessen Über-Ich er mit der Masse der Deutschen teilte. Das kommt da ans Licht, wo Hitler als Theologe spricht. Joachim Fest referiert eines der Gespräche, die Hitler vor 1923 mit Dietrich Eckhart führte. Darin gibt er dem «Ewigen Juden» nicht nur die Schuld «an Börsendiktatur und Bolschewismus, an humanitären Ideologien wie an den dreißig Millionen Opfern in der Sowjetunion», er behauptet «unter Berufung auf Jesaja 19,2–3 und Exodus 12,38 sogar die Identität von Judentum, Christentum und Bolschewismus [...] Denn die Austreibung der Juden aus Ägypten sei die Folge ihres Versuchs gewesen, durch Aufwiegelung des Pöbels mit humanitären Phrasen (‹genau wie bei uns›) eine revolutionäre Stimmung zu erzeugen, so daß Moses unschwer als der erste Führer des Bolschewismus erkennbar wird» (S. 302).

Der «heilige Weg» (Martin Buber) des jüdischen Volks durch die Geschichte wird umgedreht zum Unheilsweg der Menschheit. Seine jüngste Etappe ist der Bolschewismus. Hitler sieht in ihm das Werk des «Blutjuden». Seine «Rote Armee» wandelt sich früh in das Schreckbild von der «Roten Flut» aus dem Osten. Wollen nicht wir in ihr ertrinken – so wie einst die Ägypter –, dann muß die «Verbreiterung der eigenen Blutbasis» dagegen mobilisiert werden. Hitler verknüpft Moses mit Bildern von Blut und Flut und mobilisiert dagegen den mit Deutschland gleichgesetzten «verbluteten» Christus. Rußland hat der Blutjude bereits ans

Kreuz geschlagen. Gleiches darf mit Deutschland nicht passieren. Hitler empfindet sich ganz im Einklang mit den «göttlichen Gesetzen des Daseins». In die Verbreiterung der eigenen Blutbasis eingeschlossen sind «Blutopfer» und «Bluteinsatz» der Deutschen. Hitler gibt Krieg und Massenvernichtung des «jüdischen Bolschewismus» ein christlich begründetes Motiv. In einer Rede des Jahres 1923 schwört er die Massen auf sich ein: «Was sich heute anbahnt, wird größer sein als der Weltkrieg, es wird ausgefochten werden auf deutschem Boden für die ganze Welt! Es gibt nur zwei Möglichkeiten: Wir werden Opferlamm oder Sieger!» Den Vorwurf des «Radauantisemiten» wertet er ins Religiöse um: «Es heißt, daß wir Radauantisemiten seien. Jawohl, Sturm wollen wir erregen! Die Menschen sollen nicht schlafen, sondern sie sollen wissen, daß ein Gewitter heraufzieht. Wir wollen vermeiden, daß auch unser Deutschland [so wie derzeit Rußland] den Kreuzestod erleidet!» Hitlers Bildsprache ist die der Passion und des Karfreitags! Am 12. April 1922 bringt er, selber tief erregt, sein Publikum laut Redeprotokoll in die gleiche «tiefe Erregung», als er in den Saal ruft: «In grenzenloser Liebe lese ich als Christ und Mensch die Stelle durch, die uns verkündet, wie der Herr sich endlich aufraffte und zur Peitsche griff, um die Wucherer, das Nattern- und Ottergezücht hinauszutreiben aus dem Tempel! Seinen ungeheuren Kampf aber für diese Welt, gegen das jüdische Gift, den erkenne ich heute nach zweitausend Jahren, in tiefster Ergriffenheit am gewaltigsten an der Tatsache, daß er dafür am Kreuz verbluten mußte». Zweifellos wurzelt die spontane Verfügbarkeit dieser Ikonologie in der Christenlehre der Kindheit, die, so Joachim Fest (S. 219 ff), den Meßdiener Hitler im Kloster Lambach nicht wenig ergriffen haben muß. Kein Wunder, daß er in allem, was er anstrebt, «Akte demütiger Erfüllung eines göttlichen Gebots» sieht: «Indem ich mich des Juden erwehre, kämpfe ich für das Werk des Herrn.» Dies ließ Hitler in «Mein Kampf» die Welt ab 1923 auch schwarz auf weiß wissen. Und dazu stand er. Er sah sich als der Erlöser des Erlösers vom «Gift» und «Leichengift» des Juden. Die

Gleichsetzung von Jude = «Gift» aber war schon im Mittelalter der Eckstein, der die Theologie des Mitleidens trug, die bis Auschwitz uneingeschränkt galt. Im Jahre 1942, inmitten der «Endlösung», versicherte er und glaubte es selbst: «Ich habe das reine Gewissen gehabt» (S. 299f). So als sei er an die Stelle Christi, des «Erstgeborenen der ganzen Schöpfung» (Paulus), getreten, machte Hitler das Deutsche Reich zum «Schlachtfeld der Welt». Er setzte dabei auf alles oder nichts: «Wer den Nationalsozialismus nur als politische Bewegung versteht, weiß fast nichts von ihm. Er ist mehr noch als Religion; er ist der Wille zur neuen Menschenschöpfung» (S. 305).

Hitler, der Messias des erlösenden «Bluteinsatzes», ist in «Mein Kampf» in den Grundzügen ausgebildet. Joachim Fest kommt zu dem Schluß: «Die Vorstellung eines gewaltigen kosmischen Ringens beherrschte alle Thesen und Frontstellungen des Buches, und wie absurd oder phantastisch sie auch erscheinen mögen: sie verliehen seinen Deutungen metaphysischen Ernst und stellten sie vor einen düster grandiosen Theaterprospekt: ‹Wir können untergehen, vielleicht. Aber wir werden eine Welt mitnehmen. Muspilli, Weltenbrand.›» Ein metaphysischer Ernst war Hitler sicher eigen. Ohne ihn wäre die totale Mobilmachung der Deutschen nach 1933 undenkbar gewesen. Und doch: Wo Neuhistoriker die «kalte Irrwelt dieses Geistes» zu erfassen suchen, entzieht sie sich ihnen, so Hugh Trevor-Roper, wenn er feststellt: «wahrhaft imponierend in ihrer granitenen Starre und doch erbärmlich in ihrer wirren Überladenheit – wie irgendein gewaltiges Barbarenstandbild, Ausdruck riesiger Stärke und wilden Geistes, umgeben von verfaulenden Abfallhaufen, alten Büchsen und totem Ungeziefer, Asche und Schalen und Schmutz – dem intellektuellen Geröll des Jahrhunderts» (S. 296f). Dieses Hitlerbild klärt nicht auf, es verstellt den Blick auf seine Herkunft. Statt dessen dies: Noch aus der Asche und dem Abfall seines Reichs setzt sich Hitler hier zu einem gewaltigen Popanz zusammen, wo umgekehrt die absolute Null zu sehen wäre, zu der er wieder verging, und was sie mit einem so weit hergeholten Mut füllte.

Ins Zentrum seiner politischen Theologie rückt Hitler eine Weltgesundheitslehre des Lebens, deren Realisierung die Ausrottung des «jüdischen Virus» voraussetzt. Die Diagnose «Rassentuberkulose der Völker» hat ihren Ursprung nicht, wie gern behauptet, in (Rassen-)Biologie und Medizin des 19. Jahrhunderts. Dieser «wissenschaftliche Antisemitismus» (S. L. Gilman) ist nur die letzte Stafette in einem langen historischen Lauf, der mit der Kreuzzugstheologie an den Start ging. Die christliche Heilslehre, die die Seele an den Leib gebunden lehrte wie an eine Leiche, entwickelte damals schon die Affinitäts- oder Vererbungslinie: Juden = Lepra – Pest – Syphilis – sexuelle Perversionen, der Hitler ganz unoriginell die «Rassentuberkulose» etc. hinzufügte. Daß der die Welt infizierende jüdische Leib auch den Geist krank mache, war von Charcot, Freuds Pariser Lehrer, bis zu Pilcz, Freuds Wiener Kollege, Forschungsstand der europäischen Psychiatrie.[5] Ähnlich sahen das schon die Theologen des Mittelalters, die «die Juden» von einer gemeingefährlichen «perversitas» und «stultitia» (Verblödung) befallen lehrten, vor denen sie den «Leib Christi», die Kirche, mit dem mächtigsten Hygieneprogramm der Seele schützten.

Heine war eines der allerersten jüdischen Kinder mit christlicher Gymnasialbildung, das in den religiösen Zwiespalt des abendländischen Täter-Opfer-Komplexes verstrickt wurde. Bis in die Träume wird er noch als Erwachsener verfolgt von dem großen, blutigen Kruzifix, an dem er als Kind täglich vorbeimußte und das ihn in Haft nahm für die ewige «Blutschuld» seines Volks. Dieser doppelte Blick auf die «Idee des Christentums» bringt es mit sich, daß Heine umgekehrt in ihm eine «ansteckende Krankheit» ausmacht, von der das Abendland so infiziert worden sei, daß es «die ganze Welt» in ein «Lazarett» verwandelt habe. Wenn er die «Emanzipation des Fleisches» fordert, dann hatte das einen zwiespältigen Grund. Denn die christliche Gesundheitslehre war nicht einfach an dessen Verteufelung erkrankt, sondern daran, daß sie das «Fleisch» als jüdisch negativ besetzt gehalten und sich an ihm vergangen hatte. Heine macht den «tausendjährigen Schmerz» seines («gemordeten») Volks zum Maßstab, wenn er die christliche Idee für «unheilbar» hält (Die Stadt Lucca).

Blicken wir aus jüdischer Gegensicht auf das Phänomen Hitler, dann markiert es das Ende aller (bisherigen) Einfachheit. Weil man Hitler nicht mehr den Prozeß machen konnte, machte man Adolf Eichmann zu seinem Lückenbüßer. Leibowitz sieht darin eine «Fehlhandlung». Dieses Urteil begründet er mit dem Gegenentwurf eines Gerichtsverfahrens, das dem Endlöser Israels besten Anwalt zur Seite stellt, damit er in der Doppelrolle des Verteidigers und Staatsanwalts auf «nicht schuldig» plädiere und im Namen des jüdischen Volks Anklage erhebe gegen die «Menschheitsgeschichte». Leibowitz skizziert dessen Plädoyer folgendermaßen: Eichmann ist «das Produkt einer zweitausendjährigen Geschichte des Christentums [...] das Christentum ist für die gesamte Einstellung der Welt zum jüdischen Volk verantwortlich; alles, was die Welt dem jüdischen Volk angetan hat, und alles, was das deutsche Volk dem jüdischen Volk angetan hat, resultiert aus dem Christentum.» Eichmann hat etwas in die Tat umgesetzt, dessen Verantwortung nicht bei ihm liegt. Soll Gerechtigkeit sein, dann ist der erste Schritt: die «schreckliche Unverhältnismäßigkeit» aufzuheben zwischen «diesem Wurm» und «allem, was in den Vernichtungslagern geschehen ist!» Dies um so mehr, als Hitler eine «vollständig neue Erscheinung in der Welt» war. «Man kann», so Leibowitz weiter, «mit Sicherheit nicht behaupten, daß dieses Phänomen [...] in organischer Weise aus der Geschichte des deutschen Volkes gewachsen ist. Das erklärt auch, warum die ganze Welt einige Jahre lang dem Phänomen völlig tatenlos gegenüberstand.» Leibowitz argumentiert vom Sinai-GESETZ her. Ihm gemäß ist der Sündenbock selbst eine unschuldige Kreatur. Sie wird in einem öffentlichen Schuldbekenntnis mit den Sünden aller beladen und in die Wüste geschickt. Dieses Ritual selbstkritischer Bestandsaufnahme ist das Gegenmodell zum abendländischen Sündenbockmodell, das «die Juden» a priori an die Volkswut freigab und das, wie die Brandanschläge der vergangenen Jahre gegen Ausländer zeigen, immer noch spontan so funktioniert, ohne daß sich hinterher mehr tut als moralisierende Entrüstungsrituale. Leibowitz ersetzt für einen Augenblick die nationalstaatliche Gerichtsbarkeit durch das Ethos der Tora, die uns gebietet, die unerträgliche Lücke zwischen der Kollektivität des Verbrechens und der davon isolierten Nichtigkeit, ja «Erbärmlichkeit» des einzelnen Täters auszuhalten und nicht mit dem Büßer zu füllen, der uns alle davonkommen läßt. Eines darf dabei indessen nicht übersehen werden: «Vor dem göttlichen Gericht gibt es keine Grenze für diese Schuld [...] Deshalb ist Eichmann kein Sühneopfer für die Schuld der Welt und die Schuld des deutschen Volkes gegenüber dem jüdischen Volk» (S. 101 ff).

Der eliminatorische Antisemitismus Hitlers und seiner allzu vielen Hilfswilligen erzwingt eine Anamnese, die der provokant verkürzten Formel eines Jeshajahu Leibowitz nicht länger ausweicht, sondern sie als historischen Forschungsanstoß ernst nimmt: «Das Wesen des Christentums ist die Abschaffung des Judentums.» Erst 1997 hat sich die katholische Kirche Frankreichs angesichts ihrer Rolle unter der deutschen Besatzung während des Zweiten Weltkriegs zu dem Bekenntnis durchgerungen: Allein durch ihre jahrhundertelange negative Sicht der Juden habe der Boden bereitet werden können, «auf dem sich die Naziideen ohne Widerstand einpflanzen konnten». Das will sagen: Eine Realitätsprüfung trat selbst im Kernland des Rationalismus gar nicht erst dazwischen. Die «Vergegnung» (Martin Buber) zwischen Juden und Christen war auch hier von vornherein als normal ausgemacht. Descartes' «Ich denke, also bin ich» (Cogito, ergo sum) blieb davon unberührt. Der Antisemitismus bedurfte keiner logischen Begründungsketten, er saß wie ein Implantat im Leib mit unberechenbaren Abstoßungsschüben. Mit «den Juden» so umzugehen, war von bestürzender Normalität. Diese historisch gewachsene Vergesellschaftung des Antisemitismus war die Voraussetzung dafür, daß Hitlers Verstaatlichung der Judendeportation und -vernichtung gesamteuropäisch nahezu reibungslos funktionieren konnte.

Von der Shoah nach rückwärts gewertet erscheint das Verhalten der Kirche unglaublich. Ihr Selbstverständnis aber war seit ihrer

Gründung immer fraglos das des Eingebundenseins in ein System sich selbt erfüllender Prophezeiung, das im Fortbestehen der Synagoge einen Anachronismus sah. Obwohl die Kurie wußte, mit wem sie es bei Hitler zu tun hatte, verstieß sein Antisemitismus nicht gegen ihre Interessen. Der Erzbischof von München und spätere Kardinal Faulhaber wertete das Konkordat zwischen Hitler und dem Papst im Juli 1933 als den historischen «Handschlag» mit der «größten sittlichen Macht der Weltgeschichte».[6]

Der deutsche Protestantismus sah das nicht wesentlich anders. Unter lutherischen Geistlichen breitete sich damals eine Nomostheologie aus, die dem deutschen Volk die Rolle einer Schöpfungsordnung Gottes zuwies. Luther ist die wahre Personifikation der Deutschen, Hitler fraglos «ein Geschenk des Himmels» (S. 40–50). Im September 1933 wählt die Nationalsynode in Wittenberg Ludwig Müller einstimmig zum Reichsbischof der «Deutschen Christen». Sein Amtssiegel zeigt Kreuz und Hakenkreuz. Müller bekennt sich auf einer Kundgebung zu Hitlers Judenpolitik und schließt sie ab mit dem Appell: «Das Alte geht zu Ende. Das Neue kommt herauf. Der kirchenpolitische Kampf ist vorbei, der Kampf um die Seele des Volkes beginnt.» In deutsch-christliche Hand gelangen die Landeskirchen von Sachsen, Thüringen, Schleswig-Holstein, Mecklenburg, Braunschweig, Hessen und Preußen. Hoffnungslos vereinzelt ist die Gegenstimme Dietrich Bonhoeffers. Zwar besteht der Lutheraner darauf, das Judentum sei «von der Kirche Christi her gesehen niemals ein rassischer, sondern ein religiöser Begriff», aber noch im April 1933 ist er der Gefangene des Vorurteils: Jesus sei «von den Juden» ans Kreuz geschlagen worden.

Eine hoffnungslose Randgruppe bilden damals auch die Pfarrer der Bekennenden Kirche. Karl Barth, ihr Wegzeiger, stellt klar, daß «die Gestalt des Gottgesandten Führers» nicht die «Quelle einer besonderen, neuen Offenbarung Gottes» ist. Er weist diesen Rang ausschließlich Christus zu. Die Resistenz gegen die Sakralisierung Hitlers zum Erlöser des Erlösers wird, obwohl sie sich allein dem Ethos der Tora verdankt, dialektisch auf Christus gegründet. Es ist aber wichtig zu sehen, daß Hitler gerade auf die toratischen Anteile im Christentum besonders empfindlich reagierte. Was in den Thesen der Barmer Erklärung der Bekennenden unerwähnt bleibt, sind die Leiden der jüdischen Mitbürger. Und dies, obwohl an die Aufgabe aller Christen appelliert wird, in Dankbarkeit jederzeit Dienst an Gottes Geschöpfen zu tun. In den gebotenen Liebesdienst des Christen am Nächsten sind die Juden nicht eingeschlossen (S. 70 ff). Dieses Paradox ist im Abendland jahrhundertelang pragmatische Realität.

Wo die Logik zu einer Christenfrage hätte führen müssen, triumphierte ausschließlich die «Judenfrage». Daß völkische Theologen an dieser Denk- und Empfindungssperre litten, war 1933 nicht das Problem, sondern daß selbst in Karl Barth, dem wohl bedeutendsten protestantischen Dogmatiker des 20. Jahrhunderts, die Distanz zu sich selbst blockiert blieb. Obwohl niemand sich Hitler entschiedener entgegenstellte als er, war die Synagoge für ihn die Synagoge des Satans. In seiner Dogmatik stellt Barth unwiderruflich klar: «Die Existenz der Synagoge neben der Kirche [ist] ... so etwas wie eine ontologische Unmöglichkeit, eine Wunde, ja eine Lücke im Leib Christi selber, die schlechterdings unerträglich ist.»[7] Anders als für Buber oder Rosenzweig gibt es für Barth zwischen Juden und Christen nicht das Nebeneinander «zweier Glaubensweisen». Barth hat und läßt keinen Zweifel, daß «die Juden» die wahren Sünder sind, weil sie den in Christus erkannten Willen Gottes klar gesehen und dennoch zurückgewiesen hatten. Das Judentum ist demnach ein bewußtes Sich-Versündigen an Gott! Dazu Leibowitz' Kommentar: «Der Christ [...] kann die Existenz des Judentums nicht ertragen, und ich denke, damit ist Barth durchaus im Recht. Auch aus jüdischer Sicht kann es unmöglich zwei Wege zur Wahrheit geben» (S. 73). Auf diesem hohen Reflexionsniveau sind die Differenzen zwischen Juden und Christen deutlich abgesteckt. Damit hätten beide zwar nicht miteinander, aber nebeneinander leben können. Doch da gab es etwas Unfaßbares, das die bloße Existenz des Judentums für das Christentum zu einem unerträglichen Problem machte. Wenn selbst

Barth die Tatsache verdrängte, daß aus der «Wunde» im Leib Christi real immer nur jüdisches Blut geflosssen war und daß die «Lücke», als die «die Juden» darin figurierten, allein sie zu büßen hatten, dann war von der Masse des Kirchenvolks selbst nur weniger zu erwarten.

Stellt man Hitler und Karl Barth einander gegenüber, dann wird die Komplexität der Lage im Jahre 1933 offensichtlich: hier der radikale Antisemit, dort der nicht von aller Tora verlassene Christ, von dem man, so Leibowitz, «auf keinen Fall und unter keinen Umständen sagen kann, er sei Antisemit gewesen». Dazwischen klafft die «Lücke», die sich aus der Sicht des Büßers anders ausnimmt als aus der Sicht dessen, der sie beseitigt sehen wollte. Wollte jemand gedanklich in sie eindringen, verlor er sich in einem Labyrinth. Das erklärt nicht zuletzt, warum selbst aufrechte Christen völlig überfordert waren und die Masse der Deutschen Hitlers Antisemitismus von innen heraus keinen Widerstand entgegenzusetzen vermochten. Umgekehrt war es Hitler möglich, in ihnen ein Verdrängungspotential freizusetzen, das nicht nur Karl Barth, sondern eigentlich alle Parteien des Fortschritts historisch für überwunden glaubten.

Der französische Philosoph Jacques Derrida hat die Art und Weise seines Denkens einmal in ein eindringliches Bild übersetzt. Er sagte, er suche in einem Theoriegebäude nach dem losen Eckstein. Den ziehe er heraus, so daß es in der Folge logischerweise zusammenstürze. Diese Art des Denkens setzt voraus, daß die behauptete Geschlossenheit einer gedanklichen Architektur immer einen Defekt in sich einschließt, den losen Eckstein eben, den es zu entdecken gelte. Ich bin versucht, dieses Bild auf Hitler anzuwenden und zu behaupten, daß er diesen Eckstein im Christentum aufspürte und mit der Shoah herauszog. Wie anders gäbe es sonst die «Theologie nach Auschwitz»!

Eines ist vorab klarzustellen: In den dogmatischen Hochbauten eines Karl Barth oder vergleichbarer katholischer Theologen suchte er ihn gar nicht erst. Dazu hatte er ihn allzutief in sich selbst, in seinem Unbewußten, das sich als ein kollektives dadurch bewies, daß es einen historisch einmaligen Rückkoppelungseffekt religöser Massenerregung erzeugte, deren hysterische Eigenart man für unglaublich halten müßte, wäre sie nicht in den vielen Rundfunk- und Filmdokumenten festgehalten. Hitlers politische Theologie hat, wie bereits angedeutet, ihren Ursprung in der Mitleidstheologie des Mittelalters. In diesem Theoriegebäude waren Eros und Thanatos, Sittlichkeit und sexuelle Perversion in einer so verzwickten Weise antijüdisch verhäkelt, daß ihre logische Unvereinbarkeit die emotionale Brisanz des Ganzen noch verstärkte.

Hier die Grundlinien seiner Architektur: Mit den Kreuzzügen kommt es zu einer folgenschweren Verschiebung des Dogmas der göttlichen Trinität (Vater – Sohn – Heiliger Geist). Es rückt die Mutter Maria entgegen ihrer bisherigen Nebenrolle nahezu gleichwertig an die Seite ihres göttlichen Sohns. In phantastischer Ausmalung des Evangeliums macht die Mitleidstheologie sie zum tief mitleidenden Opfer jüdischer Erbarmungslosigkeit hautnah an der Seite Jesu. Schon in den Disputen bringen «die Juden» beiden «giftige» Wunden bei, die in das mütterliche «Herz» eindringen wie Dolch, Schwert, Messer, Lanze und Pfeil. Der Eckpunkt «Vater» im heiligen Dreieck tritt dabei in den Hintergrund. Davor schiebt sich die dialektische Triade: Sohn (und «Herr») – Mutter – Juden, die letzteren die Rolle des «giftigen» Eindringlings in die Mutter-Sohn-Dyade zuweist. Dem Dreieck Sohn – Mutter – Juden ordnet die Mitleidstheologie durchgängig die hochemotionalen Eckpunkte «reines Blut» – «Herzeleid» – «Gift» zu oder: Blut – Milch – Gift. Daß sowohl die Mutter Parzivals (Wolfram) als auch die Mutter Parsifals (Wagner) den mariologischen Namen «Herzeleide» tragen, resultiert aus dem antijudaistischen Grund der Mitleidstheologie.

Die Karfreitagsphantasien verwandeln das Haus des Hohenpriesters Kaiphas in einen Folterkeller, in dem Jesu «rosenfarbenes Blut» unter den Schlägen und Stichen seiner Henker nur so «spritzt». Die immer höher sich schraubenden Foltergrade gipfeln unter den Augen «aller» Judenoberen in der perversesten sexuellen Schändung Jesu Christi. Der Kurztext des Evangeliums wird reißerisch ausgemalt zu einem abendfüllenden Horrorstreifen. Aus der nur mit einem Satz erwähnten Geißelung Jesu macht die Volksmission noch bis ins 20. Jahrhundert einen sadomasochistischen Moritatenbogen auf dem Marktplatz von Jerusalem. In Großaufnahme sieht man Christi Blut fließen, ja strömen und Seen um seine Füße bilden. Der vor aller «unverschämten» Judenaugen immer wieder «nackt» gemachte göttlich schöne Leib wird mit der hautnah registrierten Anzahl seiner Wunden zum ewigen Zeichenträger des «erbarmungslosen» jüdischen Hasses. Immer ist Maria inmitten dieser Orgie des Verblutens. Der «giftige» Hohn und Haß «der Juden» gilt beiden gleichermaßen. Was der Sohn an seinem Leib erleidet, erleidet ihr Leib im Synchronismus des Heiligen Geistes «zuckend» am Boden liegend mit. Nicht die römische Besatzungsmacht ist schuld an allem, sondern allein «die Juden». Longinus wird zu einer ihrer Kreaturen, die die heilige Seite Christi «aus Rache» mit ihrer Lanze öffnet. Blut und Seitenwunde des Sohns werden in eine ekstatisch-erotische Beziehung gesetzt zu Milch und Brust Marias.

Die Mitleidstheologie dreht am göttlichen Dreieck in einer Weise, daß das Feindbild «der Juden» den Eckpunkt Vater so weit verdrängt und ersetzt, daß z. B. in Wolframs «Parzival» der jüdische Gott in engstem Zusammenhang mit der Mitleidsfrage zum Gegengott Christi wird. Es ist diese familiale – und in ihrer Wirkung ödipale – Triebregulierung des Dreiecks, die es (vor allem auch im Hinblick auf Heine und Freud) sinnvoll macht, von einem Karfreitagskomplex zu sprechen. Die Machtpolitik der Kirche übersetzt ihn in ein lückenloses Nachrichtennetz von Predigten, Exerzitien, Inquisitionen, Kreuzwegen, Gnadenbildern, Wallfahrtsstätten, Bildgeschichten, Passionsspielen und volksmissionarischen Bußfeldzügen etc., mit dem sie ganz Europa überzieht und seelisch kontrolliert.

Aus dem Antijudaismus der Mitleidstheologie gehen vor allem zwei pogromträchtige Massenphantasien hervor: die Hostienschändung und der Ritualmord an Kindern. Juden bringen geweihte Hostien an sich und durchbohren sie mit Nadeln etc. So bringen sie den Leib Christi in mörderischer Absicht erneut zum Bluten, und fromme Ohren hören ihn mit der Stimme eines Kindes weinen. Auch in den Ritualmordphantasien wiederholen sich an Kindern die Folterqualen Christi. Der Wahn gebiert die immer gleiche Ikonologie von Christenblut und jüdischer Perversion, die mit der Erfindung der Bilddruckmedien ab 1400 immer größeren Absatz findet.

Hauptbeweggrund dieser theologischen Machtstrategie ist die sexualpolitische Instrumentalisierung «der Juden». Zur Triebregulierung der eigenen Schafe wird ihnen die zwiespältige Rolle zuteil, Demonstrationsobjekt des Perversen und sittenbildende Abschreckung in einem zu sein: Seht her! So geht es denen, die die Gebote der Kirche nicht befolgen. Alle seelischen Abartigkeiten vom Voyeurismus bis zum Sadismus werden «den Juden» angedichtet und lösen in der christlichen Sakralkunst Gegenbilder der Bestrafungs- und Vergeltungswut aus, die sich noch in Kafkas «Proceß» und besonders deutlich «In der Strafkolonie» aus dunkelstem Erinnern an den Tag schreiben.

Was wir heute im Internet beobachten können, geschah schon damals. Die Verbreitungsstrategie der Bildbotschaften erzeugt einen Wirklichkeitseffekt. Der theologisch erfundene Jude wird von den Menschen geglaubt. Er geht in die virtuelle Realität der Bilder so ein, daß er über die äußere Kennzeichnung mit Judenhut und Judenring hinaus auch in seinem Innersten steckbrieflich greifbar wird. In allen Übeln wird er a priori ausgemacht. Selbst der, der niemals einem Juden wirklich begegnet ist, ist als Kind schon vorab genau informiert, mit wem er es zu tun hat. Eines ist gewiß: Diesen Bildern ist das Denken nicht gewachsen. Es reibt sich gar nicht erst an dem Paradox einer Mitleidslehre der Mitleidlosigkeit. Indem alles, was an verführerisch Bösem den Christenmenschen verboten ist, von «den Juden» verbrochen und an ihnen gezeigt wird, entsteht eine Triebstruktur, die die eigenen Perversionen zugleich antijüdisch freisetzt und kirchlich unter (Straf-)Kontrolle hält.

Insbesondere in seinen «Reisebildern» macht Heine uns zu seinen Begleitern kreuz und quer durch dieses noch intakte Netzwerk Europas. Aber es gehört etwas dazu, daß es auch uns so wie ihm mit jüdischen Augen aufgeht. Immer sind es Tag- und Nachttraumreisen, die bis auf den Grund eindringen in das Stein, Bild und Wort gewordene Mediengespinst des Blut- und Wundenglaubens wider sein Volk. Allzu oft sind es mehr oder weniger fein gesponnene Wollustphantasien des Bösen, die, als jüdische identifiziert, den frommen Genuß des Obszönen erlauben. Teilen wir aber erst einmal mit Heine die Perspektive des christlich gebrannten Judenkindes, dann spaltet sich so mancher Heiligenschein zur nimbierten Hure oder schwebt zwielichtig zwischen *mater* und *venus dolorosa*. Nicht nur Heines Traumarbeit, sondern vor allem seine geniale Witzarbeit überlistet den Zensor, der das abendländische Unbewußte so lange dichtmachte, und entbindet ein Lachen, das, wie die Rezeptionsgeschichte zeigt, sich selbst nicht immer zu ergründen wußte. Des Schreibens und seiner ekstatischen Entstehungsgründe in genialer Weise mächtig, durchschaut Heines analytischer Sinn, womit die christlichen Bild- und Wortkünstler sich selbst erst erregten, um dann ihr Publikum entsprechend zu erregen. Frommes Schreiben und Bilden als Verführung, auf die Heine mit aufklärender Gegenverführung antwortet. Er weiß, wovon er spricht, wenn er im ersten Buch der «Romantischen Schule» zu der Poesie vom «heilgen Gral» (Titurel, Parzival, Lohengrin) bemerkt: «hier stehen wir der romantischen Poesie gleichsam persönlich gegenüber, wir schauen ihr tief hinein in die großen leidenden Augen, und sie umstrickt uns unversehens mit ihrem scholastischen Netzwerk und zieht uns hinab in die wahnwitzige Tiefe der mittelalterlichen Mystik.» Heines Tiefenanalyse dringt hier, ohne dies direkt zu sagen, ein ins «Herz der Finsternis» eines antijüdischen Wahnpotentials, das sich in Wagners «Parsifal» in einer Weise erneuerte, daß eine direkte Einflußnahme auf Hitler nachweisbar ist. Dazu später mehr. Sosehr Heine die Neubelebung der «Passionsblume» in der Kunst der Romantik und den Systemen des Deutschen Idealismus mit Abscheu und Grauen erfüllt, er zeigt diese Gefühle niemals direkt, sondern immer buchstäblich therapeutisch gefiltert durch Witz und nahezu ungeschütztes Offenlegen seines Leibes und seiner Seele. Nicht erst Freud bettet uns die abendländische Seele mit ihren «großen leidenden Augen» auf die Couch.

Wenn man den Symptomkomplex des antijüdischen Fühlens bei Hitler mit dem tausendjährigen Karfreitagskomplex vergleicht, dann wird offensichtlich, daß seine Vernichtungspolitik nicht die Ausgeburt des wissenschaftlichen Zeitalters war, sosehr sie sich seiner Errungenschaften bediente. Dies schon deshalb, weil selbst Medizin (Psychiatrie) und Biologie bis zur Shoah nicht voraussetzungsfrei dachten, sondern in den Kategorien eines «wissenschaftlichen Antisemitismus». Hitlers politische Theologie ist spätchristliche Anschlußtheologie. Das belegt schon die wahnhafte Rückkoppelung von Judenhaß und Unschuldswahn, die selbst nach 1945 noch ein kollektives Phänomen blieb. Doch eines an Hitler ist anders. Mit ihm geht etwas durch, was ihm selbst im letzten wahrscheinlich nicht bewußt war. Die Kirche brauchte «die Juden» ebenso zu ihrer dialektischen Abgrenzung wie zu ihrer sittlichen Selbstkonditionierung. Deshalb wurden sie von ihrem Überwachungs- und Strafapparat geduldet, wenn auch latent immer auf der Kippe zwischen Leben und Tod. Hitler aber erstrebt mit der Shoah die Gesundung der Deutschen von allem Jüdischen auf eine Weise, daß er das Theoriegebäude der Kirche(n) mit zum Einsturz bringt. Der 8. Mai 1945 bedeutete nicht den «Zusammenbruch» des Reichs. Den hatte Hitler in seinen «Bluteinsatz» ohnehin einkalkuliert. Er ließ sich reparieren. Und er wurde grandios repariert. Was Hitler irreparabel zurückließ, war die mit in Trümmer gegangene «größte sittliche Macht der Weltgeschichte» einschließlich ihrer protestantischen Abweichungen.

Es hätte 1933 in der Tat ganz anders kommen können. Doch als es dann so kam, schlug die Stunde der Bewährung der Deutschen – vergeblich. Alle Eliten und ihre Institutionen versagten. Die Kirchen voran. Selbst noch nach 1945 machten sie weiter, als wäre nichts geschehen. Daß Antisemitismus «Sünde» sei, kam dem Papst erst Jahrzehnte nach der Shoah über die Lippen. War es nicht immer schon eine, die die Seelen unmerklich längst vergiftet hatte? Die Entdeckung der Mechanismen des Unbewußten durch Sigmund Freud ließen die Kirchen zur Selbstanalyse gar nicht erst an sich heran. Immer noch ist auch ihr Widerstand groß gegen die Einsicht, daß die «Endlösung» einen «Zivilisationsbruch» (Dan Diner) markiert, an dessen Ursprung nicht Hitler steht, sondern der Bruch des Christentums mit dem GESETZ.

Hitler ließ von Anfang an in Wort und Werk keinen Zweifel, daß ihm das jüdische Volk nicht nur medizinisch-biologisch als «Virus» im Weg stand, sondern als der Überlebens- und Gültigkeitsbeweis der Tafeln vom Berge Sinai. Seine Weltgesundheitslehre der «starken» Völker schloß die Vernichtung der schwachen und «parasitären» in sich ein. Das jüdische GESETZ hingegen bestand auf der universellen Heiligkeit des Lebens und des Fremdenschutzes.[8] An diesem Prüfstein für wirkliche Größe wollte er sich nicht länger messen lassen. Ihm kam zur Hilfe, daß die christliche Tradition ihn weitgehend demontiert hatte. Johann Baptist Metz hat daran erinnert, daß die hebräische Bibel (Tanach) «in ihrem Kern eine leidensempfindliche Gottesrede» ist und gerade nicht nur des eigenen, sondern des fremden Leids. Die Zuwendung zur Kreatur ist sittliches Gebot. Die Leidenserinnerung Grundlage des Erkennens. Und genau an dieser Gelenkstelle bricht das Christentum mit dem GESETZ. Von da ab ist die Zuwendung zur Kreatur Sünde. Das Blutopfer Christi hat uns von allem kreatürlichen Leiden erlöst. So gilt der Blick nicht länger ihm, sondern der Schuld! Dem Leidensopfer am Kreuz sind wir Sühne (Mitleiden) schuldig. Die alle Menschenschuld verwaltende und vergebende Kirche begründet eine «Kultur der Amnesie». Was «vor» Christus war, gilt nicht länger, weil es in ihm für immer aufgehoben ist. «Die Juden» aber sind, weil «blind» im Erkennen der Göttlichkeit Jesu, kollektiv verflucht. Die Zerstörung Jerusalems ist Gottesurteil. Auch wo sie unter Christen real nichts sind als unschuldige Opfer, sind sie vorab die Täter; so wie umgekehrt die Christen auch dann vorab freigesprochen sind, wenn sie sich an ihnen vergehen. Metz stellt die Frage: «Ist die ‹Gotteskrise›, die im

Hintergrund der heute viel besprochenen Kirchenkrise steht, nicht auch durch eine kirchliche Praxis mitverursacht, in der Gott mit dem Rücken zur Leidensgeschichte der Menschen verkündet wurde und verkündet wird?»[9]

Hitler aber begreift sich umgekehrt als Heilsbringer für die Leidensgeschichte allein der Deutschen – und wird von ihnen so begriffen. Es soll das heilige Deutschland nicht länger durch «die Juden» wie Christus am Kreuz «verbluten», so wie die Blüte der deutschen Jugend bei Langemarck verbluten mußte und am Ende ganze Armeen vor Verdun, Ypern oder an der Somme. Zwar verschiebt Hitler den Leib Christi zum sakralisierten Volkskörper, die Schändung beider durch «die Juden» aber ist historisches Kontinuum.

Das Sinai-GESETZ als die Gedächtnismitte der 6000jährigen Hochkulturen hatte die Bilanz gezogen aus dem babylonischen Wahn des Bauens auf Unkosten des Lebens (der Bäume, Quellen, Böden, Tiere, Menschen). Deshalb verpflichtet es uns Menschen zur permanenten Kommunikation mit der Natur, zur Realitätsprüfung also. Die Wahrheit steigt nicht vom Himmel eingebildeter Götter und ihrer irdischen Geschäftsführer, sondern aus dem Schöpfungsgrund der Erde.[10] In sie ist das Schuldbuch unserer Geschichte eingeschrieben. Dann wird gerechterweise sie es sein, die kommen wird, zu richten die Lebendigen und die Toten. Für den Machtpolitiker Hitler aber ist die Erde ein «Wanderpokal» in der Hand des jeweils Stärksten.[11] Und der Weltbaumeister Hitler entwirft mitten im Krieg sein künftiges Germania so, daß die Erde als sie selbst unter der Planierraupe seines Willens verschwindet. Diesem erdabgewandten Idealismus von der «neuen Menschenschöpfung» stand nur noch der Alte Adam im Weg: das Judentum – und ein Christentum, das sich seiner jüdischen Wurzeln erinnerte.

Davon aber gab es 1933 zuwenig. Hitlers Antisemitismus schreckte deshalb auch nicht ab. Das aber erklärt wesentlich, warum die Vernichtung der Juden nicht das Ergebnis zentraler Planung und Befehlserteilung war. Es ist unter Neuhistorikern kaum noch umstritten, daß die Shoah erst unter den Bedingungen des

Kriegs zum industriellen Massenmord eskalierte. Zwar war Hitler zu seiner Legitimation unentbehrlich, und er billigte ihn auch. Aber bei seiner schrittweisen und nicht vorher festgelegten Durchsetzung war er nur eine Instanz unter anderen regionalen Instanzen, die nachweislich aus eigenem Antrieb handelten.[12] Der «Führer» brauchte sich also gar nicht erst an die Spitze seiner Polizeibataillone, Einsatzgruppen und industriellen Ausmordungsinstitutionen zu stellen. Das System, einmal in Gang gesetzt, funktionierte und konnte so nur funktionieren, weil der Unschuldswahn eines kollektiven Unbewußten, wo es gegen «die Juden» ging, mächtiger war als alle Bedenken.

Die Vernichtung der europäischen Juden verlief auf zwei Weisen: industriell und durch Polizeieinsätze, in denen sich sowohl die Grausamkeit mittelalterlicher Pogrome wiederholte, wie sie auch von «ganz normalen Deutschen» mitleidlos vollzogen wurden. Daniel Jonah Goldhagen erlegt sich als Politologe und Neuhistoriker bei der Darstellung von «Hitlers willigen Vollstreckern» dieselben zeitlichen Grenzen auf wie seine Fachkollegen. Innerhalb dieses Rahmens aber läßt sich das Phänomen Hitler nicht wirklich fassen. Entweder tastet man sich über die Kausalkette Wilhelminismus, Versailles, Oktoberrevolution, Inflation, Weltwirtschaftskrise, Massenarbeitslosigkeit etc. an den Endlöser Hitler heran oder umgekehrt von der Shoah rückwärts, wo man dann z. B. beim Stalinismus der «asiatischen Tat» (Ernst Nolte) haltmachen kann, auf die Hitler nur reagiert haben soll. Was Goldhagen aber von allen Neuhistorikern unterscheidet, ist, daß er uns etwas sehen macht, was sie alle nicht sehen: den Symbolismus der Judenvernichtung. Die ganz normalen Männer verfahren bei der Hinrichtung jüdischer Kinder, Frauen, Männer signifikant anders als mit Polen, Russen oder anderen Gegnern Hitlers. Sie setzen sie spontan einem Leidensweg aus, dessen Stationen, wenn auch durch Umstände variiert, die immer gleichen sind. Es fließt nicht einfach Blut, es ist vielmehr so, daß die Opfer in den Tätern Rituale auslösen wie aus einem Drehbuch, das sie im Schlaf auswendig wissen. Goldhagen macht uns die Täter mit den Augen ihrer

Opfer sehen – und dies bis in den Wahnsinnsgrund unserer Geschichte und ganz so, wie ihn uns schon Heine oder Kafka sehen ließen. Dieser Perspektivenwechsel aber muß insbesondere für deutsche Historiker unerträglich gewesen sein. Entsprechend die Abwehrmechanismen: Goldhagen verfahre «unseriös», er mute der Welt eine «Pornographie des Horrors» zu und sei bei dem Versuch, das «Psychogramm» der Täter zu entziffern, «in den Bildern des Bösen» gefangen geblieben. Der Enkel der Opfer wird automatisch zum Übeltäter umgedreht und zugleich mit ihm die historische Tatsache, daß allein wir es waren, die «die Juden» tausend Jahre lang in die beschämendsten Bilder der Selbstentblößung eingefangen hatten als die Schänder und Henker Christi und immer neuer Christenkinder.

Das führt zu der grundsätzlichen Frage, von welchem Standort wir in die Weltgeschichte blicken müssen: vom Berge Sinai oder von dem «gewaltigen Berg» der Shoah? Der israelische Historiker Michael A. Meyer lehnt die Shoah als Orientierungspunkt ab. «Von dort aus ist es nur allzu leicht, Antisemitismus überall, vom Mittelalter bis zur Gegenwart, verbreitet zu sehen und einen deutlich gekennzeichneten Weg auszumachen, der zur Vernichtung der deutschen Juden führte.»[13] Nein, diesen deutlich gekennzeichneten Weg gab es nicht. Aber als Hitler die Macht hatte, ihn zu gehen, warum gingen ihn allzu viele Deutsche in dieser Erbarmungslosigkeit mit oder sahen wie gelähmt zu? An diesen Verhaltenskomplex reichen die Begründungsketten nicht.

Sigmund Freud reagierte auf Hitlers Machtübernahme mit «Der Mann Moses und die monotheistische Religion»; und Arnold Zweig mit «Bilanz der Judenheit 1933». Unerwartet sehen sie sich durch den Nationalsozialismus vor die Frage gestellt, was «den Juden» ins Zentrum des deutschen Wahns rückte. Freud schreibt am 30. September 1934 an Zweig: «Der Ausgangspunkt meiner Arbeit ist Ihnen vertraut; es war derselbe wie für Ihre ‹Bilanz›. Angesichts der neuen Verfolgungen fragt man sich wieder, wie der Jude geworden ist und warum er sich diesen unsterblichen Haß zugezogen hat.» Für Zweig ist nicht der «antisemitische Mythos vom jüdischen Kapitalismus» der verletzende Vorwurf, sondern «der Mythos vom kranken Juden». Wenn es ihn gebe, dann höchstens als mit erkrankt an der Verrücktheit seiner nichtjüdischen Umwelt.[14] Zweig erkennt in dem «affektgetränkten Stil» von Hitlers «Mein Kampf» Parallelen zu den «Denkwürdigkeiten» des Daniel Paul Schreber, dem wohl berühmtesten Fallbeispiel für Paranoia. Verfolgt von «den Juden» sehen sich beide. Beide befürchten auch eine «Verjudung» ihrer Welt. Doch bricht der Wahn bei Schreber aus einer Tiefe hervor, daß er sich durch göttliche Macht vom «schönen Arier» in einen «häßlichen» und femininen Juden transmutiert erlebt. Schrebers Wahn trennte sozial ab. Hitlers Wahn löste Entgegenkommensphantasien im Massenmaßstab aus. Was die aufgeklärte Welt hinter sich glaubte, kam ihr mit Hitler aus der Zukunft entgegen als die «Konspiration am hellichten Tage» (Hannah Arendt). Hitler sieht (so wie auch Schreber) den Korruptionsgrund der deutschen Seele im Judentum. Das Leidensgedächtnis der Heine, Freud, Kafka, Zweig diagnostiziert den Wahn als die Selbstinfektion mit Antisemitismus. Die Richtigkeit dieser Diagnose mußte erst durch Auschwitz bewiesen werden. Die Psychonalyse war eben nicht, wie Karl Kraus meinte, die Krankheit unserer Zeit, für deren Therapie sie sich hielt, sondern die verdeckt offensive Reaktionsbildung darauf. Daher kommt man nicht an der Frage vorbei, ob Hitlers falsche Diagnose nicht auf eine inverse Weise zugleich richtig gestellt war. Was nach 1933 den Ausschlag gab, waren nicht die medizinischen und rassenbiologischen Theorien, von denen die Volksmassen überhaupt nichts wußten, sondern der «metaphysische Ernst» (Joachim Fest), mit dem der Theologe Hitler das jüdische «Leichengift» beschwor und mit der «Endlösung» aus der Welt schaffte. Was das Ende der Erkrankung sein sollte, legte sie frei, denn dies ist unabweisbar: «Die massenhaft hingemordeten Juden sind, abwesend, gegenwärtiger als jegliches Gegenwärtige.»[15]

Es ist von grundlegender Bedeutung, daß Hitler seine Weltauslegung mit Moses eröffnet. Die Krankengeschichte der Welt beginnt am Sinai. Das steht nicht im Widerspruch zur paulinisch-christlichen Befreiungslehre vom GESETZ und der Stigmatisierung Israels. Es war demnach nicht, wie Kurzgedächtnisträger meinen, der «technisch-industrielle Komplex», der die Moral der Deutschen «verkümmern» ließ, sondern der Karfreitagskomplex, die «Passionsblume», die Heine noch in seinem letzten Gedicht «Für die Mouche» traumatisch heimsucht. Nicht die immer wieder aufgelegte «industrielle Effizienz» des Massenmords war das wesensmäßig «Einmalige» der «Endlösung», sondern der mit ihr vollzogene Zusammensturz der abendländischen Sittlichkeit. Zu ihrer eigenen Fundamentierung hatte sie ein ganzes Volk zweitausend Jahre lang kollektiv so sittenwidrig in Haft genommen, daß selbst noch ihre abgefallenen Schafe daran festhielten. Das aber hat in der Weltgeschichte nicht seinesgleichen. Hitler bediente sich der Hure Vernunft in einer Theologie, die das Erhabenste mit dem Infamsten verkuppelt hatte. Das machte ihn zum umgekehrten Aufklärer, der seine Welt von den guten Gründen des Bösen erlöste. Zu diesen guten Gründen zählte auch, daß die Kirche zwar Hitlers Euthanasieprogramm öffentlich verurteilte, nicht aber die Vernichtung des jüdischen Volks, über die sie informiert war. Die Frage ist aber nicht, ob ihr Protest die Shoah aufgehalten hätte oder nicht, sondern daß sie verlernt hatte, sich selber noch verachten zu können. Ein Vermögen, das die Achtung vor dem Höchsten voraussetzt.

Der «Zivilisationsbruch» der Shoah hat zur Vorgeschichte nicht zuletzt den Bruch mit dem GESETZ und seine Entwertung zu «Fluch» (Gal. 4,4 f) und «Tod» (1 Kor. 15,56; Röm. 8,1 ff). Wenn es aber stimmt, daß der *ab ovo* haß- und vergeltungsträchtige Defekt im Triebhaushalt des Christentums in Hitler seinen inversen Therapeuten fand, dann hatte die «Unfähigkeit zu trauern» (Alexander Mitscherlich) ihren Grund darin, daß die Kirchen in ihrem Unschuldswahn diese Unfähigkeit den Deutschen vorlebten. Erst gegen Ende des Jahrtausends stellen sie sich der Konsequenz, die antijüdischen Polemiken im Neuen Testament auf ihre Wirkungsgeschichte hin gegen sich selbst zu lesen.

Hitler markiert die äußerste Abkehr von Moses. Werk und Leben der Heine, Freud und Kafka die Umkehr. In Heines «Geständnissen» ist zu lesen: «Ich hatte Moses früher nicht sonderlich geliebt, wahrscheinlich, weil der hellenistische Geist in mir vorherrschend war [...] Ich sah nicht, daß Moses [...] ein großer Künstler war und den wahren Kunstgeist besaß [...] er meißelte Menschenobelisken, er nahm einen armen Hirtenstamm und schuf daraus ein Volk [...] ein großes, ewiges, heiliges Volk, ein Volk Gottes, das allen anderen Völkern als Muster, ja der ganzen Menschheit als Prototyp dienen konnte [...] Ich sehe jetzt, die Griechen waren schöne Jünglinge, die Juden aber waren immer Männer, gewaltige, unbeugsame Männer, nicht bloß ehemals, sondern bis auf den heutigen Tag, trotz achtzehn Jahrhunderten der Verfolgung und des Elends.»

Freuds Rückkehr zu Moses und seinem Volk war komplizierter, aber so wie Heine diente sie ihm als Waffe gegen den Antisemitismus. Bis vor wenigen Jahren war seine Psychoanalyse in den USA in ihrem wissenschaftlichen Rang nahezu unbestritten. Seitdem aber ist ein wachsendes Freud-Blashing festzustellen, das auf der unteren Ebene so weit geht, in Freud nur noch einen Gaukler und Scharlatan zu sehen. Aber selbst auf der Ebene der seriösen Auseinandersetzung ist man inzwischen versucht, ihn wohl als bedeutenden Literaten zu akzeptieren, jedoch nicht mehr als Wissenschaftler. Beim Jahrestreffen der Amerikanischen Akademie für Psychoanalyse 1997 stützte sich Alan Stone auf das Eingeständnis des 1994 verstorbenen Freudianers Merton Gill, er sei trotz aller Forschungen über die von Freud erbrachten Erkenntnisse nicht hinausgekommen. Stone und eine wachsende Zahl seiner Kollegen schließen daraus auf die Unwissenschaftlichkeit der Lehre Freuds, da die aus ihr gewonnenen Kenntnisse nicht logisch aufeinander aufbauten. Statt dessen, so Stone, sei Freud «allenfalls ein Künstler oder Philosoph, dessen Lehre in den Bereichen Medizin und Psychologie wenig verloren» habe.[16]

Zwei der Einwände gegen Freud sind bedeutsam: erstens die Abgeschlossenheit der von ihm erbrachten Erkenntnisse; zweitens die darin vermißte logische Konsequenz, die es unmöglich mache, seine Psychoanalyse zu einem allgemeingültigen Lehrgebäude zusammenzufügen. Was hier außer Betracht bleibt, ist der historische Entstehungsgrund der Lehre. Sie war, wie Sander L. Gilman nachweist, «Reaktionsbildung» auf das abendländische Über-Ich und die tausendjährige Gegenbesetzung seiner eigenen *psychopathia sexualis* mit «jüdisch». Ein schöpferischer Analytiker und Arzt dieser Erkrankung zu sein, setzte das Leidensgedächtnis des Juden voraus. Die herrschende Naturwissenschaft und Medizin aber hielt umgekehrt am krank machenden Juden fest. Also sah sich Freud, wenn er Arzt und Wissenschaftler werden wollte, in die verdrehte Situation gezwungen, als sein eigener Patient und Seelenforscher gelten zu müssen, obwohl umgekehrt und unbewußt eine arische Massenerkrankung vorlag. Wie also verfahren, um als Wissenschaftler ernst genommen und nicht als «jüdisch» vorab sozial vernichtet zu werden? Hatte Heine unter Inkaufnahme von Haß und Verfolgung die christliche «Delinquentenreligion» und ihre Spätfolgen noch weitgehend direkt angegriffen oder ihre Verklemmungen in Lachen aufzulösen versucht, so gebot das herrschende Paradigma Freud einen adäquaten Diskurs, der die Entbindung des Unbewußten von Wahn und Perversion auf Umwegen anging. Sicher nicht wenig ermutigt durch Heines Witz- und Traumarbeit, mit der er die «Passionsblume» immer wieder der Verschiebung und Verdichtung aussetzte, fand Freud im Mythos von Ödipus eine unverdächtige Möglichkeit, Ödipuskomplex zu sagen und Karfreitagskomplex zu meinen. Dabei darf allerdings nicht übersehen werden, daß Freud im Unterschied zu Heine von der Mitleidstheologie direkt kaum theoretische Kenntnis hatte. Dafür war er als Kind schon der Leidtragende ihrer antisemitischen Auswirkungen. Doch geht das ganze Ausmaß des Leidensgedächtnisses erst aus der «Traumdeutung» des eigenen Unbewußten hervor, vor allem da, wo sich ein Unerhörtes der Analyse widersetzt.

Die Kritik an Freud rührt an das Grundproblem der Psychologie. Zunächst einmal sind ihre Kategorien völlig eigenständige und allem naturwissenschaftlich Vorhersagbaren in hohem Maße entzogen. Wie überhaupt unsere psychische Realität viel zu komplex ist, als daß wir sie durchschauen könnten. Wir wissen nicht einmal die Wahrheit über uns selbst. Dem Arzt tritt immer zuerst der einzelne mit seiner unverwechselbaren Leidensgeschichte gegenüber. Zwar sind die Grenzen zwischen psychisch krank und normal fließend, aber inwieweit das kulturell Normale (Gesunde) selbst abnorm ist, überfordert das Vermögen des einzelnen Arztes.

Freud sah sich als Arzt in ein psychiatrisches System versetzt, das zwar erfolgreich dabei war, die Kirche als «Massenheilanstalt» (Max Weber) hinter sich zu lassen, nicht aber das guten Glaubens von ihr so lange angerichtete Unheil. Es hatte sich in einer Weise chronifiziert, daß es wie selbstverständlich in seine «neuen» wissenschaftlichen Begriffe einging mit dem Effekt, daß seine Mechanismen für Freud als den in Mitleidenschaft gezogenen Juden den Charakter des Vorhersagbaren behielten. Freud hatte mit seiner Seelenlehre recht wie keine andere, die sich zu seiner Zeit oder später herausbildete. Wenn es aber der Shoah bedurfte, Freud zu bestätigen, dann drängt sich der Schluß auf, damit sei auch die Psychoanalyse historisch geworden und nur noch als Kunsttheorie oder Philosophie von Wert. Aber es fragt sich, ob nicht gerade dies ein Fehlschluß ist. Denn eines ist unabweisbar: Freud und der Heine in Freud verfügten über einen Schlüssel, von dem wir wünschen müßten, wir hätten heute einen vergleichbaren, um uns Zugang zu verschaffen zu der virtuellen Realität des neuen Cyberspace. Denn wenn die Psychoanalyse den Phantasmen im abendländischen Datenall die richtige Diagnose stellte, muß sie dann nicht über eine Kraft verfügt haben, die dieses All überbot? Dann aber wäre sie eine Ausgangsbasis, um die Effizienz der neuen Phantasmen daraufhin zu prüfen, wie sie Realität herstellen und wie sich das alte Spiel von Ich, Es und Über-Ich anders organisiert.

Wenn uns schon das Raster unseres Gehirns eine Welt vormacht, wie wir sie sehen, um wieviel mehr die Medien. Wie der christlich-abendländische Medienverbund gezeigt hat, organisierte sich das ganze Spiel des Symbolischen und der Phantasmen

um ein Unbegreifliches, biblisch gesprochen um den «unbildlichen» Gott, eine Leerstelle oder Lücke, die vom Christentum
nicht länger ausgehalten, sondern mit der Ikone des göttlichen
Blutopfers gefüllt wird. Daraus geht eine Ästhetik der Abschrek-
kung hervor, die zwischen Kunst und Gewalt geradezu ein Bedin-
gungsverhälnis herstellt. Die antijüdischen Gewaltorgien sind in
ihren Kunsterzeugnissen heiliggesprochen. Dagegen weiß die ihnen ausgesetzte Jüdin Rahel Varnhagen um so besser, was sie real
sind und an Realität zeugen: «Unzucht». An Heine schreibt sie:
«Die Pockenmaterie muß raus; Schminke hilft nichts [...] Alles
haben wir mitgefressen, und das muß wieder heraus.»[17] Wenn der
Begriff der «Entarteten Kunst» jemals zutraf, dann hier. Hitler
hängte ihn umgekehrt gerade der Kunst an, die mit Grosz, Dix
und vor allem Max Beckmann auf die apokalyptischen Erfahrun-
gen des Ersten Weltkriegs reagierte. Die so unnütz und sinnlos geopferten Millionen erzwangen die Wirklichkeitsprüfung alles dessen, was bisher als heilig und erhaben galt. Noch ganz unter dem
Schock des eigenen Kriegserlebens malt Beckmann 1918/19 sein
Schlüsselwerk «Die Nacht». Wir blicken in eine Folterszene. Dem
Henker ist das Erdrosseltwerden seines Opfers nicht genug, er ku-
gelt dem Sterbenden noch den Arm aus. Daneben aufgehängt an
den gefesselten Händen die entblößte und vergewaltigte Frau. Das
Unfaßliche des Geschehens spiegelt sich allein in den Augen des
zum Zeugen gemachten Kindes. In den Visagen der Henker ein
Vernichtungswille, von dem nicht länger zu sagen ist, wem er
dient. Hatten die Sadismen der Sakralkunst ihren Sinnbezug im
Gekreuzigten, so fehlt ein solcher Bezug hier völlig. Diese Hölle
hat ihren Himmel eingebüßt. Kein Nimbus unterscheidet mehr die
Heiligen von ihren Henkern. «Man muß», so Beckmann, «das
Gerümpel der Dinge vor die Leere des Raumes stellen, damit man
seine schauerliche Tiefe nicht so sieht.» Merkwürdig aber ist, daß
sich das Gerümpel in dem Bild «Die Nacht» dennoch zu jener fei-
erlichen und geheimnisvollen Ikonographie zusammenfügt, wie
sie für die abendländische Sakralkunst typisch war. Das aber ist
die Provokation des Bildes. Denn dadurch macht es paradoxer-

weise das, was es verstellen möchte, in seiner schauerlichen Tiefe erst recht (wieder) sehen: die «unbildliche» Leere, die von ihrem (und jedem andern) «Erlöser» erlöst ist.

Diese Klarsicht aber ist für den Weltkriegssoldaten und Künstler Adolf Hitler unerträglich. Nachdem die Deutschen ihn als «Führer» und «Heil»-Bringer erwählt haben, erklärt er diese Kunst für «entartet». Die Choreographie seiner Parteitage, Blutfahnenweihen, Helden- und Totenkultrituale erneuert den alten Mißbrauch ästhetischer Verfahren mit modernisierter Meisterschaft. Vergleicht man Beckmanns Weltkriegsbilanz mit der Hitlers, dann leuchtet die Gangbarkeit eines anderen Wegs ebenso auf wie seine Verstellung durch die Übermacht der abendländischen Tradition. Nicht die Erlösung vom Erlöser, sondern Wagners Parsifal-Formel «Erlösung dem Erlöser» macht Hitler sich zu eigen. Im System des Karfreitagskomplexes waren, wie gesagt, «die Juden» auch als schuldlose Opfer immer die Täter, so wie umgekehrt die Christen auch als Täter die Opfer guten Gewissens blieben. Was die Logik dieses Systems bei aller Gewaltsamkeit in Permanenz ausschloß, war die «Endlösung». Sie blieb dem endzeitlichen Gericht Christi vorbehalten. Das Ungeheure an Hitler ist die Vorwegnahme dieses Endgerichts. Sie ist purer Hegelianismus. Mit ihm kann sich der «Führer» seinem Volk als Geschäftsträger der «Vorsehung» verkaufen. Aus diesem weit hergeholten Mut bezieht er auch sein «gutes Gewissen». Es verrät sich in seiner wahnhaften Fixierung auf die Metaphern «Blut», «Verbluten», «Blutjude» etc., insbesondere auf das Wahnbild vom «Bluteinsatz», wie er sein späteres (Kreuzzugs-)«Unternehmen Barbarossa» gegen den jüdischen Bolschewismus schon in einer Rede von 1928 nennt. Das völlig ungewöhnliche Bild impliziert als Rechtfertigung der «End(er)lösung» den Blutopfergang der Täter. Wenn wir leiden und bluten, dürfen wir alles. Und dies um so mehr, wenn wir mit dabei draufgehen.

Obwohl die Wirklichkeit «der Juden» des Abendlandes tausend Jahre lang die einer winzigen, unbewaffneten Minderheit war, hatte das Netzwerk Kirche(n) sie zu einer weltmächtigen Dauerverschwörung aufgebläht. Die logische Unvereinbarkeit ließ der Realitätsprüfung in ruhigen Zeiten daher meist ihre Chance. Doch mit der Emanzipation des jüdischen Volks und seinem Eintritt in die europäische Geschichte erscheint der alte Wahn immer realer, zumal nach dem Verlust des Ersten Weltkriegs. Hitler und seine Anhänger sehen Deutschland eingekreist von einem hochbewaffneten jüdischen Komplott: im Osten als «Rote Armee», im Westen als kapitalistische Drahtzieher. Was real zu keinem Zeitpunkt zutrifft, stellt der Wahn als sein Faktum überhaupt erst her.

Das ebenso unerbittliche wie immer noch mißverstandene Grundgebot des GESETZES «Du sollst dir kein Bildnis machen!» (Gen. 20,4) war niemals kunstfeindlich gemeint, sondern zog die Konsequenz aus der altbabylonischen Ästhetik der Abschreckung, in der das Gemetzel einer Göttergeneration an ihren Feinden das Gemetzel einer anderen ablöste. Der «unbildliche» Gott erlegte uns die Last auf, den blinden Fleck in unserem Erkenntnisvermögen auszuhalten und nicht mit seiner schlimmsten «Frucht» zu füllen: mit eingebildeten Göttern und ihren Abgesandten, deren Kehrseite immer wieder Feind- und Verfolgungsbilder waren.

Von der digitalen Revolution heißt es heute, sie stelle einen Hypertext her, der keinen anderen Autor mehr kenne als den Leser, den Hersteller seines eigenen Textes. Man spricht vom Ende der Autorenschaft, von «Intertextualität», von der Auflösung des Subjekts. Wesentliches daran ist nicht neu. Wandert man mit Heine durch den abendländischen Medienverbund, dann sind «Ende der Autorenschaft» und «Intertextualität» schon dort gegeben. Denn über «die Juden» und was sie repräsentieren, sagen und schreiben, malen und träumen tausend Jahre lang alle immer wieder das gleiche, so wie es ihnen, mit Nietzsche gesagt, «am Telefon der Gottheit» eingegeben wird. Daran ändert auch die Gutenberggalaxis nichts. Im Gegenteil. Mit jedem Hirn, das sich an sie anschließt und in ihr aufleuchtet, nimmt die Umnachtung nicht ab, sondern zu. Selbst bei der Supernova Hegel. Sie ist die Normalität des Abnormen. Daher spricht einiges für Rudolf Mareschs Versuch, das neue Netzwerk mittels der «Leitdifferenz geheim/öffentlich» dahin gehend zu dekonstruieren: Es enthalte der öffentlich zugängliche Teil des Netzes für den Informationssuchenden «nichts Aufregendes», weil sich die geheimen Schaltstellen der Macht über das Datenall keineswegs aufgelöst, sondern nur verschoben hätten:

> «Medientechnologien unterschreiten nämlich nicht nur die Sinneswahrnehmungen menschlicher Ohren und Augen, Benutzeroberfläche und Nutzerfreundlichkeit, die Software, sind [...] auch eigens dazu da, Beobachter und Aktoren vom Zugriff ‹auf die entsprechende Hardware›, die Veränderung ihrer materiellen und technischen Parameter, auszuschließen. Während Beobachter oder User mit den Oberflächen der Bildschirme, den Windows auf den Screens, abgespeist werden, arbeitet das Betriebssystem im ‹Protected Mode›. Und gerade diese Ausstattung der CPU mit ‹Vorrechten und Verboten, Privilegien und Handicaps›, jener Komplex tiefgestaffelter Oberflächen, begründet ein Machtgefälle, das denjenigen zum Machthaber macht, der über ihre Zugangsbedingungen entscheidet. Vor der Folie dieses elektronischen Klartexts mutet die Empfehlung von Habermas, ‹die Ausführung lichtscheuer Absichten, die mit öffentlich vertretbaren Maximen unvereinbar sind, durch öffentliche Kritik zu verhindern›, politisch blauäugig und vernebelnd an [...] User oder Bürger bekommen zwar vieles, was sie wünschen, aber nicht alles, was sie brauchen. Verstellung und Täuschung, Heuchelei und Inszenierung: taktische Verhaltensweisen von Geheimdiensten, Kurieren und geheimen Räten segmentieren nicht nur aufs neue das politische Feld in sichtbare und unsichtbare Bereiche. Die Regularien computervermittelter Kommunikation (CMC) offenbaren auch, daß wir den Boden des Geheimnisses niemals verlassen haben.»[18]

Nun wird in den neuen Medien den Bildern der blutigsten und perversesten Gewalt inzwischen ein Privileg zugestanden, dessen weltweite Folgen noch offen sind. Soll man die neue «Pest der Phantasmen» dennoch bekämpfen oder mit Slavoj Zizek eher annehmen?[19] Von Heine und Freud her gesehen wird die Antwort auf diese Frage davon abhängig sein, ob wir in der schauerlichen Tiefe, die uns die Shoah sehen macht, das GESETZ wiederfinden und aktualisieren, oder ob wir sie mit einem neuen Super-Signifikanten verstellen, dessen Feindbild zur Zeit noch unausgemacht ist.

I. Vom Karfreitagskomplex zum Ödipuskomplex

1. Psychoanalyse: «jüdische Wissenschaft» oder Schlüssel zur abendländischen Seele?

Ausgangspunkt ist Sander L. Gilmans Infragestellung der Fülle von Antworten darauf, was das Jüdische an Freuds Werk sei.[1] Diese Antworten liefen immer wieder darauf hinaus, Freuds Identität im Judentum direkt auszumachen. Gilman zweifelt dieses Vorgehen an und zitiert seinen Gewährsmann Harold Bloom: «Nicht sehr beeindruckend finde ich Antworten auf die Frage, die dem Muster folgen: von Ödipus zu Moses, und die deshalb Freuds eigene ödipale Beziehung zu seinem Vater Jakob ins Zentrum stellen. Solche Antworten sagen mir nur, daß Freud einen jüdischen Vater hatte, und zweifellos werden noch Bücher geschrieben werden, die über Freuds Beziehung zu seiner unzweifelhaft jüdischen Mutter ihre Vermutungen anstellen werden.» In gleicher Weise «wenig einleuchtend» findet Bloom auch Versuche, Freud mit «esoterischen jüdischen Traditionen in Verbindung zu bringen» oder sein Traumbuch mit «angeblich talmudischen Vorläufern zu verknüpfen». Dennoch erscheint ihm «das Zentrum von Freuds Werk, sein Konzept der Verdrängung, zutiefst jüdisch, und in seinen Mustern sogar normativ jüdisch.» Ja, Bloom definiert Freuds Werk überraschend als eine «Parodie-Version» jüdischen Erinnerns und Vergessens (S. 19).

Was aber da so parodisch erinnert und vergessen (verdrängt) wird, bleibt ebenso offen, wie Gilman bekennt, daß er auf Blooms Frage «nur eine Teilantwort» habe. Diese aber hat es in sich. Gilman versetzt sich in den jungen Sigmund Freud, der in Wien, der damals antisemitischsten Stadt Europas, und in Paris eine naturwissenschaftlich begründete Medizin studiert, deren führenden Repräsentanten nicht nur die Massenseuche Syphilis «schlaflose Nächte» bereitet, sondern die zugleich «die miteinander verknüpften Gefahren der Sexualität, der Syphilis und des Verrücktwerdens mit der Gestalt des männlichen Juden in Zusammenhang» bringen (S. 100 ff). Da macht sich der Jude Freud zum Adepten einer Wissenschaft, deren «Wahrheit», die er auch noch vertreten soll, darin besteht, daß sein Volk der Infektionsträger erblicher (!) Erkrankungen des Leibes und des Geistes ist, vor dem es den arischen «Volkskörper» zu schützen gelte. Wo es feststeht, daß «der Jude» das definiert, «was der Arier nicht ist» (S. 20), sieht Gilman für Freud und seine jüdischen Kommilitonen eine wissenschaftstheoretische «Fallgrube» gegraben mit dem Doppelbindungseffekt, sich zu Ärzten ihrer eigenen Krankheit machen zu lassen, zu Ärzten nur für Juden, nicht aber für Arier.

Für Gilman zielt der Witz des Freudschen Werkes darauf, umgekehrt möglichst die in diese Grube fallen zu lassen, die sie ihm und seinesgleichen graben. Er nennt die Psychoanalyse eine «Reaktionsbildung» auf die vernichtende Psychiatrisierung seines Volks (S. 65). Wo Freud habe mitanhören müssen, wie sein Pariser Lehrer Charcot «den Juden» eine erbliche Hysterie attestierte (S. 149 f) und sein Wiener Kollege Alexander Pilcz den Studenten jahrzehntelang die «Standardmeinung» einbleute von der «hereditär-degenerativen» Geistesgestörtheit der Juden (S. 166 f, 184 f), habe sich in Freud eine Gegenstrategie herausgebildet, sein Volk diesem Rassismus dadurch zu entziehen, daß er es «in den Mainstream der Neurosen» hineinzuleiten suchte mit dem Ziel: Nicht Israel ist das Vererbungsübel der Welt. Es ist vielmehr so, daß «die Krankheit, die man dem jüdischen Körper zuschreibt, […] die Krankheit aller Menschen» ist (S. 142).

Die These von Freuds Werk als einer «Reaktionsbildung» auf den «wissenschaftlichen Antisemitismus» seiner Zeit impliziert den Kampf zugleich für und gegen etwas. Gilman bedient sich zu dessen Erfassung des «Paradigmas» von Peter Homan, das besagt: Freuds Antwort «auf die Idee des ‹Judeseins›» sei analog dem Verhältnis «eines Schlüssels zu seinem Wachsabdruck oder einer Plastik zu deren Gipsform». Die Psychoanalyse sei gleichsam «als das Negativ ihrer jüdischen Umwelt zum Vorschein» gekommen (S. 20).

Gleich zu Beginn seiner Untersuchung über Freud legt sich Gilman damit auf einen Schachzug fest, der von ihm aus gesehen ebenso richtig ist, wie der davon mitausgelöste Gegenzug unsichtbar bleibt. Lägen die Dinge so, dann wäre Freuds Werk nur eine (universalisierte) Parodie-Version des Jüdischen und sein epochaler Rückkoppelungseffekt auf die nichtjüdische Welt unerklärlich. Liegt aber Homans Paradigma zufolge das Verhältnis eines Schlüssels zu seinem Wachsabdruck vor, dann birgt das Bild ein unausgesprochenes Drittes: die Beschaffung eines Nachschlüssels, um unerlaubt in etwas einzudringen. Das aber würde Sinn machen: Freuds Werk – der Nachschlüssel zum Medienverbund des arischen Theoriegebäudes, um dessen Daten zur «jüdischen» Sexualität so zu «verschieben» und zu «verdichten», daß das, was der latente Traumgedanke als «Ödipus» manifest werden ließ, scheinbar einsinnig auf «Moses» zulief, sich in Wirklichkeit aber mit seinem Antipoden Christus zu einem Mischbild verdichtete, dessen Analyse als Negativ nicht die jüdische, sondern die daraus resultierende arische Sexualität einschließlich ihrer Perversionen an den Tag brachte.

Ausgehend von der Tatsache, daß Glauben im Judentum zuallererst und im Kern Erinnern bedeute, kommt Yigal Blumenberg zu der Feststellung: «Genau dies war ja die quälende Frage Freuds im ‹Mann Moses und die monotheistische Religion›, die er auch nicht zu lösen vermochte, weil er eben den Stellenwert des vom Christentum und der Aufklärung diffamierten Ritualgesetzes nicht dechiffrieren konnte. Ja, man könnte sogar sagen, daß er das Judentum quasi christianisierte.»[2] Hier wird zugleich etwas gesehen und nicht durchschaut. Es wird sich zeigen, daß Freud das Judentum nicht christianisierte, sondern umgekehrt mit seiner Lehre auf die vernichtende Christianisierung des Judentums reagierte. Dementsprechend seine Kritik «der Religion»: «Ihre Technik [...]

besteht darin, den Wert des Lebens herabzudrücken und das Bild der Welt wahnhaft zu entstellen, was die Einschüchterung der Intelligenz zur Voraussetzung hat.»[3] Diese Kritik aber trifft auf die jüdische Religion nicht zu! Der Gott der Hebräer ist ausdrücklich der «lebendige» Gott. Sein Bereich ist das *Leben*. Die Tora weist ihm den höchsten Wert zu und stellt es prinzipiell in all seinen Formen unter ihren Schutz. Damit setzt das Judentum einen Menschen voraus, der die allumfassende und ihm überlegene Intelligenz des Lebens nicht länger seinen Lehren, seiner Erkennntnis unterwirft, sondern alles daransetzt, ihr adäquat zu werden.[4]

2. Heines Witz und die drei Eckpunkte der Psychoanalyse

Freud belegt seine Untersuchung über «den Witz und seine Beziehung zum Unbewußten» von 1905 nicht nur ungewöhnlich häufig mit Beispielen aus Heines Werk, es spricht auch viel, wenn nicht alles dafür, daß sie deshalb als ein Schlüsselwerk der Psychoanalyse gilt, weil es mehr Heine in Freud gibt, als er selbst sehen läßt. Wimmelt es doch gerade da von Heine, wo er ihn nicht zitiert, nämlich bei der Analyse der Zote und ihrer Dreiecksgestalt. Freud hat die geniale Impertinenz des Heineschen Witzes nicht nur tief bewundert; die Mechanismen seiner Witzbildung und deren Materie haben ihm wahrscheinlich den Weg gewiesen, eine Psychologie zu schaffen, die ihrer lustentbindenden Gewalt, von der er selbst buchstäblich nur zu träumen wagte, gleichkäme. «Traumarbeit» und «Witzarbeit» sind vergleichbar. Beide unterliegen der Zensur. Aber Heines Zensor hatte Unverschämtheiten passieren lassen, die in Freud, obwohl er sie im Tone wissenschaftlicher Distanz nur zitiert, «Hemmungen» auslösten: «Als ich Ende des vorigen Abschnittes den Heineschen Vergleich des katholischen Priesters mit einem Angestellten einer Großhandlung und des protestantischen mit einem selbständigen Kleinhändler niederschrieb, verspürte ich eine Hemmung, die mich bestimmen wollte, dieses

Gleichnis nicht zu verwenden. Ich sagte mir, daß sich unter meinen Lesern wahrscheinlich einige befinden würden, denen nicht nur die Religion, sondern auch deren Regie und Personal ehrwürdig sind; diese Leser würden sich nur über den Vergleich entrüsten und in einen Affektzustand geraten, der ihnen jedes Interessse für die Unterscheidung raubt, ob das Gleichnis an sich oder nur infolge irgendwelcher Zutaten witzig erscheint.»[5] Freud weiß nur zu gut, wie sehr die ausschweifende Virulenz des Heineschen Witzes, dieser «zweideutige Schelm», die Welt in die Lachenden und mehr noch die tödlich Hassenden gespalten hatte. Aber er erkennt auch, daß dieser Witz Deutsche (Christen) und Juden nicht noch tiefer entzweien, sondern über die Lustbrücke des Lachens zueinander finden lassen wollte. Grundsätzlich stellt er fest: «Der Witz [...] ist die sozialste aller auf Lustgewinn zielenden seelischen Leistungen» (S. 204 f). Freud erkennt in der Witzbildung nicht nur die emotionalen, sondern auch die methodischen Grundlagen zu einer Gesundheitslehre des Lebens. Denn sie ist immer auf eine «dritte Person» berechnet, daß diese sich gleich dem Witzproduzenten lachend aus den Fesseln unbewußter Ängste und Hemmungen erlöse. Will es die Psychoanalyse zu einer adäquaten sozialen Leistung bringen, dann muß die Dyade Arzt – Patient zur dritten Person hin erweitert werden. Zwar wird diese auch in der Traumarbeit des Träumenden erstrebt, aber der soziale Kontakt kann nicht unmittelbar hergestellt werden, weil die Zensur nur einen verstümmelten und «unkenntlich gemachen Wunsch» durchläßt, der, da weder kommunikativ noch virulent wie der Witz, wohl der «Unlustersparnis» dient, nicht aber dem «Lusterwerb».

Das aber ist es, was Freud erstrebt: eine der Witzbildung gleichkommende Psychoanalyse des Lusterwerbs. Er spricht von einem «Rätsel», das zu «lösen» er sich beauftragt. Ausgangsbasis ist die Beobachtung, daß der tendenzlose Witz niemals «jene plötzlichen Ausbrüche von Gelächter» zu zünden fähig ist, «die den tendenziösen so unwiderstehlich machen». Dabei unterscheidet Freud zwischen den zwei Spielarten dieses Witzes: dem «feindseligen», der der Aggression dient, und dem «obszönen», der der

«Entblößung» dient. Ausdrücklich gilt sein ganzes Interesse nicht dem feindseligen, sondern dem entblößenden Witz, insbesondere der «Zote», und innerhalb dieser Kategorie wiederum derjenigen, die sich unzüchtig «auf das Weib» richtet und die «einem Verführungsversuch gleichzusetzen» ist (S. 105). Freud weicht dem feindseligen Witz damit aber nicht aus. Im Gegenteil. In der «das Weib» entblößenden Zote hat er, wie er selbst sagt, als «sexuelle Aggression» beides zusammen. Zu deren Triebstruktur heißt es grundsätzlich: «Das Sexuelle, welches den Inhalt der Zote bildet, umfaßt mehr als das bei beiden Geschlechtern Besondere, nämlich noch überdies das beiden Geschlechtern Gemeinsame, auf das die Scham sich erstreckt, also das Exkrementelle in seinem ganzen Umfang. Dies ist aber der Umfang, den das Sexuelle im Kindesalter hat, wo für die Vorstellung gleichsam eine Kloake existiert [...] Die Zote ist wie eine Entblößung der sexuell differenten Person, an die sie gerichtet ist. Durch das Aussprechen der obszönen Worte zwingt sie die angegriffene Person zur Vorstellung des betreffenden Körperteiles oder der Verrichtung und zeigt ihr, daß der Angreifer selbst sich solches vorstellt. Es ist nicht zu bezweifeln, daß die Lust, das Sexuelle entblößt zu sehen, das ursprüngliche Motiv der Zote ist» (ebd.).

Freud sieht das soziale Mistbeet für das Gedeihen der Zote vor allem «beim Landvolk oder im Wirtshaus des kleinen Mannes» angelegt. Man könne beobachten, «daß erst das Hinzutreten der Kellnerin oder der Wirtin die Zote zum Vorschein» bringe. Eine wesentliche Bedingung für deren Ausbildung und Entfaltung aber ist für Freud die «Unnachgiebigkeit des Weibes». Die Zote setzt ein «sich schämendes Weib» voraus. Und je mehr es sich schämt, desto aggressiver der zotenreißende Aggressor. Da wird, so Freud, die libidinöse Regung «direkt feindselig, grausam, ruft also die sadistische Komponente des Geschlechtstriebes gegen das Hindernis zur Hilfe» (S. 108 f). Für Freud entfaltet sich in der Zote die gleiche Triebstruktur wie im geistreichen Tendenzwitz, nur auf der niedrigsten Stufe. Sie setzt zu ihrer «Vergesellschaftung» drei Personen voraus: die erste, die den Witz macht (erfindet), die zweite, die er zum Objekt erniedrigt, und eine dritte, an der sich die Tendenz des Witzes, die Lusterzeugung, lachend erfüllt: «Durch die zotige Rede des Ersten wird das Weib vor diesem Dritten entblößt, der nun als Zuhörer – durch die mühelose Befriedigung seiner eigenen Libido – bestochen wird» (S. 109f). Freud erkennt im «Zotenverkehr» einen «komplizierten Vorgang» selbst da, wo er sich im gemeinen Volk abspielt und nicht «die formellen Ansprüche» erfüllt, die den Witz ausmachen: «Erst wenn wir zu feiner gebildeter Gesellschaft aufsteigen, tritt die formelle Witzbildung hinzu. Die Zote wird witzig und wird nur geduldet, wenn sie witzig ist.» Die Qualität des Witzes ist für Freud abhängig von der Höhe des Hindernisses, das er kraft seiner Meisterschaft des Verschiebens und Verdichtens überwindet. Gemeint ist der Scham- und Peinlichkeitsstandard der Gesellschaft:

> «Das im Wege stehende Hindernis ist eigentlich nichts anderes als die der höheren Bildungs- und Gesellschaftsstufe entsprechend gesteigerte Unfähigkeit des Weibes, das unverhüllte Sexuelle zu ertragen. […] Man kann beobachten, wie Männer höherer Stände durch die Gesellschaft niedrigstehender Mädchen sofort veranlaßt werden, die witzige Zote in die einfache zurücksinken zu lassen.
>
> Die Macht, welche dem Weibe und in geringerem Maße auch dem Manne den Genuß der unverhüllten Obszönität erschwert oder unmöglich macht, heißen wir die ‹Verdrängung› und erkennen in ihr denselben psychischen Vorgang, der in ernsten Krankheitsfällen ganze Komplexe von Regungen mitsamt deren Abkömmlingen vom Bewußtsein fernhält und sich als ein Hauptfaktor der Verursachung bei den sogenannten Psychoneurosen herausgestellt hat. Wir gestehen der Kultur und höheren Erziehung einen großen Einfluß auf die Ausbildung der Verdrängung zu und nehmen an, daß unter diesen Bedingungen eine Veränderung der psychischen Organisation zustande kommt, die auch als ererbte Anlage mitgebracht werden kann» (ebd.).

Im Witz aber erkennt Freud die Macht, die «Verdrängungsarbeit der Kultur» so zu unterminieren, daß die durch sie «verworfenen Genußmöglichkeiten» zurückgewonnen werden. Und weil das so ist, muß er über «andere Quellen der Lust» verfügen als der harmlose Witz, bei dem alle Lust «irgendwie an die Technik geknüpft ist».

Genau an dieser Stelle, wo es um die Entscheidungsfrage geht, wie hoch der Anteil der Technik an der Lustentbindung ist und wie hoch der der Tendenz, stößt Freuds Psychoanalyse an ihre Grenze – oder aber sie setzt sie sich selbst: «Wir wissen also streng genommen nicht, worüber wir lachen. Bei allen obszönen Witzen unterliegen wir grellen Urteilstäuschungen über die ‹Güte› des Witzes, soweit dieselbe von formalen Bedingungen abhängt; die Technik dieser Witze ist oft sehr ärmlich, ihr Lacherfolg ein ungeheurer» (S. 110). Wie ist das möglich? Muß es da nicht ein allmächtiges Arsenal des kulturell Verdrängten geben, aus dem sich selbst der ärmlichste Witzereißer jederzeit so ungeheuer erfolgreich bedienen kann, daß er die Lacher auf seiner Seite hat, die noch dazu gar nicht (mehr) wissen, worüber sie lachen? Freud bezieht mit dem «Wir» all seine Leser in diese «grelle Urteilstäuschung» ein. Da fragt es sich aber, ob diese Verdrängung auch wirklich auf ihn selber zutrifft oder ob er dabei an Witze denkt, bei denen er selber niemals hätte mitlachen können, weil er in deren Dreieck als der entblößte Jude figurierte. An ganz anderen Stellen seiner Untersuchung weist Freud nämlich mehrfach hin auf Witze gegen Juden, die deren «brutaler Verhöhnung» dienten (S. 123, 159 f.). Freud verschweigt hier nachweislich das Wesentliche. Denn das ganze Kapitel über die Dynamik der Zote verdankt er Heine. Von ihm hat er es sozusagen abgeschrieben, aber nicht, um ihn zu beerben, sondern für seine ganz anderen Voraussetzungen fortzuschreiben.

In seiner «Reise von München nach Genua» (Kap. IX) schildert Heine das Verhalten zweier Herren, eines Geistlichen und eines Adeligen, in einem Gasthof zu Brixen:

«Beide würzten ihr Mahl, indem sie die Aufwärterin mit Karessen bedrängten, die das liebe, bildschöne Mädchen nicht wenig anzuekeln schienen, so daß sie sich mit Gewalt losriß, wenn der eine sie hinten klätschelte oder der andere sie gar zu embrassieren suchte. Dabei rissen sie ihre rohesten Zoten, die das Mädchen, wie sie wußten, nicht umhin konnte anzuhören, da sie zur Aufwartung der Gäste und auch, um mir den Tisch zu decken, im Zimmer bleiben mußte. Als jedoch die Ungebühr ganz unleidlich wurde, ließ die junge Person plötzlich alles stehen und liegen, eilte zur Tür hinaus und kam erst nach einigen Minuten ins Zimmer zurück, mit einem kleinen Kinde auf dem Arm, das sie die ganze Zeit auf dem Arm behielt, während sie im Gastzimmer ihre Geschäfte besorgte, obgleich ihr diese dadurch um so beschwerlicher wurden. Die beiden Kumpanen aber, der geistliche und der adelige Herr, wagten keine einzige Belästigung mehr gegen das Mädchen, das jetzt ohne Unfreundlichkeit, jedoch mit seltsamem Ernst sie bediente; – das Gespräch nahm eine andere Wendung, beide schwatzten jetzt das gewöhnliche Geschwätz von der großen Verschwörung gegen Thron und Altar, sie verständigten sich über die Notwendigkeit strenger Maßregeln und reichten sich mehrmals die heiligen Allianzhände.»

Wir erkennen sogleich: Freuds Psychoanalyse der Zote deckt sich mit der Beobachtung Heines – und deckt sich an einer ganz entscheidenden Stelle nicht! In der Organisation des Zotenverkehrs als einer Triade, die sich genauer gesagt aus der Dyade der beiden Herren und dem entblößten Mädchen als dem ausgeschlossenen Dritten zusammensetzt, stimmen beide überein. Im übrigen aber wird die Beobachtung Heines nicht nur soziologisch auf den Kopf gestellt, sondern in dem, was sein analytischer Scharfblick als Verdrängungsarbeit der Kultur offenlegt, von Freud übergangen. Warum das? Bei Heine ist der *genius loci* der Zote nicht im Wirtshaus des kleinen Mannes angesiedelt, sondern in der Herberge für die Repräsentanten der herrschenden Stände. Daß auch Männer dieser Herkunft zoten, verschweigt zwar auch Freud nicht. Er stimmt auch mit Heine darin überein, daß sie sich bei «niedrigstehenden Mädchen» in das zurückziehen lassen, was wir heute noch sexuelle Belästigung nennen. Was er aber unerwähnt läßt, ist das, was den beiden Herren so plötzlich die Lustquelle abdreht. Hier aber kommt Heines kleines Drama der abendländischen Seele überhaupt erst zu seinem Höhe- und Wendepunkt. Das so brutal entblößte, weil niedrigstehende Mädchen verläßt die Bühne und kehrt dann nach einigen Minuten zurück, verwandelt in das Gegenteil seiner selbst: in die «bildschöne» Madonna mit dem

Kinde, die abendländische Ikone des Erhabenen. Das Mädchen bedient sich eines psychologischen Schachzugs, mit dem es sich selbst ebenso automatisch aus dem Zotenverkehr zieht, wie es umgekehrt die hohen Herren um so tiefer hineinzieht. Über dessen Exkrementelles siegt sublimierend ein «seltsamer Ernst». Was Heine in Brixen beobachtet und beschreibt, entspricht genau dem, was Freud mit den Begriffen Verschiebung und Verdichtung zu fassen sucht. Die von dem Geistlichen und dem Adeligen zur Hure gemachte Frau verschiebt sich zur Heiligen, aber so, daß sie als zur Hure Gemachte dahinter transparent bleibt. Wir werden eines Mischbildes zwielichtig getrübter Lust ansichtig, das der zweideutige Schelm des Heineschen Witzes genau da aus dem Verborgenen zieht, wo es – wie später genauer dargelegt wird – seinen unbewußten Infektionsherd hat: in der «Passionsblume» des Christentums.

Das kleine Drama in Brixen hat aber noch ein Nachspiel. Heine nimmt wahr, wie sich die in den beiden Herren zum Versiegen gebrachte Lustquelle postwendend eine Abfuhr verschafft, die nicht der Verdrängung unterliegt. Der zotige Urgrund des Dreiecks bleibt erhalten, er wechselt nur den Fachbereich. Die bloßgestellten Herren geben sich jetzt dem «gewöhnlichen Geschwätz» hin von der «großen Verschwörung gegen Thron und Altar». Der für den Altar stehende Geistliche und der für den Thron stehende Adelige ersetzen die entblößte Frau durch den Weltverschwörer gegen den Geist des Abendlandes: «den Juden». Heine brauchte nicht ausdrücklich zu erwähnen, daß das damals von Kirche und Adel mit allen Künsten der Hysterisierung aufgeladene Reizwort von der Weltverschwörung sein Volk meinte! «Die Juden» machte man für alles verantwortlich, was des Teufels war, für die Freimauer, den Terror der Jakobiner, das Gespenst des Kommunismus ... Noch Hitler lebte im Wahn der jüdischen Weltverschwörung.[6] Entheiligten sich die Hände der Herren zuvor an dem Leib der jungen Frau, so gewinnen sie nunmehr den Status «heiliger Allianzhände» zurück, die sich zu strengen Maßregeln gegen «die Juden» vereinen. Auch wenn Heine es an dieser Stelle unerwähnt läßt, so reagiert sein Werk geradezu leitmotivisch immer wieder auf das, was zum Komplex des christlichen Denkens und Fühlens gehörte: die Gleichsetzung des Jüdischen mit dem Exkrementellen! Von daher wird auch einsichtig, warum der so sinnenfrohe Heine nicht mitzotet, sondern die Partei des sexuell belästigten Mädchens ergreift. Wo immer man ihn als Juden identifizierte, mußte er so wie alle Juden mit der gleichen Belästigung rechnen. Der abendländische Zotenverkehr machte zwischen niedrigstehenden Frauen und Juden keinen Unterschied. Sie repräsentierten alles Sexuelle, das dem Christenmenschen verboten war, und also den verhaßten Unlustfaktor der herrschenden Moral.

Nun ist nicht anzunehmen, daß Freud, der kongeniale Rezipient Heines, ausgerechnet an dieser Textstelle von Leseschwäche befallen wurde. Also ist zu fragen, warum er den triadischen Komplex des Brixener Dramas nicht wie Heine als mariologisch-christliche Triebbestimmung identifiziert, sondern zum ödipalen Dreieck und seinen infantilen Vorphasen hin verschiebt. Daß er sich mit weniger zufriedengegeben hätte, ist unwahrscheinlich. Denn wie schon gesagt, Freud erkennt in Heines Witz eine therapeutische Absicht, den abendländischen Unlustfaktor des Leibes in Lachen aufzulösen und damit auch eine Herausforderung an sich selbst, etwas psychologisch Vergleichbares zu schaffen. In den «Memoiren des Herrn von Schnabelewopski» fand er genau das vorgedacht, was ihn selbst bis auf den Grund bewegte:

«Ist es nicht furchtbar, daß der Leib eine ganze Nacht leichentot sein kann, während der Geist in uns das bewegteste Leben führt, ein Leben mit allen Schrecknissen jener Scheidung, die wir eben zwischen Leib und Geist gestiftet? Wenn einst in der Zukunft beide wieder in unserem Bewußtsein vereinigt sind, dann gibt es vielleicht keine Träume mehr, oder nur kranke Menschen, Menschen, deren Harmonie gestört, werden träumen. [...] Unsere Nachkommen werden schaudern, wenn sie einst lesen, welch gespenstisches Dasein wir geführt, wie der Mensch in uns gespalten war und nur die eine Hälfte ein eigentliches Leben geführt. Unsere Zeit – und sie beginnt am Kreuze Christi – wird als eine große Krankheitsperiode der Menschheit betrachtet werden.»

Heine diagnostiziert im Seelenleben des Abendländers eine den Leib von sich abspaltende und unterdrückende Macht des Geistes, die ihn bis auf den Grund der Träume, das Unbewußte, krank gemacht habe. An dem historischen Herd der «großen Krankheitsperiode», dem Christentum, läßt er so wenig einen Zweifel wie daran, daß auch das von ihm zum «Volksgespenst» gettoisierte Judentum mit infiziert wurde. Es stand für das, was sein Gott heiliggesprochen hatte und nun des Teufels war: Leib und Leben! Heine aber erkennt mit Grauen, daß die Aufklärung die Weltmacht dieses Geistes nicht ablöst, sondern verschoben zum Deutschen Idealismus und zur «Romantischen Schule» verhängnisvoll erneuert. Letztere kritisierend stellt er fest: «Das deutsche Mittelalter liegt nicht vermodert im Grabe, es wird vielmehr manchmal von einem bösen Gespenst belebt und tritt am hellen, lichten Tage in unsere Mitte und saugt uns das rote Leben aus der Brust ...»

Wichtig ist zu sehen, daß Heine Europa nicht einfach am Christentum erkrankt sieht, sondern an dessen Antisemitismus. Er ist sich bewußt, wie sehr wir mit unserer deutschen Geschichte immer zugleich jüdische Geschichte geschrieben hatten, die, weil kein Ruhmesblatt, ungeschrieben blieb. Heine aber reicht das Ungeschriebene nach, am unmittelbarsten in seiner Erzählung «Der Rabbi von Bacharach». In dem Widmungsgedicht dazu bekennt er: «Ich habe gewaltig beschworen den tausendjährigen Schmerz.» Es ist der Schmerz seines seit den Kreuzzügen in ungezählten Pogromen immer wieder «gemordeten Volkes».

Was (sich) Heines Witz auf diesem Weg leistet, konnte Freud sich nicht mehr leisten. Nicht weil es ihm an Mut gefehlt hätte, sondern weil er kein Dichter war. Als Arzt und Naturwissenschaftler aber war er an die Rituale eines Diskurses gebunden, dessen Objektivitätsideal ein völlig anderes Vorgehen erzwang, zumal wenn ein Jude es zu vertreten hatte. Angesichts der Doppelbindung des jüdischen Mediziners, sowohl Arzt wie Patient, Beobachter wie Objekt der Beobachtung sein zu müssen, erinnert Gilman daran, «daß Freuds Leben [...] die intensivste Periode antisemitischer Umtriebe in Europa umfaßt, die schließlich in der

Shoah kulminierten.» Es ist die Zeit zwischen 1870 und 1930, in der sich der christliche Antijudaismus nicht nur «in der Sprache der Rassenbiologie säkularisiert», sondern als er selbst ungebrochen fortlebt in der Legende von Ahasver, dem Ewigen Juden. Insbesondere in Wagners Parsifal, dem erklärten Heldenvorbild Hitlers, erneuert sich die Triade der Mitleidstheologie vom erbarmungslosen Juden, der vergiftend eindringt in die Gottesmutter-Sohn-Dyade, die Urszene des ‹Leibes Christi›, der Kirche und Gralskirche. Wagner aber verschiebt dieses Dreieck (Mutter – Sohn – Juden) in der Weise, daß sich Ahasver in ein dämonisches Weib verwandelt, in die erotomane Hysterikerin des Christusfluchs, deren Triebstruktur unheilbar an die Lust des Leibes gebunden ist. «Für die Juden», so Gilman, «war es ein Zeitalter großer Unsicherheit, von Ängsten um sich selbst und die eigene Welt. [...] Diese Angst suchte auch Freud in seinen Träumen heim.» [7] Gilman ist davon überzeugt, daß Freud durchaus um den Platz wußte, «den der Jude im dämonischen Universum der arischen Psyche einnahm» (S. 47). Von daher sucht er zu erklären, warum er die dem wissenschaftlichen Antisemitismus inhärente «Rhetorik der Rasse» in die «Konstruktion der Geschlechter» umgewandelt habe.

C. G. Jung hatte das angeblich rassische Anderssein der Juden mit der Verweiblichung des männlichen Juden in Zusammenhang gebracht, womit er nicht nur seine persönliche, sondern die in der Wissenschaft «gängige Meinung» zum Ausdruck brachte (S. 74 f). Gemeint war damit nicht, daß jüdische Männer Frauen seien, sondern, so Gilman, «gewisse Eigentümlichkeiten mit Frauen teilen». In der Weise aber, wie Gilman Jungs Kritik an der Psychoanalyse zitiert, wird deutlich, daß beide hinsichtlich dessen, auf das sie wirklich reagierte, im Nebel stochern. Für Jung sind jüdische Männer «Geschlechtsbeuger». So wie «jeder Jude einen Christuskomplex» habe, habe «jeder Neger einen Weißer-Mann-Komplex». Beide gäben alles dafür, ihre «Haut auszuwechseln». Entsprechend verwirft Jung das «grundsätzlich zersetzende Wesen» der Psychoanalyse. Mit ihren «jüdischen Kategorien» habe sie «nämlich das kostbarste Geheimnis des germanischen Menschen, seinen schöpferisch ahnungsvollen Seelengrund als kindisch-banalen Sumpf erklärt. [...] Diese Verdächtigung ist von FREUD ausgegangen. Er kannte die germanische Seele nicht, so wenig wie alle seine germanischen Nachbeter sie kannten. Hat sie die gewaltige Erscheinung des Nationalsozialismus, auf den eine ganze Welt mit erstaunten Augen blickt, eines Besseren belehrt?» Gilman, der diese von Jung 1934 gemachte Äußerung zitiert, zeigt sich «verblüfft» über die darin angestellte «Umkehrung», nach der Freud den bisher seinem Volk unterstellten «kindisch-banalen Sumpf» nur umgekehrt dem germanischen Menschen angehängt habe (S. 60 f). Das eigentlich Verblüffende aber ist nicht der zwischen Jung und Freud hin- und hergeschobene Sumpf, sondern dessen ungesehene Herkunft. Denn Jungs Vorwurf der «Geschlechtsbeugung» beschreibt (unbewußt?) genau die tausendjährige Vernichtungsstrategie der Christenlehre gegen das durchweg als weiblich pervers etikettierte Judentum. In der Sakralkunst bilden die Gegensatzpaare Ecclesia – Synagoga, Maria – Synagoga die hysterisierende Differenz: Heilige – Hure, Hohe Frau – Schwein («Judensau») = unrein, sündig, sexuell abartig. Wo Jung «jüdische Kategorien» der Zersetzung auszumachen glaubt, sieht Freud umgekehrt und richtig den Sumpf schleichender Selbstzersetzung im «schöpferisch ahnungsvollen Seelengrund» des germanischen Menschen.

Freud selbst war hinsichtlich der Sorge, die Psychoanalyse könnte als ein «direktes Erzeugnis des jüdischen Geistes» abgetan werden, zweigeteilt. Einerseits wehrte er sich mit Recht dagegen, andererseits gesteht er dem italienischen Psychiater Enrico Morselli, er würde sich, wenn es so wäre, «nicht beschämt fühlen». Als aber 1912 der Bruch mit Jung öffentlich wird, äußert Freud in einem Brief an Ferenczi seine Verzweiflung darüber, daß das mißlingen könnte, worum es ihm ging: «Juden und Gojim im Dienst der Psychoanalyse zu verschmelzen» (S. 63 f). So wie sein Vorbild Heine die gemeinsame Heilung von der christlichen Erkrankung angestrebt hatte, war es Freuds Ziel, der Heine der Psychiatrie zu werden und gleich diesem seine jüdische Identität niemals preiszugeben. In einem Dankesbrief an den Oberrabbiner von Wien für dessen Grüße zu seinem 75. Geburtstag schreibt Freud: «An irgendeiner Stelle meiner Seele, in einem sehr versteckten Winkel, bin ich ein fanatischer Jude. Ich bin sehr erstaunt, mich trotz aller Bemühungen um Vorurteilslosigkeit und Unparteilichkeit als solchen zu entdecken» (S. 65).

Gilman verwendet sehr viel Energie darauf herauszufinden, wie und warum Freud die rassischen Kategorien der herrschenden Wissenschaft in «Geschlechtskategorien» umgewandelt habe. Ein wesentlicher Grund war sicher der, daß für die Denker des ausgehenden 19. Jahrhunderts das pathologische Anderssein des Juden am deutlichsten in seiner Beschneidung manifestierbar war, und ein damit zusammenhängender anderer Grund: die Analogie zwischen der als «defekt» angesehenen Sexualität des Juden und der Frau «auszuradieren» (S. 68). Das macht Sinn, wie sich zeigen wird, und belegt zugleich, wie tief Freuds Leidensgedächtnis hier in die Verfolgungsgeschichte Israels eintaucht. Gilman sieht Freuds Strategie der «wissenschaftlichen Unerkennbarkeit des Juden» parallel verlaufen zu der der «Unerkennbarkeit des Weiblichen» (S. 69 f.). In der Tat spricht Freud in seinem Aufsatz über Laienanalyse von 1926 von der weiblichen Sexualität als einem «dark continent» der menschlichen Psyche. Auch stellt er die umstrittene und heute abgelehnte Analogie her zwischen weiblicher und männlicher Anatomie (Klitoris = verkleinerter Penis) mit der angeblichen Folge des «Penisneids». Es fragt sich aber, ob das mit Gilman nur darauf hinauslaufen sollte, «die Unterscheidung zwischen männlichem Arier und männlichem Juden» zu «verdrängen» (!) und «stattdessen dem Körper der Frau» einzuschreiben (S. 72). Verdrängen aber wollte Freud doch gerade nicht, sondern umgekehrt analytisch das heilen, was in der abendländischen Triade Sohn – Mutter – Juden als kulturell Verdrängtes manifest wurde.

Geht man davon aus, daß der Heine in Freud eine ebenso umfassende wie tief erlittene Einsicht hatte in den antijüdischen Seelengrund der arischen Psyche, dann war er sich bewußt, daß es nicht genügen konnte, das darin eingeschriebene Datenmaterial über den jüdischen Körper zum Leib der Frau hin zu verschieben. Erinnert sei noch einmal an die von Heine geschilderte Reaktion der beiden sexuellen Belästiger in Brixen, als sich die leiblich erniedrigte Kellnerin in die Mutter-Imago mit dem Kinde verwandelt. Der ausgelöste mariologische Reflex läßt die Herren verstummen wie zwei unreife Knaben, die die Mutter bei etwas Unanständigem ertappt hat. Plötzlich liegt in ihnen jener «kindisch-banale Sumpf» bloß, den C. G. Jung als nicht zum «schöpferisch ahnungsvollen Seelengrund» des Ariers gehörig entrüstet zurückweist. Heine aber sieht das richtig und mit ihm Freud. Das mariologisch-christologisch verfaßte abendländische Über-Ich (und Ideal-Ich) hält das Unbewußte ebenso streng unter Kontrolle, wie es dem Ich dessen Entladung gegen den ausgeschlossenen Dritten erlaubt: den (zur Hure und perversen «Judensau» verweiblichten) Juden oder (ersatzweise) die als niedrig erkannte oder angenommene Frau.

Durch Heines Werk geht leitmotivisch die Ablehnung des Dogmas von der göttlichen Trinität und deren Inkarnation in die heilige Familie. Gott hat «keine Kinder», wie es die Hebräischen Melodien bezeugen, insbesondere die Ballade «Disputation». Christus, der Sohn und Herr, aber hatte Eltern, insbesondere eine Mutter. Und gerade das hatte im Abendland die entsetzlichsten Folgen für die zum Kollektivsubjekt verdichteten «Juden», durch die sich diese Mutter-Sohn-Dyade zu ihrem negativen Dritten hin komplettierte. Auf dieses Dreieck reagiert der Dichter Heine ebenso direkt und mit der ganzen Souveränität seiner Witz- und Traumarbeit, wie der als Arzt an den wissenschaftlichen Diskurs gebundene Freud gehalten war, ein Modell zu finden, das diesem Dreieck möglichst kongruent wäre. Was ihm eines Tages zufällt, ist der Mythos von Ödipus Rex. Diesen handhab er der rabbinischen Tradition gemäß als ein Gleichnis, als jene (auch von Jesus gemeisterte) Urform der Darstellung komplizierter Sachverhalte, die im jerusalemischen Talmud stets mit der Formel «Die Sache gleicht ...» eingeleitet wurde. Das eigentümliche Wesen der

Gleichnisrede ist demnach in der Zusammenschau zweier Bereiche begründet: dem Bildbereich und dem – unsichtbaren – Sachbereich. Der Gleichniserzähler erstrebt über diesen Umweg die Sichtbarmachung der Sache in einem so bisher nicht oder niemals wahrgenommenen Licht. Immer geht es um die Problematisierung einer eingefahrenen Einstellung und um deren Dekonstruktion. Der Angesprochene soll zu sich selbst auf Distanz gebracht werden, soll in die Selbstbeobachtung eintreten, ihm soll etwas zu Ohren kommen, was er bisher so nicht hören wollte oder konnte. Nicht auf Überredung zielt das Gleichnis, sondern auf die Überwindung eingefahrener Affekte und Vorurteile.

Es wird sich erweisen, wie sehr die Sache von der Passion Jesu und seiner Mutter Maria und der Blutschuld «der Juden» an ihnen gleichnishaft ist für die Blutschuld des Ödipus, wie hier zwei Komplexe vorliegen, der Karfreitags- und der Ödipuskomplex, die übereinandergelegt für Freud geeignet waren, das tabuisierte und neurotisierte Unbewußte so zu verschieben und zu verdichten, daß seine Entbindung möglich würde. Was sich für Freud durch die «Passionsblume» direkt nicht sagen ließ, ließ sich im Gleichnis des sophokleischen Mythos sehr wohl sagen, da er zum einen als höchster arischer Bildungswert nicht negativ besetzt war, zum anderen, wie schon Nietzsche erkannt hatte, das griechische Gegenstück bildete zum hebräischen Mythos vom Sündenfall in die Erkenntnis.

Aus der Dreiecksgestalt der beiden Komplexe wird auch einsichtig, warum Freud seine psychoanalytische Therapie auf drei Eckpunkte gründete: auf die Beziehungsdynamik zwischen dem Analytiker, dem Analysanden und dem Unbewußten, das in Gestalt der Übertragung und Gegenübertragung als der nicht länger ausgeschlossene (verdrängte), sondern leidenserlöste Dritte (Andere) an den Tag käme, gefeiert und beglückwünscht von beiden.

3. Die «Passionsblume» und Heines Traum- und Witzarbeit

Heinrich Heine (1797–1856) zählt zu den ersten seines Volks, die aus dem Alptraum des Gettos erwachten, ohne ihm entfliehen zu können und vor allem – zu wollen. Dafür hatte er zuviel ungeschriebene Geschichte im Leibe. Seine Witzarbeit ist immer (Alp-)Traumarbeit. Wenn Freud zu der generellen Feststellung kommt, daß die Güte des Witzes die Höhe einer Kultur anzeige sowie das davon abhängige Maß an Verdrängungsenergie, das er freisetzt, dann gilt das in einem sehr komplexen und nicht leicht zu durchschauenden Sinn für Heine. Denn das Getto umschloß die erhabenste aller Hochkulturen als die Perle, die die christliche Auster so lange in sich eingeschlossen hatte. Somit mußte aus ihrer Freisetzung ein doppelbödiger Witz ganz eigener Art entstehen. Darauf weist auch Salcia Landmann hin im Zusammenhang mit dem jüdischen Witz: «Von hier aus ist es verständlich, daß unter den Dichtern Deutschlands Heine zu den witzigsten zählt. [...] Er sah die Welt nach wie vor mit den unbestechlichen Augen des ungerecht Verfolgten. Seine Bitterkeit nahm die Farbe des Witzes an, des spezifisch jüdischen Witzes.» [8] Nur unter Berücksichtigung des auf dem jüdischen Volke doppelt lastenden Kulturdrucks wird verständlich, warum Heine gerade mit den romantisch-sentimentalen Dutzendreimen wie Träume auf Bäume und insbesondere Herz auf Schmerz (!) eine tief verdrängte Zerrissenheit freisetzte, die viel weniger die seine war als die derer, die sie empört als «jüdisch» von sich wiesen.

Durchschaut wurde Heine von wenigen. Neben Freud war es Nietzsche, der ihm als Dichter einen Rang zuwies wie nur noch Goethe, gleichzeitig aber die wesentliche Unterscheidung traf, Heine habe «die Potenz der europäischen Kultur wirklich überboten». [9] Das hieß im Klartext: Heine, der Angehörige eines Volks, über das die christliche Geschichtsdialektik von Joachim di Fiore bis hin zu Hegel und seinen Erben überheblich hinwegmarschierte, verhilft dem Gipfelprodukt der europäischen Kultur, der deutschen Hochsprache, zu einer Kraft, die sie aus sich selbst so nicht zu leisten vermochte. Diese Potenz resultiert aus einer doppelten Rede, die auf zwei Kanälen zugleich sendet: sehr deutsch und witzigerweise so, wie wir ein Jahrtausend lang in Wort und Bild deutsch mit «den Juden» redeten. Der einzige Trick an dieser Rede: Heine vertauscht die Perspektiven: «Aus meinen großen Schmerzen / Mach ich die kleinen Lieder.» In diesem frühen Vers klingt das Leitmotiv an, das für sein ganzes Werk bestimmend bleibt bis hin zu dem allerletzten Gedicht «Für die Mouche», dem Liebeslied des Todgeweihten an die letzte Freundin.

Es ist ein Sommernachtstraum, in dem sich das lyrische Ich die Ruinenpracht der abendländischen Geschichte mit all ihren «grell gepaarten Gegensätzen» aus Rom, Griechenland und Judäa an einem Ort zusammenträumt. In dessen Zentrum steht ein offener Marmorsarkophag, in den mit «leidend sanften Mienen» ein toter Mann gebettet ist. Die Traumarbeit macht den Träumenden plötzlich zu diesem Toten; und im selben Augenblick wächst etwas schauerlich Untotes aus den Trümmern der Kulturen, die «Blume der Passion»:

Zu Häupten aber meiner Ruhestätt
Stand eine Blume, rätselhaft gestaltet,
Die Blätter schwefelgelb und violett,
Doch wilder Liebreiz in der Blume waltet.

Das Volk nennt sie die Blume der Passion
Und sagt, sie sei dem Schädelberg entsprossen,
Als man gekreuzigt hat den Gottessohn,
Und dort sein welterlösend Blut geflossen.

Blutzeugnis heißt es, gebe diese Blum,
Und alle Marterinstrumente, welche
Dem Henker dienten bei dem Märtyrtum,
Sie trüge sie abkonterfeit im Kelche.

Ja, alle Requisiten der Passion
Sähe man hier, die ganze Folterkammer,

Zum Beispiel: Geißel, Stricke, Dornenkron,
Das Kreuz, den Kelch, die Nägel und den Hammer.

Solch eine Blum an meinem Grabe stand,
Und über meinem Leichnam niederbeugend,
Wie Frauentrauer, küßt sie mir die Hand,
Küßt Stirne mir und Augen, trostlos schweigend.

Doch, Zauberei des Traumes! Seltsamlich,
Die Blume der Passion, die schwefelgelbe,
Verwandelt in ein Frauenbildnis sich,
Und das ist sie – die Liebste, ja dieselbe!

Du warst die Blume, du geliebtes Kind,
An deinen Küssen mußt ich dich erkennen,
So zärtlich keine Blumenlippen sind,
So feurig keine Blumentränen brennen.

Die Traumarbeit wandelt die Passionsblume in die Geliebte. Ihr
(im Gelben Stern 1941 wiederkehrendes) Schwefelgelb, Farb- und
Analgeruchssymbol des Teufels, und ihr Violett, die Karfreitags-
farbe des Todes, unterliegen der zärtlich küssenden Macht des Lebens. Es ereignet sich die Auferweckung des Toten. Über den Alp
aus Tod und Teufel siegt ein «schöner Freudentraum», aber nicht
so, daß der Träumende das Gewebe «aus Lust und Schauder»
ganz hinwegzuträumen vermöchte. Der «alte Glaubenswahn» hat
noch die Macht, den lusterweckten Leib wieder in den Leichnam
zurückzuverwandeln. Da muß die Witzarbeit des Liedermachers
seiner nächtlichen Traumarbeit nachhelfen und den Esel Balaams
herbeirufen, daß er «Die Götter und die Heiligen» mit seinem
«ekelhaften Mißlaut» des ewigen I – A (= Ja und Amen ihrer
Gläubigen) überschreie, und sei es um den Preis der eigenen «Verzweiflung»: «Ich selbst zuletzt schrie auf – und ich erwachte.»
    Eines ist gewiß: Überblickt man den Forschungsstand, der sich
auf dem «Internationalen Heinekongreß 1997» in Düsseldorf
(25.–30. Mai) unter dem Motto «Aufklärung und Skepsis» um-
fassend repräsentierte, dann ist alles Wesentliche, das sich aus
deutscher und internationaler Perspektive zu Heine sagen läßt, ge-

sagt worden. Nur eines war, wenn überhaupt, höchstens als lexikalischer Begriff gegenwärtig: die «Blume der Passion». Für Heine aber war gerade sie eine psychohistorische und also pragmatische Realität, weshalb sie ihm selbst bei hellichtem Tage an den Kreuzwegen seiner Reisebilder in immer neuen Verwandlungen entgegenblühte. Diese zumindest den halben Heine in seiner Witzbildung ausblendende Leerstelle in der Forschungsbilanz entbehrt nicht der Ironie, zumal sie in jenen Köpfen immer am größten war, die sich das Prädikat des «Kritischen» verliehen.

Das läßt sich am Beispiel der 68er besonders gut belegen. Sie waren die ersten, die Heine mit sog. Ganzschriften seines Werks in die Schulen brachten. Sie reagierten damit ausdrücklich auf die Tatsache, daß der Dichter zwischen 1946 und 1966 in der BRD so gut wie gar nicht in den Oberseminaren behandelt worden war und dementsprechend auch nicht wirklich in den Gymnasien. Als Vor- und Leitbild diente die Heine-Rezeption in der DDR. 1976 erschien in der Reihe «Literatur und Geschichte» Heines «Deutschland – Ein Wintermärchen». Im Vorwort zum Lehrerband legte der (später den Historiker- und Goldhagenstreit mitbestimmende) Historiker Klaus Hildebrandt die Lernziele für die jungen Menschen fest: «Auch Vorbehalte, die früher von Bedeutung waren, wie etwa seine jüdische Abstammung [...], dürften heute keine Rolle mehr spielen. [...] Sein Werk lädt zu der Frage ein, welche von ihm angesprochenen Probleme heute gelöst und welche noch offen sind.» Das Problem Heine als Jude ist «gelöst», ist im Sozialismus gut hegelianisch «aufgehoben» und mit ihm das ganze antisemitische Gestern bis zur Shoah. Offen ist nur noch Heines Standortbestimmung zwischen der «bürgerlichen» und der «proletarischen Revolution», also seine sozialistische Aktualität. Diese wird mit einem Theorieüberhang von Hintergrundtexten und Kommentaren zu Tode belegt, wohingegen der lebendig fühlende Mensch Heine, während er durch das unwirtliche Deutschland reist, mit seiner historisch bedingten Judenangst und der doch daraus resultierenden politischen Hellsicht in gähnender Leere bleibt. Vier Kapitel lang, fast ein Viertel

59

des «Wintermärchens», wird Heine in Köln im Dunstkreis des Doms alptraumhaft eingeholt von der blutigen Verfolgungsgeschichte seines Volks, aus der allein sich dann in Hamburg auch die Reichweite seines Geruchssinns erklärt für den deutschen «Zukunftsduft» unter Hammonias Kackstuhl. So wie die christliche Volksmission alles Jüdische mit Vorliebe exkrementell besetzte (Gegenstand der Ballade «Disputation»), sieht Heine in der sich neu formierenden Allianz von Kirche und Staat die Fortsetzung dieser Zwangsneurose, die bei den Nazis später staatstragende Ausmaße annahm.

All dies aber erklärte die hegelianistisch vorgefaßte Heineforschung in Ost und West für obsolet und nicht mehr wissenswert für die jungen Deutschen. Aber auch die «freie» Wissenschaft des Westens erneuerte im Umgang mit dem Juden Heine die uralte «Vergegnung» im zwischenvölkischen Dialog, die immer schon dies an sich hatte: Wenn die Christen über die Juden reden, reden sie nur über sich selbst. Was selbst noch für die entlaufenen Schafe zu gelten scheint. Als Jürgen Habermas im Dezember 1996 im «Merkur» das Heinejahr einläutet, hält er «Die Wunde Heine» (Adorno) für geheilt, ist der einst verstoßene Sohn dank der Demokratisierung unseres deutschen Vaterlandes nach 1945 repatriiert, ist er einfach nur noch einer, «der uns allen gehört». Es trennt uns demnach nichts mehr von ihm als die ganz normale «geschichtliche Distanz». Ansonsten haben wir alles, worum es Heine ging, für ihn erledigt. Möge er ruhen in Frieden. «Ich weiß wirklich nicht, ob ich es verdiene, daß man mir einst mit einem Lorbeerkranze den Sarg verziere. [...] Aber ein Schwert sollt Ihr mir auf den Sarg legen, denn ich war ein braver Soldat im Befreiungskriege der Menschheit.» (Marengo, 1828) Diesen letzten Wunsch haben wir also Heine erfüllt. Wenn auch ein bißchen verkehrt herum: Ein Lorbeerkranz vom Feinsten verziert ihm seinen Sarg; sein Schwert ziert uns. Daß er sich dieses Schwert erst aus dem Leibe ziehen mußte, ehe er es gegen die Großmächte zu richten vermochte, die ihm und seinem Volk die «Wunde» schlugen, bleibt außer Reichweite der Wahrnehmung. Was hier ungebro-

chen wie unbewußt fortlebt, sind die Nachwirkungen der abendländischen Dialektik.

In den Evangelien hatte man die genuin jüdische Botschaft Jesu
(Baeck, Buber, Ben Chorin, David Flusser u. a.) entweder gelöscht
oder – als christliche – antithetisch annektiert bis hin zur mörderischen Entzweiung mit seinem eigenen Volk. Damit war das Judentum, als es selbst nur noch abwesend anwesend war, in den
Untergrund des Unfaßbaren verdrängt und seiner fairen Ermeß-
barkeit beraubt. Angerichtet auf diesem Weg wurde im Gedächtnis des Abendländers eine Lücke, die sich mit dem Büßer füllte:
dem Ewigen Juden oder Ahasver, der Christus am Karfreitag mitleidlos verhöhnt, geschändet und ans Kreuz gebracht hatte. Die
Legende läßt daher den Gottesfluch über Ahasver sprechen, bis
ans Ende der Tage ruhelos und schadenstiftend durch die Welt zu
rasen. Sie ist die narrative Ausmalung des Dogmas der Substitu-
tion, das besagt: Weil «die Juden» blind gewesen seien für die
Göttlichkeit Jesu, habe Gott sie ersetzt und sei ihr Status des erwählten Volkes übergegangen auf die Kirche und ihr im mystischen «Leib Christi» vereintes Volk. Ahasver wird zum Unter-
menschen des Abendlandes. Was er verbrochen hat, ist unsühnbar
und auf ewig in die Passionsblume eingeprägt. Ihm lädt man alles
auf, was an Seuchen, Sozial- und Umweltschäden über die Christenheit hereinbricht.

An dieser Blume aber litt und von ihr nährte sich noch Hitlers
Weltverschwörungswahn. Er machte sie zu einem massenpsycho-
logischen Instrument, das, wie sich zeigen wird, den von Heine
und Freud bis auf den Grund durchschauten exkrementell-sadisti-
schen Sumpf der arischen Seele freisetzte, auf dem die Passionsblume tausend Jahre lang so ausschweifend geblüht hatte. Nicht
daß Sozialisten, Bolschewisten, Plutokraten und Wallstreetkapita-
listen Deutschlands Feinde wären, heizte die Seelen auf, sondern
erst ihre negative Einfärbung mit dem Eigenschaftswort «jüdisch». Das zwielichtige Mischbild vom «jüdischen Bolschewismus» und «jüdischen Weltkapitalismus» setzte, wie billig immer,
ein Potential des Unbewußten frei, gegen dessen drohendes Dun-

kel sich Hitler hell und «Heil» bringend abheben konnte als der gottgesandte «Retter» und «Führer» des Volks. Der Nationalsozialismus verschob die Triade der Passionsblume zu Führer – Volkskörper – Juden. Im arischen Mutterkult erneuerte sich wie selbstverständlich die Ikonologie des Marienkults. Der aus «dem Volke geborene Sohn» scharte, um diesen Schoß zu schützen, seine «Ritter gegen Tod und Teufel» um sich. Das alles erst gab dem Nationalsozialismus die unverwechselbaren Züge einer politischen Religion, aber so, daß sich in ihr die Kreuzzugsideologie bis in die Namengebung hinein erneuerte. Die unsichtbare Flagge des «Unternehmens Barbarossa» war die Passionsblume, rassenhygienisch zu Ende gedacht und geführt im (Blut-)Opfergang der Täter und ihrem harten Kern, dem SS-Orden unter dem Totenkopf, einem «endlösend» sich selbst auflösenden Unternehmen, das den antijüdischen Eckstein im Theoriegebäude der abendländischen Sittlichkeit mit sich riß.

Die «Blume der Passion» entfaltete ihre tausendjährige Pracht nicht von heute auf morgen. Zu ihrem Treibhaus und Vertrieb kam sie erst, als zur ideologischen Aufrüstung der Kreuzzüge die Theologie des Mitleids und Marienkults mächtig wurde. In welcher Weise sie von Buß- und Vergeltungspredigern unter die analphabetischen Massen getragen wurde, ist quellenmäßig kaum gesichtet, geschweige denn zur Shoah hin aufgearbeitet. Ich wähle als Beispiel einen ihrer einflußreichsten Wortführer, den Franziskaner (Kapuziner) Martin von Kochem (1634–1712), weil er paradigmatisch ist für die Bilder des Bösen, in denen die Mitleidstheologie «die Juden» inhaftiert hielt, und weil die Kirche ihn noch zu seinem 200sten Todestag 1912, als es zwischen Jung und Freud zum endgültigen Bruch kam, mit der soundsovielten Neuauflage seines «Volksbuches» ehrte.[10] Sein Herausgeber, der Kapuzinerpater Koch, begründete sie damit, daß Martin «zu den hervorragenden Männern des deutschen Volkes» zähle. Kein Volksschriftsteller habe «so viel Einfluß gehabt auf die nachfolgende Zeit», keiner sei «so weit verbreitet worden». Während die Jesuiten sich auf die Gebildeten beschränkt hätten, sei die Zielgruppe des «Volksmissionärs» Martin «das gewöhnliche Volk» gewesen (S. XV. Die Martinsbibel war das, was wir heute einen Bestseller nennen, der zwischen 1677 und 1912 viele Auflagen erlebte. Noch die letzte Großauflage von 1912 hatte den Apostolischen Segen Roms (Pius X.) und die wärmsten Empfehlungsschreiben aller Oberhirten des deutschsprachigen Raums, deren Tenor der «Zensor» (!) des Fürstbischofs von Brixen dahingehend zusammenfaßte, es sei bei Martin nichts gefunden worden, «was der gesunden Heilslehre der katholischen Kirche entgegen wäre» (S. XXXI f). Ob der Zensor sich bei Niederschrift des Adjektivs «gesund» an den indizierten Heine und seine gegenteilige Diagnose erinnerte, wird niemals mehr zu klären sein.

Das Geheimnis der Breiten- und Tiefenwirkung von Martins Mitleidstheologie ist in ihrer Form verborgen, einem Strategiekonzept aus drei Komponenten: Erstens, alle problematischen und tief nachdenklich stimmenden Textstellen des Evangeliums sind zugunsten einer narrativen Theologie ausgeklammert. Zweitens, die im Evangelium oft nur in einem Wort oder Satz erzählte Passion Christi wird wortgewaltig ausgeschmückt und wie mit einem Teleobjektiv hautnah herangeholt. Das Resultat ist eine spannungsgeladene Bildsequenz mit dem nachhaltigen Effekt eines emotional überwältigenden Horrorgemäldes. Drittens, nicht mehr die auf Jesus konzentrierte Leidensgeschichte ist, wie im Evangelium, der Fokus des Karfreitags, sondern deren dyadische Verdopplung durch die alles mitleidende Mutter Maria. In diese Mutter-Sohn-Dyade des Mitleidens dringt der «giftige» Haß «der Juden» ohne Erbarmen ein. Das Resultat ist die dialektische Triade Sohn – Mutter – Juden, die das bisherige Vater-Sohn-Geist-Gefüge der göttlichen Trinität zur (gottes)mütterlichen Dominanz hin umorganisiert und in seiner antijüdischen Emotionalität verhängnisvoll verstärkt.

Dieser auch die Marien-, Minne- und Gralsdichtung der Kreuzzugszeit bestimmende Karfreitagskomplex geht, so Martin, von folgenden Voraussetzungen aus: Der Heilige Geist schuf in Christus, dem Sohn und Herrn, ein Wesen, das «kostbarer» ist als

«Himmel und Erde». Auch die Mutter Gottes ist sein «überaus edles Meisterwerk» (S. 169). Demgegenüber sind «die Juden» von Anfang an «die Verfolger» der beiden. Schon in den Disputen bringen sie beiden (!) «giftige» Wunden bei, die auf Maria wirken wie ein «ins Herz gestochenes Messer» (S. 397 f), ein Bild, das, variiert zu Dolch, Schwert, Speer, Pfeil, den Karfreitagskomplex leitmotivisch durchzieht und das in Kafkas «Proceß» bei der Hinrichtung des Josef K. in symbolischer Umkehrung wiederkehrt als die an dem Juden eingeklagte Passion Christi.[11] Wichtig zu sehen, daß diese Penetrationssymbolik schon konstituierend war für Wolframs «Parzival», Hartmanns «Armen Heinrich», für die Shylock-Gestalt in Shakespeares «Kaufmann von Venedig» und es wieder wird für Wagners «Parsifal». Er ist es, der die durch Ahasvera erneut «vergiftete» Symbolwunde Christi im Leib des Amfortas mit der Gralslanze schließt.

Am Beginn der von Martin geschilderten Passion steht Jesu Gefangennahme und Vorführung vor die Hohepriester Hannas und Kaiphas. Martin malt das im Evangelium Erzählte hier um mehr als das 30fache aus. Denn die Botschaft jedes Bildes wird meditativ eingesenkt in Gebete und unendlich sich wiederholende Litaneien jüdischer Schandtaten. Alles in allem ein Muster volkspädagogischen Einbleuens, das sicher seine Wirkung tat.[12] Die «500» Juden, die Jesus am Ölberg verhaften, werden von etlichen der obersten jüdischen Priester, von Mitgliedern des Hohen Rats und Ältesten des Volks angeführt. Minutiös dann der Ablauf, wie der barfüßige und mit Stricken gefesselte Jesus von der «unseligen Rotte» über Stock und Stein zu Hannas und Kaiphas geprügelt wird. Was nirgendwo steht, weiß Martin genau: Jesus wird unterwegs gestoßen, mit Steinen beworfen, mit Füßen getreten, daß er «siebenmal» zu Boden geht und das Blut nur so «spritzt». Er wird bei alldem verlacht und verhöhnt, wird zum Spaß von der Brücke hinunter in den eiskalten Cedron gestoßen, dann den Berg Zion hinaufgetrieben, hinter sich eine einzige Blutspur lassend. Als Jesus dann vor Hannas steht, schlägt dieser ihn eigenhändig (!) aus «giftigem Herzen» ins Gesicht, daß er «zu Boden geht», «die

Zähne im Munde» sich lockern und Blut aus Mund und Nase strömt. Aber im Schweißtuch der Veronika, so tröstet der Volksmissionär seine Gläubigen, sei der Abdruck dieses Faustschlags auf ewig festgehalten.

Viel ärger noch als bei Hannas ergeht es Jesus dann im Hause des Kaiphas. Im Beisein aller jüdischen Oberen (!) wird er wieder geschlagen, gestoßen, gezogen, getreten, geschmäht, verlacht, werden ihm «büschelweise» Haupt- und Barthaare ausgerissen, wird er «verspien», bis Antlitz, Haar und Kleid voll des «unflätigen» jüdischen Speichels sind. Nach und nach steigert sich die Folterlust der «blutdürstigen» Rotte zum rauschhaften Höhepunkt. Sie führt einen Tanz um Jesus auf, verspottet ihn, sticht ihn mit Nadeln und speit dann «sogar in seinen heiligen Mund». Martin läßt keinen Zweifel, daß die Folterpraktiken «der Juden» in einer sexuellen Vergewaltigung Christi gipfeln. Aber das Ungeheuerliche, wie Männer das mit Männern machen, deutet er nur indirekt an und läßt die perversesten Phantasien blühen: Es hätten «die Juden» in dieser Karfreitagsnacht mit Jesus viele «schändliche Ungebührlichkeiten» angestellt, die die «Evangelisten wegen der Unanständigkeit» nicht hätten beschreiben wollen. Aber am Jüngsten Tage werde dies dann alles «offenbar werden» (S. 512). Bei dieser wie bei allen nachfolgenden Folterstationen holt Martins Kamera abwechselnd mal die Täter, mal die Opfer vor das innere Auge. Hier zunächst Jesus. Die Foltergrade seiner Verunmenschlichung werden per Nahaufnahme in allen Einzelheiten festgehalten. Wir sehen die «blutigen Augen», das verquollene, blutverschmierte Gesicht, die kahlgerissenen Stellen am Kopf, den Unrat auf dem Kleide und das «Zittern» des Geschändeten an «allen Gliedern». Aber nicht nur den so schrecklich zugerichteten Leib des Sohns macht die Mitleidstheologie zum Bildschirmträger jüdischer Niedertracht, sondern in seinen synchronen psychischen Reaktionen auch den Leib Marias.

Sie ist als die «schmerzensreiche» Augen- und Ohrenzeugin immer zugegen. Martin macht sie kraft des Heiligen Geistes auch da sehend, wo sie direkt nicht sieht. Es ist ihr «Herzeleid», das die totale Mitleidlosigkeit «der Juden» überhaupt erst ins grellste Licht hebt. «Herzeleid» ist ein Schlüsselwort, das sich leitmotivisch durch Jesu Passionsgeschichte zieht. Es wird geradezu ein Synonym für Maria selbst, was auch, wie schon gesagt, erklärt, weshalb Wolfram und nach ihm Wagner Parzivals Mutter den Namen «Herzeloyde» (Herzeleide) geben. Ihre leidensmächtig schöne, hohe Minne und Kindesliebe macht sie der Mutter Jesu gleich!

Als Kaiphas und die jüdischen Oberen den so schrecklich entstellten Christus unter Schlägen und Gelächter zu Pilatus führen, kommt es zur ersten Begegnung zwischen Mutter und Sohn. Es treffen sich ihre Augen mit seinen «blutigen», und es ist, «als ob zwei scharfe Messer die beiden edlen Herzen unbarmherzig durchbohrt hätten».

Weil Pilatus an Jesus keine Schuld erkennt, schleppen «die Juden» ihn zu König Herodes, den beim Anblick des Gefolterten «schier ein Grauen» erfaßt. Doch das hindert ihn nicht, ihn vom Judenvolk verspotten zu lassen. Von Herodes geht es wieder zu Pilatus. Abermals weiß Martin im einzelnen, wie Jesus zerbeult, zerkratzt, mit Steinen, Kot und stinkendem Wasser beworfen, verlacht und verflucht wird. Die Hohepriester aber sind nur voll des «giftigen Zornes» darüber, daß die Verurteilung Jesu allein Sache der Römer ist. Ganz in der Tradition der Evangelien tut Martin alles, die Römer zu entlasten. Pilatus will den mörderischen Haß «der Juden» dadurch stillen, daß er Jesus zur Geißelung freigibt. Martin bedauert ausdrücklich, daß die Evangelisten diese Leidensstation «gar so kurz beschrieben» haben. Doch habe er das Unvollständige «durch fromme Betrachtung und innere Erleuchtung» kompensieren können.

Wieder wird die sexuelle Vergewaltigung Christi nah ins Licht gerückt. Zunächst voyeuristisch: Unverzeihlich an der Geißelung ist die «schmähliche Entblößung» des «Herrn» mitten auf dem Marktplatz von Jerusalem. Kein Lendenschurz oder Schleier wenigstens mildert die tief beleidigte Zeugenschaft. Der «allerkeuscheste Sohn der allerkeuschesten Jungfrau» nackt und bloß vor aller «unverschämten» Judenaugen, so Martins Entrüstungsschrei, ehe der Voyeurismus sich zum Sado-Masochismus steigert. Nachdem Jesus die Martersäule (so wie später das Kreuz) «geküßt» hat, wird er von den Henkern so fest daran gebunden, «daß die Haut an den Nägeln sprang und das rosenfarbene Blut herausspritzte». In dem, was dann folgt, sind Erzählzeit und erzählte Zeit nahezu identisch. Wir erleben bis ins einzelne mit, wie der ganze Leib «bis auf die Rippen» zerschlagen wird, daß das Blut «in Strömen auf die Erde» fließt. Martin ist sich sicher, daß die Henker von «den Juden mit Geld bestochen» worden sind, weshalb sie ihr Handwerk gründlich betreiben. Jesus wird nicht von oben abwärts, sondern von «unter den Fußsohlen» aufwärts Zentimeter für Zentimeter bis zum Haupt nun «zergeißelt» und «zerfleischt» bis «auf die Gebeine». Bei einem umgekehrten Verfahren hätte, so Martin fachmännisch, das herabfließende Blut die Henker heile Stellen übersehen lassen. In Breitwand groß bekommen wir wirklichkeitsnah mit, wie das Blut Christi nur so «spritzt», wie es «in Strömen» abfließt und auf der Erde einen «blutigen Ring» bildet. Denn «Haut und Fleisch» sind beim Geißeln so lange herausgerissen worden, daß der Leib rundherum «eine Wunde» ist.

All dies erlebt die Mutter Maria aus nächster Nähe mit. Um den Synchronismus ihres Mitleidens im Heiligen Geiste ermessen zu lassen, zieht Martin alle Register der Schaulust. Als sie ihren allerkeuschesten Sohn entblößt an die Martersäule gebunden und gegeißelt sieht, hat dieser Anblick die Wirkung «eines schrecklichen Speeres» mitten in ihr Herz (S. 558 f). Ihr Leib sinkt ohnmächtig zu Boden und «zuckt» doch im Rhythmus der Schläge mit. Dann, nach Vollzug der Folter, sehen wir, wie der von der Säule losgebundene Sohn «halbtot» in sein eigenes Blut niedersinkt. Sein Leib ist wie von «wilden Tieren» zerfleischt. Er gleicht «keines Menschen Antlitz mehr». Dennoch treten ihn die Schaulustigen mit Füßen. Nicht genug damit, wird Jesus, nachdem er mit letzter Kraft seine Kleider selbst angelegt hat, abermals von den Henkern «nackt» gemacht zum Zwecke der Dornenkrönung, bei der Martin sein Publikum lupenrah mit ansehen läßt, wie das «heilige

Blut» erneut aus Mund und Nase «abfloß». Wieder wird der «Herr» gestoßen, geschlagen, zerkratzt, verspien, verlacht bis zur Verunmenschlichung seines Anblicks.

So «erbärmlich zugerichtet» führt man Jesus wieder vor Pilatus. Martin hat den Landpfleger zuvor als korrupt und grausam geschildert. Doch mit der Grausamkeit und Korruption «der Juden» kommt selbst er nicht mit. Martin macht sein Publikum genau sehen, wie der Römer auf Jesu «Jammergestalt» reagiert: «da erschrak er von Herzen und hatte großes Mitleid mit ihm». Die Mitleidstheologie schließt den römischen Machtmenschen nicht aus. Allein bei «den Juden» ist «keine Ader menschlichen Gefühls». Ihre Herzen bleiben «so hart wie Stein und Stahl». Schlimmer noch, je mehr sie merken, daß Pilatus Jesus schonen will, desto aggressiver gebärdet sich ihr «giftiger Haß». Sie erpressen Pilatus damit, ihn beim Kaiser zu verklagen, weil Jesus sich selbst zum König gemacht habe, und erheben nachdrücklich das Mordgeschrei «Kreuzige ihn!». Dies geht Maria so ans mütterliche Herz, als werde mit «spitzen Pfriemen, mit scharfen Messern und mit zweischneidigen Dolchen unbarmherzig in es hineingestoßen».

Schließlich muß Pilatus sich dem «rasend» gewordenen Judenpöbel beugen. Er besteht aber darauf, er selbst sei «unschuldig an dem Blute dieses Gerechten». Worauf der Pöbel ruft: «Sein Blut komme über uns und über unsere Kinder.» Diese von Christusblindheit geschlagene kriminelle Selbstgerechtigkeit «der Juden» nimmt Martin dann zum Anlaß, das große abendländische Orakel über sie zu sprechen: «Und wegen dieses Wortes ist das jüdische Volk von Gott verflucht bis auf den heutigen Tag, so daß die Juden die Strafe für dieses unschuldig vergossene Blut allimmerdar ausstehen werden.» [13] Es mußte erst zur Shoah kommen, daß dieser Satz, der noch 1912 die Zensur aller Oberhirten anstandslos passierte, wenn nicht verdrängt, so doch mit einer verschämten Scham negativ besetzt wurde.

Das so brutal erzwungene Todesurteil über den Sohn stürzt Maria abermals in «Ohnmacht» und «Herzeleid» und «durchbohrt» ihre mütterliche Brust. Zum Kreuzweg spenden «die Juden» den Henkern Wein, daß sie desto «unbarmherziger» mit Jesus umgehen. «Volltrunken» ziehen sie ihm den Purpurmantel aus, daß er abermals «nackt» dasteht. Auch die Dornenkrone muß abgenommen werden, da sein «nahtloses» Unterkleid sonst nicht über den Kopf geht. Bis Jesus endlich am Kreuz hängt, muß er laut Martin seine Dornenkrönung und Entblößung dreimal über sich ergehen lassen. Dem sein Kreuz schleppenden Heiland folgen die «Hohen Priester, die Pharisäer, Schriftgelehrten und Ältesten des Volkes [...] mit großem Pomp» hinterher. Sie «freuen» sich, sie «lästern» Jesus und schreien «schlagt wacker drauf». Und wieder wird der Sohn vor den Augen seiner Mutter verhöhnt und verlacht, wird er mit Steinen, Staub und Kot beworfen, während das Querholz ihm gegen das Schienbein schlägt und das rohe Holz des Kreuzes Haut und Fleisch der Schulter «bis auf das Bein» durchreibt. «Siebenmal» fällt Jesus und zeichnet die unvergängliche Spur seines Bluts in den Kreuzweg nach Golgatha ein. Siebenmal wird von diesem Schmerz zugleich das mütterlich mitleidende Herz durchbohrt. Als Maria versucht, den Sohn liebend zu umarmen, stoßen die Schergen sie hinweg und lassen sie «entfärbt» zurück. Dafür gelingt es der «heldenmütigen» Veronika, dem Judenpöbel zum Trotz Jesus das Schweißtuch zu reichen, daß sich das Karfreitagsverbrechen Israels für immer darin einpräge.

Auf Golgatha holt Martins Objektiv die Nacktheit Jesu wieder nah vor unser Auge, nachdem es zuvor mit ansehen durfte, wie man ihm das in die «blutfließenden Wunden» tief «eingeklebte» Unterkleid zusammen mit «Haut und Fleisch» erneut «abgerissen» hatte zusammen mit der Dornenkrone. Die Hammerschläge, mit denen der Sohn ans Kreuz geschlagen wird, muß Maria mitzählend ebenso ertragen wie den Anblick des «rosenfarbenen Blutes», das dabei aus den Wunden «spritzt». Und schlimmer noch: An dem «unbarmherzig» über das Kreuz gespannten Leib Christi sehen wir genau, wie «alle Wunden» sich erneuern, und wir hören es geradezu, wie «alle Glieder» auseinandergingen, «und das Brustblatt krachte und zerriß».[14] Schließlich der Anblick des

Sohns, hängend zwischen den Mördern, wie er sich Martins Publikum mit den Augen Marias bietet: Die «Hirnschale an vielen Stellen ganz kahl», sein «heiliger Mund voll gestockten Blutes», über den ganzen Leib hinweg «die bloßen Gebeine» heraustehend und von «Blutbächen» überflossen. Diesmal geht der «schmerzensreichen» Mutter «ein giftiger Pfeil durchs Herz». Bei «den Juden» aber ist selbst da «keine Barmherzigkeit zu finden». Sie «verlachen» den Gekreuzigten nur «mit dem Gifte ihres Hasses» und lassen so lange davon nicht ab, wie noch «ein Funken von Leben in Christus» zu sehen ist (S. 654). Im Herzen seiner «armen Mutter», die sie hemmungslos mit verspotten, hinterläßt das schließlich eine «Wunde ohne Unterlaß».

Daß der Bitte der Juden an Pilatus, dem Gekreuzigten die Beine zu zerschlagen, nicht entsprochen wird, liegt allein daran, daß er zuvor gestorben ist. Longinus durchsticht dafür mit seiner Lanze «die heilige Seite Christi», und er tut es, wie Martin weiß, «aus Rache», also im Sinne «der Juden»! Ein gewaltiger Strom aus Blut und Wasser benetzt die Erde und die Lanze und wandelt sie in die Heils- oder Gralslanze. Bei Martin ist es Maria, die das Heilsblut Christi unter dem Kreuz in ein Gefäß füllt. Bei Robert de Boron ist es Joseph von Arimathia. Wie dem auch sei, das Besteck des Heiligen Grals aus Kelch und Lanze geistert so oder so durch die abendländische Geistesgeschichte und hat, vermittelt durch Wagners «Parsifal», noch die Macht, Hitler zu inspirieren.

Am Ende der Passion schenkt, so Martin, Pilatus Joseph von Arimathia den Leichnam Christi – und dies ausdrücklich «aus Mitleid». Denn der ist so «entstellt», daß er allen «Grauen und Entsetzen einflößt».

Daß die Seitenwunde des entblößten Sohns nicht erst durch die Psychoanalyse, sondern im Nacherleben mystisch verzückter Christ(inn)en schon den Doppelsinn einer Vaginalwunde annahm, weist hin auf den erotoman-ekstatischen Verdrängungsgrund der Mitleidstheologie und ihres Täter-Opfer-Komplexes. Martin, der Volksmissionär, äußert diesen Tatbestand unumwunden, wenn er am Ende seines abendfüllenden Horrorstreifens die aufgewühlten

Massen zum Gebet ruft: «Der Sohn zeigt dir seine Wunden und sein Blut. Die Mutter zeigt dir ihre Brüste und ihre Milch. Was ist kräftiger als Milch und Blut? Und was ist rührender als Wunden und Brust?» (S. 722) Wahrlich ein androgynes Sohn-Mutter-Mischbild, ebenso unauslotbar in seiner Tiefenwirkung wie eindeutig in seiner sexuell-aggressiven Zielrichtung. Denn Martin verspricht dem also eingestimmten Christenvolk zum Jüngsten Tag zwei Dinge: Zum einen werde es «mit Augen» sehen, «wie schamlos die Juden mit Christo in der Nacht seines Leidens umgegangen sind», zum andern ist er sich dessen ganz sicher, daß Christus, der Richter und «gewaltige Gott der Rache», sich des Judenhohns erinnernd sagen wird: «Deswegen will ich nun auch zu eurem Verderben lachen» (S. 1036 ff, 1057).

Dies also Martins «ausführliche» und «ganz vollkommen gemachte» Leidensgeschichte Jesu und seiner Mutter Maria. Die Informationslücken des Evangeliums werden damit erklärt, seine Autoren hätten aus Scham etwas ungesagt gelassen, das nun dank der fortwirkenden «Erleuchtung» des Heiligen Geistes im Medium vor allem klösterlicher Frauen und Männer habe vollkommen aufgedeckt und rekonstruiert werden können! Der Heilige Geist muß herhalten zur Erzeugung eines Wirklichkeitseffekts. Ja, genau so war es. Das könnt ihr uns glauben. Vollkommen gemacht für die Christenheit ist damit endlich auch, was «die Juden» in Wahrheit sind. Sie bevölkern immer schon genau die monströsen Gegenwelten, die in den Phantasmen des Marquis de Sade durch alle Dämme brechen. Die obsessive Penetrationslust, die sex- und blutrünstig nur noch in Leibesöffnungen schwelgt, ist hier vorweggenommen. – Doch wird dazu später mehr zu sagen sein.

Die Vorführlänge von Martins Pornostreifen deckt sich mit der tatsächlichen Länge des Karfreitagsverbrechens. Im Vergleich zu der Weise, wie der Volksmissionär dies alles vor den Massen ausmalt, sagt die hohe christliche Bildkunst nicht die ganze Wahrheit, selbst da nicht, wo sie die jüdischen Oberen starrsinnig verstockt oder, wie im Lettner des Naumburger Doms, verschlagen darstellt und allein in den Visagen der Henker die Lust des Entblößens und des Quälens deutlich werden läßt. Lochner, Raffael und Dürer, Reni und Tizian, Giorgio, El Greco, Rubens oder van Dyck und all die anderen großen Meister haben den doch in Wahrheit so bestialisch «entstellten» und «zerfetzten» Leib Christi immer viel zu ästhetisch und damit unvollkommen gemalt. Höchstens Grünewalds rundum aufgerissener und auch sonst übel zugerichteter Christus oder der von Holbein dem J. vollkommen nackt an die Martersäule gemalte sind Annäherungen an den christlichen Realismus der Volksmission.

 Es ist Heine, der die ganze Paradoxität einer Ästhetik des Mitleidens durchschaut, die die eigene Erbarmungslosigkeit dem dunklen Grund jüdischer Erbarmungslosigkeit einschreibt. Während seiner «Harzreise» hat er im Dom zu Goslar die Begegnung mit einem großen hölzernen Kruzifix: «Dieser Christuskopf mit natürlichen Haaren und Dornen und blutverschmiertem Gesichte zeigt freilich höchst meisterhaft das Hinsterben eines Menschen, aber nicht eines gottgeborenen Heilands. Nur das materielle Leiden ist in dieses Gesicht hineingeschnitzelt, nicht die Poesie des Schmerzes. Solch Bild gehört eher in einen anatomischen Lehrsaal als in ein Gotteshaus.» Heine empfängt die Botschaft dieses Kreuzes nicht als Christ, sondern Jude. Da oben hängt sein «Vetter». Doch kommt noch etwas hinzu. Der krasse Verismus reduziert ihn zum *corpus delicti* jüdischer Abscheulichkeit, so als hätten «die Juden» ihn gerade erst angenagelt. Heine nimmt Maß mit der «Poesie des Schmerzes» großer Meister, die den Karfreitagskomplex dem direkten Zugriff des Pöbels dadurch entzogen haben, daß sie ihm die Erhabenheit eines göttlichen Mysteriums gaben. Der Jude weiß, wovon er spricht. In dem «Buch Le Grand» erinnert er sich seiner Düsseldorfer Kindheit als Gymnasialschüler: «In den dumpfen Bogengängen des Franziskanerklosters, unfern der Schulstube, hing damals ein großer, gekreuzigter Christus von grauem Holze, ein wüstes Bild, das noch jetzt zuweilen des Nachts durch meine Träume schreitet und mich traurig ansieht mit starren, blutigen Augen.» Die Erbauungsbotschaft des Kreuzes ver-

kehrt sich in der Rezeption des jüdischen Kindes zu einer Schrekkensbotschaft der Anklage, ja zu einem Trauma, gegen das seine Traumarbeit lebenslänglich ankämpft.

Die Theologie des Mitleids koppelte die Triebstruktur nicht nur volksmissionarisch an den Antijudaismus, sondern, mit Heine gesagt, auch poetisch. Mit den Kreuzzügen entsteht eine üppig blühende Legendendichtung, die das Verhältnis zwischen Christus und Maria als symbolische Brautschaft und die Himmelfahrt Mariä als Hochzeitszug besingt, vorbildlich für die christliche Eheführung. Insbesondere das Rheinische Marienlied rückt die Heilige Jungfrau und ihr Erlebnis der Gottesminne in den Mittelpunkt, und dies komplementär zu der jungfräulichen Jesusminne der klösterlichen Bräute Gottes, der Nonnen. Dieser Minne hätte ein völlig zergeißelter und zerfleischter Leib die Triebgrundlage entzogen. Also mußte der wüste Schmerz der Wunden so zur Darstellung kommen, daß er der Minne «süeze» Würze blieb.

Insbesondere für die Laien wird die heilige Maria nacherlebbar gemacht in ihrer menschlichen Mutterschaft. Ihr Schmerzensgang nach Golgatha, ihre «Marienklage» unter dem Kreuz kontrastieren emotional spannungsreich zu ihrer Schwangerschaft und zu den innigen Mutterfreuden mit dem Jesuskind im Schoße oder an der mütterlichen Brust. Das alles ist angelegt auf die Identitätsfindung der abendländischen Seele. So will der Sohn seine Mutter, so die Tochter selber werden.

In Hartmanns Novelle «Der Arme Heinrich» geht die blutjunge Meierstochter in ihrer marienmäßigen Identitätssuche so weit, sich das Messer eines Salerner Wunderheilers ins Herz stoßen zu lassen, daß ihr reines, jungfräuliches Blut den leprösen Ritter Heinrich, ihren Herrn, gesund bade. Mit einer geradezu ekstatischen Lust des Penetriertwerdens will sie dem Herzeleide der Gottesmutter gleich werden und ihren Ritter von der *lepra hebraica* befreien. Doch verwirft Hartmann diese deutlich in Richtung Ritualmord (!) phantasierte Heilung. Statt dessen macht er den Ritter zum Voyeur, der durch ein Loch in der Wand die Vorbereitungen verfolgt und dann, als er den Leib des Mädchens in all seiner nackten Hingabe unter dem Messer sieht, von Mitleid überwältigt dem Arzt in den ausholenden Arm fällt. Der Glaube an das Heilsblut Christi ist es, der den Ritter daraufhin wunderbar gesund macht.

Um die Imago der Gottesmutter als Identitätsangebot zu vervollkommnen, lädt die Mariendichtung sie (so wie die Parler ihre «Madonnen des schönen Stils») mit der sinnensprühenden Erotik des Hohenliedes auf. Das Christentum annektiert die archaische «Kategorie des Hohen Paares» (E. Bloch) und seiner heiligen Hochzeit in ihrer großartigsten Ausprägung. Die Liebe macht Sulamith und den «König» ihres Herzens über sich selbst hinaus aller Dinge schön. Denn das von Gott ihnen Gelobte Land ist der Leib ihrer Seele. Die Sexualität wird zur kosmischen Kommunion, die Hochzeit zum Gleichnis der in ihr aufblühenden Schöpfung. Im Spiegel des Leibes leuchtet das ganze Land auf: die Bäume und ihre Früchte, die Blumen, Gräser und die Tiere, die Weingärten und die fernen Berge unter der «Sonne Strahl». Das Hohelied ist zugleich Braut- und Tanzlied, aber eines, dessen Sinnenglut und rhythmisches «Feuer» alles um sich herum mittanzen läßt. Dieser Liebe glaubt man, daß sie «unüberwindlich» ist wie der «Tod», denn sie tanzt den Bund mit dem Sinai-Gott des «Lebens».

Was aber macht die Auftragskunst Roms aus diesem hebräischen Braut- und Liebesvorbild par excellence? Sie läßt die jungfräuliche Maria hineinschlüpfen in den alles Begehren auf sich ziehenden gesunden Leib der Sulamith und unterwirft ihn dann dem Hysterie und Haß zeugenden Leidensweg der Braut und Mutter Christi. Die lebensprühende Sinnlichkeit Sulamiths ist zugleich antijüdisch besetzt und zur Übersinnlichkeit der Himmelskönigin verschoben, wo Sulamith nicht länger tanzt, sondern steifgestellt dasitzt an der Seite des Sohnes und Herrn oder im himmlischen *hortus conclusus* der Mutter mit dem Kinde, aus dem Eva, die Urgärtnerin und «Mutter der Lebendigen», exiliert ist an die Seite ihrer fleischeslüsternen Schwester Synagoga. Mit diesem Kunstgriff erhebt man Maria zur himmlischen Fürbitterin, deren Wort dem Ohr des Sohnes am nächsten ist. Unzählige Marienlegenden preisen die nothelfende Macht und Wirksamkeit ihrer Fürbitte.

Und keineswegs ist in dieser marienmäßigen Ideal-Ich-Bildung der Antijudaismus vergessen. Ganz im Gegenteil. So erzählt z. B. das Gedicht «Jüdel» von einem Judenknaben, der, ahnungslos, um was es geht, am christlichen Abendmahl teilnimmt und plötzlich in der Hostie das leibhaftige Jesuskind erblickt. Als der Vater und die Judenschaft davon erfahren, verbrennen sie den Knaben im Feuerofen. Doch das Wunder geschieht: Maria läßt ihn unversehrt von den Flammen überleben. Statt seiner wird der Vater in den Ofen gesteckt, wo er dann wirklich verbrennt.[15]

Bei alledem muß man sich immer wieder vergegenwärtigen, daß die Weltmacht Kirche das ganze Abendland damals mit einem multimedialen Netzwerk von Wegkreuzen, Kreuzwegen, Reliquien, Gnadenbildern, Wallfahrtsrouten, Missionszentren, Epen-, Lieder- und Legendenvermittlungen etc. lückenlos überzogen hatte und die Grenze der audiovisuellen Vermittlung zwischen Realität und Fiktion fließend hielt. So machte beispielsweise der Bußprediger Giordano da Pisa zur antijüdischen Einstimmung der Massen aus der Legende vom «Jüdel» eine wahre Begebenheit.

Der abendländische Medienverbund operierte immer auf zwei Ebenen: auf der Hochebene brautmystischer und jesusminniglicher Innerlichkeit mit Freiräumen für erotisch-ekstatische Erleuchtungen, und auf der Tiefebene volksmissionarischer Triebstimulierung bis hin zur sexuellen Aggression. Beiden Ebenen gemeinsam aber war der Zwiespalt einer Gefühlswelt, die den Sumpf der eigenen Sinne auf «die Juden» projizierte, um sich durch Ausschreitungen oder Pogrome davon zu reinigen. – Wenn Celan in seiner «Todesfuge» die Shoah als Inversion des Hohenliedes der Liebe gestaltet, als Toten-Tanzlied der (Israel repräsentierenden) «aschenen» Sulamith, dann taucht er ebenso tief ein in die christliche «Metaphysik des Henkers» (Nietzsche), wie er deren liturgische Ästhetik nicht einfach aufgreift, sondern gegen sich selbst kehrt.

Erst dieser umfassende Informationshintergrund macht uns zu adäquaten Lesern Heines, wenn er im ersten Buch der «Romantischen Schule» dem christlichen «Sieg des Geistes über die Materie» (= Judentum) kunsthistorisch nachgeht und zu dem Ergebnis kommt:

«Daher in Skulptur und Malerei jene abscheulichen Themata: Martyrbilder, Kreuzigungen, sterbende Heilige, Zerstörung des Fleisches. Die Aufgaben selbst waren ein Martyrium der Skulptur, und wenn ich jene verzerrten Bildwerke sehe, wo durch schieffromme Köpfe, lange dünne Arme, magere Beine und ängstlich unbeholfene Gewänder die christliche Abstinenz und Entsinnlichung dargestellt werden soll, so erfaßt mich unsägliches Mitleid mit den Künstlern jener Zeit. Die Maler waren wohl etwas begünstigter, [...] dennoch mußten auch sie [...] mit den widerwärtigsten Leidensgestalten die seufzende Leinwand belasten. [...]

Aber der menschliche Genius weiß sogar Unnatur zu verklären, [...] namentlich die Italiener wußten der Schönheit etwas auf Kosten des Spiritualismus zu huldigen und sich zu jener Identität emporzuschwingen, die in so vielen Darstellungen der Madonna ihre Blüte erreicht hat. Die katholische Klerisei hat überhaupt, wenn es die Madonna galt, dem Sensualismus immer einige Zugeständnisse gemacht. Dieses Bild einer unbefleckten Schönheit, die noch dabei von Mutterliebe und Schmerz verklärt ist, hatte das Vorrecht, durch Dichter und Maler gefeiert und mit allen sinnlichen Reizen geschmückt zu werden. Denn dieses Bild war ein Magnet, welcher die große Menge in den Schoß des Christentums ziehen konnte. Madonna Maria war gleichsam die schöne Dame du comptoir der katholischen Kirche, die deren Kunden, besonders die Barbaren des Nordens, mit ihrem himmlichen Lächeln anzog und festhielt.»

Eines ist sicher: Nur mittels dieses «Magnets», der die Sinnlichkeit mit «Synagoga» etc. zugleich negativ besetzt hielt und bis zur Perversion sich gegen sie ausleben ließ, konnte der Judenhaß das abendländische Unbewußte erobern und sein Über-Ich aufspalten in das Paradox eines Mitleidsideals der totalen Mitleidlosigkeit mit den Juden. Die historischen Folgen bis hin zur Shoah sind entsprechend. Die mit allen Mitteln der Massenhysterie aufgeladene Fiktionalität des Karfreitags «der Juden» an Christus und Maria kehrt sich um in den realen Karfreitag der Christen an jüdischen Männern, Frauen und Kindern, denen man, obwohl sie ohne Waffen unter uns lebten, wahnhaft alle Vernichtungswaffen der Welt zuschrieb.

Ehe die Kreuzfahrer das Heilige Land von den Feinden Christi säubern, säubern sie das eigene Land von ihnen in blutigen Pogromen wie in Worms, Würzburg, Boppard oder Köln. Wie wir uns diese Massaker vorzustellen haben, vermitteln die hebräischen Klagelieder, die Pijjutim. In ihnen ist, weil aus der Sicht der Opfer, das wirkliche Geschehen in seiner Unmittelbarkeit ebenso knapp wie eindringlich festgehalten. Hier ein Beispiel:

> Großes Morden und Schlachttag, als 1096 Verfolgung ausgerufen wurde,
> die Gemeinden des Heiligen in Wut, Sturm und Bedrängnis ermordet wurden,
> Alter, Jüngling und Jungfrau, nackt zum Grabe geschleppt,
> Gruben, voller Knaben und Mädchen und Torah-Schüler.[16]

Bis heute sind diese Klagelieder im Gottesdienst der Synagoge gegenwärtig. Auch Heine kannte sie.

Auf die Kreuzzugspogrome folgen 1348 die Pestpogrome. Es sind «die Juden», die, wie zuvor die Lepra (die «hebräische»), nun auch diese, fast über Nacht halb Europa hinwegraffende Seuche durch «Brunnenvergiftung» herbeigeführt haben. In Massen werden sie dafür gefoltert, verbrannt, bestenfalls vertrieben. Allein das Memorbuch der Judengemeinde von Nürnberg zählt die Namen von 560 Märtyrern auf. Die assoziative Verknüpfung von Jude und Pest, dem Jahrtausendschock der Massenvernichtung von Leben, muß als die folgenschwerste Konditionierung der abendländischen Seele angesehen werden mit traumatischen Nachwirkungen, unter deren Gewalt sich noch das Raster der Psychiatrie unseres Jahrhunderts organisierte. Mochte das aufgeklärte Bewußtsein über Hitlers «Mein Kampf» hinweglesen, in ihm schrieb sich das ganze Dunkel in seiner Affektgeladenheit geradezu klinisch an den Tag. Der «Blutjude» stand darin nicht nur synonym für «Pest» und «Leichengift» oder «Syphilis» und «Rassentuberkulose der Völker», die Gesundheitspolitik des Dritten Reichs konnte die Befreiung des Volkskörpers vor dem «jüdischen Virus» dann auch ohne Widerstand selbst der Kirchen realisieren.

Insbesondere der Marienkult löst nach der Pest eine regelhafte Umwandlung von Synagogen in Marienkirchen aus. Die jüdischen Gotteshäuser werden geschändet oder ganz zerstört, die Leichen aus den Gräbern gerissen und die jüdischen Grabsteine in Kloster-, Kirchen- oder Profanbauten eingefügt. All dies geschieht ausdrücklich als Rachehandlung für die Schmerzen, die «die Juden» Maria und ihrem Kinde angetan haben. Wie flächendeckend das Netzwerk dieser Vergeltungsaktionen war, geht aus der stattlichen Liste der Orte hervor, an denen die Synagogen und ihre Friedhöfe unter Marienkirchen verschwunden sind: so in Bamberg, Nürnberg, Würzburg, Eger, Graz, Trient, Erfurt, Regensburg, Rothenburg, Heidelberg, Ingolstadt, Amberg.[17]

Ein weiteres pogromauslösendes Judenverbrechen schon vor der Pest ist die angebliche Hostienschändung. Juden bringen heimlich geweihte, also in den Leib Christi verwandelte Hostien an sich und durchbohren sie in ihrem Haß «bis aufs Blut», woraufhin Zeugen gehört haben, daß sie wie ein Kind weinten. Dieses angebliche Verbrechen am Sakrament des Leibes Christi stempelt «die Juden» zu Serienmördern Gottes. Der im 14. Jahrhundert auch in Deutschland agitierende Bußprediger Giordano da Pisa warnt die Christenheit im Zusammenhang mit dem Hostienfrevel, der «Haß der Juden» gegen die Jungfrau Maria und ihren Sohn sei so tief, daß «sie ihn von neuem kreuzigen» würden, wenn sie nur könnten! Gott aber vernichte sie nur deshalb nicht, weil sie den Christen nützlich seien als ein abschreckendes Beispiel. Das antijüdisch besetzte «Fleisch» und seine böse Lust in den Christen ist es demnach, das ihren Geist zum Guten lenkt.[18]

Eine Variante der Hostienschändung ist der bis in dieses Jahrhundert erhobene Vorwurf des Ritualmords. Juden bringen Christenkinder an sich und foltern sie in heimlichen Haßritualen zu Tode. Im Jahre 1290 fällt ihnen in Oberwesel der «Gute Werner» zum Opfer mit der Folge, daß er wie ein Heiliger verehrt und ihm

...1 in Bacharach eine Wallfahrtskirche errichtet wird, die als
...1e noch heute steht. Am Ostersonntag des Jahres 1475 wird in
...nt das Kind Simon gefunden, ertrunken und mit Schürfwun- *Trient*
...am Leib. Es sind Juden, die den kleinen Leichnam finden und
...1 Ortsbischof davon sofort Mitteilung machen in der verzwei-
...en Hoffnung, mit diesem mutigen Schritt der Ritualmordhyste-
...1e zuvorzukommen. Doch deren Macht über die Seelen ist stärker. 14 Juden werden nach erfolterten Geständnissen gerädert und
verbrannt, die überlebenden Frauen und Kinder voneinander getrennt und durch Zwangstaufe christianisiert. Erst 1965, nach
dem Zweiten Vatikanischen Konzil, wird der Kult um das heilig-
gesprochene Kind untersagt.[19]

Im selben Jahrhundert, um die Osterzeit 1453, nimmt der berühmte Volksmissionär und Inquisitor Johann von Capistrano zur
Abwechslung einen Hostienschändungsvorwurf gegen die Bres-
lauer Juden zum Anlaß, ganz Schlesien in einen solchen Vergel-
tungsrausch zu versetzen, daß es nicht eher ruht, bis es sich auf
dem Wege der Folter, Verbrennung und Vertreibung judenfrei gemacht hat.[20] Ich gehe auf diese Beispiele ein, weil sie die ausschweifende Virulenz des Wahns belegen und weil insbesondere
Wesel und Trient zu den Orten zählen, auf die Heine reagiert,
ohne es anders zu können, als in ihre Marienlieder heimlich und
doch hörbar die Klagelieder seines Volks einfließen zu lassen.

Heine nutzt gleich das erste Kapitel seiner romantisch antiro- *Rabbi...*
mantischen Erzählung «Der Rabbi von Bacharach» zu einem Auf-
riß der ungeschriebenen jüdischen Geschichte innerhalb der deutschen. Die «große Judenverfolgung» beginnt mit den Kreuzzügen.
Über ihren Entstehungsgrund läßt er keinen Zweifel: Es ist das
Fest des Karfreitags, an dem die jüdischen Menschen Jahr für Jahr
immer wieder «ganz in den Händen ihrer Feinde» sind! Besondere
Hervorhebung erfährt der Ritualmord an dem heiligen Werner, zu
dessen Erinnerung man unweit Bacharach in Oberwesel eine
«prächtige Abtei gestiftet» habe. Mit alldem will Heine seine Leser auf die jüdische Gegenperspektive einstellen, daß sie aus ihr
heraus mitempfindend werden für das Schicksal des Rabbi und

jüdische Gegenperspektive

79

seiner schönen Sara. Denn ihnen gilt der Anschlag zweier als Juden sich tarnenden christlichen Provokateure, die inmitten der heitersten Abendfeier des Pessachmahls den blutigen Leichnam eines Kindes unter die Festtafel schmuggeln, um so einen zweifachen Vorwand zu schaffen: einmal für die Vernichtung der Juden von Bacharach, zum anderen, um auch diesen Ort zur wirtschaftlichen Blüte eines Wallfahrtsorts zu erheben, wo die Pilgergroschen nicht nur die Klingelbeutel füllten, sondern auch die Kassen, die für den Massenabsatz der Ritualmordbildserien sorgten. Inmitten seines historischen Aufrisses liefert Heine in genialer Kürze die Fallbeschreibung der Flagellanten, einer Massenhysterie, die durch die Identifizierung der Pest in «den Juden» ausgelöst wurde: «Der gereizte Pöbel, besonders die Horden der Flagellanten, halbnackte Männer und Weiber, die, zur Buße sich selber geißelnd und ein tolles Marienlied singend, die Rheingegend und das übrige Süddeutschland durchzogen, ermordeten damals viele tausend Juden oder marterten sie oder tauften sie gewaltsam.» Womit sich die Karfreitagsmissionäre im Innersten hoch erregt haben, erregt wechselbezüglich den Sumpf der Volksseele und setzt ihn frei. So wie «die Juden» Christi Leib geißelten und Marias Leib «zukkend» ins Mitleiden rissen, entblößen und geißeln die «halbnackten Männer und Weiber» zuerst sich selbst, das heißt: Es kommt in ihnen zu einer Identitätsspaltung, die sie die verzwickte Doppelrolle sich selbst opfernder Christ(inn)en spielen macht, dergestalt, daß sie zuerst einmal als sadistisch quälende Juden auf sich selbst einschlagen, um mittels dieser sado-masochistischen Inversion den Rausch der Rache sich desto ungehemmter entladen zu lassen. Diese obszöne Verschiebung und Verdichtung der Jesus-Maria-Juden-Triade zur Flagellanten-Triade Männer – Weiber – Juden legt das Paradox einer Doppelbindung frei, die eine poetische Parallele hat in der Parzival-Ideologie von Wolfram bis Wagner und ihrem Rezipienten Hitler.

Eines ist sicher: Im Anfang des abendländischen Antisemitismus war das große christliche Orakel, der angebliche «Fluch» Christi über «die Juden», der sie a priori zu Tätern machte und so die Heinesche Ironie jahrhundertelang verdrängt hielt, daß der von den christlichen Opfern an die Wand gemalte Karfreitagstäter real allein in ihnen selbst aufstand und im Massenmord an den Juden die Ermordung des Juden Jesus fortsetzte. Erst die Aufklärung beseitigte innerseelische Hemmungen, sich im schmutzigen Spiegel des Passionssadismus selbst zu erkennen und sich die erdrückende Pathologie mitleidender Mitleidlosigkeit von der Seele zu schreiben. Am radikalsten führen die Phantasmen des Marquis de Sade in einer eigentümlichen Verschiebung und Verdichtung zur Desakralisierung der Passionsblume. Alle Perversionen, die sie «den Juden» angedichtete, entdeckt de Sade in sich selbst als seine eigenen, die er nicht länger gegen sie auslebt, sondern in einer so obsessiv gesteigerten Aggression gegen das eigene Fleisch und Blut, als gelte es, den sexuellen Akt der Massenzeugung Christenmensch in einen Sexualrausch der Massenvernichtung umzukehren.

Heine und (auf andere Weise) Freud suchen statt dieser sadistischen Lösung die konstruktive der «Emanzipation des Fleisches» aus seiner antijüdisch-christlichen Verteufelung. Zumal Heine mit Unbehagen und schließlich mit Grauen erkennt, wie es der «Romantischen Schule» gelingt, mit der deutsch-nationalen Wiederbelebung der Poesie des Mittelalters auch die «dem Blute Christi» entsprossene «Passionsblume» ins Kraut schießen zu lassen, «jene», wie es im ersten Kapitel heißt, «sonderbar mißfarbige Blume, in deren Kelch man die Marterwerkzeuge [...] abkonterfeit sieht, eine Blume [...] deren Anblick sogar ein grauenhaftes Vergnügen in unserer Seele erregt, gleich den krampfhaft süßen Empfindungen, die aus dem Schmerze selbst hervorgehen.»

Aber auch in der reformatorischen Entwicklung der «Idee des Christentums» von Luther bis zu Hegel sieht Heine keinen Ausweg aus der Pathologie des deutsch-christlichen Alltagslebens. Denn gerade mit dem Deutschen Idealismus, insbesondere der Dialektik Hegels, ist die Philosophie nun selbst Religion geworden – unter Beibehaltung ihrer antijüdischen Begriffsvorgaben! Deshalb kommt Heine in seiner Untersuchung «Zur Geschichte der

Religion und Philosophie in Deutschland» zu dem diagnostischen Ergebnis:

> «Die nächste Aufgabe ist, gesund zu werden, denn wir fühlen uns noch sehr schwach in den Gliedern. Die heiligen Vampire des Mittelalters haben uns soviel Lebensblut ausgesaugt. Und dann müssen der Materie noch große Sühneopfer geschlachtet werden, damit sie die alten Beleidigungen verzeihe. [...] Denn das Christentum, unfähig die Materie zu vernichten, hat sie überall fletriert, es hat die edelsten Genüsse herabgewürdigt, und die Sinne mußten heucheln, und es entstand Lüge und Sünde. Wir müssen unseren Weibern neue Hemden und neue Gedanken anziehen, und alle unsere Gefühle müssen wir durchräuchern, wie nach einer überstandenen Pest.»

Der Hemd- und Gedankenwechsel hebt zwar die die Kinder erziehenden Frauen hervor, meint aber alle.

Man war – und ist bisweilen immer noch – schnell bei der Hand, Heine und mehr noch Freud eine übertriebene, gar typisch «jüdische» Affinität zum Sexuellen, vielleicht sogar Sexistischen anzuhängen, ahnungslos darin, daß wir es bei beiden mit Leidtragenden unseres abendländischen Sexualhaushalts zu tun haben. Wenn Freud in seiner Analyse des Witzes feststellt, nirgends habe «die Kultur eine stärkere Unterdrückung zu üben versucht als auf dem Gebiete der Sexualität», dann sagt er (und der Heine in ihm mit) das eingedenk der Tatsache, daß die Triebkontrolle der christlich-abendländischen Kultur, mehr, als uns heute bewußt ist, mittels der abschreckenden Gleichsetzung Jude = Fleischeslust – Lepra – Pest – Syphilis – Geistesgestörtheit – Rassentuberkulose funktionierte. Der Jude = Fratze tödlicher Bedrohung und Faszinosum zwielichtiger Lüste.

In seinen Briefen betont Heine immer wieder, daß die Form seiner «Reisebilder» es ihm ermögliche, alles sagen zu können, was er wolle. An Varnhagen von Ense schreibt er am 26. Oktober 1826: «Ich darf jetzt alles sagen, und es kümmert mich wenig, ob ich mir ein Dutzend Feinde mehr oder weniger aufsacke.» Die Selbsterlaubnis zu diesem Alles hat zum Hauptinhalt aber keineswegs nur den radikalen Demokraten Heine, sondern den Aktivisten des «Vereins für Cultur und Wissenschaft der Juden» während seiner Studentenzeit in Berlin. Am 25. Juni 1824 schreibt er an Moses Moser, daß er «viel Chronikenstudium» betreibe und «ganz besonders viel historia judaica». Das Resultat ist ein jüdischer Selbsterfahrungsprozeß, zu dem er sich bekennt: «Ganz eigene Gefühle bewegen mich, wenn ich jene traurigen Analen durchblättre; eine Fülle von Belehrung und des Schmerzes. Der Geist der jüdischen Geschichte offenbart sich mir immer mehr und mehr, und diese geistige Rüstung wird mir gewiß in der Folge sehr zustatten kommen.»

Heine geht also nicht einfach so auf seine Reisen kreuz und quer durch Deutschland und Europa, sondern in der geistigen Rüstung des Gedächtnisträgers seines Volks. Im Raster dieser sehr viel komplexeren Wahrnehmung setzen sich ihm die uns vertrauten Dinge anders zusammen. Wie, das bekennt er ausdrücklich, wenn er sagt: «meine Brust ist ein Archiv deutschen Gefühls». Archiviert in des Juden Brust aber ist das Gefühls-Paradox deutschchristlicher Innerlichkeit und Grausamkeit, dem sein Volk 30 Generationen lang ausgesetzt war. In Heines «Archiv» hält das deutsche Gefühl das jüdische traumatisch umschlossen. In diesem Sinn konstituiert sich Heines Werk als ein Traum-Archiv. Das ist auch der Grund, warum es in Heines Traum- und Witzarbeit eines – mit Freud gesagt – sehr «verwickelten Auslösungsverhältnisses» bedarf, daß sich der auf den eigenen Gefühlen lastende Alp in soviel Lust und befreiender Ironie auflöst.

Auf seiner «Reise von München nach Genua» hat Heine in Südtirol die Begegnung mit «der schönen Spinnerin», ja, der «Schönsten von allen […] an den Marken Italiens». Das Landschaftsmotiv, inmitten dessen sie «lächelnd» zu dem Fenster seiner Reisekutsche herüberblickt, liegt zu Füßen eines Bergs, wo,

«auf einem nicht sehr hohen Steindamm, eines von jenen Häuschen stand, die mit ihrer traulichen Galerie und ihren naiven Malereien uns so lieblich ansehen. Auf der einen Seite stand ein hölzernes Kruzifix, das einem jungen Weinstock als Stütze diente, so daß es fast schaurig heiter aussah, wie das Leben den Tod, die saftig grünen Reben den blu-

tigen Leib und die gekreuzigten Arme und Beine des Heilands umrankten. Auf der anderen Seite des Häuschens stand ein runder Tauben-
kofen, dessen gefiedertes Völkchen flog hin und her, und eine ganz besonders anmutige weiße Taube saß auf dem hübschen Spitzdächlein,
das, wie die fromme Steinkrone einer Heiligennische, über dem Haupte
der schönen Spinnerin hervorragte. Diese saß auf der kleinen Galerie
und spann, nicht nach der deutschen Spinnradmethode, sondern nach
jener uralten Weise, wo ein flachsumzogener Wocken unter dem Arm
gehalten wird und der abgesponnene Faden an der frei hängenden Spin-
del hinunterläuft. So spannen die Königstöchter in Griechenland, so
spinnen noch jetzt die Parzen und alle Italienerinnen. Sie spann und lä-
chelte, unbeweglich saß die Taube über ihrem Haupte, und über dem
Hause selbst ragten hinten die hohen Berge, deren Schneegipfel die
Sonne beschien, daß sie aussahen wie eine ernste Schutzwache von Rie-
sen mit blanken Helmen auf den Häuptern.»

Auf den ersten Blick haben wir den Ausssschnitt einer vertrauten
Alpenlandschaft vor uns. Und wenn wir nur sehen, was wir sehen,
sehen wir nicht, wie ein vorsortierendes Raster die Konstellation
der Dinge in ihrem Zentrum zugleich festhält und verändert. Dieses Zentrum ist eine Triade, gebildet aus dem Beobachter Heine,
dem Heiland am Kreuz und der Spinnerin, die unter der weißen
Taube, dem Sinnbild des Heiligen Geistes, die Züge einer Madonna im Heiligenwinkel annimmt. Aber das alles verschiebt sich
zunächst fast unmerklich. Das Taubensinnbild des Sieges über Israel und sein «Reich des Fleisches» weicht der Anmut des faktisch
Lebendigen. Ähnlich ergeht es dem blutigen Leib Christi am ge-
genüberliegenden Eckpunkt. Es sind die saftig grünen Reben des
Dionysos, des tanzenden Weingottes, die ihn umranken wie «das
Leben den Tod», so daß er sich «fast schaurig heiter» zu einem gekreuzigten Dionysos entchristlicht. Wir werden einbezogen in
einen poetischen Wachtraum, dessen Wunschproduktion den Karfreitagskomplex in einer Weise verflüssigt und in seinen drei Eckpunkten (Jude – Christin – Christus) umorganisiert, daß er den
Charakter einer «blutrünstigen Delinquentenreligion» verliert.
Während die Reben des Weingottes die Indizien jüdischer «Blutschuld» überwachsen, behält die schöne Spinnerin zwar alle

Merkmale der «überselig edlen» Madonna, aber sie ist nicht mehr die Schmerzensreiche mit dem jüdischen «Gift» im Herzen, sondern die unversehrt Lächelnde mit dem archaischen Wocken unter dem Arm. Ihr Spinnen und das ungetrübte Lächeln ihrer Augen gilt Heine; und er fühlt sich so angenommen, daß er sein Herz davon «festgesponnen» glaubt.

Doch hat dieser Wunschwachtraum seine nächtliche Fortsetzung:

> «Den ganzen Tag sah ich diese Augen, und ich träumte davon in der folgenden Nacht. Da saß sie wieder und lächelte, die Tauben flatterten hin und her wie Liebesengel, auch die weiße Taube über ihrem Haupte bewegte mystisch die Flügel, hinter ihr hoben sich immer gewaltiger die behelmten Wächter, vor ihr hin jagte der Bach, immer stürmischer und wilder, die Weintrauben umrankten mit ängstlicher Hast das gekreuzigte Holzbild, das sich schmerzlich regte und die leidenden Augen öffnete und aus den Wunden blutete – sie aber spann und lächelte, und an dem Faden ihres Wockens, gleich einer tanzenden Spindel, hing mein eigenes Herz.»

Was der tagträumende Poet am Zensor vorbeigeschmuggelt hat, ringt dieser ihm in der nächtlichen Traumarbeit Schritt für Schritt wieder ab. Der dionysische Tagessieg des Lebens über den Tod kehrt sich um in die Auferstehung der Untoten: Die weiße Taube erlangt ihre alte «mystische» Macht zurück über die Dinge: Die Berge hinter ihr erheben sich «immer gewaltiger», der Bach vor ihr immer «wilder» gegen den Träumenden, die Weinreben suchen den Gekreuzigten «mit ängstlicher Hast» zu umranken und können doch am Ende nicht abwehren, daß er sich zurückverwandelt in die Ikone der Anklage, sich wieder «schmerzlich» regt, die leidenden Augen öffnet und aus seinen Wunden blutet. Zwar spinnt und lächelt die schöne Spinnerin immer noch, doch parzenhaft zwiespältig läßt sie nun sein «Herz» am Faden ihres Wockens «tanzen», wechselbezüglich zu des Gekreuzigten «Schmerz».

Heines nächste Station auf seiner Reise von München nach Genua ist Trient. Der erste Eindruck wäre ganz der eines «altersschwachen» Verfalls, «wenn nicht die Natur diese abgestorbenen

Steine mit neuem Leben erfrischte, wenn nicht süße Weinreben jene gebrechlichen Pfeiler [...] zärtlich umrankten, und wenn nicht noch süßere Mädchengesichter aus jenen trüben Bogenfenstern hervorguckten und über den deutschen Fremdling lächelten, der, wie ein schlafwandelnder Träumer, durch die blühenden Ruinen einherschwankte.» Noch ist nicht abzusehen, wieweit der düstere Geist dieses Orts den Träumenden einholen wird. Doch eines ist sofort gegenwärtig: Die süßen Weinreben und Mädchengesichter, Signale des Eros, sind wie umarmt von einem *genius loci* des Verfalls und des Todes, der auch Heine über diese Grenzlinie zwischen Tod und Leben zurückzwingt in ein unsichtbar anwesendes Gestern:

«Ich war wirklich wie im Traume, wo man sich auf irgend etwas besinnen will, das man ebenfalls einmal geträumt hat. Ich betrachtete abwechselnd die Häuser und die Menschen, und ich meinte fast, diese Häuser hätte ich einst in ihren besseren Tagen gesehen, als ihre hübschen Malereien noch farbig glänzten, als die goldenen Zieraten an den Fensterfriesen noch nicht so geschwärzt waren, und als die marmorne Madonna, die das Kind auf dem Arm trägt, noch ihren wunderschönen Kopf aufhatte, den jetzt die bilderstürmende Zeit so pöbelhaft abgebrochen. Auch die Gesichter der alten Frauen schienen mir so bekannt, es kam mir vor, als wären sie herausgeschnitten aus jenen altitalienischen Gemälden, die ich einst als Knabe in der Düsseldorfer Galerie gesehen habe. Ebenfalls die alten Männer schienen mir so längst vergessen wohlbekannt, und sie schauten mich an mit ernsten Augen, wie aus der Tiefe eines Jahrtausends. Sogar die kecken jungen Mädchen hatten so etwas jahrtausendlich Verstorbenes und doch wieder blühend Aufgelebtes, daß mich fast ein Grauen anwandelte, ein süßes Grauen, wie ich es einst gefühlt, als ich in der einsamen Mitternacht meine Lippen preßte auf die Lippen Marias, einer wunderschönen Frau, die damals gar keinen Fehler hatte, außer daß sie tot war. Dann aber mußte ich wieder über mich selbst lächeln, und es wollte mich bedünken, als sei die ganze Stadt nichts anderes als eine hübsche Novelle, die ich einst einmal gelesen, ja, die ich selbst gedichtet, und ich sei jetzt in mein eigenes Gedicht hineingezaubert worden und erschräke vor den Gebilden meiner eigenen Schöpfung.»

Da ist kein Zweifel: Dieses Trient erzwingt die Wiederkehr des Verdrängten. Heine ist plötzlich Ahasver, der Ewige Jude, der «aus der Tiefe eines Jahrtausends» kommend einen der Orte wiedererkennt, an dem er schon einmal war und an dem ihm etwas widerfahren war, das die altitalienischen Gemälde der Düsseldorfer Galerie der Welt verschwiegen hatten. Er sieht die jungen, hübschen Trienterinnen anders, als sie selbst sich sehen können. Ihr «blühend Aufgelebtes» hat zur unbewältigten Rückseite «etwas jahrtausendlich Verstorbenes». Ein ungebrochen Archiviertes ist in ihnen fortgepflanzt: die mörderischen Ideale ihrer toten Väter und Mütter, mörderisch für Ahasver auf seiner Traumreise durch ein Millennium des «Grauens» zwischen Leben und Tod.

Die Hitze des südlichen Mittags treibt ihn in die angenehm kühle Luft des «uralten Domes». Die Sinnenpracht südlicher Kirchen, ihre «buntbemalten Fenster», die so anregend kontrastieren mit den «unbemalten Vernunftscheiben» nordisch protestantischer Kirchen, und die vielen Frauenzimmer auf den Betbänken lassen ihn Betrachtungen darüber anstellen, was für eine «gute Sommerreligion» doch der Katholizismus sei. Das alles setzt die für Heine so typische Witzarbeit in Bewegung:

> «Es läßt sich gut liegen auf den Bänken dieser alten Dome, man genießt dort die kühle Andacht, ein heiliges dolce far niente, man betet und träumt und sündigt in Gedanken, die Madonnen nicken so verzeihend aus ihren Nieschen, weiblich gesinnt verzeihen sie sogar, wenn man ihre eignen holden Züge in die sündigen Gedanken verflochten hat, und zum Überfluß steht noch in jeder Ecke ein brauner Notstuhl des Gewissens, wo man sich seiner Sünden entledigen kann.»

In Ahasver-Heines Witzarbeit lassen die Heiligen Jungfrauen einen schelmischen Augenblick lang die Maske fallen und sind wieder das, was sie einmal waren: die Sulamith des Hohenliedes. Die christliche Dialektik stellt sich auf die Füße, und vom Himmel hoch neigen sich die Madonnen nicht länger schmerzensreich, sondern weiblich gesinnt zu ihm – und uns – herab und dulden derart die Verflechtung ihrer Schönheit mit den unchristlichsten

Gedanken, daß der aus allen Ecken drohende Notstuhl des Gewissens seinen Sinn verliert. Aber der Ort wehrt sich gegen den sinnverschiebenden Schelm.

Plötzlich sieht Heine aus dem Dunkel eines der Notstühle die weiße Hand einer unsichtbar Beichtenden vielsagend zum Vorschein kommen; und diese Hand ist es, die seine witzigen Gedanken analysierend in die Schmerzenstiefe der Geschichte zieht:

> «Ich konnte nicht aufhören, diese Hand zu betrachten; das bläuliche Geäder und der vornehme Glanz der weißen Finger war mir so befremdlich wohlbekannt, und alle Traumgewalt meiner Seele kam in Bewegung, um ein Gesicht zu bilden, das zu dieser Hand gehören konnte. Es war eine schöne Hand und nicht, wie man sie bei jungen Mädchen findet, die, halb Lamm, halb Rose, nur gedankenlose, vegetabil animalische Hände haben, sie hatte vielmehr so etwas Geistiges, so etwas geschichtlich Reizendes wie die Hände von schönen Menschen, die sehr gebildet sind oder viel gelitten haben. Diese Hand hatte dabei auch so etwas rührend Unschuldiges, daß es schien, als ob sie nicht mitzubeichten brauche und auch nicht hören wolle, was ihre Eigentümerin berichtete, und gleichsam draußen warte, bis diese fertig sei. Das dauerte aber lange; die Dame mußte viele Sünden zu erzählen haben.»

Diese Hand hat ihr «Reizendes» für Heine zuerst einmal darin, daß sie sich ihm wie aus dem Dunkel der Geschichte entgegenstreckt. Hautnah hat er sie vor Augen, und nicht einfach als Hand, sondern die Hand gewordene Seele des Abendlandes, «bläulich» durchtränkt mit der Leidensgeschichte seines Geistes, der sie von Hand zu Hand weiterreichte über Generationen. Doch diese Hand erscheint Heine zugleich wie abgetrennt von dem so bußbedürftig lange beichtenden Leibe. Heine glaubt etwas «rührend Unschuldiges» auszumachen, das der Hörigkeit aus dem Inneren des Notstuhls entzogen sei, unbewußt abgelöst und hinübergerettet ins Jenseits des Gut und Böse der Beichte, dem tausendjährigen Seelenüberwachungsapparat der «Massenheilanstalt» Kirche, die hier in Trient ungebrochen ihre triebregulierende Gewalt behauptete. So kommt es, daß Heines wunschträumender Gegengewalt nicht nur Leib und Gesicht der Dame vorenthalten werden, sondern auch die Hand selbst: «Ich konnte nicht länger warten, meine Seele drückte einen unsichtbaren Abschiedskuß auf die schöne Hand, diese zuckte in demselben Momente, und zwar so eigentümlich, wie die Hand der toten Maria zu zucken pflegte, wenn ich sie berührte. Um Gottes willen, dachte ich, was tut die tote Maria in Trient? – und ich eilte aus dem Dome.»

Ein Fetischismus der schönen Hand, eine den Leib nur noch in Teilen der Lust zugänglich machende Triebperversion war von Heine her sicher nicht gegeben. Es ist aber umgekehrt so, daß sich ihm aus dem verdeckten Dunkel des Notstuhls heraus das zerstückelte Bild eines schönen Körpers aufdrängt, der wie an den Folgen einer peinlichen Befragung plötzlich stirbt. Die sich zu der toten Maria hin verschiebende Triade Beichtiger – Dame – Heine kehrt dem Juden ihre verdrängte Rückseite auf. Der Dom zu Trient, dieser erhabene Hort der Passionsblume, setzt plötzlich die darin eingeschlossenen Verfolgungsbilder des in Folter und Hinrichtung auseinandergenommenen (gerädeten) Leibes frei. Entsprechend die Folgen: Heine «eilt» aus dem Dome, flieht den Schein des Angenehmen. Es ist die abwesende Anwesenheit eines Unheimlichen, das sich zeigt und im Hinterhalt bleibt.

Es war Jacques Lacan, der den Begriff des «zerstückelten Körpers» in die Diskussion brachte, weil dieser sich in Träumen regelmäßig zeige, «wenn die fortschreitende Analyse auf eine bestimmte Ebene aggressiver Desintegration des Individuums stoße». Er erscheine dann «in der Form losgelöster Glieder und exoskopisch dargestellter, geflügelter und bewaffneter Organe, die jene inneren Verfolgungen aufnehmen, die der Visionär Hieronymus Bosch in seiner Malerei für immer festgehalten hat, als sie im fünfzehnten Jahrhundert zum imaginären Zenith des modernen Menschen heraufstiegen.» [21] Hieronymus Bosch, zugleich Visionär und Reflex der Inquisition und ihres zerstückten «Gartens der Lüste».

«Um Gottes willen», fragt sich Heine, «was tut die tote Maria in Trient?» Ja, was tut sie dort? Doch wieder draußen vor dem Dome, verblaßt der Alp der bangen Frage, und darüber schiebt sich das Bild der «rudelweise» so lebendig vorbeiströmenden Trienterinnen, die ihn ins Schwärmen bringen:

> «Es war just die Sorte, die ich liebe; – und ich liebe diese blassen, elegischen Gesichter, wo die großen schwarzen Augen so liebeskrank herausstrahlen; [...] vor allem aber liebe ich jenen genialen Gang, jene stumme Musik des Leibes, jene Glieder, die sich in den süßesten Rhythmen bewegen, üppig, schmiegsam, göttlich, liederlich, sterbefaul, dann wieder ätherisch erhaben und immer hochpoetisch. Ich liebe dergleichen, wie ich die Poesie selber liebe, und diese melodisch bewegten Gestalten, dieses wunderbare Menschenkonzert, das an mir vorüberrauschte, fand sein Echo in meinem Herzen und weckte darin die verwandten Töne.»

Im Dom die wie vom Leib abgelöste weiße Hand, der alle Traumgewalt Heines vergeblich ein dazugehöriges «Gesicht» zu geben vermag, es sei denn das der «toten Maria», das wie ein Symbol mariologischer Seelenprägung die Episode leitmotivisch durchzieht. Wo immer Heine hinblickt und hinhört, ist die Botschaft jener «stummen Musik des Leibes» und seiner zum «Menschenkonzert» sich rhythmisch bewegenden Glieder nicht das Leben, sondern der «Verfall», die Dekadenz. Von der einst so blühenden Stadt ist wenig geblieben: «Gerne möchten die Töchter Trients sich noch schmücken wie zu den Zeiten des Konziliums, wo die Stadt blühte in Samt und Seide; aber das Konzilium hat wenig ausgerichtet, der Samt ist abgeschabt, die Seide zerfetzt, [...] und die geistreichsten Hüften umschließt der dümmste Kattun.»
Heine erinnert sich im Anblick der Trienterinnen des gegen die Reformation gerichteten Konzils zu Trient von 1545 bis 1563. Was er unerwähnt läßt, ist die Eliminierung der jüdischen Gemeinde, die man, 70 Jahre vor dem Konzil, des Ritualmords an dem Kind Simon für schuldig befunden hatte. Warum? Es ist nicht anzunehmen, daß Heine von dem Pogrom nichts wußte, zumal Trient sich seines Heiligen an allen Ecken und Enden rühmte. Darüber hinaus erfreute sich die geheiligte Sensation bis hin zu Schlachthausbildern abgetrennter Hände und Füße etc. einer gesamteuropäischen Publizistik. Der Trienter Ritualmord

fand Eingang in die Nürnberger Weltchronik des Hartmann Schedel; und die berühmte Attraktion der Frankfurter Judensau war bildkräftig verknüpft mit dem abgestochenen und kastrierten Leichnam des kleinen Simon.[22] In Frankfurt aber war Heine ortskundig. Warum also läßt er auf seiner Reise den Trienter Ritualmord-Pogrom ebenso unerwähnt wie die beiden in München, bei denen 1285 180 Juden mit ihrer Synagoge verbrennen und 1346 das «ergrimmte Volk» den seligen Henrikus ähnlich rächen muß? Sein Zensor ist zweigeteilt. Dieser unverjährte Schmerz will ebenso ans Licht, wie die Poesie seine Last nicht erträgt. Sagt Heine doch, als er sich nahe der Bottega mit einem Sorbett erfrischt, wie beschwörend zu sich selbst: «Bleibt nur in meiner Brust, ihr Schmerzen!» Der einzige Ausweg für den Künstler ist die Verschiebung: einmal auf die bläulich abgelöste und sterbende Hand im Dom, dann auf die «tote Maria» in den blühend aufgelebten Trienterinnen und schließlich auf jenes «wunderliche Trio», das als Straßentheater eine Opera buffa vor ihm und einem Kreis von Zuschauern aufführt. Heine beschreibt die Szene so:

«Es war ein wunderliches Trio, bestehend aus zwei Männern und einem jungen Mädchen, das die Harfe spielte. Der eine von beiden, winterlich gekleidet in einen weißen Flausrock, war ein stämmiger Mann mit einem dickroten Banditengesicht, [...] der andere war ein langer, hagerer Greis, dessen morsche Gebeine in einem abgelebt schwarzen Anzuge schlotterten, und dessen schneeweiße Haare mit seinem Buffogesang und seinen närrischen Kapriolen kläglich kontrastierten. Es ist schon betrübend, wenn ein alter Mann die Ehrfurcht, die man seinen Jahren schuldig ist, aus Not verkaufen und sich zur Possenreißerei hergeben muß; wieviel trübseliger ist es noch, wenn er solches in Gegenwart oder gar in Gesellschaft seines Kindes tut! und jenes Kind war die Tochter des alten Buffo, und sie akkompagnierte mit der Harfe die unwürdigen Späße des greisen Vaters oder stellte auch die Harfe beiseite und sang mit ihm ein komisches Duett, wo er einen verliebten alten Gecken und sie seine junge neckische Amante vorstellte. Obendrein schien das Mädchen kaum aus den Kinderjahren getreten zu sein, ja, es schien, als habe man das Kind, ehe es noch zur Jungfräulichkeit gelangt war, gleich zum Weibe gemacht, und zwar zu keinem züchtigen Weibe. Daher das bleichsüchtige Welken und der zuckende Mißmut des schönen Gesichts, dessen stolzgeschwungene Formen jedes ahnende Mitleid gleichsam verhöhnten; [...] daher die Krankhaftigkeit der überzarten Glieder [...] Indessen, über dem unglücklichen Mädchen, diesem Frühling, den der Tod schon verderblich angehaucht, lag eine unbeschreibliche Anmut und Grazie, die sich in jeder Miene, in jeder Bewegung, in jedem Tone kundgab und selbst dann nicht ganz sich verleugnete, wenn sie mit vorgeworfenem Leibchen und ironischer Lüsternheit dem alten Vater entgegentänzelte, der ebenso unsittsam, mit vorgestrecktem Bauchgerippe zu ihr heranwackelte. Je frecher sie sich gebärdete, desto tieferes Mitleid flößte sie mir ein, und wenn ihr Gesang dann weich und wunderbar aus ihrer Brust hervorstieg und gleichsam um Verzeihung bat, dann jauchzten in meiner Brust die kleinen Schlangen und bissen sich vor Vergnügen in den Schwanz.»

Die kleinen Schlangen aber sind doch, wie Heine bekennt, «die alten deutschen Schmerzen», die ihn auch hier in Italien nicht wirklich loslassen! Was ihm in diesem «wunderlichen Trio» von Trient verwandelt wiederbegegnet, ist das Zoten-Trio von Brixen, wiederum gegen die Frau gerichtet, aber nunmehr als Straßentheater, wo diese sich im Gegensatz zu der Kellnerin in Brixen der Schamlosigkeit nicht entzieht, sondern sie zum Spiel der öffentlichen Selbstentblößung macht. Damit wird, mit Freud gesagt, die Libido der Dritten Person, die hier massenhaft multipliziert das perverse Spiel betrachtet, in einer verwickelten Weise anders bestochen. Heine aber läßt sich nicht bestechen, sondern ergreift, so wie in Brixen, abermals die Partei der entblößten Frau. Die sexuelle Aggression, die die Brixenerin auf dem Weg ihrer mariologischen Verwandlung abwehren konnte, hat das «unglückliche Mädchen» von Trient längst hinter sich, und dies, «ehe es noch zur Jungfräulichkeit gelangt war». Was Heine ebenso poetisch einfühlsam heilen möchte, wie er es analytisch scharf diagnostiziert, ist der sexuelle Mißbrauch dieser Frau schon als Kind. Das korrupte Milieu hat an die Stelle der Initiation seiner Kinder in das Urbündnis von Liebe, Leib und Leben dessen Perversion treten lassen. Das zur Schau gestellte Ergebnis ist die Anmut des Engels mit der Harfe nur noch als Parodie, «verderblich angehaucht» vom Tod. Eros und Todestrieb (Thanatos) in ihrer destruktivsten Vermählung.

Dieser Zwiespalt aber reorganisiert sich im Raster der Heineschen Wahrnehmung zwischen Dom und Markt, mariologischem Idealismus und völkischem Realismus als das Negativ einer gesunden Sinnlichkeit. Hier ist, im Unterschied zu dem virtuellen Ritualmord an dem Kind Simon, der wirkliche Seelenmord an einem Kind öffentlich preisgegeben in der von Vater und Tochter so lüstern krank gespielten Liebesszene. In einer Welt, die das zuläßt, ist die Liebe nicht, wie im Hohenlied, stark wie der Tod; vielmehr hat sich ihrer umgekehrt der Todestrieb bemächtigt, so daß der Tanz des Vaters mit seiner Tochter deutlich den makabren Doppelsinn des Totentanzes annimmt, jener aus dem Schock der Pest hervorgegangenen geistlichen Dichtung, in der die Fleischeslust der vom Teufel auferweckten Toten sich der Kinder, Weiber und Männer ohne Ansehn bemächtigt. Heine läßt uns in die Zeit blikken, die einen Schutz des Kindes gar nicht kannte. Es war der Verfügungsgewalt seiner nächsten Verwandten und Erzieher wehrlos ausgeliefert. Dazu kam die völlige Unverhältnismäßigkeit zwischen der Versündigung am Kind und der Buße, die der Beichtvater – noch dazu meist folgenlos – Sünder und Sünderin dafür auferlegte.

Heine als der verdeckte Ermittler im abendländischen Sittensystem aber weiß und sieht an diesem Totentanz nicht zuletzt das, was wir so schnell nicht sehen. In dem mißbrauchten Mädchen wird die immer wieder «den Juden» angehängte sexuelle Perversion als christlich bedingte Realität manifest. Wohl deshalb macht Heine sich zum Sympathisanten des Mädchens. Als er ihr nach der Vorführung ein nicht allzu kleines Geldstück auf den Zinnteller legt und sie ihm dafür «schlau» lächelnd die Rose an ihrem Busen anbietet, meint Heine, der sie annimmt, dazu:

«Denk nur nichts Böses, lieber Leser. Es war dunkel geworden, und die Sterne sahen so klar und fromm herab in mein Herz. Im Herzen selbst aber zitterte die Erinnerung an die tote Maria. Ich dachte wieder an jene Nacht, als ich vor dem Bette stand, worauf der schöne, blasse Leib lag mit sanften, stillen Lippen. – Ich dachte wieder an den sonderbaren Blick, den mir die alte Frau zuwarf, die bei der Leiche wachen sollte und mir ihr Amt auf einige Stunden überließ – Ich dachte wieder an die Nachtviole, die im Glase auf dem Tische stand und so seltsam duftete – Auch durchschauerte mich wieder der Zweifel, ob es wirklich ein Windzug war, wovon die Lampe erlosch? Ob wirklich kein Dritter im Zimmer war?»

All diese immer wieder wechselnden triadischen Beziehungen, in die sich Heine besonders in Trient so tödlich einbezogen träumt, münden zuletzt in einen «närrischen» Nachttraum, der sie aufnimmt und wiederum verändert. In diesem Traum verwandeln sich die Menschen Trients in lauter Blumen. Zunächst sind es «glühende», sich «wollüstig fächernde» Nelken, «hübsche» Hyazinthen und «schnurrbärtige» Narzissen, denen er begegnet; doch werden die Blumen dann immer aggressiver gegen den Träumenden, daß er «vor Angst» in den Dom eilt, wo er in langen Reihen die Tulpen sitzen und «andächtig die Köpfe» bewegen sieht. Dieses zunächst beruhigende Bild kehrt die Traumarbeit ins Gegenteil um; und Heine erinnert sich dessen: Im Beichtstuhl saß

«ein schwarzer Rettich, und vor ihm kniete eine Blume, deren Gesicht nicht zum Vorschein kam. Doch sie duftete so wohlbekannt schauerlich, daß ich seltsamerweise wieder an die Nachtviole dachte, die im Zimmer stand, wo die tote Maria lag.
Als ich wieder aus dem Dome trat, begegnete mir ein Leichenzug von lauter Rosen mit schwarzen Flören und weißen Taschentüchern, und ach! auf der Bahre lag die frühzerrissene Rose, die ich am Busen der kleinen Harfinistin kennengelernt. Sie sah jetzt noch viel anmutiger aus, aber ganz kreideblaß, eine weiße Rosenleiche. Bei einer kleinen Kapelle wurde der Sarg niedergesetzt […] und endlich trat eine alte Klatschrose hervor und hielt […] eine breitgewässerte Rede und so lang und langweilig, daß ich davon erwachte.»

Im ersten Teil bildet der Träumende ein Dreieck zusammen mit dem Rettich und Maria. Im zweiten Teil verschiebt sich der Rettich zu der Klatschrose und Maria zu der mit der Harfenistin gleichgesetzten Rosenleiche, in deren «Weiß» zugleich die abgelöste Hand der unsichtbaren Dame wiederkehrt. In der Sinnbildsprache der Sakralkunst figurierte der Rettich als der Teufel. Das Phallussymbol identifizierte ihn zugleich als sexuellen Verführer und Verderber. Die Traumarbeit Heines dreht an dem Dreieck so lange herum, bis der Ort des Bösen in seiner ganzen Bedrohung da erscheint, wo er sich historisch manifestierte: in der Liebestheologie des himmlischen Brautpaars, die die Triebe zum Zweck ihrer Sublimierung nicht anders zur Sternenbahn des Ewigen gelenkt lehrte als gereinigt von all dem, was als jüdisch-fleischlich todsündhaft besetzt war. Mag die Predigt der Klatschrose da noch so lang und langweilig sein, ein Alp für den Träumenden ist ihr Inhalt allemal. Wie sonst triebe sie ihn in die Wachheit.

Schließlich gelangt Heine nach Genua, dem Ziel seiner Reise. Es zieht ihn zu den alten Palästen der Hafenstadt auf dem Felsen, am Ende zu der Gemäldesammlung des Durazzo-Palastes: «Hier sind gute Bilder und darunter Paul Veroneses Christus, dem Magdalena die gewaschenen Füße abtrocknet. Diese ist so schön, daß man fürchten sollte, sie werde gewiß noch einmal verführt werden. Ich stand lange vor ihr – ach, sie schaute nicht auf! Christus steht da wie ein Religionshamlet: go to a nunnery.» Ist es so, daß sich die Figurenkonstellation Christus – Magdalena nur in den Augen ihres «Vetters» so hinreißend unbußfertig reorganisiert, oder aber wird hier Veronese bei einer ebenso unchristlich wie überzeugend gemalten Fleischessünde ertappt? Eines ist unglaubwürdig geworden: daß diese Büßerin ihrem Religionshamlet folgen wird, fortan nicht mehr zu sündigen. Wieder solidarisiert sich Heine mit der Hure, diesmal als der Volksgenosse dieser schönen Jüdin, die ein zum Bußprediger verdrehter Jesus zur Heiligen gemacht haben sollte, daß sie das schlechte Gewissensvorbild aller liederlichen Frauen würde.

Bei seinem Rundgang durch die Sammlung trifft er auf Bilder von Rubens und Cornelius, dem (Düsseldorfer) Maler aus der historischen Schule Münchens, die von Wilhelm von Kaulbach bis zu Johann Friedrich Overbeck die Passionsblume verhängnisvoll neu zur Blüte brachte. Trotz ihrer Verschiedenheit drängen sich dem vergleichenden Heine zwischen Rubens und dem Nazarener Cornelius Ähnlichkeiten auf: «Wahrlich, die Bilder des Cornelius scheinen eher am Karfreitag gemalt zu sein, während die schwermütigen Leidenslieder der Prozession durch die Straßen zogen.» Schlimmer noch, es ist Heine, als seien die in den Bildern Dargestellten «alle eine Stunde vor ihrem Tode gemalt». Das aber gilt ähnlich für die Rubensschen Gestalten, die «trotz ihrer Heiterkeit [...] ebenfalls den Todeskeim in sich tragen, und es ist uns, als müßten sie eben durch ihre Lebensüberfülle, durch ihre rote Vollblütigkeit, plötzlich vom Schlage gerührt werden. Das ist sie vielleicht, die geheime Verwandtschaft, die wir in der Vergleichung beider Meister so wundersam ahnen.»

Zuletzt trifft Heine dann auf eine Sammlung von Porträts schöner Genueserinnen. Bei ihrem Anblick «überkriecht» ihn zunächst melancholisch der Gedanke, daß «von jenem ganzen Frauenfrühling nichts übriggeblieben ist als diese bunten Schatten». Doch ist dieses *memento mori* eher die banale Fassade eines abgründlich tiefen Gedankens, der sich plötzlich Heines bemächtigt:

> «Aber noch schlimmer als dieses Gefühl eines ewigen Sterbens [...] ergreift uns der Gedanke, daß wir nicht einmal als Originale dahinsterben, sondern als Kopien von längst verschollenen Menschen, die geistig und körperlich uns gleich waren, und daß nach uns wieder Menschen geboren werden, die wieder ganz aussehen und fühlen und denken werden wie wir und die der Tod ebenfalls wieder vernichten wird – ein trostlos ewiges Wiederholungsspiel, wobei die zeugende Erde beständig hervorbringen und mehr hervorbringen muß, als der Tod zu zerstören vermag, so daß sie, in solcher Not, mehr für die Erhaltung der Gattungen als für die Originalität der Individuen sorgen kann.»

Lange vor Nietzsche, der ihm so viel verdankt, gelangt Heine auf seiner Traumreise an jenen «Torweg des Augenblicks», an dem Zarathustra von dem gleichen «zermalmenden» Gedanken ergriffen und «zerbrochen» werden wird, daß alles schon da war und trostlos wiederkehren wird.[23] Die «Ewige Wiederkehr des Gleichen» also und nicht die Hegelsche Geschichtsdialektik von der

Natur zum Geist, vom Alten Bund zum Neuen Bund! Der
Mensch: von Karneval zu Karneval nichts als das immer wieder
nur sich selbst herstellende Fleisch, ohne Originalität, die Namen,
die unverwechselbar denkenden Ichs nur Masken des immer gleichen irdischen Auswurfs. Dies der Gedanke, der sein ganz und gar
Unheimliches, ja Gespenstisches aber erst darin hat, daß die «zeugende Erde», die Materia, dem zerstörenden Tode immer mehr an
Leib und Leben in den Rachen wirft. Geburt und Grab, Liebe und
Tod sind nicht im Gleichgewicht. Die Liebe ist nicht, wie im Hohenlied, «stark wie der Tod», sondern schwächer, zügelloser zeu-
gend, weil auf eine falsche Weise «befreit». Der Gedanke von der
«Ewigen Wiederkehr» ist unablösbar von der Gedächtnistiefe
Ahasvers. Seine Tora band die Liebe zwischen Mann, Frau und
Kind an das Gelobte Land und an den Messianismus des Erden-
friedens. Moses hatte die Erde (Schöpfung) als den nährenden und
verpflichtenden Grund aller Menschenliebe in sein GESETZ integriert. Heine war sich dieses Schwergewichts immer bewußt. Von
Moses meint er in den «Geständnissen»:

> «Ja, statt mit dem Unmöglichen zu ringen, statt die Abschaffung des
> Eigentums tollköpfig zu dekretieren, erstrebte Moses nur die Moralisa-
> tion desselben, er suchte das Eigentum in Einklang zu bringen mit der
> Sittlichkeit, mit dem wahren Vernunftrecht, und solches bewirkte er
> durch die Einführung des Jubeljahrs, wo jedes alienierte Erbgut, wel-
> ches bei einem ackerbauenden Volke immer Grundbesitz war, an den
> ursprünglichen Eigentümer verfiel, gleichviel, in welcher Weise das-
> selbe veräußert worden. Diese Institution bildete den entschiedensten
> Gegensatz zu der ‹Verjährung› bei den Römern, wo nach Ablauf einer
> gewissen Zeit der faktische Besitz eines Gutes von dem legitimen Eigen-
> tümer nicht mehr zur Rückgabe gezwungen werden kann. […] Nur ein
> Volk von Räubern und Kasuisten konnte die Proskription, die Verjäh-
> rung, erfinden und dieselbe konsakrieren […] im Codex des römischen
> Zivilrechts, der leider noch jetzt herrschend ist. […] Moses wollte das
> Eigentum nicht abschaffen, er wollte vielmehr, daß jeder dessen be-
> säße, damit niemand durch Armut ein Knecht mit knechtischer Gesin-
> nung sei.»

Das schließt in sich ein, daß niemand und nichts mehr direkt oder indirekt käuflich sei, schon gar nicht die Liebe. Heine wußte um die Last der Selbstüberwindung, die das GESETZ über die Jubeljahrverordnung hinaus der Sexualität auferlegte, daß sie den Anspruch der Liebe erfülle. Deshalb wußte er zugleich, daß ohne deren Rückbindung an den Schöpfungsauftrag nur in einem ideellen und also entleibten und enterdeten Sinn von «Liebe» gesprochen werden konnte, zumal die Wucherungen des von dieser Liebe abgetrennten «Fleisches» als jüdisch verteufelt wurden. Das Hohelied des Gleichgewichts von Liebe und Tod hatte die Selbstüberwindung und deren Maßstab, die Tora, zur Voraussetzung. Auch Zarathustra kommt, nachdem er zehn Jahre lang als der Grenzgänger zwischen Leben und Tod «dem Lebendigen» nachspürt, zu der Einsicht, es sei «das Geheimnis» des Lebens, daß es «sich immer selber überwinden muß» (S. 148).

Der Apostel Paulus und Hauptgeburtshelfer des christlich-abendländischen Geistes aber lehrte, das GESETZ sei nicht länger der Weg zu Gott (Röm. 10,4), es sei vielmehr ein «Fluch» (Gal. 3,10), mit ihm sei «die Sünde» überhaupt erst in die Welt gekommen (Röm. 4,15). Deshalb habe Christus es «beseitigt» (Eph. 2,15), habe uns Menschen von seiner «Sklaverei» erlöst und «zur Freiheit berufen» (Gal. 5,13).

Es ist allzu offensichtlich dieser fatale Freispruch der Liebe von den wesentlichsten Auflagen des Sinaigottes an Moses, der in Heine den Gedanken vom «trostlos ewigen Wiederholungsspiel» sexueller Reproduktion auslöst. Der Gedanke lotet zeitlich tief zurück in eine lange Verlustgeschichte von Maßstäben, die doch zur Folge hatte, daß ausgerechnet das Volk der Tora haftbar gemacht wurde für das losgelassene «Reich des Fleisches», das der römische Überwachungsapparat der Beichte nicht zuletzt dadurch so einträglich instrumentalisierte, daß er die Sünde jüdisch besetzt hielt.

In welchem Maß Heine am unsichbaren Leitfaden seiner hebräischen Herkunft durch das Leib und Landschaft gewordene Christentum reist, dafür zeugt insbesondere das Gedicht «Frieden» aus dem Nordseezyklus (1825–26). Er entwirft darin eine Christus- oder Messiasvision, die den Karfreitagskomplex zugleich in sich aufnimmt und von sich selbst erlöst:

Und sinnend lag ich am Steuer des Schiffes,
Träumerisch sinnend – und halb im Wachen
Und halb im Schlummer, schaute ich Christus,
Den Heiland der Welt.
Im wallend weißen Gewande
Wandelt' er riesengroß
Über Land und Meer;
Und als ein Herz in der Brust
Trug er die Sonne,
Die rote, flammende Sonne.
Und das rote, flammende Sonnenherz
Goß seine Gnadenstrahlen
Und sein holdes, liebseliges Licht,
Erleuchtend und wärmend,
Über Land und Meer.

In dieser messianischen (christologischen) Vision ist der Himmel nicht idealistisch abgetrennt von seiner Erde, sondern beide bilden gemäß dem hebräischen Denken eine kosmische Einheit. Dementsprechend ist «Christus» selbst nicht Gott, wohl aber – im pantheistischen Sinne Spinozas – Wesensausdruck seiner Natur und seines Willens zum Erdenreich aller Völker. Der jüdische Haß blutet nicht länger aus seinen Wunden. Vielmehr ist sein Herz die rote, flammende Sonne selbst. Was aus ihr fließt, ist das «Blut» ihrer alles erleuchtenden und wärmenden Strahlen. Dieser Jesus Christus ist weder Sohn noch Herr. Der Platz neben ihm ist nicht länger eingenommen von der hochzeitlichen Braut und fürbittenden Mutter Maria und «Herzeleide» mit all den «giftigen» Juden-Dolchen-Messern-Schwertern-Speeren-Pfeilen in der Seele. Heines Christus ist der Antichrist der schwefelgelben Passionsblume. Er hat sie substituiert und revidiert durch die Sonnenblume, das Sinnbild eines Menschenrechts, dessen Liebe zum Nächsten sich in dem späten Heine der «Geständnisse» ausdrücklich an Moses orientiert. Alles in allem: Heines Vision ist die der Erlösung vom Erlöser. Doch folgte der «Deutsche Geist» nicht diesem Ruf, sondern Parsifals hegelianistischem Schlachtruf «Erlösung dem Erlöser» von Ahasver. Auch in ihm artikulierte sich Pantheismus, aber ein deutscher! Ihn gilt es zu unterscheiden von dem Pantheismus Spinozas, der während Heines hegelianistischer Phase der Platzhalter des Judentums war.

4. Traumjagd nach Shylock, dem Messerjuden des Versöhnungstags

An seinen Schwager Embden schreibt Heine 1823: «Der echte Dichter gibt nicht die Geschichte seiner eigenen Zeit, sondern aller Zeiten, und darum ist ein echtes Gedicht auch immer der Spiegel jeder Gegenwart.» Dieser Gedanke von der ewigen Gegenwärtigkeit des Vergangenen und der also immer schon vorweggenommenen Zukunft ist antidialektisch. Er setzt den «nie abwaschbaren Juden» voraus, den Juden des «heiligen Weges» durch vier Jahrtausende Weltgeschichte in einer nicht an den Fortschritt geopferten Identität. Alle großen und mächtigen Völker der Antike gingen unter. Die Ägypter, Perser, Syrer, Griechen, Römer von damals sind nicht mehr die von heute. Heine aber sitzt immer noch «weinend» an den «Wassern Babels», wandert immer noch inmitten der «Schmerzenskaravane» durch die «Wüste des Exils» (Jehuda Ben Halevy) und erkennt sich wieder als Shylock unter den Juden von Venedig. Gleichzeitig ist er der Modernste der Modernen, ist er für Nietzsche der einzige Dichterdenker, der die Potenz der europäischen Kultur «überboten» hatte.

Woher diese – für uns nicht nachvollziehbare – überlebensmächtige Kraft und Selbstgewißheit des Geistes? Hat sich den Hebräern des Bundes, dem die abendländische Dialektik das Prädikat «alt» anhängte, in der Vermittlung durch Abraham und Moses eine Weisheit zugesprochen, die sich als die höchste schon dadurch bewies, daß sie, stärker als die Zeit, alle Hochkulturen überlebte? Die Urerfahrung am Sinai war die des «lebendigen» Gottes. Der Grundanspruch seines GESETZES zielte auf die Einheit von Leben und Lehre (Theorie). Die christliche Idee des göttlichen Sohnesopfers führte den Bruch mit diesem Grundanspruch herbei. Fortan unterwarf die Kirche das Leben ihrer Lehre, die es von Leib und Erde weg zum Jenseits lenkte. Soweit die Tora diesem abgehobenen Heilsweg diente, wurde sie annektiert. So blieb ein Rest Judentum im Christentum erhalten.

Die 2000jährige Weltmacht des Christentums überlebte drei deutsche Reiche. Verdankt sie dies dem Umstand, daß der Jesus Christus nicht als Mensch, sondern als «Stockjude» (Ben Chorin) unter uns gewohnt hat? Obwohl Paulus ihm das Paradox zuschrieb, er habe die Tora dadurch erfüllt, daß sein Opfertod uns von der durch sie gebotenen Zuwendung zur Kreatur, zum Leben, «befreite»? Dieses Konstrukt der beschränkten Tora-Haftung ließ den dialektischen Geist des Menschen auf Erde und Leben los, daß er sie unter die Zeitraffer seines Epochen schaffenden Willens zwang. Das hatte zur Folge, daß die prophetische Tradition von Abraham über Moses bis zu Jesus nicht länger als «Ausfaltung» Israels angesehen wurde, sondern als dessen «Ausschließung».[24] Der Begriff der Zeitwende (vor/nach Christus) suchte Israel der Vergänglichkeit der Zeit zu unterwerfen. Das Theorem des Augustinus, einige wenige Juden unter der Christenheit zu dulden, war kein Akt der Erinnerung, sondern entsprach der Futurologie des Jüngsten Tages, der gemäß der rächende Christus einige von ihnen lebend vorzufinden hatte. Die Drei-Reiche-Lehre des Joachim di Fiore (1135–1202) sieht das «Reich des Vaters» (Judentum der Tora) abgelöst vom «Reich des Sohnes» (Kirche) und dieses zeitlich zulaufend auf das dritte «Reich des Geistes». Hegel greift diese Trinitätsspekulation auf und entwickelt sie in seiner «Phänomenologie des Geistes» zu einer dialektischen Geschichtstheologie, die sich, verschoben zum dialektischen Materialismus, im Marxismus ebenso hochgeachtet fortsetzte, wie der Führerkult der Nazis sie auf andere Weise beerbte. Der «Weltgeist», so Hegel, bediene sich zur Verwirklichung seiner Zukunft «welthistorischer Persönlichkeiten» wie Cäsar oder Napoleon, die, indem sie glaubten, allein ihre Zwecke zu verfolgen, in Wahrheit die Geschäftsträger der «List» göttlicher Vernunft seien, gleichsam die Riege einander ablösender Erlöser zu immer höheren Selbstbewußtseinsstufen des Geistes. Über «die Juden» wie über alles nur «Partikulare» schreite der das Gestern in sich «aufhebende» Weltgeist hinweg. Manch unschuldige Blume werde dabei zertreten. Dennoch, so Hegel, wüßten diese welthistorischen Führer «am besten, um was es zu tun ist; und was sie tun», sei «das Rechte». Seine Rechtsphilosophie gipfelt in der Gewißheit: «Der Inhalt der christlichen Religion als der höchsten Entwicklungsstufe der Religion überhaupt fällt ganz und gar zusammen mit dem Inhalt der wahren Philosophie.» [25]

Als die Nutznießer der Ausstrahlungskraft dieser Lehre hatten es die Ideologen des Dritten Reichs nicht schwer, Hitler (so wie Bismarck vor ihm), versehen mit dem Nimbus des gottgesandten «Retters» und «Erlösers», hoch über ihresgleichen zu erheben. Daß auch die Oberhirten beider deutschen Kirchen dahinter nicht allzu sehr zurückstanden, ja sich in einem beträchtlichen Maß einig waren, den Diktator und Judenhasser ein «Geschenk Gottes» zu nennen und als Obrigkeit unanfechtbar eingesetzt von oben, wies sie aus als die Gefangenen ihrer eigenen Dialektik. So war es sicher aufrichtig, was der Münchner Erzbischof und Nachkriegskardinal Faulhaber im Juli 1933 anläßlich des Reichskonkordats in einem persönlichen Brief an Hitler schrieb: «Für Deutschlands Ansehen [...] vor der ganzen Welt bedeutet dieser Handschlag mit dem Papsttum, der größten sittlichen Macht der Weltgeschichte, eine Großtat von unermeßlichem Segen [...] Vor aller Welt ist nun bewiesen, daß Reichskanzler Adolf Hitler [...] Taten wirken kann von weltgeschichtlicher Größe.» [26] Die inzwischen von Kirchenhistorikern hinreichend belegte Selbstentblößung der Kirchen erscheint im nachhinein so unglaublich, daß ihre wenigen (ohnehin meist im Stich gelassenen) Widerständler gegen Hitler als Alibi ausscheiden.

Die Verdrängung der Tora und die Substituierung ihres Volks durch die «größte sittliche Macht der Weltgeschichte» erklärt, warum die Deutschen zwischen 1933 und 1945 den Ideen des Nationalsozialismus widerstandslos erlagen und der öffentlichen Verhöhnung, Entrechtung und Entfernung «der Juden» in die Arbeits- und Vernichtungslager mitleidlos zusahen. Die abendländische Dialektik hatte den Platz des Denkens und Empfindens eingenommen. Ihr ganz gemäß blühte in Hitlers jungen Eliten ein hymnischer Erlöserkult auf:

> Der einzige Schwur, den wir schwören, der soll unserem Führer gehören.
> Rebellen, Rebellen, haben den Tod und den Teufel zum Gesellen,
> Rebellen haben das Gestern vergessen,
> Sie bauen das Morgen, vom Glauben besessen,
> Vom Glauben ans ewige Reich,
> Vom Glauben ans ewige Reich.

Dieser in Aufmärschen, Fahnenweihen und nächtlichen Feierstunden religiös erregte Ernst hatte zur Rückseite das Raster einer ihm gemäßen Witzbildung. Auch die Nazis rissen ihre Witze, die gar nicht neu waren, sondern sich buchstäblich einer tausendjährigen Tradition erfreuten. So existierte damals die Kontrafaktur eines beliebten Soldatenliedes, das nicht nur die Rebellen des harten Kerns zur Entspannung absonderten, sondern das kreuz und quer durch das Reich gesungen, gegrölt zu hören war bis in die letzten Kriegstage 1945:

> Krumme Juden ziehn dahin, daher,
> Sie ziehn durchs Rote Meer,
> Die Wellen schlagen zu,
> Die Welt hat Ruh!

Der Song erfüllt alle Kriterien des Witzes: den Witzbildner, das Objekt und den mitlachenden Dritten. Und er erfüllte sie wirkungsvoll. Entsprechend flächendeckend seine ansteckende Gewalt. Die ihr zugrunde liegende Witzarbeit übt sich in aktueller Bibelexegese. Sie spielt mit dem Sinn im Unsinn der christlich-abendländischen Dialektik: Wenn Tora und Judentum nicht mehr «der Weg, die Wahrheit und das Leben» sind, sondern «Fluch» und «Tod», der aber immer noch unter uns wohnt, dann ist in der Geschäftsführung des Weltgeistes etwas unerledigt geblieben. Der Witz lebt davon, die Paulinische Verdrehung des «heiligen Weges» ins Unheilige um tausend Jahre zurückzudatieren und die Selbstverwechslung der «krummen Juden» mit den alten Ägyptern «aufzuheben». Das ist hegelianisch aufgeheizte christliche Wunschproduktion in brauner, SS-schwarzer und feldgrauer Uniform. Der Anonymus, dem sie sich verdankt, traf den Nerv der Zeit und erzeugte Hitlers willige Sänger zu Millionen. Zumal der Witz bewußt oder unbewußt Hitlers frühe Theologie verarbeitet, die in Moses, dem Aufwiegler des Pöbels, zweifelsfrei den «ersten Führer des Bolschewismus» erkannte.

Wichtig zu sehen, daß dieser Naziwitz dem Niveau des Heineschen Witzes formal gleich ist. Die Triebstrukturen des Unbewußten, die er anzapft, sind nicht verschieden von denen, die der jüdische Witz freisetzt. Was allerdings beide unterscheidet, sind die grundverschieden eingefleischten Raster ihrer Vergesellschaftung, die nicht nur die Lachenden in zwei Lager teilte, sondern in Verkennung der eigenen Entblößung uns Deutsche auch da lachen machte, wo das Weinen am Platz gewesen wäre, so wie Heine bei einer Aufführung von Shakespeares «Kaufmann von Venedig» in London 1827 die «schöne blasse Britin» über den zur Witzfigur gemachten Juden Shylock weinen sah (the poor man is wronged!). Die dramatische Lösung des Handlungsknotens der Komödie intendierte zweifellos das Lachen. Dennoch schien das Genie Shakespeares das Weinen nicht auszuschließen. War er ein heimlicher Sympathisant dieses Shylock, oder war ihm die Gestalt über den Kopf gewachsen? Ganz offensichtlich reißt sie den Gang der Handlung so übermächtig an sich, daß sie den Rahmen der Komödie nahezu sprengt. Das erklärt auch, warum die hohe Anzahl der Deutungsversuche der des Hamlet gleichkommt. Das aber will etwas heißen. Shakespeare entnahm die Shylock-Gestalt den mittelalterlichen Moritaten und Volksfestzoten vom geprellten Juden.

Damit rührte er einen Sumpf auf, mit dem er den Massenge-schmack ebenso bediente, wie sein ästhetischer Anspruch ihn so-zial ins Hohe lenkte und mittels der Triade Portia – Antonio – Shy-lock erheblich komplizierte.

In seiner Studie zu «Shakespeares Mädchen und Frauen» (1838) würdigt Heine den großen Dramatiker, er habe mit Shy-lock dem Geheimnis des Juden die unter christlichen Bedingungen einzig mögliche Form gegeben: «Nur bei einem einzigen Schrift-steller finde ich etwas, was an jenen unmittelbaren Stil der Bibel erinnert. Das ist Shakespeare. Auch bei ihm tritt das Wort manch-mal in jener schauerlichen Nacktheit hervor, die uns erschreckt und erschüttert.» In der Tat: In diesem Shylock kann Heine sich auf seiner Wanderung durch Zeiten und Völker wohl wiederer-kennen. Denn Shakespeares dramaturgischer Witz versetzt die in-nerseelische Realität Gesamteuropas ins blühende Venedig der Re-naissance nur, um seinem Shylock dort das mitleidstheologisch angedichtete Messer des «giftigen Hasses» real zuzustecken, daß er damit einmal so richtig auf den edelmütigsten der Christenheit Venedigs losgehe und, wenn schon, denn schon, ihn damit «zu-nächst dem Herzen» amputiere. Shakespeare macht sich den Wirklichkeitseffekt des virtuellen Juden zunutze.

Um zu ermessen, was Heines Traumjagd zwei Jahrhunderte spä-ter auf den Spuren dieses Shylock im wirklichen Venedig aus dem Unbewußten freisetzt, sei das Handlungskonzept des «Kauf-manns von Venedig» kurz erörtert. Antonio, der reiche Reeder, und Shylock, der auf das Geldgeschäft angewiesene «Wucherer», sind die beiden tragenden Figuren der jüdisch-christlichen Ent-zweiungsgeschichte. Antonio haßt und verachtet den jüdischen Zinsnehmer, was er sich leisten kann, weil er statt dessen das Preisgefälle des Überseehandels ausnutzt. Ausgerechnet er kommt wider Erwarten in Zahlungsschwierigkeiten und muß Shylock um einen Kredit von 3000 Dukaten bitten. Der dabei ausgetragene Dialog bringt die Dialektik christlich-jüdischer Vergesellschaftung auf den Punkt:

Signor Antonio, viel und oftmals
Habt Ihr auf dem Rialto mich geschmäht
Um meine Gelder und um meine Zinsen:
Stets trug ichs mit geduld'gem Achselzucken,
Denn Dulden ist das Erbteil meines Stamms!
Ihr scheltet mich abtrünnig, einen Bluthund,
Und speit auf meinen jüdischen Rocklor,
Bloß weil ich nutze, was mein eigen ist!
Gut denn, nun zeigt es sich, daß Ihr mich braucht!
Da habt Ihrs; Ihr kommt zu mir, und Ihr sprecht:
‹Shylock, wir wünschen Gelder!› So sprecht Ihr,
Der mir den Auswurf auf den Bart geleert
Und mich getreten, wie Ihr von der Schwelle
Den fremden Hund stoßt. Geld ist Eur Begehren –
Wie sollt ich sprechen nun? Sollt ich nicht sprechen:
‹Was hat ein Hund Geld? Ists möglich, daß ein Spitz
Dreitausend Gulden leihen kann? oder soll ich
Mich bücken und in eines Schuldners Ton,
Demütig wispernd, mit verhaltnem Odem,
So sprechen: ‹Schöner Herr, am letzten Mittwoch
Spiet Ihr mich an; Ihr tratet mich den Tag;
Ein andermal hießt Ihr mich einen Hund;
Für diese Höflichkeiten will ich Euch
Die und die Gelder leihn.›

Den «königlichen Kaufmann» läßt das ungerührt. Wie zu einem
Paria sich herablassend gibt er zur Antwort:

Ich könnte leichtlich wieder so dich nennen,
Dich wieder anspein, ja mit Füßen treten,
Willst du dies Geld uns leihen, leih es nicht
Als deinen Freunden […]
Nein, leih es lieber deinem Feind.

Das christliche «Liebet Eure Feinde …» gilt nicht für «die Juden»,
selbst dann nicht, wenn sie Freundschafts- oder Liebesdienst erweisen. Es ist diese Nehmen und Geben höhnisch kalt vernichtende Überheblichkeit, die in Shylock erst den makabren Scherz
auslöst, die Rolle des erbarmungslosen Juden, die hinter der Stirn

des Christen lauert, ans Licht zu ziehen und mit dem Messer in der Hand vor aller Welt gegen ihn auszuspielen:

> Und diese Liebe will ich Euch erweisen.
> Geht mit mir zum Notarius, da zeichnet
> Mir Eure Schuldverschreibung; und zum Spaß,
> Wenn Ihr mir nicht auf den bestimmten Tag,
> An dem bestimmten Ort die und die Summe,
> Wie der Vertrag nun lautet, wiederzahlt:
> Laßt uns ein volles Pfund von Eurem Fleisch
> Zur Buße setzen, das ich schneiden dürfe
> Aus welchem Teil von Eurem Leib ich will!

Allzu selbstsicher, daß seine Schiffe rechtzeitig den Hafen erreichen, geht Antonio auf diesen «Spaß» (!) ein:

> Es sei, aufs Wort! Ich will den Schein so zeichnen
> Und sagen, daß ein Jude liebreich ist!

Als die Schiffe aber dann wider Erwarten ausbleiben und ihn zahlungsunfähig machen, besteht Shylock auf der wortwörtlichen Erfüllung des Schuldvertrags. Er gibt selbst dann die Rolle des Judenteufels nicht auf, als die schöne und reiche Portia, um ihrer «Seele Ebenbild zu lösen», bereit ist, für Antonio das Zwanzigfache der Schuldsumme zu zahlen. Aufgrund der Rechtskraft des «Spaßes» muß Antonio in Schuldhaft. Nun erst läßt der Herr sich herab, «den Juden» nicht länger mit «du», sondern mit der Höflichkeitsform seinesgleichen anzureden. Doch statt auf diese geheuchelte Erhebung zum Herrn unter Herren einzugehen, redet Shylock zu ihm wie von Hund zu Hund:

> Du nanntest Hund mich, eh du Grund gehabt;
> Bin ich ein Hund, so meide meine Zähne.

Shylock nimmt das kollektive Wahnbild der Christenheit vom «Juden» beim Wort und läßt es Fleisch werden. Seht her! Hier habt ihr ihn: euern «erbarmungslosen Hund», euern «blutigen Gläubiger» und meinethalben sogar die «felsenharte» Inkarnation «höll'scher Grausamkeit». Doch je scheußlicher Shylock sich

zum Spiegel der Seele seiner Widersacher macht, desto selbstgefäl-
liger sehen diese sich darin in ihrem Geiste bestätigt. Das aber ist
der tief verborgene Witz. Als sein unfreiwilliger Bildner fungiert
der Doge von Venedig, als er, Vorsitzender des obersten Gerichts,
den Prozeß in der Sache Antonio-Shylock mit einem Appell an
«den Juden» eröffnet:

> Shylock, die Welt denkt, und ich denk es auch,
> Du treibest diesen Anschein deiner Bosheit
> Nur bis zum Augenblick der Tat; und dann,
> So glaubt man, wirst du dein Erbarmen zeigen
> Und deine Milde, wunderbarer noch
> Als deine angenommne Grausamkeit.
> Statt daß du jetzt das dir Verfalle eintreibst,
> Ein Pfund von dieses armen Kaufmanns Fleisch,
> Wirst du nicht nur die Buße fahren lassen;
> Nein, auch gerührt von Lieb und Menschlichkeit,
> Die Hälfte schenken von der Summe selbst,
> Ein Aug des Mitleids auf die Schäden werfend,
> Die kürzlich seine Schultern so bestürmt:
> Genug, um einen königlichen Kaufmann
> Ganz zu erdrücken und an seinem Fall
> Teilnahme zu erzwingen, selbst von Herzen,
> So hart wie Kieselstein, von ehrnen Busen,
> Von Türken und Tataren, nie gewöhnt
> An Dienste zärtlicher Gefälligkeit! …
> Wir alle erwarten milde Antwort, Jude!

Der Mildherzigkeitsappell des Dogen ironisiert sich selbst zur pu-
ren Heuchelei, und dies nicht erst durch die Drohung, in die er
mündet. «Die Welt», in deren Namen er spricht, «denkt» all dies
gerade nicht. Aber nun, wo der Beweis in seiner scheußlichsten
Leibhaftigkeit unter sie getreten ist, muß er hinweggeheuchelt
werden. Nun soll Shylock die seinem Volk auf ewig abgesproche-
nen und für sich selbst beschlagnahmten Tugenden der Liebe und
des Mitleids, der Menschlichkeit und zärtlichen Gefälligkeit auf
einmal alle in sich haben. Da spielt der Jude nicht mit, sondern
bleibt ungerührt dabei: «Zu fordern, was nach meinem Schein mir

zusteht.» Er zieht das Messer und beginnt es vor aller Augen zu wetzen. Dieser demonstrative Akt stellt die hinweggelogene Wirklichkeit «der Juden» unter Christen sogleich wieder her. Es ist Antonios Freund Graziano, der allen aus der tief empörten Seele spricht, als er aufbrüllt:

> An deiner Seel, an deiner Sohle nicht,
> Machst du dein Messer scharf, halsstarr'ger Jude!

Das ist das Stichwort für den Auftritt der unsichtbar längst aktiv gewordenen Mächte des Guten, daß sie den Ritualmord Shylocks an dem «armen Antonio» verhindern. Erscheinungsbild dieser Mächte ist die jungfräuliche Portia, die in der Verkleidung eines Advokaten in das Prozeßgeschehen eingreift. Vordergründig eine Dame der High-Society, verrät sie sich durch das Schlüsselwort «Gnade», von der sie zu sagen weiß, «sie träufelt wie des Himmels milder Regen», als die maskierte Epiphanie der rettenden Gottesmutter Maria. Aus Shylocks «ein Pfund Fleisch, zunächst am Herzen des Kaufmanns» wird daher nichts. Denn Portia zeigt Christenwitz: Zwar gesteht sie «dem Juden» sein Pfund Fleisch zu, doch es darf dabei nicht ein «Tropfen Christenblut» fließen! Denn das hieße, sich zugleich an der Kirche, dem lebendigen Leib Christi, tödlich zu versündigen. Doch das einzukalkulieren war «der Jude» zu dumm. Damit liefert er sich selbst nun ans Messer. Christenblut nachzustellen ist genau das todeswürdige Verbrechen, dessen sich «die Juden» seit dem Karfreitagsverbrechen an Christus und Maria immer wieder schuldig gemacht haben. Von Rechts wegen gehörte er an den «Galgen», wie Graziano meint. Daher ist alles, was weniger ist als das: «Gnade». Shylock verliert nicht nur seine einzige Tochter Jessica an einen Christen, er wird auch in einem Akt positiver Rechtsprechung zuerst um sein Vermögen gebracht, also seine Lebensgrundlage, und dann per Zwangstaufe als «Jude» abgeschafft. Der Täter bleibt auch als Opfer Täter.

Umgekehrt bleibt Antonio auch als Täter Opfer. Seine abstoßenden Haßattacken gegen Shylock, die dessen Haßreaktion überhaupt erst herausfordern, regen niemanden auf. Sie finden auch vor Gericht keine Berücksichtigung. Statt dessen entfaltet sich durch den vierten Akt hindurch die dialektische Triade: Antonio – Portia – Jude als diesmal venezianische Variante des an «dem Juden» eingeklagten Karfreitags. Shylock darf die Perversion seiner Judenseele exzessiv ausspielen. Doch dann erlöst Portia den «armen Antonio», ihrer Christenseele «Ebenbild», aus den Klauen seines Gläubigers. Venedig muß seinen Spaß haben und hat ihn dann, wenn der Judenschmerz dabei wie immer auf der Strecke bleibt. Darüber darf geweint werden. Aber wer es tut, verstößt gegen die Dialektik des abendländischen Geistes, der auch Shakespeare nicht entkam. Denn weinen heißt: am Dreieck Christ – Christin – Jude so herumdrehen, daß sich die Lösung des dramatischen Knotens paradoxiert und die lachenden Sieger die Halunken sind.

Daß Shakespeare dennoch das Weinen zuläßt, hat die tiefe Bewunderung Heines. Erreicht wird der gegenperspektivische Effekt dadurch, daß der Dramatiker seinen Shylock auf die Frage Salarinos, was er mit dem Fleisch wolle, zur Antwort geben läßt:

«Fische mit zu ködern! Sättigt es sonst niemanden, so sättigt es doch meine Rache! Er hat mich beschimpft [...] mein Volk geschmäht, meinen Handel gekreuzt, meine Freunde verleitet, meine Feinde gehetzt. Und was hat er für Grund? Ich bin ein Jude. Hat nicht ein Jude Augen? Hat nicht ein Jude Hände, Gliedmaßen, Werkzeuge, Sinne, Neigungen, Leidenschaften? mit derselben Speise genährt, mit denselben Waffen verletzt, denselben Krankheiten unterworfen, mit denselben Mitteln geheilt, gewärmt und gekältet von eben dem Winter und Sommer als ein Christ? Wenn ihr uns stecht, bluten wir nicht? Wenn ihr uns kitzelt, lachen wir nicht? Wenn ihr uns vergiftet, sterben wir nicht? Und wenn ihr uns beleidigt, sollen wir uns nicht rächen? Sind wir euch in allen Dingen ähnlich, so wollen wirs euch auch darin gleichtun! Wenn ein Jude einen Christen beleidigt, was ist seine Demut? Rache! Wenn ein Christ einen Juden beleidigt, was muß seine Geduld sein nach christlichem Vorbild? Nun, Rache! Die Bosheit, die ihr mich lehrt, die will ich ausüben, und es muß schlimm hergehn, oder ich will es meinen Meistern zuvortun.»

Der Schlüsselsatz dieser Rede: «Die Bosheit, die ihr mich lehrt, die will ich ausüben», ist in der Hauptsache in Richtung Antonio und seine Freunde gesprochen. Shylock stellt sich aber nicht nur seinen venezianischen Widersachern, vielmehr wandelt er die Szene hier zum jüdischen Tribunal über das ganze christliche Welttheater. Das zu sehen aber bedarf es eines historischen Wissens, das uns keine Schulweisheit lehrt.

Als Shakespeare Shylocks großes Plädoyer schrieb, war das abendländische Netzwerk in seinem Kern, der Passionsblume, noch intakt. Seinem Publikum genügten Anspielungen. Der Blutjude mit dem Messer war in unzähligen Sakralbildnissen und bildlichen Reden gegenwärtig und die Reizwirkung einer Realisierung des Virtuellen groß. Shakespeares Genie kommt diesem Massenbedürfnis entgegen. Aber er macht für den, der sehen will und kann, unter dem Schleier christlichen Edelmutes dessen «schauerliche Nacktheit» transparent. Heine sah sie, so wie die schöne blasse Britin sie wahrgenommen haben mußte. Wenn wir nicht weniger sehen wollen, haben wir kunsthistorisch etwas nachzuholen. Denn die Figur des Shylock ist ein Fokus, in dem nicht nur Abertausende unsichtbarer Bildmedien gebündelt sind bis 1600, als das Drama entstand, sondern auch die der folgenden Jahrhunderte bis zur Shoah.

Seit dem 9. Jahrhundert organisiert sich der Antijudaismus zuerst in dem Dreieck Ecclesia – gekreuzigter Christus – Synagoga.[27] Die entzweiten Religionen sind weiblich allegorisiert. Während zur Rechten des Kreuzes Ecclesia königlich triumphiert, fällt Synagoga zur Linken die Krone vom Haupt, hält sie die Toratafeln verkehrt in der einen und die zerbrochene Fahnenlanze in der anderen Hand. Ihr Kopf ist gesenkt, die Augen blind, der Leib kraftlos gebrochen. In abgewandelten Darstellungen reitet Synagoga auf einem störrischen Esel, oder sie sticht mit ihrer Lanze in die Seite des Gekreuzigten oder dessen Symbolisierung im Lamm Gottes (Hostie), während Ecclesia den herausquellenden Blutstrom in einem Kelch auffängt. Mitunter ist Synagoga entblößt dargestellt, ohne die Würde der Kleidung, oder es macht sie der unter dem durchsichtigen Gewand nackt aufleuchtende Leib zur Hure. Schon früh konstituiert sich das Dreieck Ecclesia – Synagoga – christlicher Betrachter auf der Tiefebene der Zote (S. 34, 53).

Im Zeitgeist der Kreuzzüge reiten Ecclesia und Synagoga wie zum Turnier gegeneinander, letztere im judengelben Gewand auf einem Esel, während ihre Niederlage in der geknickten Kriegsfahne und dem rückwärts verdrehten Leib vorab ausgemacht ist. Ecclesia hingegen hoch zu Roß in königlicher Haltung, in der Rechten die Fahnenlanze des Sieges, in der Linken den Gralskelch des heiligen Bluts. Ihr Luxusgewand ist Haute Couture gleich der der Miniaturen der Manesse-Liederhandschrift. Auch das Turniermotiv begibt sich auf die Ebene der Zote. In einem Relief des Chorgestühls des Erfurter Doms, entstanden um 1400, reitet Ecclesia wie ein junger Ritter mit eingelegter Lanze auf Synagoga zu. Diese trägt den Judenhut und reitet waffenlos auf einer Sau in den aussichtslosen Kampf. Die Assoziation Jude – Sau, die bis in die Nazizeit immer wieder visualisiert wird, setzt «die Juden» gleich mit Schmutz, Gestank und schweinischem Verhalten (S. 65).

Dieser von Kirche zu Kirche, Kloster zu Kloster dicht und dichter vernetzte Vernichtungswille einer Feindin greift im Laufe des Jahrtausends zu immer gnadenloseren Verknüpfungen. Synagoga wird vom Teufel geritten, der ihr die Augen zuhält, eine Variante der Augenbinde, die die Blindheit «der Juden» gegenüber der Gottessohnschaft Jesu bedeuten sollte. So wie mit Satan erscheint Synagoga auch im Bund mit Eva, die den Apfel der «Erbsünde» in der Rechten, den Tod in der Linken hält. Diese Bilder suggerieren die Affinität oder Vererbungslinie: Judentum = Eva – Unzucht – Synagoga – Tod.

Im Hochmittelalter fließen die Züge Ecclesias immer mehr in eins mit denen der heiligen Maria. Die Ecclesia-Gottesmutter mit dem Kind auf dem Schoß setzt ihre Füße auf einen krumm sich duckenden Juden, der ihr als Schemel dient. Immer wieder entsprechen dem Gegensatz Ecclesia – Synagoga, Maria – Synagoga die gegenläufigen Affinitätslinien: Eva – Unzucht – Synagoga – Tod auf der einen, Maria – Reinheit – Ecclesia – (ewiges) Leben auf der anderen Seite. Dieser Gegensatz kulminiert in den Bildern vom «Lebenden Kreuz». In ihnen wächst aus dem (heraldisch) linken Kreuzbalken eine mächtige Hand, die von oben herab Synagoga ein Rundschwert durch den Kopf bis in den Leib rammt, während die gegenüber aus dem rechten Kreuzbalken wachsende Hand Ecclesia gnädig krönt. Unten aus dem Kreuzesstamm wachsen ebenfalls zwei Hände, von denen die eine mit dem Hammer das Höllentor aufschlägt und die andere das Himmelstor aufschließt. Diese vierarmige Kreuzesapparatur heilt und straft in einem Atemzug. Das Bild sendet zwei Nachrichten auf zwei Kanälen zugleich, die so zusammengesetzt sind, daß sie einander ausschließen. Logisch verbinden läßt sich das Paradox aus Rachehandlung und Liebestod für alle Menschen nur um den Preis, «den Juden» den Status Mensch abzusprechen (S. 59 f, 69 ff). In Kafkas «Strafkolonie» kehrte diese Kreuzesapparatur verwandelt wieder.

Der von den Bußpredigern wortreich geschilderte und dabei immer wieder mit Messern, Dolchen, Schwertern, Lanzen verglichene «giftige» Judenhaß hat seine bildliche Vergegenwärtigung nicht nur im Karfreitagsgeschehen, sondern schon zu Beginn des Lebens Jesu in polemischen Darstellungen seiner Beschneidung. In der Initialminiatur zum «Fest der Beschneidung des Herrn» im Graduale des Friedrich Zollner (1438–42, Neustift bei Brixen) erfolgt die Prozedur mit einer Schere. Das Ritual trägt alle Merkmale einer Folter. Das Kind, in der leiblichen Entwicklung eines Siebenjährigen, liegt wie auf den Tisch hingeworfen nackt da mit Angst in den Augen, während aus der Mitte der roh auseinandergerissenen Beine das Blut spritzt. Die das Kind umringenden «Juden» blicken ungerührt bis gierig. Die Assoziation mit Ritualmordphantasien ist nicht nur nicht zu übersehen, sie ist Ausgangspunkt der ästhetisch vollendeten Gestaltung (S. 132).

In anderen Darstellungen des Beschneidungsmotivs, so dem Altarbild aus der Naumburger Liebfrauenkirche von 1450, bemächtigen sich finster entschlossene Juden des göttlichen Kindes. Das in Wahrheit recht kleine Beschneidungsmesser des Mohel nimmt in diesem Bild (wie in vielen anderen) die Maße eines Schlachtmessers an. Die abstoßende Botschaft suggeriert ein Vorspiel der Passion. Diese selbst aber ist in der gesamteuropäischen Ikonologie um 1230 bereits ganz so ausgebildet, wie der Volksmissionär Martin von Kochem sie 400 Jahre später in seinen Karfreitagsphantasien unter die Deutschen brachte. Immer wieder sind es mit Judenhut oder gelbem Judenring gekennzeichnete Kriminelle, die Jesus Christus roh verhöhnen, zergeißeln und ans Kreuz schlagen. Die hohe Kunst visualisiert sie nicht selten als physiognomisch abnorme, blut- und fleischeslüsterne Gestalten, teilweise mit tierhaften Fratzen (S. 174–197).

Der Pestschock 1348/49 führte, wie gesagt, zu der Gleichsetzung Pest = Juden. Nach ihrer Ausrottung bzw. vorübergehenden Vertreibung trat an deren Stelle die Assoziation Hexen = sexuelle Perversionen – Seuchen – Hunger – Dürre – Ernteschäden – Kindstod etc. Es bildete sich die Vorstellung heraus, die Hexen würden auf dem Weg der Unzucht mit dem Teufel zum Infektionsherd aller Erdenübel. Hans Baldung Grien (1510) – und nicht nur er – faßt diese beiden Motivkomplexe in seiner Darstellung des Hexensabbats dergestalt zusammen, daß sich die Wesensbeziehung Hexen – Juden – Teufel herstellt. Der Topf, in dem die in obszöner Nacktheit gemalten Hexen den Schadenzauber anrühren, ist hebräisch beschriftet. Die Vorstellung vom feminisierten und sexuell abartigen Juden, mit der Sigmund Freud in der Psychiatrie seiner Zeit konfrontiert wurde, hatte eine lange Vorgeschichte (S. 258 f).

Abgelöst von der Beschneidungsfolter Jesu verselbständigen sich im 15. und 16. Jahrhundert die Darstellungen von jüdischen Ritualmorden an Christenkindern. Es ist die Kunst des Buchdrucks, die hier einen blühenden Absatzmarkt entdeckt und ihn mit textlich unterlegten Bildserien reichlich bedient. Diese kinematographischen Vorläufer geizen nicht mit Sensationen. Die Wut «der Juden» geht so weit, den heimtückisch beschafften Leib Christi, die Hostie, nicht nur mit Messern etc. zu durchbohren, sondern buchstäblich in Stücke zu zerlegen. Die Bildsequenz gipfelt in der diesem Verbrechen gemäßen Zerstückelung der Gliedmaßen der Delinquenten durch Rädern oder Vierteilen.

Die Kupferstiche der beiden Münchner Ritualmorde, von denen schon die Rede war, vermitteln deutlich, was für all diese Darstellungen mehr oder weniger gilt: die immer wieder einfließenden sexuellen Gewaltphantasien. Wie sein namenloser Münchner Leidensgenosse zuvor liegt auch der ausnehmend schöne Knabenleib des «seligen Henrikus» entblößt da. Aus der mit einem Messer aufgestochenen Halswunde ergießt sich ein Blutstrom, den einer der Mörder in einer Schale auffängt. Insgesamt 60 Wunden zählt die fromme Pornographie in ihrer textlich unterlegten Bildfolge an Henrikus auf (S. 287). Auch die Ritualmordmoritaten von Trient oder Pösing belegen, was die Zensoren der Kirche an Perversionen durchließen, sofern sie auf Israel und «die Juden» projiziert blieben. Da liegt die ausgeblutete Leiche des Kindes Simon nicht nur mit Stichwunden übersät auf dem Tisch des Schlachthauses, die Mörder haben auch sein Glied total amputiert, haben ihn entmannt. An der Rückwand sieht man an einer Querstange aufgehängt die Leiche eines Säuglings und daneben abgetrennte Gliedmaßen, darunter einen Fuß und eine Hand. Kannte Heine diese Bilder, oder sind sie ihm gar irgendwo in Trient unter die Augen gekommen, ehe er dort den Dom aufsuchte und der Zensor des Schmerzes sie nur verwandelt passieren ließ?

So wie der Ritualmord von Trient ging auch der von Pösing durch die Nachrichten Europas. Der Pösinger Schauprozeß zog Tausende von Menschen an. Angeblich hatten die Mörder dem lebenden Kind das Blut mit Saugröhrchen aus den Stichwunden gesogen. Obwohl die durch Folter erpreßten Geständnisse einander haltlos widersprachen, wurden 30 jüdische Frauen und Männer «auf ein Feuer gesetzt und zu Pulver verbrannt».

Die Bildbotschaften von der Beschneidung Christi bis zur Mutter-Sohn-Passion wie auch die von den Hostien- und Christenkinderschändungen sind monomanisch fixiert auf penetrierende Gerätschaften, allen voran das Messer. Die Bildgeschichte des Ritualmords zu Pösing 1529 gibt dem Messer die kriminologische Qualität eines *corpus delicti*. Auf der Titelseite ist es in Großaufnahme ganz so abgebildet wie in einem Polizeibericht.

Das massenweise verbreitete Druckerzeugnis gibt sich den explosiven Anschein des Authentischen (S. 289, 296).

Eines ist nicht zu übersehen: Shylock und sein Messer entsprangen niemals der Originalität Shakespeares, vielmehr geisterte der Messerjude damals synchron und diachron millionenfach durch die Tag- und Nachtträume der europäischen Christenheit. Heines Diagnose einer «blutrünstigen Delinquentenreligion» trifft zu. Ab dem 14. Jahrhundert muß sie bereits dermaßen internalisiert gewesen sein, daß zu ihrer Auslösung die Andachtsbilder «Arma Christi» genügten. In ihnen reduzierte sich die abendfüllende Passionsgeschichte auf die Kurzbotschaft einer Asservatensammlung ihrer Werkzeuge. Penibel aufgereiht erblickte der Gläubige in diesen (auch als Ablaßplakate gehandelten) Bildern nur noch die benutzten Instrumente: Messer, Schwert, Lanze, Hammer, Zange, Nägel, Geißeln, Dornenkrone, Stange, Kreuz, Leiter, Würfel etc., und dies alles steckbriefähnlich arrangiert um die Büste mit Judenhut und Judenbart (S. 201 ff). Kein Wunder, daß die Christenheit den Abschaum zum Teufel wünschte, daß sie dazu den Teufel sogar zum Assistenten Christi beförderte, der ihn eigenhändig in die Höllenfeuergrube stieß, wie schon früh gezeigt in einer Augsburger Miniatur von 1235 oder später in einer Bildgeschichte aus dem 17. Jahrhundert, die die Massenverbrennung den Lesekundigen in Knittelversen wohl begründete:

Die Juden vermeinen mit Schinderei
Uns Christen zu verderben frei,
Denken uns gar auszurotten,
Wir tragen Geduld und tun ihrer spotten.

Der Vierzeiler ist paradigmatisch: Die völlig wehrlose Minderheit jüdischer Menschen nimmt in den Köpfen der Christenheit die dämonischen Ausmaße einer sie ausrotten wollenden Übermacht an. Ein Verfolgungswahnbild, das aus der theologischen Kausalitätskettenbildung Synagoga = Eva – Unzucht – Tod ebenso zwanghaft hervorgehen mußte wie aus der mit ihr verquickten ökologischen Kette Juden = Lepra – Pest – Hexenzauber – Umweltschäden – Unzuchtseuchen – Geistesverfall etc. Dieser Wahn in Knittelversen von der jüdischen Weltbedrohung, dem noch Hitler anhing, mußte erst durch die Shoah in der Weise richtiggestellt werden, daß wir nun da, wo im Text Juden steht, Christen lesen müssen und umgekehrt (S. 275).

Diese paranoide Verdrehung einer ganz anderen Wirklichkeit vermochte auch die Aufklärung nur an der Oberfläche zu zersetzen, was um so gefährlicher war, als es ihr nicht gelang, das alte Sittensystem durch ein überlegenes zu ersetzen. So blieb das abendländische Unbewußte weiterhin vom alten beherrscht, und der trügerische Bewußtseinsfortschritt bestand darin, die alten Begriffe und Bilder bestenfalls auszuwechseln oder zu verschieben. Heine durchschaute diese Entwicklung mit Schaudern und holte sie zugleich mit einer Tiefenschärfe ans Licht, daß er nicht nur die Indizierung durch die Kurie auf sich zog, sondern im Verein damit den nachstellenden Haß der Mächtigen von der bayerischen und preußischen Restauration bis zu Hitler. Daher sein unnachsichtiger Kampf insbesondere gegen die Münchner Historienmalerei, jene prunksüchtige Erneuerung jüdischer Wesensabschaffung, deren Vertreter sich mit der Selbsternennung zu «Nazarenern» den Heiligenschein gaben.

Einer ihrer maßgebenden Vertreter, Johann Friedrich Overbeck (1789–1869), krönte die Reihe seiner frommen Bildnisse 1854 mit einer Kreuzigung Christi, die in altgewohnter Über- und Verzeichnung der Evangelien «den Juden» die alleinige Blutschuld zuweist. Um den roh auf das Kreuz geworfenen Leib des Herrn gruppieren sich drei Henker, die den kalt gebietenden Blick dreier bärtiger Männer im Rücken mit angemessener Brutalität in die Tat umsetzen. Gleich einer gebündelten Säule der Mitleidlosigkeit überragen und beherrschen die drei die Hinrichtungsstätte. Ihre Bekleidung kennzeichnet sie als ein jüdisches Triumvirat, das, die Bildmitte beherrschend, hier anstelle der Römer die hoheitlichen Rechte ausübt. Die römischen Soldaten im Hintergrund figurieren lediglich als polizeilicher Ordnungsdienst, der für sie das Volk auf Distanz hält.

Aus Overbecks Kunst spricht der sich damals formierende Geist der nationalen Neuvermählung von Thron und Altar, aus dem dann nach der Reichsneugründung 1871 zuerst die Sakralisierung des gottgesandten Bismarck hervorgeht und nach der Niederlage 1918 um so grimmiger und «heil»-süchtiger die des «Führers», der mit dem «Tag von Potsdam» 1933 bewußt an diese Tradition anschließt. Heine attackierte die Inkubationsphase dieser Entwicklung nicht nur, weil er ein glühender Demokrat war, sondern weil er nicht einen Augenblick lang vergaß, was diese Entwicklung für sein Volk bedeuten würde: «Wir kämpfen nicht für die Menschenrechte des Volkes, sondern für die Gottesrechte des Menschen.» Deshalb seine Traumjagd hinter Shylock her bis hinein in die Synagoge Venedigs. Der Tag, an dem das geschieht, ist nicht irgendeiner, sondern der jüdische Versöhnungstag, Jom Kippur, dessen Bedeutung man beim Lesen der Heineschen Schilderung einbeziehen muß, um das formenbildende Feld tief verborgener Zusammenhänge auch nur annähernd wahrzunehmen, in denen nicht nur die Gegenwärtigkeit der Vergangenheit, sondern mehr noch die der Zukunft des jüdischen Volks bestürzend ans Licht tritt:

«Die Juden feierten hier eben ihren heiligen Versöhnungstag und standen eingewickelt in ihren weißen Schaufäden-Talaren, mit unheimlichen Kopfbewegungen, fast aussehend wie eine Versammlung von Gespenstern. Die armen Juden, sie standen dort fastend und betend von frühestem Morgen, hatten seit dem Vorabend weder Speise noch Trank zu sich genommen und hatten auch vorher alle ihre Bekannten um Verzeihung gebeten für etwaige Beleidigungen, die sie ihnen im Laufe des Jahres zugefügt, damit ihnen Gott ebenfalls ihre Sünden verzeihe, – ein schöner Gebrauch, welcher sich sonderbarerweise bei diesen Leuten findet, denen doch die Lehre Christi ganz fremd geblieben ist!

Indem ich, nach dem alten Shylock umherspähend, all die blassen, leidenden Judengesichter aufmerksam musterte, machte ich die Entdeckung, die ich leider nicht verschweigen kann. Ich hatte nämlich denselben Tag das Irrenhaus San Carlo besucht, und jetzt in der Synagoge fiel es mir auf, daß in dem Blick der Juden derselbe fatale, halb stiere halb unstete, halb pfiffige, halb blöde Glanz flimmerte, welchen ich kurz vorher in den Augen der Wahnsinnigen zu San Carlo bemerkt hatte. Dieser unbeschreibliche, rätselhafte Blick zeugte nicht eigentlich von Geistesabwesenheit als vielmehr von der Oberherrschaft einer fixen Idee. Ist etwa der Glaube an jenen außerweltlichen Donnergott, den Moses aussprach, zur fixen Idee eines ganzen Volkes geworden, das trotzdem, daß man es seit zwei Jahrtausenden in die Zwangsjacke steckte und ihm die Douche gab, dennoch nicht davon ablassen will – gleich jenem verrückten Advokaten, den ich in San Carlo sah, und der sich ebenfalls nicht ausreden ließ, daß die Sonne ein englischer Käse sei, daß die Strahlen derselben aus lauter Würmern bestünden, und daß ihm ein solcher herabgeschossener Wurmstrahl das Hirn zerfressen. Ich will hiermit keineswegs den Wert jener fixen Idee bestreiten, sondern ich will nur sagen, daß die Träger derselben zu schwach sind, um sie zu beherrschen, und davon niedergedrückt und inkurabel werden. Welches Martyrium haben sie schon um dieser Idee willen erduldet! Welches größere Martyrium steht ihnen noch bevor! Ich schaudere bei diesem Gedanken, und ein unendliches Mitleid rieselt mir durchs Herz. Während des ganzen Mittelalters bis zum heutigen Tag stand die herrschende Weltanschauung nicht in direktem Widerspruch mit jener Idee, die Moses den Juden aufgebürdet, ihnen mit heiligen Riemen angeschnallt, ihnen ins Fleisch eingeschnitten hatte; ja, von Christen und Mahometanern unterschieden sie sich nicht wesentlich, unterschieden sie sich nicht durch eine entgegengesetzte Synthese, sondern nur durch Auslegung und Schiboleth. Aber siegt einst Satan, der sündhafte Pantheismus, vor welchem uns sowohl alle Heiligen des Alten und des Neuen Testaments als auch des Korans bewahren mögen, so zieht sich über die Häupter der armen Juden ein Verfolgungsgewitter, das ihre früheren Erduldungen noch weit überbieten wird …»

Heine sieht die «armen Juden» des Versöhnungsfestes in Venedig raumzeitlich als die Resultate der abendländischen Repression, unter der sie mit ihren «blassen, leidenden Judengesichtern» nahezu das Aussehen von «Gespenstern» angenommen haben. Doch diese gespenstischen Gestalten feiern gerade den wichtigsten und heiligsten der jüdischen Fast- und Festtage, den Versöhnungstag. An ihm erbitten sie die Sühne für Sünden, die sie sowohl gegen Gott als auch gegen ihre Mitmenschen begangen haben. Vergebung durch Gott aber erlangen die Juden an diesem Tag allein unter der Bedingung, daß sie zuvor die Verzeihung ihrer Mitmenschen für Beleidigungen erlangt wie umgekehrt an sie geleistet haben. Das Hauptgewicht des Tages liegt auf dem sittlichen Kraftakt der Selbstüberwindung. Sie dient der gesellschaftlichen Selbstreinigung vom schwelenden Gift des Hasses.

Die Nach-Shoah-Theologie geht heute davon aus, daß Jesus als toratreuer Jude den Versöhnungstag wahrscheinlich gefeiert hat. Dann aber lautete sein tägliches Vaterunser an einer winzigen Stelle anders, als wir Christenkinder es lernen mußten. Wir beten Tag für Tag:

> Und vergib uns unsere Schuld,
> Wie auch wir vergeben unseren Schuldigern ...

Diese Fassung verpflichtet uns nicht zur wirklichen Vergebung. Jesus aber betete gemäß dem Geist des Versöhnungstages:

> Wie auch wir vergeben *haben* unseren Schuldigern ...

Es ist dieses Hilfsverb «haben», dessen Größe des sittlichen Anspruchs die abendländische Geschichtsdialektik uns vergessen machte. Es fragt sich daher, ob unsere Eingeweihten der Schrift nicht doch von der Ahnung verfolgt wurden, gegen was sie sich vergingen, und ob es das war, was sie im Zerrbild «der Juden» von sich abwehrten. Jesus selbst wie seine jüdischen Mitmenschen hatten, ehe sie am Jom Kippur vor Gott hintraten, diese Bedingung erfüllt. Sie hatten sich mit all denen versöhnt, die sie beleidigt hatten oder von denen sie selbst beleidigt worden waren. Wenn demnach Heine in der Synagoge nach dem «alten Shylock» umherspäht, dann stellt er in seiner Traumjagd nach ihm Bezüge her, die tiefer gründen als in den Beleidigungen, die Antonio guten Gewissens Shylock so lange zufügte, bis dieser, statt sie länger zu erdulden, mit einem Exzeß der Unversöhnlichkeit beantwortete. Im zeitaufhebenden Blick Heines wandelt sich Antonio in den Flügelmann einer hinter ihm aufgereihten Christenriege von 50 Generationen, die der Apostel Paulus und mit ihm die Kirche vom Ethos des Versöhnungstages freigesprochen hatte mit den Worten: «Wo aber die Sünden vergeben sind, da gibt es keine Sühneopfer mehr» (Hebr. 10,18). Das sollte heißen: Der Opfertod Christi am Kreuz ist eine so unermeßliche Versöhnungsleistung, daß ihr gegenüber der Jom Kippur nur ein schattenhafter Prototyp war.[28]

Heine hingegen sucht den Leser von dieser Entlastungslehre ein wenig abzubringen, indem er mit fast unmerklicher Ironie vom Versöhnungstag als einem «schönen Gebrauch» spricht, der sich sonderbarerweise (und wieso eigentlich?) bei denen erhalten habe, «denen doch die Lehre Christi ganz fremd geblieben» sei. Damit rührt er an den jüdischen Eckstein des christlichen Sittengebäudes, der es immer wesentlich mittrug wie permanent ins Wanken brachte. Namhafte jüdische Toragelehrte hatten und haben keine Probleme damit, unser Vaterunser zu beten. Denn sie erkennen in ihm die gebündelte Kurzfassung des uralten jüdischen Kaddisch und der Amida, dem Achtzehn(bitten)gebet. In seinem Urtext war der Satz des Vergebens (Versöhnens) daher auch niemals amputiert an der alles entscheidenden Stelle: dem Wörtchen «haben».[29]

Liest man mit Heine die Dramaturgie des «Kaufmanns von Venedig» aus der Perspektive des Versöhnungstages, dann wird man in eine poetische Traumarbeit verwickelt, die die Verdrängungsgeschichte der Tora (Synagoga) durch Ecclesia für einen winzigen Augenblick an ihrer peinlichsten Stelle aufdeckt. Antonio ist als ihr treuer Sohn der in Richtung jüdischer Mitmenschen gänzlich gewissenlos gemachte Mensch. Sein um sich tretender und spukender Judenhaß ist zwangsneurotisch. Der Symptomkomplex des Gewalttätigen schreit nach seelenärztlicher Behandlung. Nicht so in der Gesundheitslehre dieser Welt. In sie ist der wandelnde Widerspruch aus plebejischer Erbärmlichkeit und «königlichem» Auftreten voll integriert. Juden kann man gar nicht beleidigen, auch juristisch gesehen nicht. Was Sünde sein müßte, adelt. So weiß Antonio gar nicht mehr, was er tut. Statt seiner aber weiß es Shylock, der Jude des Versöhnungstages, um so verzweifelter. Und dieses Wissen hebt ihn über seine christlichen Widersacher hoch hinaus auf die Ebene des Tragischen! Zumal in dem Augenblick, als er den ihm und seinem Volk angedichteten Rachewahn in einer

Weise realisiert, daß die Christenheit, wenn sie Augen hätte, ihn als ihren eigenen erkennen müßte.

Diese Unbeugsamkeit Shylocks erkennt Heine als geradezu exemplarisch für sein Volk. In gewisser Weise ist er für ihn daher in all den blassen, leidenden Judengesichtern in der Synagoge zugegen. Diese Unbeugsamkeit diagnostisch zu ergründen, wagt er den tollkühnen Vergleich zwischen dem « halb blöde » flimmernden Glanz ihrer Augen und dem « der Wahnsinnigen von San Carlo », die er zuvor besucht hatte. Wahrlich ein Seiltanz absturzgefährdeten Mitlesens, den Heine uns hier abverlangt. Dabei dürfen wir nicht vergessen, daß er als Zielgruppe primär deutsche Leser (Christen) vor Augen hatte. Auf den ersten Blick bedient daher der Vergleich alle antijüdischen Vorurteile, und dies bis an den Rand des Irrenwitzes, wenn er die fixe Idee seines Volks mit der des verrückten Advokaten vergleicht, dem ein Wurmstrahl der englischen Käsesonne das Hirn zerfressen habe. Doch der Vergleich hinkt; denn der Advokat ist ein harmlos Geisteskranker. Im Unterschied zu ihm hielt die Kirche « die Juden » niemals für harmlos, sondern steckte sie als Gemeingefährliche zusammen mit der Tora für « zwei Jahrtausende in die Zwangsjacke ». Die christlichen Seelsorger hatten ihnen für alle Zeiten die Diagnose gestellt: « perversitas » und « stultitia », Blödheit also mit dem Erkennungsmerkmal « stulti-vidus » = blödsichtig, ein Bulletin, das in jeden Winkel der unterworfenen Welt getragen wurde und unzählige Antonios als Typus produzierte, quer durch alle Klassen. Die auf « die Juden » projizierte Korruption der eigenen Seele setzte früh ein. Sie war auch der Nährboden für die Psychiatrisierung « der Juden » im 19. Jahrhundert.

Die Scheinlogik des Vergleichs Juden = Irre ist vorab aufgebrochen und unterminiert durch die Traumjagd nach Shylock, der in seinem unbeugsamen Versöhnungswillen inmitten christlicher Versöhnungslosigkeit lieber auf den Hund kommt, als sich aufzugeben. Ja, er geht so weit, sich zum Simulanten der christlichen Diagnose zu machen und den gefährlichen Irren, zu dem sie ihn gemacht hatte, zu spielen. Indem Heine dies durchschaut, erfaßt ihn unendliches Mitleid ebenso wie die Angst, sein am christlichen Verfolgungswahn mit erkranktes Volk könnte irgendwann unter der Last so erdrückt werden, daß es inkurabel würde und selbst nicht mehr zu heilen wäre. Wenn er den Gegensatz zwischen Juden und Christen oder Mohammedanern «nur durch Auslegung und Schiboleth» gegeben sieht, dann widerspricht er sich selbst, tut es aber sichtlich deshalb, um seine Leser bei Laune zu halten und um nicht die schlafenden Hunde jenes «sündhaften Pantheismus» zu wecken, in dem er mit indikativer Gewißheit ein «Verfolgungsgewitter» über «die armen Juden» kommen sieht, «das ihre früheren Erduldungen noch weit überbieten wird …»

Heines Vorankündigung eines alle früheren weit überbietenden Verfolgungsgewitters darf nicht mit Weissagungen verwechselt werden. Daß das Verfolgungsgewitter mit Hitler die Vernichtungshöchststufe der «Endlösung» annehmen würde, konnte er nicht voraussehen. Seine Traumjagd geht auch gar nicht in diese Richtung, sondern hin zu dem vergessenen Entstehungsgrund aller vergangenen wie zukünftig möglichen Verfolgungsformen: dem Bruch des Christentums mit dem GESETZ. Dieser Bruch wurde nicht glatt vollzogen im Sinne von leben und leben lassen, sondern durch eine dialektisch vernebelte Annexion der Tora durch Ecclesia, der das Weiterbestehen von Synagoga, d. h. der Vergleichsmöglichkeit ihrer Moral mit der des (nicht beschnittenen) Sinai-Gesetzes, wie ein Stachel im Fleisch saß. Die Mahnung des Apostels Paulus an die Christengemeinde Roms «Nicht ihr tragt die Wurzel. Die Wurzel trägt euch» (Röm. 11,18) war nur erträglich, wenn nichts jüdisch Lebendiges, sondern nur noch Gespenstisches an sie erinnerte. Daher die wütende Gegenbesetzung des eigenen Ursprungs in «den Juden». Heine läßt die «armen Juden» Venedigs mit Shylock unter ihnen beides zugleich sein: die Provokateure des verdrängten Ursprungs und die «ewigen» Beweisträger des christlichen Gesetzesbruchs und seiner Rückseite – der Permanenz der Verbrechen an ihnen. Es ist dieser Bruch, der den Judenhaß als kulturelle Konstante begründete und seine Folgen vorhersagbar machte, so wie Heine dies tut. Indem er das Ethos des Versöhnungstages mit dem

Antonio-Shylock-Syndrom verknüpft, durchbricht er die Verdrängung des GESETZES und stellt seine sittliche Überlegenheit und Vergleichbarkeit wieder her. Hier das reife Über-Ich des versöhnungswilligen Juden, dort das in seinem Judenhaß infantil-ödipal gebliebene Über-Ich des Christen. Der «Zivilisationsbruch» der Shoah setzte den Bruch mit dem GESETZ voraus. Als Möglichkeit war er von daher immer schon angelegt und mit ihm die latente Selbstzersetzung der «größten sittlichen Macht der Weltgeschichte», in deren Gefolge Heine den «Satan» auf seine Stunde warten sah. Hier ist denn auch der Lösungsgrund zu suchen für die Frage der «Einmaligkeit» der Shoah.[30] Sie in der Art des technischen Vollzugs durch Vergasung gefunden zu haben, setzt die dialektische Glaubenslehre des Zusammenhangs von naturwissenschaftlichem Fortschritt und fortgeschrittenstem Bewußtsein voraus. Dann war allerdings die Shoah nichts als ein «Rückfall in die Barbarei». In Wirklichkeit aber flatterten den Dialektikern von rechts bis links die Fahnen dieser Barbarei immer schon voran. In Venedig sieht Heine sein Volk von ihnen längst umstellt:

«Trotzdem daß ich in der Synagoge von Venedig nach allen Seiten umherspähte, konnte ich das Antlitz des Shylock nirgends erblicken. Und doch war es mir, als habe er sich dort verborgen, unter irgend einem jener weißen Talare, inbrünstiger betend als seine übrigen Glaubensgenossen, mit stürmischer Wildheit, ja mit Raserei hinaufbetend zum Throne Jehovas [...] Es war ein Schluchzen, das einen Stein in Mitleid zu rühren vermochte ... Es waren Schmerzenslaute, wie sie nur aus einer Brust kommen konnten, die all das Martyrium, welches ein ganzes gequältes Volk seit achtzehn Jahrhunderten ertragen hat, in sich verschlossen hielt ... Es war das Röcheln einer Seele, welche todmüde niedersinkt vor den Himmelspforten ... Und diese Stimme schien mir wohlbekannt, und mir war, als hätte ich sie einst gehört, wie sie eben so verzweiflungsvoll jammerte: ‹Jessica, mein Kind!›.»

Heine nimmt uns mit in die Ur-Innenwelt des Judentums und erlegt uns von dorther fast unmerklich die Probeeinstellung auf gegen uns selbst und den zentralen Satz unseres Glaubens: «Und das Wort ist Fleisch geworden und hat unter uns gewohnt» (Joh.

1,14). Heine hat diesen Satz aufgegriffen und so stehenlassen bis auf das letzte Wort «gewohnt». Das strich er weg und schrieb an seine Stelle – «geblutet». Genialer gekürzt ist die Korrektur der abendländischen Religionsgeschichte gar nicht denkbar. Denn real geblutet hat das Fleisch gewordene Wort (Logos) immer nur als Judenblut, angefangen mit Jesus, Heines armem «Vetter». Doch ließ die Gegenbesetzung Jesu im Karfreitagskomplex mit dem «giftigen» Blutvergießer diese Wahrheit niemals passieren. Selbst Hitler beschwor noch den «Blutjuden»; und seine Schutzstaffeln des «deutschen Blutes» posaunten 1933 ihren Vollstreckungswunsch in alle Welt: daß «Judenblut vom Messer spritzt.» Die Phantomjagd der Messernazis auf den Messerjuden. Umgekehrt beschwört Heine den Versöhnungsjuden Shylock in der venezianischen Karnevalsmaske dieses Phantoms, daß es das Höchste in uns auslöse: das Lachen über uns selbst.

Folgt man dem «wandelnden Traumjäger» Heine durch sein Venedig, dann ist man an Lessings Wort erinnert: «Wer über gewisse Dinge nicht den Verstand verliert, hat keinen zu verlieren.» Heine wagt sich bis dicht an die Verlustgrenze hinab in die Unterwelt unseres abendländischen Unbewußten. Doch ehe er Einlaß erhält, muß er zahlen – und als Jude mit der härtesten Währung: mit Witz. Sie hat den Vorteil, daß sie die Gratismitnahme Begleitwilliger erlaubt. Die erste Station ist der Rialto, einst das Bank- und Börsenzentrum der Welt und Schauplatz des Verdrängungskampfes zwischen Antonio und Shylock. Nun aber ist hier kein Shylock mehr zu sehen, sehr zum Bedauern Heines:

«Ich hätte ihm etwas mitzuteilen gehabt, was ihm Vergnügen machen könnte, daß z. B. sein Vetter, Herr Baron von Shylock zu Paris, der mächtigste Baron der Christenheit geworden, und von Ihrer Katholischen Majestät jenen Isabellenorden erhalten hat, welcher einst gestiftet ward, um die Vertreibung der Juden und Mauren aus Spanien zu verherrlichen.»

Mit dem Baron von Shylock zu Paris ist James Rothschild gemeint, der Chef der damals mächtigsten Bankdynastie der westlichen

Welt. Der Witz liegt in der kontrastreicher nicht zu denkenden Gleichsetzung Shylock = Rothschild. Beide sind Bankiers, beide Juden, beide sind sie ausgezeichnet mit den Insignien des christlichen Judenhasses, Shylock mit dem Messer, Rothschild mit dem Orden wider dieses Messer. Versöhnungstag zweimal: als Assimilation an die Passionsblume und – als unbeugsame Treue zum GESETZ bis hin zur Raserei des Hinaufbetens, daß JHWH die Welt vom Judenhaß erlöse.

Heines Rothschild-Witz löste sicher kein einheitliches Lager von Mitlachenden aus. Juden lachten anders und aus tieferem Herzen als Christen, um die es aber Heine ging und die er auf diesem Weg zu seiner Sicht der Dinge zu verführen suchte. Um das zu erreichen, geht sein Witz sogar scheinbar auf jüdische Kosten. Sieht man aber richtig hin, dann ist Rothschild nicht als Jude das auszulachende Objekt, sondern als maskierter und hochdekorierter Karnevals-Christ. Ähnlich verfährt Heines Witz mit den Juden Venedigs. Der Irrenwitz von der fixen Idee gilt scheinbar zunächst allein ihnen. Erst am Ende kommt nebenbei heraus, daß es die Christen sind, die diese fixe Idee als «nicht [...] entgegengesetzte Synthese» mit ihnen teilen. Also ist es die Vernunft des Versöhnungstages, die den Prüfstein dafür abgibt, wer sich den Vergleich mit dem hirnzerfressenden Wurmstahl von San Carlo zu Herzen zu nehmen hätte.

Was aber meinte Heine mit dem Satan des «sündhaften Pantheismus», mit dem er den Pantheismus Spinozas niemals gemeint haben konnte?[31]

5. Heine: Verräter, verlorener Sohn oder verdeckter Ermittler?

Wer den ganzen Heine haben will, muß sich auf beides zugleich einlassen: den getauften und assimilierten Juden, in dem die jüdische Orthodoxie bis heute den «Verräter» sieht, und den «nie abwaschbaren Juden», zu dem Heine sich in einem Brief an Moser am 7. Juli 1826 nachdrücklich bekennt. Heine ist als Diasporajude und Künstler nur gespalten mit sich selbst identisch. Immer spricht er die ihn Lesenden auf zwei Kanälen zugleich an mit zwei Botschaften, die so zusammengesetzt sind, daß sie einander logisch ausschließen. Der Grund ist nicht Verwirrung, sondern Entwirrung durch Ironie. Auf diesem Weg macht er uns zu GesprächspartnerInnen einer doppelten Rede, vor deren ästhetischem Anspruch die einen so kapitulieren, daß sie nur den «Verräter» heraushören, die anderen so, daß sie Heines Judesein überhören. Zu dieser Abwehrhaltung sagt Klaus Briegleb: «Wir sehen, wie doppelbödig das Identifikations-Begehren gegenüber diesem Schriftsteller ist. Könnte angesichts dieses Abwehr-Typs von einer Schutz-Angst unter Antisemiten gesprochen werden, so sind jedoch Reaktionen der Angst-Abwehr gegen die Anregung, Heine in seiner Radikalität zu folgen und dabei den Ewigen Juden in seinen Texten ernst zu nehmen als eine ihm besonders nahe Doppelgänger-Figur, auch in jüdischer Heine-Literatur zu beobachten. Der Dichter nährt hier ein Identifikationsbegehren ebenfalls: Er ist nur zu ertragen als Assimilierter, bzw. Assimilationswilliger – oder als ‹Verräter›» (S. 54). Und wenn er weder das eine noch das andere gewesen wäre!? Briegleb sucht die doppelte Identität Heines in dem Begriff des «Marranen» zu fassen und zum Schlüssel zu machen für den besonderen Code seiner Texte (S. 53–61). Der Begriff Marrane entstand zur Zeit der spanischen Inquisition, die unter dem Panier «Tod oder Taufe» die jüdischen Ketzer der teilweise erfolterten Zwangstaufe unterzog. Die «Neubekehrten» nannte man trotzdem abfällig marranos, weil doch ihr Blut trotz Taufe «unrein» (den Schweinen gleich) geblieben sei. Da aber viele der Zwangsgetauften insgeheim ihrem Judentum treu blieben, führte das unter Königin Isabella von Kastilien zur Massenverbrennung von ca. 3000 conversos und 1492 zur gänzlichen Vertreibung der Juden aus Spanien.[32] Wenn Briegleb Heine als Marrane, als Jude in der «Maske» des Christen, identifiziert, dann trägt das der Wirklichkeit Rechnung, daß sich der Zwangsgetaufte vom Sabbat auf den Sonntag in das Gegenteil seiner selbst gepredigt erlebte: in ein mit allem leiblich-seelischen Unrat behaftetes Scheusal. Der Marrane hatte gegenüber dem Gettojuden den Vorzug, nicht nur Tora und Talmud, sondern zugleich deren vernichtende christliche Kritik zu kennen.

Diese doppelbödige Erfahrung macht auch Heine von Kind an, aber mit dem Unterschied, daß er die Taufe bewußt auf sich nimmt. Unter seinen Berliner Freunden im «Verein für Cultur und Wissenschaft der Juden» ist er sich wahrscheinlich seiner ganz sicher geworden, daß es weder genügt, ausschließlich im Gedächtnisraum des Judentums zu verharren, noch auf den Hegelschen Idealismus seiner Befreiung durch «Aufhebung» zu hoffen. Es ist der Künstler in ihm, der sich nicht belügen, sondern bis in die Träume heimsuchen läßt von den pathogenen Abgründen der christlich-jüdischen Verkettung, weil das die Voraussetzung dafür ist, umgekehrt – also schreibend – in das Labyrinth der paulinisch-christlichen Doppelbindung einzudringen, ohne von ihrem Minotaurus gefressen zu werden. In Heine den Marranen sehen oder den Ewigen Juden, heißt ihn in doppelter Weise in die Haftung genommen erkennen: zum einen vom GESETZ; zum andern als der Schänder und Mörder Christi. Beispielhaft innerhalb der jüdischen Vor-Shoah-Rezeption, diese doppelte Botschaft in Heines Werk wahrzunehmen, ist Moritz Goldstein. In seinen «Aphorismen zur Gegenwart und Zukunft der Juden» um 1907 nennt er Heine einen «Vorkämpfer der jüdischen Zukunft» und das Gegenteil eines «Kompromißjuden». Was Juden an Heine störe, sei «nicht Judentum, sondern Diaspora». Goldstein sieht in ihm den ersten seines Volks, «der das europäische Judenproblem in seiner ganzen Tragik erlebte, dem das Gefühl der Zwiespältigkeit bis in die Fingerspitzen wehgetan» habe. Und er diagnostiziert auch exakt den Grund dieses Wehtuns: Es ist das Paradox eines Judenhasses, der seine «Echtheit» gerade dadurch beweist, daß er «ohne Grund und gegen alle Vernunft ist». Goldstein hat ein Gespür dafür, daß Heine nicht eitel an sich selbst als Jude leidet, sondern an der unbewältigten Gegenwärtigkeit eines Hasses, der sein abgrundtief Gefährliches darin hat, daß er als System gewordene Unvernunft Hochrechnungen erlaubt zu bisher nicht dagewesenen «Verfolgungsgewittern». Goldstein liest den Kritikern Heines die Leviten: «Heine litt am Judentum und gestand es ein. Darum verkennen ihn die Juden am meisten; denn zu glauben, daß man am Judentum leiden könne, verbietet ihnen ihr Stolz, d. h. ihre Dummheit.»[33]

Man wird Heine wohl nur gerecht, wenn man die immer wieder geäußerte Angst um sein Volk ernst nimmt und die Befürchtung, daß es durch die revolutionär entfesselte Gewalt des europäischen Geistes erdrückt und inkurabel werden könnte. In den Gesichtern der Juden Venedigs, diesem verlorenen Häuflein, sieht Heine geradezu den Abglanz dieser kommenden Gewalt aufflackern, gegen die er noch in seiner Matratzengruft ankämpft. Ich sehe in ihm nicht den Verräter, sondern den verdeckten Ermittler im Untergrund antijüdischer Unsittlichkeit, die aufzudecken er als Jude nur eine Chance hatte, wenn er sich den Gepflogenheiten dieses Milieus scheinbar anpaßte. Es ist sein Witz, der die Unzucht aufgreift und gegen sich selbst kehrt. Das Ziel ist die metakommunikative Überwindung der christlichen Doppelbindung.

So wie es zum Wesen des Kriegers gehört, immer auf der Grenze zwischen dem Erlaubten und Verbotenen operieren zu müssen, tut dies auch Heine in seinem «Befreiungskriege der Menschheit». Er nimmt als verdeckter Ermittler bewußt das Wagnis der Wanderschaft zwischen zwei Welten auf sich. Wo der Karfreitagskomplex Christen (Deutsche) und Juden ein Jahrtausend ineinander verhäkelt hatte, konnte es ohne Grenzverletzungen in beide Richtungen gar nicht abgehen. Die beleidigten Reaktionen von Juden wie auch von Christen sind Beleg genug. Aber allein die radikale Selbstanalyse der eigenen Langzeitschäden konnte Voraussetzung dafür sein, auch die schadenstiftenden Ursachen im nichtjüdischen Umfeld auszumachen und anzugehen. Daß Heine diese Selbstanalyse so weit treiben konnte, setzte sicher auch die Anregung jener kleinen jüdischen Elite voraus, die den Jurastudenten in Berlin in den «Verein für Cultur und Wissenschaft der Juden» aufnahm, wo die damals hochaktuelle Philosophie Hegels in den Auseinandersetzungen einen zentralen Platz einnahm.

1851, im selbstkritischen Rückblick auf diese frühe Zeit seiner Ermittlungen, schreibt Heine im Nachwort zum Romanzero:

«Ja, wie mit der Kreatur habe ich auch mit dem Schöpfer Frieden gemacht, zum größten Ärgernis meiner aufgeklärten Freunde, die mir Vorwürfe machten über dieses Zurückfallen in den alten Aberglauben, wie sie meine Heimkehr zu Gott zu nennen beliebten. Andere, in ihrer Intoleranz, äußerten sich noch herber. Der gesamte hohe Klerus des Atheismus hat sein Anathema über mich ausgesprochen, und es gibt fanatische Pfaffen des Unglaubens, die mich gerne auf die Folter spannten, damit ich meine Ketzereien bekenne. Zum Glück stehen ihnen keine anderen Folterinstrumente zu Gebote als ihre Schriften. Aber ich will auch ohne Tortur alles bekennen. Ja, ich bin zurückgekehrt zu Gott, wie der verlorene Sohn, nachdem ich lange Zeit bei den Hegelianern die Schweine gehütet. War es die Misere, die mich zurücktrieb? Vielleicht ein minder miserabler Grund. Das himmlische Heimweh überfiel mich und trieb mich fort durch Wälder und Schluchten, über die schwindligsten Bergpfade der Dialektik. Auf meinem Wege fand ich den Gott der Pantheisten, aber ich konnte ihn nicht gebrauchen. Dies arme träumerische Wesen ist mit der Welt verwebt und verwachsen, gleichsam in ihr eingekerkert, und gähnt dich an, willenlos und ohnmächtig.»

Das Gleichnis vom verlorenen Sohn umschließt das Selbstverständnis Heines als des Ewigen Juden, der den Leidensweg seines Volks «durch Wälder und Schluchten» zeitgerafft noch einmal auf sich nahm. Der Weg vom Gott seines Volks weg war ein langer Umweg zu ihm hin. Am weitesten von ihm entfernt hatte Heine sich, als er «bei den Hegelianern die Schweine gehütet». Es ist wohl hauptsächlich dieser Ferkel-Metapher zu verdanken, daß Heine sich des neutestamentlichen Gleichnisses überhaupt bedient. Ihren ganzen witzbildenden Hintergrund aber gibt sie erst dann frei, wenn man sich ihrer Rolle in der christlichen Sakralkunst erinnert. Darin sind Jude, Jüdin und Judentum durchweg als Schwein oder Judensau visualisiert; so wie auch das Schimpfwort marranos «die Juden» buchstäblich zur Sau machte, zu Ferkeln und Huren. Wenn Heine bei den Hegelianern lange Zeit die Schweine gehütet hat, dann hat er sich als Judensau zwar selbst mit gehütet, dadurch aber auch erkannt, daß die Hegelianer sich unter ihrem Chefhalter Hegel als die Schweinehalter seines Volks verstanden.

Schon der junge Hegel hatte (in Geist des Christentums) «die Juden» an den Pranger des Unheldischen gestellt, ihre «tierhafte Natur» geschmäht und ihr Unvermögen, «als Juden zu sterben», woraus er den Schluß zog, daß das «Trauerspiel des jüdischen Volkes [...] kein griechisches Trauerspiel» sei und daher «nicht Furcht und Mitleiden erwecken» könne. Die Judensau wird hier zwar vornehm zur «tierhaften Natur» verallgemeinert; aber der Weltgeist als das fortgeschrittenste Bewußtsein verrät seine uralte Abhängigkeit dadurch, daß auch er die Deutschen und das Abendland vom Mitleiden mit den Juden als Juden freispricht. Über deren Zukunft läßt Hegel keinen Zweifel: «Alle folgenden Zustände des jüdischen Volkes, bis auf den schäbigen, niederträchtigen, lausigen Zustand, in dem es sich noch heutigentags befindet, sind weiter nichts als Folgen [...] des ursprünglichen Schicksals, von dem [...] sie mißhandelt wurden und solange werden mißhandelt werden, bis sie es durch den Geist der Schönheit aussöhnen und so durch die Versöhnung aufheben.»

Demgemäß ist das jüdische Volk hinter dem abendländischen Geist der Schönheit in Häßlichkeit zurückgeblieben. Die einzige Chance, die es hat, seiner Niedertracht zu entgehen und schön zu werden, ist die zur «Versöhnung» verklärte Selbstabschaffung. Daß es in Wirklichkeit dieser Geist der Schönheit war, der die Verhäßlichung «der Juden» zum System der schleichenden Selbstkorruption erhob, ist in der Verdrängungsapparatur der Dialektik zur totalen Indolenz hin «aufgehoben». Heine hat das während seiner langen Schweinehüterzeit sicher nicht überhört und überlesen. Insbesondere nicht die für sein Volk in diese Sätze so tödlich eingeschriebene Drohung: «und werden solange mißhandelt werden ...» Denn was, wenn sie dieser so unverfroren überheblich verordneten Schönheit ihr Selbstsein vorzögen? Lyotard[34] hat bei der Analyse dieser Hegelzitate darauf hingewiesen, daß hier «die Vorhersage nach Art eines Orakels» vorliege, eine als bereits erfüllt vorweggenommene Zukunft, die den Juden Heine schon deshalb hellhörig gemacht haben muß, weil sie das Orakel des Evangeliums über den Untergang Israels unbesehen fortschrieb, in dem die innerjüdische Kritik der Propheten dergestalt auf die Ebene von Orakelsprüchen der Pythia zu Delphi reduziert war, daß sie alle den christlichen Christus vorausgesagt hätten.[35]

«Ja, ich bin zurückgekehrt zu Gott…» ist die radikale Umkehrung der Hegelschen Geschichtstheologie, die die hebräische Gotteserfahrung als eine hinter der christlichen tief zurückgebliebene lehrte. Heine aber sieht dies nicht erst im «Nachwort zum Romanzero» oder in den «Geständnissen» so, sondern schon in dem Essay «Zur Geschichte der Religion und Philosophie in Deutschland» von 1833/34. Das Christentum ist kein Fortschritt, sondern ein langer Ermordungsprozeß Gottes. Mit der ihm eigentümlichen Ironie geht Heine diesem Prozeß nach von des «alten Jehova» Auswanderung nach Rom, wo er sich unter der «christlichen Idee» noch mehr «vergeistigt» und schließlich zu seiner Höchstform gefunden habe: der des total eingemenschlichten Weltbürgers und «Philanthropen». Diese frühe Distanz zu Hegel, also noch zur Schweinehüterzeit, verdankt Heine Spinoza, der ihn den Pferdefuß der «Idee des Christentums» sehen machte. In ihr ist die «Welt des Geistes» durch Christus, «die Welt der Materie durch Satan repräsentiert, jenem gehört unsere Seele, diesem unser Leib und die ganze Erscheinungswelt, die Natur, ist demnach ursprünglich böse […] und es gilt […] unseren Leib, das Lehn des Satans, zu peinigen, damit die Seele sich desto herrlicher emporschwinge in den lichten Himmel.»

Wo das hebräische Denken ursprünglich und an sich die Einheit von Leben und Lehre, Natur (Materie) und Geist voraussetzt, ist diese Einheit im abendländischen Denken dualistisch (manichäisch) zerrissen. Die pantheistische Ketzerei des Spinoza besteht darin, diese Einheit wiederherzustellen. Und Heine folgt ihm. Deshalb nimmt er in dem Essay von 1834 mit einer Mischung aus Bewunderung und Entsetzen wahr, wie die Denker des Deutschen Idealismus von Kant bis Hegel, die «Gedankenmänner», wie Heine sie nennt, dabei sind, die Idee des Christentums in einen politischen Sprengstoff umzumünzen, der, ginge er hoch, die jakobinischen Schreckensmänner von 1793/94 in den Schatten stellen würde. Davor warnt der Emigrant aus Deutschland die «Nachbarskinder», die Franzosen: «Der Gedanke geht der Tat voraus wie der Blitz dem Donner [...] der deutsche Donner hat endlich sein Ziel erreicht. Bei diesem Geräusch werden die Adler aus der Luft tot niederfallen, und die Löwen in der fernen Wüste Afrikas werden die Schwänze einkneifen [...] Es wird ein Stück aufgeführt werden in Deutschland, wogegen die französische Revolution nur wie eine harmlose Idylle erscheinen möchte.» Heine sieht Gott (und sein Volk) in der Gewalt der deutschen Gedankenmänner unter die Guillotine gebracht. Kant habe mit der Zugrunderichtung der Gottesbeweise den Terrorismus eines Robespierre in den Schatten gestellt. Denn jenem Scharfrichter, der «nur Menschen» hinrichtete, habe das Schicksal einen König, ihm aber «einen Gott auf die Waagschale» gelegt.

Für Heine ist der Initiator dieser so brisanten «deutschen Geistesvorgänge», die er seinen französischen Gastgebern zu erläutern sucht, Martin Luther. Zwar sei dem großen Reformator die Emanzipation der Philosophie zu ihrer Vernunft zu verdanken, aber leider doch mit dem Effekt, daß sie auf ihrem Entwicklungsweg über Kant, Fichte, Schelling und vor allem Hegel nun selber Theologie geworden sei mit einem ebenso stupenden wie gefährlichen «Tiefsinn», gefährlich allerdings allein aus der Gegensicht des verdeckt ermittelnden Juden. Andernfalls könnte in dem Essay nicht der folgende Satz auftauchen, den Heine ins Zentrum seiner Vorbehalte stellt: «Schon daß ich jemanden das Dasein Gottes diskutieren sehe, erregt in mir eine so sonderbare Angst, eine so unheimliche Beklemmung, wie ich sie einst in London zu New-Bedlam empfand, als ich, umgeben von lauter Wahnsinnigen, meinen Führer aus den Augen verlor. ‹Gott ist alles, was da ist›, und Zweifel an ihm ist Zweifel an dem Leben selbst, es ist der Tod.» Das muß man zweimal lesen und dabei zweimal hinhören: Zweifel an Gott, fürchtet Heine, ist Zweifel am Leben selbst, ist – der Tod! Der Passus ist das De profundis des ganzen Essays. Denn die Gleichsetzung von Gott und Leben macht blitzartig etwas tief Vergangenes gegenwärtig: die Schenkung des GESETZES am Sinai, in dem JHWH das «Leben» nicht nur des Menschen, sondern prinzipiell aller Kreatur unter seinen Schutz, sein Gebot gestellt hatte. Die Gotteserfahrung der Hebräer war die des zwar überkosmischen, aber primär doch «lebendigen» Gottes, dessen Wahrheit nicht vom Himmel, sondern aus der Erde steigt.[36]

Daß Heine hier Gott und Leben synonym setzt, ist nur dem Anschein nach ein depersonalisierender Monismus (Materialismus) des doch «unbildlichen» und damit menschlich nicht einbildbaren Gottes. In Wahrheit ist es ein Hinweis auf das Geheimnis der Dialog stiftenden Einheit aller Geschöpfe. Heine begreift Spinoza in einem sehr komplexen Sinn, auch wenn er ihn auf die Kurzformel bringt: «Gott ist alles, was da ist.» Er wird für den Hegelermittler der große Wegzeiger seiner jüdischen Herkunft: «Bei seiner Lektüre ergreift uns ein Gefühl wie beim Anblick der großen Natur in ihrer lebendigen Ruhe.» Entschieden und mit Recht verwahrt sich Heine gegen die christliche Gleichsetzung von Pantheismus und Atheismus: «Keiner hat sich erhabener über die Gottheit ausgesprochen als Spinoza. Statt zu sagen, er leugne Gott, könnte man sagen, er leugne den Menschen.» Heine rührt hier an die eigentliche Brisanz des Spinozismus. In ihm ist in Umkehrung der christlichen Idee der (mit dem Christen überhaupt erst anfangende) Mensch heruntergeholt vom hohen Roß als die Krone der Schöpfung und zurückübersetzt in die Rückkoppelungsschleifen des Lebendigen. In Spinozas Pantheismus ist jede Kreatur je nach Vermögen Anteilseigner des Vermögens Gottes und damit unentbehrlicher Mitgestalter des Schöpfungsprozesses. Wenn daher, wie Heine sagt, «alle endlichen Dinge der Natur» in Gott enthalten sind, dann muß der Christenmensch die Kröte schlucken, daß sein «Geist» nicht der Weltgeist selbst ist, sondern nur «ein Lichtstrahl des unendlichen Denkens» Gottes. Das geht früh schon gegen den dialektischen Zynismus Hegels gegenüber dem «Partikularen», es sei, wie z. B. das Volk der Juden, «zu gering gegen das Allgemeine», die einzelnen würden «aufgeopfert und preisgegeben».[37] Spinoza, dieser Meilensteinmensch auf der Gegenspur des abendländischen Fortschritts, der kompromißlos den Eigenwert aller Geschöpfe einklagt, wird für Heine zum Maßstab. Er entzieht Erde und Leben der Arroganz menschlichen Ausbeutungs- und Aufopferungsdenkens am Vorabend der technischen Revolution.

Als der verlorene Sohn in Hegels Diensten war Heine ganz sicher vor allem dies zu Ohren gekommen: «Nicht die allgemeine Idee ist es, welche sich in Gegensatz und Gefahr begibt; sie hält sich unangegriffen und unbeschädigt im Hintergrund. Das ist die *List der Vernunft* zu nennen, daß sie die Leidenschaften für sich wirken läßt [...] Die Idee bezahlt den Tribut des Daseins und der Vergänglichkeit nicht aus sich, sondern aus den Leidenschaften der Individuen.» Im Klartext: Die List der Vernunft hält sich auch da unbeschädigt im Hintergrund, wo sie in den großen historischen Persönlichkeiten, die sie in ihren Dienst nimmt, den leidenschaftlichen Haß auf «die Juden», auf ihre Häßlichkeit und tierhafte Natur, «für sich wirken läßt».

In den «Geständnissen» erinnert sich Heine, wie ihn bei der Übersetzung Hegels ins Französische «ein unheimliches Grauen» erfaßt habe. Gleich hinterher geht dann wieder sein Witz mit ihm durch, als er selbstkritisch fortfährt:

«Ich war jung und stolz, und es tat meinem Hochmut wohl, als ich von Hegel erfuhr, daß nicht, wie meine Großmutter meinte, der liebe Gott, der im Himmel residiert, sondern ich selber hier auf Erden der liebe Gott sei. Dieser törichte Stolz übte keineswegs einen verderblichen Einfluß auf meine Gefühle, die er vielmehr bis zum Heroismus steigerte [...] War ich doch selber jetzt das lebende Gesetz der Moral und der Quell alles Rechtes und aller Befugnis. Ich war die Ursittlichkeit, ich war unsündbar, ich war die inkarnierte Reinheit; die anrüchigsten Magdalenen wurden purifiziert durch die läuternde und sühnende Macht meiner Liebesflammen, und fleckenlos wie Lilien und errötend wie keusche Rosen mit einer ganz neuen Jungfräulichkeit, gingen sie hervor aus den Umarmungen des Gottes.»

Heine rührt hier an den Nerv der Hegelschen Hybris und ihrer scholastischen Vorbilder. Schon für Thomas von Aquin wirft die Fleischwerdung Gottes im Menschensohn Licht auf die besondere Stellung des Menschen in der Schöpfung. Warum, so fragt er, hat Gott sich auschließlich mit dem Menschen vereint und nicht mit einer anderen geschaffenen Natur? Antwort: Im Menschen und nur im Menschen gehen Geist und Natur (Materie) eine Verbindung ein, die ihn zur Mitte oder Krone der Schöpfung adelt. Es ist für Thomas der Mensch, in dem alle Naturen (Kreaturen) zusammenfließen. Daher kann er allein, vorausgesetzt, er ist Christ, zum Mittel- und Drehpunkt der Heimkehr aller Dinge zu Gott werden. Die Natur ist für ihn wie auch für Hegel selbst ohne Würde. Würde erlangt die Natur allein durch den Menschen.[38] Auch Kant begreift die Freiheit des (Christen-)Menschen als Gegenbegriff zur Natur und nicht korrelativ im Sinne Spinozas als Dialog. Der Mensch ist für ihn nicht «physisch genötigt», die Natur selbst «hat keinen eigentümlichen Wert». Wert hat sie allein als Mittel und Material für den Menschen im Gebrauch seiner Freiheit. Daß dieser Freiheitsbegriff auch «die Juden» zum Mittel und Material entwertete, sofern sie ihrer Natur treu bleiben wollten, blieb ebenso im blinden Fleck des um sich selber kreisenden Geistes, wie Heine, souverän darüberstehend, das sehr wohl sah.

Heines Essay zur Geschichte der Religion und Philosophie in Deutschland ist von der philosophischen Zunft in der Regel als «Parodie» abgewehrt worden. Dabei legt dieser Text exakt die Lücke im abendländischen Denken frei, die der «stupende Tiefsinn» seiner Gedankenmänner zwanghaft ausgespart hielt. Er legt sie aber nicht nur frei, sondern füllt sie mit dem Pantheismus Spinozas. Heine nimmt sich einen holländischen Juden, einen aus Spanien vertriebenen Marranen, und stellt ihn statt der Kant oder Hegel ins Zentrum der deutschen Geistesgeschichte, womit er sie zur Krise bringt, ohne daß sie es selbst merkt.[39] Auszunehmen von dieser Unempfindlichkeit sind die Goethe und Büchner. Sie wurden die Spinoza einer Poesie, deren einsame Größe sich dem Häresiepotential verdankt, das sie in sich aufnahmen. Spätestens als Heine in seinem Essay zu dem Schluß kommt: «Wir müssen unseren Weibern neue Hemden und neu Gedanken anziehen», hätte unter den Philosophen nicht nur Nietzsche merken dürfen, daß Heine ihnen, im Jargon der Geheimdienste gesprochen, ein Bonbon ins Hemd geklebt hatte.

Wenn Heine bekennt, er sei «zurückgekehrt zu Gott», dann heißt das konkret: zum Geiste des jüdischen Testaments. Von dorther bezieht er seinen Witz, wenn er in den «Geständnissen» rückblickend schreibt: «Es stehen überhaupt noch viel schöne und merkwürdige Erzählungen in der Bibel, die ihre Beachtung wert wären, z. B. gleich im Anfang die Geschichte von dem verbotenen Baume im Paradiese und von der Schlange, der kleinen Privatdozentin, die schon sechstausend Jahre vor Hegels Geburt die ganze Hegelsche Philosophie vortrug. Dieser Blaustrumpf ohne Füße zeigte sehr scharfsinnig, wie das Absolute in der Identität von Sein und Wissen besteht, wie der Mensch zum Gotte werde durch die Erkenntnis, oder, was dasselbe ist, wie Gott im Menschen zum Bewußtsein seiner selbst gelange.» Deutlich mitgeschrieben ist diese kleine Bibelexegese von Spinoza. Im Unterschied zur christlichen Idee, der gemäß allein das Blutopfer Christi von der Erbsünde erlöst, las Heine bei seinem Gewährsmann dies: Gott hat Adam im Paradies nicht etwas verboten, er wies ihn nur darauf hin, daß er die «Zusammenhänge» der Natur, die ihm doch Leib und Leben geben, mittels des freien Gebrauchs der Frucht der Erkenntnis «auflöst», ja «zerstört» – und auf diesem Umwege sich selbst mit. Adam aber begreift das nicht. Er gibt Gott die Schuld und Eva, der sie ihm zur Seite gab. Damit hat er eine «inadäquate Idee» von Gott und dem Beziehungssinn seiner Schöpfung. Wenn alle Dinge «Modi» des Wesens Gottes sind, dann ist die Ordnung des Lebendigen – Korrelation, dann kommen Ursache und Wirkung eine gemeinsame Qualität zu. Dieser Rückkoppelungsgedanke ist der Sprengsatz im System Spinozas. Denn er verneint den christlichen

Dualismus von Geist und Natur, Leib und Seele, Gut und Böse. Das Böse (Satan) ist nichts in der Ordnung der Natur selbst. Denn es drückt, so Spinoza, keinerlei Gesetz des kreatürlichen «Zusammenhangs» aus. Damit ist es «ohne Wesen».[40] Indem Hegels Denken nicht nur «von der Natur zum Geist» strebt, sondern den Dialog, den das GESETZ unserem beschränkten Geist mit der Natur gebietet, losgelöst allein im Menschen sich austragen läßt, ermutigt sein System zur Auflösung und Zerstörung der Natur. Es ist damit ohne Wesen, es ist, wie Heine sagt: der Tod![41] Hegel markiert genau die Lücke, durch die Hitler die Erde (Schöpfung) nur noch als «Wanderpokal» sah, herausgerissen aus dem Zusammenhang aller Dinge. So stellte er selbst nichts dar in der Ordnung der Natur, war er ohne Wesen, irrlichterte er zwischen Null, Gröfaz-Nimbus und Null der Deutschen.

So wie Klaus Briegleb kann man nach alldem nur zu dem Ergebnis kommen, daß der zu Gott zurückgekehrte Heine mit dem verworfenen «Gott der Pantheisten» niemals Spinoza gemeint haben kann, sondern den «Gott der deutschen Pantheisten» von Schelling bis zu den Glaubenslehrern der Dialektik. Schelling habe zwar zunächst im Sinne Spinozas weitergedacht, dann aber, wie Heine im Essay schon feststellt, «die Sache umgekehrt», so daß die Natur «zum Gedanken, das Reale zum Idealen» geworden sei. Wo die Natur selbst «nicht die Würde des Geistes» (Hegel) hat, ist Gott allerdings nicht länger der «lebendige», sondern der ohnmächtig in seine Welt «eingekerkerte». Für Spinoza aber sind Gott und Welt ein wechselseitig sich mitteilender Prozeß. Damit widerspricht er nicht nur der christlichen Trennung von Leib und Geist, sondern auch dem Leib und Leben in sich aufsaugenden Anthropomorphismus, womit er sich zum Fall für die Inquisition machte. Auch für den heimgekehrten Heine ist Gott nicht abgelöst von seiner Welt: «Ja, wie mit der Kreatur, habe ich auch mit dem Schöpfer Frieden gemacht, zum größten Ärgernis meiner aufgeklärten Freunde.» Mit diesem Bekenntnis erfüllt der verlorene Sohn das Grundprinzip des GESETZES. Damit aber hat er zusätzlich zu dem hohen christlichen Klerus den des Atheismus gegen sich. Gemeint sind konkret «jene mehr oder weniger geheimen Häupter der deutschen Kommunisten», die Heine in den «Geständnissen» folgendermaßen diagnostiziert: Sie «sind große Lyriker, von denen die stärksten aus der Hegelschen Schule hervorgegangen, und sie sind zweifellos die fähigsten Köpfe und die energievollsten Charaktere Deutschlands. Diese Doktoren der Revolution und ihre mitleidlos entschlossenen Jünger sind die einzigen Männer in Deutschland, denen Leben innewohnt, und ihnen gehört die Zukunft.» Heine meint das keineswegs zustimmend. Vielmehr sieht er jene «grauenhaften Erscheinungen» darin bestätigt, die er im Essay früh voraussagte: «Ich sah, wie Hegel mit seinem fast komisch ernsthaften Gesichte als Bruthenne auf den fatalen Eiern saß.»

Wie recht er haben sollte, wissen wir erst heute. Auch in der Hand Lenins oder Stalins oder Maos war die Erde kein lebendig gewachsener Zusammenhang, kein Dialogpartner, sondern ein dialektisch zu brechender Gegenstand, ein der Lehre zu unterwerfendes Leben. Entsprechend trieb Majakowskijs «Linker Marsch» die Massen auf die Schlachtfelder der Arbeit:

Fühlt ein Adleraug' je Beschwerde?
Starrt's auf Vorschriften alten Rats?
Legt euch fest
An die Gurgel der Erde,
Ihr Finger des Proletariats!

In der Vergewaltigung der Erde waren sich der Bolschewismus und Hitlers nationaler Sozialismus einig. Zwar gab es prominente Juden unter den Bolschewisten, der östliche Sozialismus selbst aber war niemals das, was Hitler ihm andichtete: jüdisch. Er war im Gegenteil auf seine Weise so hegelianisch wie Hitler selbst auf eine andere. Auch in ihm sollte die jüdische Identität im Idealismus der Klassenlosigkeit «aufgehoben» werden. Heine hatte als Frühwarnsystem noch genug Judentum in sich, die Eier unter der Bruthenne Hegel als «fatale» auszumachen.

Der zu Gott bekehrte Heine ließ das Problem seiner «Person»

am Ende offen. «Christliche Zudringlichkeit» wollte den Getauften zu sich bekehrt sehen. Doch dann müßte, so Ferdinand Schlingensiepen, «die Gestalt Jesu in diesen Texten eine Rolle spielen. Sie tut es nicht.» [42] Wozu Heine sich ausdrücklich bekehrt, ist die Bibel – und ist Moses: «Welche Riesengestalt [...] Wie klein erscheint der Sinai, wenn der Moses darauf steht [...] dessen Haupt in den Himmel hineinragt, wo er mit Gott spricht. – Gott verzeih mir die Sünde, manchmal wollte es mich bedünken, als sei dieser mosaische Gott nur der zurückgestrahlte Lichtglanz des Moses selbst.» Doch weiß der Heine der «Geständnisse», was er dem «unbildlichen» Gott schuldig ist: «Es wäre eine große Sünde, es wäre Anthropomorphismus.» In diese große Sünde aber fiel das Christentum, als es der Idee der Inkarnation Gottes im Menschen und nur im Menschen erlag.

Dem Essay «Zur Geschichte der Religion und Philosophie in Deutschland» hätte Heine auch die Überschrift «Von Luther zu Hegel» geben können. Was er dem Reformator hoch anrechnet, ist dessen ketzerische Kehrtwendung von Septuaginta und Vulgata weg zur hebräischen Bibel und Sprache. Das geht nicht ohne die skandalöse Kontaktaufnahme mit den Mördern Gottes, «den Juden», von deren Zustand Heine diese Beschreibung gibt: «Wie ein Gespenst, das seinen Schatz bewacht, der ihm einst im Leben anvertraut worden, so saß dieses gemordete Volk, dieses Volks-Gespenst, in seinen dunklen Gettos und bewahrte dort die hebräische Bibel, und in diese verrufenen Schlupfwinkel sah man die deutschen Gelehrten heimlich hineinsteigen, um den Schatz zu heben.» Als die Kurie merkt, wie diese Aktion die römischen Fälschungen der Bibel ans Licht bringt, befiehlt sie, «den Juden» ihre hebräischen Bücher zu verbrennen. Doch zu spät. Der verfälschte und verdrängte Urgrund der eigenen Herkunft läßt sich nicht länger indizieren. Einen historischen Augenblick lang wird, so Heine, die christliche Religion «wieder eine Wahrheit». Was zählt, ist nicht länger nur das Glaubensdiktat, sondern die vergleichende Textkritik. Heine zitiert Luther, wie er vor dem Reichstag zu Worms die Autorität des Papstes mit dem Argument leugnet: «daß man seine

Lehre durch die Aussprüche der Bibel selbst oder durch vernünftige Gründe widerlegen müsse!» Was Heine an Luther und dem Protestantismus schätzt, ist ihre den Geist befreiende Tendenz: Die Kirche «zerfällt in religiöse Demokratien»; es erheben sich wieder «judäisch-deistische Elemente», denn es wird erstens «Gott selbst wieder ein himmlischer Hagestolz ohne Familie», zweitens «die Legitimität seines Sohnes» bestritten, und drittens verliert die Mutter Gottes «all ihre Ansprüche an die himmlische Krone, und es wird ihr untersagt, Wunder zu tun.» – Es sei daran erinnert, daß in Heines «Wallfahrt nach Kevelaer» Maria die tödlichen Liebesschmerzen des jungen Mannes nicht heilen kann.

Dieser extreme Protestantismus bricht zwar aus der mitleidstheologischen Triade Mutter – Sohn – Juden die beiden entscheidenden Eckpunkte heraus und legt, wenigstens theologisch, den schlimmsten antijüdischen Sumpf trocken. Aber Heine hatte ja die Folgen der Reformation bis hin zu Hegel vor Augen, um zu erkennen, daß im Neuen Testament «eine gewisse Doppelsinnigkeit» (Ludwig Börne) vorgegeben war, die jeder Festlegung entzogen blieb. Dementsprechend zwiespältig fällt Heines Lutherbild aus, ungeachtet dessen, daß er «für unseren großen Meister Martin» den «größten Respekt» hegt:

«Luther glaubte nicht mehr an katholische Wunder, aber er glaubte noch an Teufelswesen. Seine ‹Tischreden› sind voll kurioser Geschichten von Satanskünsten, Kobolden und Hexen.» Von seinen Ermittlungen her weiß Heine um die Gleichsetzung von Juden = Satanskünstler und Hexen. Wie ist Luther in diesem neuralgischen Punkt einzuschätzen? Heine hört ihn mit zwei Zungen zugleich reden: «Er war ein kompletter Mensch, ich möchte sagen: ein absoluter Mensch, in welchem Geist und Materie nicht getrennt sind. Ihn einen Spiritualisten nennen, wäre daher ebenso irrig, als nennte man ihn einen Sensualisten. Wie soll ich sagen, er hatte etwas Ursprüngliches, Unbegreifliches, Mirakulöses […] etwas Schauerlich-Naives, etwas Tölpelhaft-Kluges, etwas Erhaben-Borniertes, etwas Unbezwingbar-Dämonisches.» Was Heine hier zu umschreiben sucht, ist in jedem Fall etwas unberechenbar

Triebhaftes in Luther selbst, das er als Dualist auf Satan und Hexen, d. h. die Natur (!) projiziert und aus dem Geist des Evangeliums unnachsichtig bekämpft. Da hat der Katholizismus dem Reformator etwas vorausgehabt. Heine geht mit viel Witzarbeit an den Vergleich. Luther hat nicht begriffen, «daß der Katholizismus ein Konkordat war zwischen Gott und Teufel, d. h. zwischen dem Geist und der Materie, wodurch die Alleinherrschaft des Geistes in der Theorie ausgesprochen wird, aber die Materie in den Stand gesetzt wird, alle ihre annullierten Rechte in der Praxis auszuüben. Daher ein kluges System von Zugeständnissen, welches die Kirche zum Besten der Sinnlichkeit gemacht hat [...] Du darfst den zärtlichen Neigungen des Herzens Gehör geben und ein schönes Mädchen umarmen, aber du mußt eingestehen, daß es eine schändliche Sünde war.»

Heine treibt den Witz so weit, in Luthers Reformation insofern einen Rückschritt zu sehen, als sie den Ablaßhandel bekämpfte. Denn dank seiner habe «die Sünde» ganz eigentlich das Geld hergegeben zum Bau der Peterskirche in Rom, «die dadurch gleichsam ein Monument sinnlicher Lust» geworden sei und erbaut nicht durch den Geist, sondern «durch den Teufel». Von diesem Teufel selbst geritten, kommt Heine zu dem Schluß: «Diesen Triumph des Spiritualismus, daß der Sensualismus selber ihm seinen schönsten Tempel bauen mußte, daß man eben für die Menge Zugeständnisse, die man dem Fleische machte, die Mittel erwarb, den Geist zu verherrlichen, dieses begriff man nicht im deutschen Norden.»

Heine erkennt, daß sich der alte Dualismus von Geist und Natur, Spiritualismus und Sensualismus in Luther nicht aufhebt, sondern verschärft. Die so hoffnungsvoll sich anlassende Befreiung der Deutschen zum «Wort» schlägt um in einen «starren Wortsinn» von den Kanzeln des Nordens herab, der für Heine nun ebenso «tyrannisch» herrscht wie der Papst zuvor in Rom. Luther stellt nicht nur die Weichen zum naturentwertenden Geist des Deutschen Idealismus, sondern tradiert als dessen Unbewußtes zugleich jenen «düsteren Wahn der Mönche», der sich im Sensualismus seiner «Tischreden» in Richtung Juden mit jener «göttlichen Brutalität» zu erkennen gibt, die für Heine etwas ebenso «Schauerlich-Naives» wie «Unbezwingbar-Dämonisches» zum Ausdruck bringt:

> «Daß Judas sich erhängt und der Bauch ihm aufgeberstet und sein Eingeweide ihm heraußen fällt, das ist ein Exempel und Bild, wie alle diejenigen umkommen sollen, die da Christum verfolgen und seine Christen umbringen. [...] Der Bauch bedeutet das ganze jüdische Reich, das soll also hinweg fallen und zu Boden gehen, daß nichts davon über bleibe. Item daß das Eingeweide ausgeschüttet sey, darmit ist angezeigt worden, daß auch der Juden Kinder und ihre Abkömmlinge, ja das ganze jüdische Geschlecht verderben und untergehen sollte.» [43]

In eß- und trinklustiger Losgelassenheit rückt der Reformator das jüdische Reich in die Analphase der Weltgeschichte. Christus, der Herr, hat Judas zum Exempel gemacht, wie Israel verderben und untergehen sollte. Nicht Luther aber ist es, der, wie Gilman meint, die Verbindung von Defäkation und Judentum zum Ersteinsatz bringt.[44] Er gibt nur eine originelle Variation der «Judensau» zum besten, die selbst uralte mönchische Tradition war. Schon im Kapitellfries des Magdeburger Doms (1270), im Chorgestühl des Kölner Doms (1322), am südlichen Strebepfeiler des Doms zu Regensburg oder am Chor der Stadtkirche von Wittenberg (1305), um nur einige zu nennen, tritt Israel ins Bild als defäkierendes und säugendes Ferkel, als die vollgefressene Mutter der Juden. Juden saugen, unter ihr sitzend oder liegend, an ihren Zitzen oder ernähren sich am Anal-Vaginalbereich.

Am alten Brückentor zu Frankfurt am Main war die Judensau lange Zeit eine touristische Attraktion. Das (1801 zerstörte) Wandgemälde (Fresco), das auch in Flugblättern und anderen Bild(text)medien vermarktet wurde, zeigt die immer wieder typische Gruppierung: verkehrt herum (pervers) reitend auf der Sau der Rabbi, unter dem Bauch an den Zitzen wonnesaugend junge Juden, am After-Vaginalbereich saugend ein weiterer Jude. Hinter der Sau der Teufel selbst und die Jüdin, reitend auf einem Ziegenbock, dem Symbol des Teufels. Der mit dieser Gruppierung verbundene verstümmelte Leichnam des kleinen Simon von Trient soll den Eindruck verstärken, «die Juden» seien abartige Wesen, die den vernunftlosen Tieren und dem Teufel näher stünden als Christenmenschen. Ja, ihre der Koprophagie und Skatologie zugeordnete Obszönität soll Zweifel aufkommen lassen, ob sie überhaupt Menschen sind. Auf einigen Druckmedien der Frankfurter Judensau hat der Teufel nicht nur eine jüdische Physiognomie, er trägt auch den Judenring. Der den Bildsequenzen zugeordnete Text gipfelt in dem geflügelten Wort:

> Saug du die Milch, friß du den Dreck,
> Das ist doch euer best Geschleck.

Hier das Milch-und-Dreck-Angebot der Juden(mutter)sau, dort die Liebfrauenmilch der Mutter Maria und das erlösende Blut des Sohnes. Daß die gruppensexuellen Arrangements der Judensauphantasien in den Phantasmen des Marquis de Sade wiederkehren, sei hier noch einmal am Rande vermerkt. Im Laufe der Neuzeit verselbständigt sich die motivliche Verknüpfung von Judensau und Ritualmord an Kindern zwar mehr und mehr zu einem Volksantisemitismus, seinen Ursprung aber hat die Gleichsetzung von Schwein und Judentum in den Phantasien der Kirchenväter und der Mitleidstheologie. Weil «die Juden» die Wahrheit des christlichen Glaubens nicht einsehen und ihnen daher die Vernunft des denkenden Christenmenschen fehlt, sind sie sowohl geistig (stultitia) als auch leiblich (perversitas) in den oral- und analerotischen Phasen tierhafter Naturen steckengeblieben.[45]

Daß den historisch informierten Heine angesichts dieser Unzucht «das himmlische Heimweh» überfällt und man den Ton der Genugtuung nur zu gut heraushört, wenn er bekennt: «Ja, ich bin zurückgekehrt zu Gott, wie der verlorene Sohn, nachdem ich lange Zeit bei den Hegelianern die Schweine gehütet», ist nur zu beherzigenswert, weil es zugleich besagt: In der Religions- und Philosophiegeschichte der Deutschen hat sich von Luther bis Hegel in der Sache Judentum nichts, aber auch gar nichts verändert.

Im Gegenteil. Zwar läßt der Hegelsche Diskurs nicht mehr so direkt wie Luther die Sau raus, aber an der «tierhaften Natur» des jüdischen Volks hält der aufgeklärte Dialektiker ebenso unfehlbar fest wie an des Reformators fort-orakelndem Geist, daß das jüdische Volk untergeht, falls es sich der abendländischen Schönheit nicht anheimgibt.

Heines Ballade «Disputation» aus den Hebräischen Liedern thematisiert die im Mittelalter noch üblichen Streitgespräche zwischen Kapuzinern und Rabbinern um die Frage, wessen Gott der «wahre Gott» sei. Der Text nimmt den Leser mit auf die Gratwanderung des Marranen zwischen den beiden verfeindeten Welten. Es sind nicht nur Sabbat und Sonntag an einem Platz, wir blicken auch vom Sabbat auf den Sonntag und vom Sonntag auf den Sabbat. Der Mönch argumentiert nicht, er glaubt; und was er glaubt, gießt er in Kübeln über den Rabbiner aus:

> Judenvolk, du bist ein Aas,
> Worin hausen die Dämonen;
> Eure Leiber sind Kasernen
> Für des Teufels Legionen [...]

> Judenvolk, ihr seid Hyänen,
> Wölfe, Schakale, die in Gräbern
> Wühlen, um der Toten Leichnam
> Blutfraßgierig aufzustöbern.

> Juden, Juden, ihr seid Säue,
> Paviane, Nashorntiere,
> Die man nannt Rhinozerosse,
> Krokodile und Vampire.

Auf diesen «Mistkarren voll Schimpfwörtern» reagiert der Rabbi nicht mit gleicher Münze, sondern er kämpft mit Argumenten, lockt dann aber auch mit dem Sensualismus jüdischer Feste:

> Also lockend sprach der Rabbi,
> Lockend, ködernd, heimlich schmunzelnd.
> Und die Juden schwangen schon
> Ihre Messer wonnegrunzelnd,

Um als Sieger zu skalpieren
Die verfallenen Vorhäute,
Wahre spolia opima
In dem wunderbaren Streite.

Doch hält der Mönch in seiner Gegenrede glaubensstark und unbeirrt an der Gleichsetzung von Judentum und Koprophilie fest:

Nach dem Juden sprach aufs neue
Der katholische Bekehrer;
Wieder schimpft er, jedes Wort
Ist ein Nachttopf, und kein leerer.

An die Stelle der historisch überlieferten Disputationen, die immer so inszeniert wurden, daß die Rabbiner am Ende unterliegen mußten, setzt Heines Witzbildung einen offenen Ausgang. Die Entscheidung, wer gewonnen habe, darf die «schöne Königin» fällen, aus der Heine eine kindlich heiter kichernde Pariserin macht. Ihr Urteil ist ebenso naiv wie subversiv:

Welcher recht hat, weiß ich nicht –
Doch es will mich schier bedünken,
Daß der Rabbi und der Mönch,
Daß sie alle beide stinken.

Daß der Rabbi stinkt, steht außer Frage. Doch ist der Mitgestank seines christlichen Gegenübers davon nicht länger ablösbar, funktioniert doch sein Abwehrmechanismus so, daß er sich in den eigenen Sauereien wälzen und mit ihnen um sich werfen muß. Mit den «wonnegrunzelnden» Juden geht Heine vordergründig auf die buchstäblich saudummen Vorurteile seiner nichtjüdischen Leser ein, in Wahrheit untergräbt er sie, endgültig in der Schlußpointe der Disputation.

Wenn Nietzsche nicht anders konnte, als tief bewundernd festzustellen, Heine habe «die Potenz der europäischen Kultur wirklich überboten», dann ist abschließend zu fragen, woher er die Kraft dazu nahm und den Mut, sein Plädoyer in der Sache des «tausendjährigen Schmerzes» seines Volks nicht mit Wut, sondern

Witz zu halten. Heine verrät sein Geheimnis am gründlichsten in Caput I von «Deutschland – Ein Wintermärchen»:

> Seit ich auf deutsche Erde trat,
> Durchströmen mich Zauberkräfte –
> Der Riese hat wieder die Mutter berührt,
> Und es wuchsen ihm neu die Kräfte.

Auf den ersten Blick sieht es so aus, als bediene Heine heiligste Nationalgefühle, wenn er die «deutsche Erde» zum Urgrund seiner poetischen Kräfte erklärt. Doch der Riese, der wieder die Mutter berührt, ist Antaios, der Sohn nicht nur der deutschen, sondern der ganzen Erde. So wie für das hebräische Denken die Wahrheit aus der Erde steigt, erlebt Heine den Leib als Mittler ihres Geistes. Nicht der Weltgeist, sondern der «Erdgeist» (Spinozas in Goethes Faust) ist es, dessen Kräfte ihn durchströmen. «Wir Vollgesogenen der Erde», bringt Kafka sein Volk auf die kürzeste Formel. Heine weiß wie Spinoza diese Kräfte ebenso unter den Schutz des GESETZES gestellt wie im Abendland verraten an «bleichsüchtige Ideale» (Nietzsche). Es ist der vom Erdgeist berührte und beflügelte Leib, aus dem Heines Witz vor allem seine Kraft schöpft. Freud nennt den Ort dieser Kraft das Unbewußte. Auch er sieht wie Heine die christlich-idealistische Indienstnahme dieser Kraft und, daß es der Witz- und Traumarbeit und ihrer Analyse bedürfe, sie zu befreien. Nirgendwo dringt das Leidensgedächtnis Heines auf seiner Winterreise durch Deutschland tiefer ins Unbewußte ein als während seines mehrtägigen Aufenthalts in Köln. Fast ein Viertel der Dichtung (Caput IV – VII) ist der Metropole des germanischen Katholizismus eingeräumt und der hier immer besonders intensiven Verfolgung seines Volks seit den Kreuzzügen:

> Die Flamme der Scheiterhaufen hat hier
> Bücher und Menschen verschlungen;
> Die Glocken wurden geläutet dabei
> Und Kyrie Eleison gesungen.
>
> Dummheit und Bosheit buhlten hier
> Gleich Hunden auf freier Gasse;

Die Enkelbrut erkennt man noch heut
An ihrem Glaubenshasse.

Die Enkelbrut sieht Heine eifrig dabei, der Restauration des
abendländischen Geistes mit der Vollendung des Doms das gewal-
tigste Denkmal zu setzen. Es symbolisiert die wieder sich heraus-
bildende Allianz von Thron und Altar, die, zunächst preußisch,
dann reichsdeutsch, nicht zuletzt dazu beitrug, daß sie den Widerstand der Kirchen gegen Hitler lähmte. Der Alp des Orts liegt
ungleich erdrückender und zugleich aufwühlender auf Heine als
anderswo. Deshalb stellt sich nach langer Zeit der unheimliche
Gast mit dem «Richterbeil» plötzlich wieder hinter ihm ein und
folgt ihm nach als sein «Schatten» durch die Straßen Kölns. Dieser Liktor mit dem Beil steht für die explosive Gewalt der gerade
hier so übermächtig sich regenden «Weltgefühle» und «Geistes-
blitze», von denen der Künstler in Heine fürchtet, daß sein Witz
sie nicht mehr zu bändigen vermöchte und die angestaute Wut mit
ihm durchginge:

> Ich bin dein Liktor, und ich geh
> Beständig mit dem blanken
> Richterbeile hinter dir – ich bin
> Die Tat von deinen Gedanken.

«Der Gedanke geht der Tat voraus» heißt es im Essay von den
deutschen Gedankenmännern. Heines Gedankenliktor reagiert
auf den tatzeugenden Gedanken. Seine Tat wäre auch die angemessene Reaktion. Doch wagt Heine davon nur zu träumen. Entsprechend geht die nächtliche Traumreise durch das menschen-
leere Köln. Hinter ihm sein Schatten. Heines Herz in der Brust
aber ist «klaffend aufgeschnitten» und blutet. Mit diesem Blut be-
streicht seine Hand die Türpfosten, und jedesmal bedeutet das
Zeichen für die ahnungslosen Bewohner dahinter den Tod. Der
abendländischen Zeitachse entgegen wird in diesem Augenblick
ein 3000 Jahre zurückliegendes Ereignis aufgerollt und gegenwärtig: die Befreiung seines Volks unter Moses aus ägyptischer Sklaverei (2 Mose 12,13). Damals rettete das Blutzeichen an den Türen

Leben. Dazwischen aber liegt die Zeitwende. Und entsprechend wandelt die Traumarbeit den Juden umgekehrt in den blutenden Christus, dessen Blut auch in Köln real immer nur aus den Wunden seines Volks floß. – Und so blieb es auch, denn nach einer Phase der Latenz bestrichen die Todesengel der Nazis die Wohnstätten (auch) der Kölner Juden mit ihren Zeichen.

Heines Traum endet «im Dom», wo die Heiligen Drei Könige plötzlich aus den Gräbern aufsteigen und einer sich herausnimmt, Heines «Respekt» einzufordern. In diesem Augenblick verliert der Zensor die Macht über das Unbewußte, genauer gesagt, den Gedankenliktor darin, so daß dieser «ohne Erbarmen» die «Skelette des Aberglaubens» mit dem Beil zerschmettert. Doch sofort kehrt sich im Träumenden die Kausalitätskette vom Gedanken zur Tat wieder um und trifft allein ihn selbst, entsprechend der Wirklichkeit «der Juden» im Abendland:

> Es dröhnte der Hiebe Widerhall
> Aus allen Gewölben entsetzlich, –
> Blutströme schossen aus meiner Brust,
> Und ich erwachte plötzlich.

Die am abendländischen Medienverbund orientierte Traumdeutung hat es hier nicht schwer, wenn sie aus der «Herzenswunde» Christi die Blutströme des Juden Heine schießen sieht, getroffen vom eigenen Richtbeil, das in der Unrechtswelt des Christentums nur als Bumerang funktionierte. Und immer noch sind im Deutschland des Wintermärchens die Spätfolgen des alten «Glaubenshasses» so stark, daß die Zensur da, wo sie Heines Witz zu Leibe rückt, in ihm die alten Verfolgungsbilder auslöst. Fast am Ende der Winterreise, in Hammonias «wild ekstatischem» Schlußgesang, verknüpft Heines Leidensgedächtnis die Waffe des Zensors, die Schere, mit der Ritualmord-Pornographie:

> Die Schere klirrt in seiner Hand,
> Es rückt der wilde Geselle
> Dir auf den Leib – Er schneidet ins Fleisch –
> Es war die beste Stelle.

Daß der Zensor hier dem Juden Heine anders auf den Leib rückt als Nichtjuden, nämlich kastrierend, ist auch der Heineforschung nicht entgangen. Ungesehen aber ist bis heute, daß der Künstler Heine die Zensur als Ritualmord erlebt an seinem Textkörper als dem Ausdruck aller Ereignisse, die sich in den jüdischen Leib eingeschrieben hatten. Deshalb kann sich Heine, wie er in den « Geständnissen» schreibt, so gut einfühlen in Onkel Tom, seinen «schwarzen Betbruder», der die Bibel deshalb vielleicht besser als er verstanden hatte, «weil mehr Prügel darin vorkommen, nämlich jene unaufhörlichen Peitschenhiebe, die mich manchmal bei der Lektüre der Evangelien und der Apostelgeschichte sehr unästhetisch anwiderten. So ein armer Negersklave liest zugleich mit dem Rücken und begreift daher viel besser als wir.» Besser als wir schon, nicht aber besser als Heines Großvater, der, weil er noch «ein armer Jude war», das Evangelium ebenfalls besser begriffen hatte, mußte er es doch so wie Onkel Tom immer wieder (zumindest) «mit dem Rücken» lesen.

In Hamburg läßt der Winterreisende sich mit Hammonia ein, der Göttin der Stadt und Tochter Karls des Großen, des Gründungsvaters des christlichen Abendlandes. Die Dame öffnet Heine nicht nur ihren Schoß, er darf bei ihr sogar den Kopf in die «furchtbare Ründung» ihres Kackstuhls stecken, das Delphische Orakel des Nordens, daß es ihm den «deutschen Zukunftsduft» voraussage. Allzu offensichtlich dreht Heines Witzbildung an der Inversion des Judentums zur Judensau so lange, bis diese sich in der Hure Hammonia berichtigt. Sich auf sie einlassen heißt, sich zugleich auf die Art ihrer Unzucht einlassen und auf die deutsche Scheiße, die immer nur nach «den Juden» roch und riechen durfte. Alles bestialisch Perverse und Exkrementelle, das man ihnen von den Kreuzzügen über Luther bis hin zu den Hegelianern andichtete, gärt futurologisch drohend weiter im Seelenkübel des deutschen Staatenbundes. Verfolgten den Winterreisenden in Köln die «Phantasmen» des Messer-Dolch-Schwert-Lanzen-Juden, so verfolgen ihn hier in Hamburg die «Miasmen» des *foetor judaicus*, von deren Virulenz sich der Deutsche Geist bis zur Shoah bedroht fühlte. Heines Witz kam dagegen nicht an. Denn aus ihm herausgehört und gerochen wurde, zuletzt von den Nazis, nur der «Schmutzfink» im deutschen Dichterwald. Soviel eigenen Gestank wenigstens zu riechen, wie Heine nahelegte, war nicht zu erwarten. Lieber vernichtete man 1933 zuerst sein Werk, später Millionen seines Volks.

Es ist schon von Bedeutung, daß das Wintermärchen mit Dantes Inferno endet. Wir müssen Heine allerdings aus der Sicht seines Volks bis in den tiefsten Kreis der Hölle folgen, den «Judaskreis», wo Satan das Kollektivsubjekt Judas = Juden in ewiger Verspeisung zwischen den malmenden Zähnen seiner drei Köpfe hält aus Rache für die dreifache Verwerfung der Dreifaltigkeit Gottes durch das Judentum. Heine sieht die Triade Mutter – Sohn – Juden unterirdisch weitermalmen. Hammonias tief betrunkenem Rat, die «dunkle Zukunft zu vergessen», kann nicht entsprochen werden, denn Heine weiß um Höllen, «aus deren Haft unmöglich / Jede Befreiung».

Nach alldem mag auch die «existentielle Abfuhr» (Adorno) differenzierter beurteilt werden, die sich der Graf von Platen bei Heine einhandelte. Als Platen ihn öffentlich in Wort und Werk als einen stinkenden, aus der Literatur auszuschließenden Juden vorführt, reagiert Heine in den «Bädern von Lucca» mit einem satirischen Gegenangriff, in dem er den homosexuellen Grund seiner Dichtung analytisch (allzu?) ausführlich offenlegt. Damit löst er nicht nur in den Medien Münchens damals die hellste und nicht selten heuchlerischste Empörung aus. Empört über dieses «outing» ist man/frau selbst noch heute, und das hätte auch alles seine Ordnung, wäre Heine Christ gewesen und nicht Jude oder hätte man ihn wenigstens als getauften Juden akzeptiert. Wie sehr man/frau das immer wieder vergißt, wird manifest in der abwehrenden Frage, warum Heines entblößende Satire so unnachsichtig eingedrungen sei bis in den Kern des Körpers: Platens sexuelle Devianz. In der Tat ist Heine nicht zimperlich gegen den «Schönheitsfreund» von «süßen Knaben» mit dem «einsaitigen Talent» seiner Poesie des «Sitzfleisches», die Steiß oben, Kopf im Sand wie der Vogel

Strauß operiere oder den «Seiltänzer» mime «auf schlaffen Ghaselen». Es werde dem armen Grafen am Ende mit seiner Kunst ergehen wie dem buhlerischen König Rodrigo, dem im Schlangenturm abgefressen worden sei, womit am meisten er gesündigt.

Das ist formal ebenso witzig wie dennoch kaum zum Lachen. Heine weiß das und sagt es am Ende des letzten Kapitels ausdrücklich selbst. Schon Freud setzt sich in seiner Schrift über den Witz eingehend mit Heines «Wespennest der stacheligsten Anspielungen» gegen Platen auseinander, präludiert durch die Mischwortbildungen des Hirsch-Hyazinth gegen den Platen lesenden Markese wie: «Sie sind ganz mein Antipodex» oder «Ich bin ein Praktikus und Sie sind ein Diarrhetikus.» Insbesondere an diesen Mischwörtern wird deutlich, daß es nicht die Homosexualität Platens als solche ist, die Heines Spott herausfordert, sondern ein massiver antisemitischer Komplex, in dem sie lediglich als ein Eckpunkt aktiv wird. Denn Platen läßt seine Zoten nicht isoliert gehen Heine los, sondern unter dem demonstrativen «Einfluß seiner adeligen und geistlichen Hintersassen» in München. Konkret gesprochen handelte es sich um eine regelrechte Anti-Heine-Verschwörung, zu der insbesondere Jakob Josef von Görres, Freiherr von Maßmann und der Maler Peter Cornelius zählten, ausgesprochen antisemitische Kampfchristen, die sich in der Restauration des Mittelalters ebenso einig waren wie in der Notwendigkeit der Inquisition.

Im August 1828 startet Görres in seiner Zeitschrift «Eos» eine üble Pressekampagne gegen Heine, die nebenbei zum Hintergrund hat, daß statt seiner der Turnvater-Jahn-Freund Maßmann die Professur für Literatur an der Universität München erhält.[46] Platen ist mit von der Partie. Seinen poetischen Beitrag sieht er (aus Heines Sicht) darin, die «fromme Wut» dieser «heiligen Männer» auf Kosten des Stinkjuden Heine zum Lachen zu bringen. Das ist es, was Heine aufbringt. Und deshalb schaltet er sich in diesen Zotenverkehr ein, dergestalt, daß er den Eckpunkt Heine gegen Platen austauscht, den «frechen Freudenjungen der Aristokraten und Pfaffen», wie er am 3. Januar 1830 an Varnhagen von Ense schreibt. Er ist sich völlig im klaren, daß ihm all das «unsäglich ge-schadet» hat, wie er Varnhagen einen Monat später verrät. Aber er habe ein «Exempel statuieren» müssen, denn die Angriffe auf ihn seien «System» gewesen. Deshalb habe er «so scharf als möglich» zurückgeschlagen. Heine agiert hier nicht, er reagiert. Nicht die homoerotische Abweichung des Grafen ist es, die an das Verwund-barste in Heine rührt, sondern das Lachen der Münchner Schicke-ria über den stinkenden Frechdachs Heine, den aus der abendlän-dischen Unterwelt hergelaufenen Freudenjungen des Teufels, der in Platen und seinen Hintersassen tief Verdrängtes an die Oberflä-che hebt. Die Metaphorik der Satire Heines paßt wie der Nach-schlüssel zum Wachsabdruck all der perversen Phantasmen der christlichen «Diarrhetiker», denen das Volk der Juden wehrlos ausgesetzt war. Durch Platens entblößten Körper hindurch leuch-tet die Entblößung des jüdischen Körpers an seinen empfindlich-sten Stellen auf. Das den «Bädern von Lucca» vorangestellte Motto «Ich bin wie Weib dem Manne» hat zum «Antipodex» die Effiminierung des Judentums zu Synagoga, Hexe, Hure, seine oral- und analerotische Inversion zur Judensau und sein sadistisches Vergehen gegen «süße» Christenknaben. Heines Witz agiert auch hier so wie im Wintermärchen doppelbödig. Ihm unterlegt sind die aus der «Passionsblume» geborenen Ritualmordphantasien, also das, was bei Freud als Kastrationskomplex wiederkehrt.

In Heine und Platen stehen sich nicht einfach Hetero und Homo feindlich gegenüber, sondern der antisemitische Homo und der zur Sau gemachte Jude. In dieser spätchristlichen Netzwerkgesell-schaft ist die Rückseite des göttlichen Supersignifikanten, der Teu-fel, als der unsichtbare Dritte immer dabei. Sehr oft anwesend ist dieser unsichtbare Dritte auch da, wo Heine in Beziehung zu Frauen tritt. In der Regel sind es Christinnen. So fragt es sich, ob Heine ein «Chauvi» ist und sich einen «dreckigen» Antifrauen-witz leistet, als er z. B. folgendes in Verse setzt:

Blamier mich nicht, mein schönes Kind
Und grüß mich nicht unter den Linden;

Wenn wir nachher zu Hause sind,
Wird sich schon alles finden.

Daß es sich bei dem schönen Kind um eine Hure handelt, ist nicht zu übersehen. Es gehörte aber doch zu den Grundregeln ihres Gewerbes, daß sie ihre Kavaliere in der Öffentlichkeit selbstverständlich übersah. Wenn diese Hure Heine gegenüber die Regel bricht, so muß man fragen, ob sie sie für Juden nicht gelten läßt oder ob sie gar so weit geht, daß man Juden so wie Huren nicht blamieren könne. Es ist auch noch ein Drittes denkbar: Heine sympathisiert mit dem vergleichbaren Schicksal des schönen Kindes, und das «Blamier mich nicht» ist begleitet von einem ironischen Augenzwinkern. Etwas ähnlich Hintergründiges mag sich in dem Gedicht «Pomare» abspielen, in dem Briegleb das Trinitätsdogma aufgesprengt sieht.[47]

Fassen wir zusammen: Wenn Heine von sich sagt: «meine Brust ist ein Archiv deutschen Gefühls», dann ist das ein Hinweis darauf, daß die Offenlegung des Archivierten in der Traum- und Witzarbeit seines Werks und Lebens nicht der Ausdruck individueller Gedächtnisbildung ist, sondern des kollektiven oder kulturellen Gedächtnisses. Ursprünglich durch Kommunikation geschaffen, hat das kulturelle Gedächtnis, so Niklas Luhmann, sein Besonderes darin, daß es unpersönlich oder außerpersönlich operiert.[48] Mit der Außerkraftsetzung der Personalität aber wird Heine auf seinen Reisen durch das abendländische Netzwerk immer wieder konfrontiert. Ob sie Luther, Hegel, Platen oder Cornelius etc. heißen, in Richtung seines Volks sagen alle Autoren in Wort, Bild, Ton und Ritus auswechselbar immer wieder nur das gleiche. Sie alle sind in eine «Intertextualität» integriert, die sie ihre Depersonalisierung gar nicht wahrnehmen läßt. Sie ist ihnen unbewußt. Anders gesagt: Sie empfinden sie als normal. Wie Jan Assmann sagt, existiert das kulturelle Gedächtnis «in zwei Modi: einmal im Modus der Potentialität als Archiv, als Totalhorizont angesammelter Texte, Bilder, Handlungsmuster, zum zweiten im Modus der Aktualität, als der von einer jeweiligen Gegenwart aus aktualisierte und perspektivierte Bestand an objektivierbarem Sinn.»[49] Nun hatte das kulturelle Gedächtnis des Abendlandes sein Besonderes darin, daß die negative Instrumentalisierung und Traumatisierung des jüdischen Volks darin mit archiviert war. Auf diesem Weg entstand ein Archiv im Archiv, dessen Zugang und Offenlegung verdrängt und tabuisiert blieb, bis Heine mit der deutschen Sprache an den Schlüssel gelangt, es aufzuschließen. Dabei spricht er alles Jüdische in so souverän beherrschtem Deutsch aus, daß in der Aufdeckung des paradoxen Mißverhältnisses beider Kulturen das Abnorme im Normalen zutage tritt.

In Heines Werk und Leben ist ein Zweifaches geleistet: erstens die Ermittlung und Aufdeckung alles dessen, was an antijüdischer Niedertracht aus dem Karfreitagskomplex (der Passionsblume) hervorging, und zweitens die Reaktionsbildung des Dichterdenkers aus der Gegensicht des «nie abwaschbaren Juden». Indem das symbolische Universum des christlichen Sittensystems die Sexualität in all ihren Perversionen antijüdisch besetzte und multimedial unter das Volk brachte, schuf es in «den Juden» eine Phantasievorlage, die das heimliche und öffentliche Ausleben aller eigenen Sadismen und Perversionen erlaubte. Je mehr die Sexualität auf diesem zwiespältigen Wege verdrängt und verpönt wurde, desto eruptiver brach sie immer wieder in allen erdenklichen Formen des Judenhasses aus dem Unbewußten hervor und ließ all das blutige Realität werden, was dem virtuellen Juden mit der unantastbaren Autorität göttlicher Offenbarung angedichtet worden war. «Die Juden» waren schuld einfach an allem, an der Ermordung Gottes, an den heimtückischsten Verletzungen und «Vergiftungen» des Leibes Christi und an mörderischem Kindsmißbrauch. Sie waren der Infektionsherd aller Seuchen und Umweltschäden sowie aller leiblichen und geistigen Abweichungen. Das machte sie heranwachsen zu der Riesenvogelscheuche im abendländischen «Garten der Lüste» und sich auswachsen unter der Schubkraft der deutschen «Gedankenmänner» zum «plastischen Dämon des Verfalls der Menschheit in triumphierender Sicherheit», wie Richard Wagner, der «Erbe Hegels» (Nietzsche) und

Heinehasser, in «Erkenne dich selbst» (1881) so vollkommen überzeugt und überzeugend publizierte, daß Hitler in ihm die «größte Prophetengestalt» erkannte, «die das deutsche Volk besessen», zumal sie ihm die «große Lösung» der Judenfrage durch «Untergang» nahelegte.[50] Wie sich dieser wachsende antisemitische Druck in der Seele der deutschen Juden auswirkte, dokumentiert unnachahmlich schlagfertig allein der jüdischen Witz. Den folgenden aber versteht nur der in seiner ganzen Tragweite, der etwas von der jüdische Geschichte innerhalb der deutschen in sich aufgenommen hat:

> «Ein Jude stürzt auf den Bahnsteig, sieht aber nur noch die Schlußlichter des D-Zugs. Teilnahmsvoll fragt ihn der Bahnschaffner: ‹Haben Sie den Zug versäumt?› Darauf der Jude: ‹Nein, ich habe ihn – verscheucht!›»

Da bricht, mit Heine gesagt, aus dem «Archiv» des Gefühls dieses Juden eruptiv ein einziges Wort hervor: «verscheucht», das in seinem Doppelsinn auf den zum Weltdämon wahnhaft verkehrten Judenhaß reagiert. Auslöser ist die Anteilnahme des Bahnschaffners. Sie ist ein Bruch mit der Norm antisemitischer Wirklichkeit. Der Witz besteht darin, daß der Jude den Bruch korrigiert: Weißt du immer noch nicht, daß selbst eure D-Züge inzwischen vor uns Reißaus nehmen?

Es ist nicht zuletzt dieser jüdische Witz, mit dem Heine eindringt in die Triebstruktur und Gesellschaftsordnung der Deutschen, ohne dabei die westeuropäische Gesamtlage aus den Augen zu verlieren. In «Lutezia» wird er Zeuge einer großen Prozession in Südfrankreich, in der eine Gruppe von Kindern die Passion darstellt:

> «Ein kleines Bübchen, kostümiert, wie man den Heiland abzubilden pflegt, die Dornenkrone auf dem Haupt, dessen schönes Goldhaar traurig lang herabwallte, keuchte gebückt einer unter der Last eines ungeheuer großen Holzkreuzes; auf der Stirn grell gemalte Blutstropfen und Wundenmale an den Händen und nackten Füßen. Zur Seite ging ihm ein ganz schwarz gekleidetes kleines Mädchen, welches, als

schmerzensreiche Mutter, mehrere Schwerter mit vergoldeten Heften an der Brust trug und fast in Tränen zerfloß – ein Bild tiefster Betrübnis.»

Heine analysiert dann sehr eingehend und zugleich in Distanz zu sich selbst die eigenen Gefühle beim Anblick dieser kindlichen Passionsgruppe:

> «Sollte man es aber glauben, dieser Anblick erregte in der Seele des Zuschauers die ernstvoll andächtigsten Gefühle, und daß es kleine, unschuldige Kinder waren, die das größte, kolossalste Martyrtum tragierten, wirkte umso rührender! Das war kein Nachäffen im historischen Großstil, keine schiefmäulige Frommtuerei, keine Berliner Glaubenslüge: das war der naivste Ausdruck des tiefsinnigsten Gedankens, und die herablassend kindliche Form verhinderte eben, daß der Inhalt vernichtend auf unser Gemüt wirkte oder sich selbst vernichtete [...] Deshalb haben die großen Künstler sowohl in der Malerei als in der Musik die überschwenglichsten Schrecknisse der Passion mit so viel Blumen als möglich verlieblicht und den blutigen Ernst durch spielende Zärtlichkeit gemildert.»

Heine erlebt diese kindliche Passionsgruppe zwar in all ihrer betrüblichen Ambivalenz, aber wenigstens nicht «vernichtend» gegen sein Volk gerichtet wie die Passionsblume, der Karfreitagskomplex, in dem sich das «kolossalste Martyrtum» Jesu aus der Gegensicht des Juden Heine doch immer wieder nur «selbst vernichtete».

Das Ganze ist ein Dokument jener «Potenz» (Nietzsche), die in der Tat die europäische Kultur überbot. Anders gesagt: Heine praktiziert immer wieder das, was Gilles Deleuze und Felix Guattari im Begriff der «transversalen Vernunft» beschreiben. Wir sehen ihn so tief eindringen in das interparadigmatische Geflecht der kognitiven, ästhetischen und moralisch-praktischen Rationalitäten des Abendlandes, daß sie sich als Oberflächenphänomene bloßlegen und nur zu deutlich wird, wie sie ihre eigene Beschränktheit selbstvergessen ausblenden und ihre Gegner nur im Modus der Verleugnung und Entwertung («Vernichtung») wahrnehmen.[51] Wollte Freud Heines Niveau halten (und das wollte er, wie seine Schrift über den Witz zeigt), dann mußte er dessen ästhetisch-analytischen Scharfsinn in eine angemessene Privatsprache übersetzen, die möglichst zugleich die Pokerface-Kriterien des (natur)wissenschaftlichen Paradigmas erfüllte. Sicherlich lag diese Strategie nicht als Lebensplan fertig da, als er zu praktizieren begann, aber sie organisierte sich in ihm ähnlich wie in der Traum- und Witzarbeit seiner jüdischen Leidens- und Kampfgenossen und gipfelte in dem «Mann Moses».

II. Freud und der doppelt entstellte Ödipus

1. Die Verortung der perversitas in den allgemeinen Perversionen

Wenn Sander L. Gilman in Freuds Werk den Abwehrmechanismus der Reaktionsbildung gegeben sieht, dann will das, allgemein gesagt, heißen, er habe Haß durch Liebe, Grausamkeit durch Sanftmut abgewehrt. Freud selbst sah in der Reaktionsbildung ein unbewußtes Tun, das zwar dem bewußten Tun des Schmeichlers oder Heuchlers ähnlich sieht, aber nicht damit identisch ist. Die Reaktionsbildung setzt die Situation von sozial Schwachen voraus: von Kindern, Frauen – oder eben jüdischen Menschen unter Christen, die ihre wohlbegründete Aggression gegen ihre Unterdrücker nicht anders ausleben können, wenn sie überleben wollen. Sie üben sich in Verstellung.

Wie Freuds Werk ist auch das von Heine ganz offensichtlich Reaktionsbildung. Aber damit ist es nicht definiert. Denn dieser Abwehrmechanismus hat bei Heine in der Kunst des Witzes und der Traumarbeit zugleich einen Weg gefunden, sich zu bewaffnen und seine Widersacher auf höchstem Niveau zu bekämpfen. Dieser Kampf aber zielt anders als der seiner Widersacher nicht auf Vernichtung, sondern über den Brückenbau des Witzes auf gemeinsame Überwindung eines sie unbewußt gemeinsam Beherrschenden. Wieviel Aggression Heine dabei in sich selbst verdrängt halten muß, wird manifest in der Schattengestalt mit dem Richterbeil, die plötzlich im nächtlichen Köln hinter ihm auftaucht und ihn verfolgt. Die unheimliche Gestalt steht zwar als «die Tat von seinen Gedanken» immer als Teil seines psychischen Apparats unbewußt hinter ihm. Aber wieviel Gegenbesetzungsenergie es den

Künstler Heine kostet, seine Aggressionen zu kontrollieren und mit Witz statt mit der Axt reinzuschlagen, tritt gerade an den Orten seiner langen Märsche kreuz und quer durch Europa zutage, wo, wie in Trient, Bacharach/Oberwesel oder Köln etc., sein Volk besonders viel leiden und bluten mußte. An den Hieben, real geführt, würde er nur selbst verbluten. Mit Kafka gesagt, blieben auch Heine nur seine Bücher als die «Axt für das gefrorene Meer in uns». Wichtig zu sehen, daß das Maß an Gegenbesetzungsenergie in Heine seine Entsprechung hatte in der Gegenbesetzungsenergie, die das abendländische Unbewußte aufbot gegen die Verbrechen am jüdischen Volk. Noch in den Abwehrstrategien gegen die Namengebung der Düsseldorfer Universität mit Heinrich Heine verriet sie sich gründlich. Der Begriff des verdeckten Ermittlers sieht in Heine beides an einem Ort: die Reaktionsbildung und den Befreiungskrieg des Dichterdenkers. Anders gesagt: die Verstellung und die Strategie der Entstellung. Heine war im wahrsten Sinne des Wortes der erste, der den Langen Marsch durch die Institutionen des Westens antrat gegen all das, für das die 68er Söhne dann ihren Langen Marsch mit Hegel, Marx & Co. noch einmal antraten. Daß auch sie nur die Windmühlen des dialektischen Geistes besetzt hielten, gegen die die Väter schon bis Stalingrad angestürmt waren, ging ihnen erst mit dem Einsturz der Mauer auf.

Sieht man Freud in der Nachfolge Heines, dann steht er ihm in nichts nach. In der dritten seiner «Fünf Vorlesungen» zur Psychoanalyse 1909 an der Clark University in Worchester/Mass. erläutert er dem Auditorium den Zusammenhang zwischen seiner Lehre und der Technik der Witzbildung an folgender Anekdote und ihrer Auslegung:

«Zwei wenig skrupulösen Geschäftsleuten war es gelungen, sich durch eine Reihe recht gewagter Unternehmungen ein großes Vermögen zu erwerben, und nun ging ihr Bemühen dahin, sich der guten Gesellschaft aufzudrängen. Unter anderem erschien es ihnen als ein zweckmäßiges Mittel, sich von dem vornehmsten und teuersten Maler der Stadt, dessen Bilder als Ereignisse betrachtet wurden, malen zu lassen. Auf einer

Bild 1: Während die gekrönte Ecclesia das Blut Christi in einem Kelch auffängt, fällt Synagoga die Krone vom Haupt. An der Spitze ihrer mehrfach gebrochenen Lanze klebt noch das Blut des Erlösers. Der Bockskopf in ihrer Linken setzt sie abwertend in Beziehung zum heidnischen Tieropferkult. In der Gralsdichtung, insbesondere in Wagners «Parsifal», kehrt der Ecclesia-Synagoga-Gegensatz variiert wieder.
Weimarer Handschrift um 1340.

Bild 2: Synagoga fällt nicht nur die Krone vom Haupt als Zeichen, daß Gott sie verworfen hat, sie wird auch vom Teufel geritten, der ihr die Augen zuhält als Zeichen ihrer Blindheit gegenüber der Göttlichkeit Jesu. Sie ist im Original gelb gewandet, in einer Farbe, die in der christlichen Farbsymbolik zusammen mit Schwarz und Braun zu den Farben des Todes und des Bösen zählt.
Miniatur in einer Historienbibel zu Zittau, 1. Hälfte des 15. Jahrhunderts.

Bild 3: «Lebendes Kreuz» (Ausschnitt) des Thomas von Villach. Während die Kreuzbalkenhand zur Rechten Ecclesia (auf ihrem Tetramorph reitend) krönt, verliert Synagoga zur Linken,
reitend auf einem tödlich verwundeten Esel, nicht nur ihre Krone, die Kreuzeshand rennt ihr
ein Schwert durch Kopf und Brust. Ihr symbolisch zugeordnet sind Eva mit Schlange, Apfel
und Totenkopf und eine Gruppe verzweifelter Juden.
Fresko in der Dorfkirche zu Thörl, Kärnten, 1475–80.

Bild 4: Der Gegensatz Ecclesia – Synagoga ist verschoben und verdichtet zu dem Gegensatz Maria – Eva. Während Maria einer Christengruppe die Hostie des (ewigen) Lebens zuteil werden läßt, gibt Eva einer Gruppe Juden die Frucht des Todes zu essen, den Apfel der Erbsünde. Den Bösen der Tod, den Guten das Leben, ist die Botschaft des Bildes. Miniatur der Bertold Furtmeyr im Meßbuch des Erzbischofs von Salzburg, 1481.

Bild 5: Die Folterknechte, die Christus geißeln, sind sowohl durch die Spitzhüte als auch durch ihre abstoßende Physiognomie als Juden identifiziert. Die Aussage ist eindeutig: Jude = Unmensch. Miniatur aus dem Zisterzienserkloster Aldersbach bei Vilshofen. 13. Jahrhundert.

Bild 6: Während Maria und Josef entsetzt und hilflos abwehrend zusehen, nehmen drei Jüdinnen die Beschneidung des Jesuskindes vor. Ihr grimmig finsteres Aussehen verwandelt den Vorgang in ein grausames Ritual. Miniatur, entstanden in Frankreich um 1400.

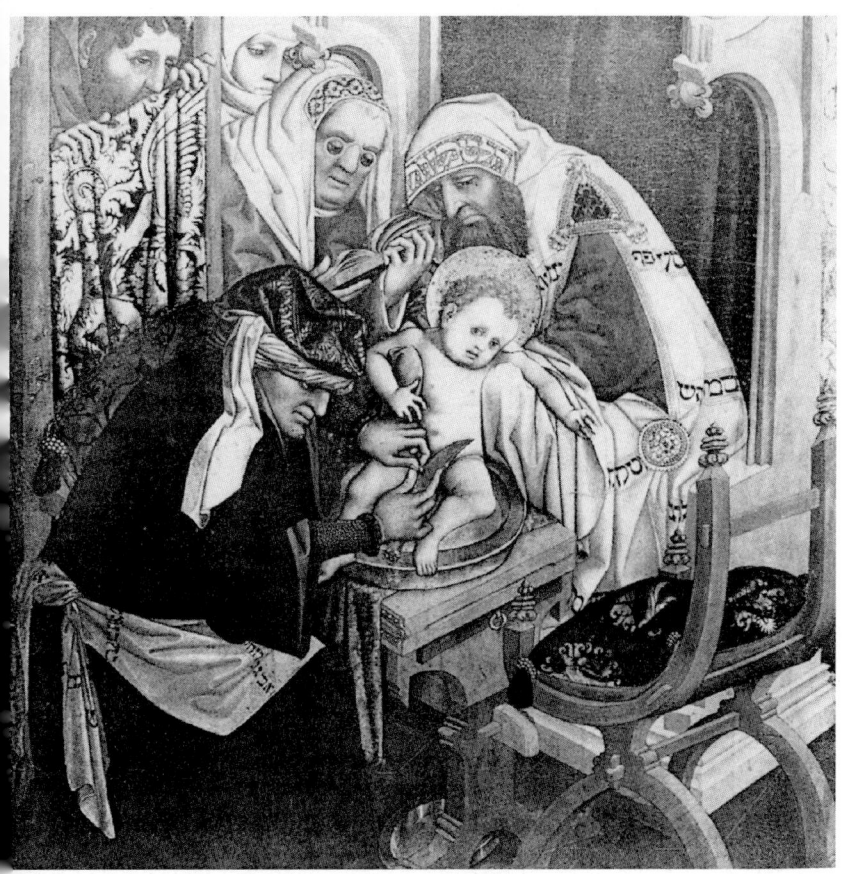

Bild 7: Die Beschneidung (Mezizah) des Jesuskindes wird nicht wie im Evangelium (Lk. 2,21) sachlich berichtet, sondern als ein sadistisches Vorspiel des Leidenswegs Christi ins Bild gesetzt. Der Beschneider (Mohel) und seine Gehilfen agieren wie Folterknechte. Gierig und unberührt von der Angst des Kindes, gehen sie zu Werk. Das übergroße Messer zusammen mit der hebräischen Schrift auf dem Talit sind gezielte Denunziationen. Altarbild aus der Liebfrauenkirche zu Nürnberg, 1450.

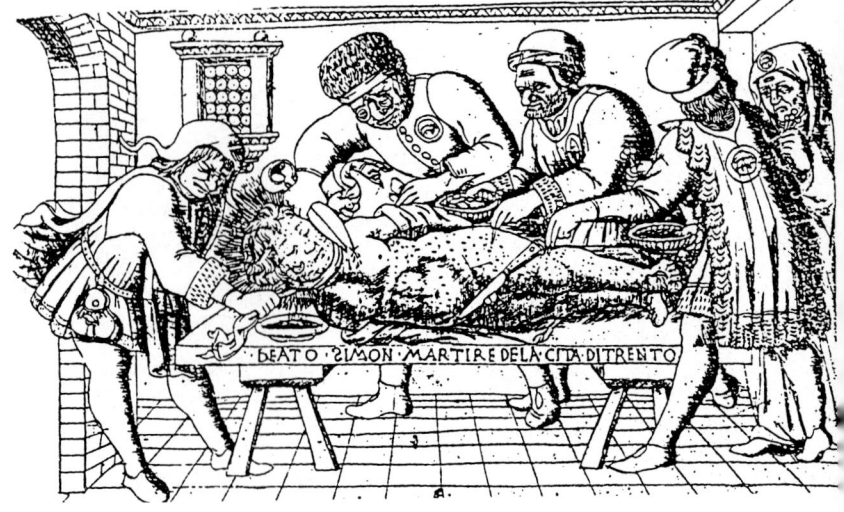

Bild 8: Ritualmord an Simon von Trient. Die Mörder kennzeichnet ein Judenring, der hier das Bild eines Schweins umschließt, um die Verknüpfung zum Perversionssymbol der Judensau herzustellen. Der nackte Leib des Kindes, der bereits die Blutwunden unzähliger Nadelstiche trägt, wird von einem der Folterer geschächtet, während ein anderer ihn kastriert. Stich um 1480.

BEATO SIMON MARTIRE DELA CITA DITRENTO

Bild 9: Aus einer der vielen Bildgeschichten der Passion des Simon von Trient: Die Ritualmörder werden auf dem Weg zur Richtstätte des Räderns mit glühenden Zangen gequält. Trient 1476.

Bild 10: Hier eine der überall vermarkteten Kopien der Frankfurter Judensau, einem Fresko am Alten Brückentor, das zwischen 1475 und 1801 eine touristische Attraktion darstellte. Die Bildbotschaft verknüpft die oralen und analen Perversionen «der Juden» mit dem Sadismus des Ritualmords an dem kleinen Simon. Juden sind keine Menschen, ihre Religion, symbolisiert in dem Rabbiner auf dem Schwein, ist abartig und im Bund mit dem Teufel. Desgleichen die Jüdin, reitend auf dem Bock, dem Symboltier des Triebhaft-Teuflischen, das auf die geheimen Massenorgien des Hexensabbats verweist.

Bild 11: Die «Annagelung» Christi des Johann Friedrich Overbeck von 1854 gibt «den Juden» die alleinige Schuld an der Passion Christi. Mit brutaler Entschlossenheit bestimmen sie die Szene, während die römischen Legionäre ihnen Ordnungsdienste leisten. Zwar sind die künstlerischen Mittel des Nazareners neu; die antijüdische Aussage aber hat eine tausendjährige Tradition, gegen deren massive Erneuerung sich Heine vergeblich zur Wehr setzte.

Bild 12: Fray Joseph de Siguenca, der Interpret der Bilder des Hieronymus Bosch am spanischen Hof (1605), verifiziert in dieser «Kreuztragung» die «Pharisäer und Gelehrten mit wütenden Gesichtern», erkennt den «Neid [...] der falschen Doktrin», die sich nicht beruhige, bevor sie nicht Christus «vernichtet» habe. Die Forscher heute aber vernebeln nicht nur den jüdischen Tumult um Jesus und Veronika zu «dem Bösen» hin, für sie sind Boschs «Traumbilder» die «Vorläufer der Psychoanalyse» (Fraenger, de Tolnay u. a.). Nach dieser Logik wäre Freuds Lehre nicht die Reaktion auf das, was (auch) Bosch malte, sondern dessen Affirmation. Bosch aber gehörte der «Bruderschaft Unserer Lieben Frau» an, der die mystische Marienverehrung oblag. Der «Garten der Lüste» ist deren Rückseite. Darin durchbohren in strafsüchtiger Umkehrung die gleichen Stichwaffen, mit denen der jüdische Haß ins blutende Herz Marias (und ihres Sohns) eindringt, das sündige Fleisch der Verdammten. Der höllische Strafvollzug ergeht als jüdische *perversitas*.

großen Soiree wurden die kostbaren Bilder zuerst gezeigt, und die beiden Hausherren führten selbst den einflußreichsten Kunstkenner und Kritiker zur Wand des Salons, an welcher die beiden Porträts nebeneinander aufgehängt waren, um ihm sein bewunderndes Urteil zu entlocken. Der sah die Bilder lange Zeit an, schüttelte dann den Kopf, als ob er etwas vermissen würde, und fragte bloß: ‹And where is the Saviour?› Ich sehe, Sie lachen alle über diesen guten Witz, in dessen Verständnis wir nun eindringen wollen. Wir verstehen, daß der Kunstkenner sagen will: Ihr seid ein paar Spitzbuben, wie die, zwischen denen man den Heiland ans Kreuz hängte. Aber er sagt es nicht; anstatt dessen äußert er etwas, was zunächst sonderbar unpassend und nicht dazugehörig scheint, was wir aber im nächsten Moment als eine *Anspielung* auf die von ihm beabsichtigte Beschimpfung und als einen vollgültigen Ersatz für dieselbe erkennen. [...] Warum sagt unser Kritiker den beiden Spitzbuben nicht direkt, was er ihnen sagen möchte? Weil neben seinem Gelüste, es ihnen unverhüllt ins Gesicht zu sagen, sehr gute Gegenmotive in ihm wirksam sind. Es ist nicht ungefährlich, Leute zu beleidigen, bei denen man zu Gaste ist und die über die kräftigen Fäuste einer zahlreichen Dienerschaft verfügen. [...] Aus diesem Grunde bringt der Kritiker die beabsichtigte Beschimpfung nicht direkt, sondern in entstellter Form als eine ‹Anspielung mit Auslassung› zum Ausdruck.»[1]

Es ist allzu offensichtlich, daß Freud sich selbst und sein Tun mit der Gestalt dieses Kunstkritikers zugleich formal und inhaltlich identifiziert. Indem er das Superzeichen des abendländischen Sittensystems, den Heiland am Kreuz, in den blinden Fleck zwischen die beiden arrivierten Halunken hängt, entstellt er das Arrangement der Verleugnung (Verdrängung) bis zur Kenntlichkeit, und dies so souverän, daß die öffentlich Entstellten, vorausgesetzt, sie merken es überhaupt, entwaffnet dastehen. Das ist die gleiche Fertigkeit der Entstellung, die wir bei Heine an der Passionsblume am Werk sehen. Freud nimmt sie mit allen Regeln der psychologischen Kunst auf, dergestalt, daß auch er die seelischen Folgeschäden des Karfreitagskomplexes nicht direkt angreift und bloßstellt, sondern kreativ entstellt auf dem Weg der «Anspielung mit Auslassung», weil er, der Diagnose Heines folgend, als Arzt Europäer und Juden vom Virus des Antisemitismus heilen möchte. Ist es doch sein verdecktes Ziel: «Juden und Gojim im Dienste der Psychoanalyse zu verschmelzen», ein Ziel, an dem er selbst nach dem Bruch mit C. G. Jung 1912 verzweifelt festzuhalten sucht.[2]

In Verfolgung der Freudschen Strategie der Entstellung aber darf nicht aus den Augen verloren werden, daß die Reaktionsbildung, aus der sie sich organisiert, selbst kein bewußtes, sondern ein unbewußtes Tun darstellt. Wie schon gesagt, hatte Freud die Theologie des Antijudaismus weniger direkt studiert als von Kind an erlitten und entsprechend umwelthellsichtig in sich aufgenommen, gleichsam als Automatische Texte, die die Surrealisten später als ihre Strategie aus seinem Werk erschlossen. Dabei ist Freud sich der enormen Schwierigkeiten, die er zu überwinden haben würde, vollauf bewußt. Denn er muß sich an etwas heranwagen, über das die Schulpsychologie seiner Tage nur «kümmerliche» Auskunft gibt: die Triebe. Wenn Freud sich über eines ganz im klaren ist, dann über die Tatsache, daß die Neurosen ihren Ursprungsort nicht im bewußten, sondern im unbewußten Triebleben der abendländischen Seele haben – und nicht der jüdischen, wie die herrschende Lehrmeinung unterstellt. Freud nennt dieses Triebleben «Libido» und versteht darunter das «sexuelle Verlangen – als etwas dem Hunger, dem Machtwillen u. dgl. bei den Ich-Trieben Analoges», wie er in dem Essay «Eine Schwierigkeit der Psychoanalyse» 1917 feststellt.[3]

In diesem Essay sieht Freud «die Eigenliebe der Menschheit» von seiten der Wissenschaft mit «drei schweren Kränkungen» in Konflikt gebracht: erstens mit der «kosmologischen Kränkung» durch Kopernikus, der uns Menschen von dem Wahn erlöste, Mittelpunkt des Alls zu sein; zweitens mit der «biologischen Kränkung» durch Darwin, der das idealistisch zerrissene Band zwischen Mensch und Tierwelt wieder zusammenknüpfte. Freud will Darwin auch im Verhalten des Kindes bestätigt sehen, das keinen Unterschied empfinde «zwischen dem eigenen Wesen und dem des Tieres», und besteht nachdrücklich darauf, daß der Mensch «nichts anderes und nichts Besseres» sei als die Tiere und daß er selbst «aus der Tierwelt hervorgegangen» sei. Seine späteren kulturellen Erwerbungen hätten es daher nicht vermocht, «die Zeugnisse der Gleichwertigkeit zu verwischen, die in seinem Körperbau wie in seinen seelischen Anlagen gegeben sind».

Unüberhörbar an dieser Passage der Ton tiefster Genugtuung. Auch wenn er es nicht sagt, Darwin ist für ihn der Vernichter der ideologischen Hauptwaffe des Christentums gegen die jüdische Leib- und Erdentreue. In die Rehabilitierung der entwerteten und erniedrigten Kreatur eingeschlossen ist die «tierhafte Natur» seines Volks. Mit dem hochemotionalen Begriff der «Kränkung» wird indirekt darauf angespielt. Darwin korrigiert die lange Kränkung seines Volks durch die Kränkung seiner theologischen Krankmacher auf für beide heilsame Weise. Darwin bedeutet zugleich die indirekte Bestätigung Spinozas, vermittelt durch Goethe, den «Spinoza der Poesie» (Heine). 1784 entdeckt Goethe den Zwischenkieferknochen, in dessen Fehlen die christlich bevormundete Wissenschaft bis dahin den Unterschied zwischen Mensch und Affe bewiesen sah. Wie Goethe («ich Antäus an Gemüte») sich fühlte, als er der «Gilde» eins auswischte, ließ er Frau von Stein wissen: «Ich habe eine solche Freude, daß sich mir alle Eingeweide bewegen.» Darwin aber würdigte seinen großen Vorläufer ausführlich in seinem Hauptwerk «Der Ursprung der Arten». Und Freud würdigt ihn 1930 in seiner Ansprache im Frankfurter Goethe-Haus[4] wie einen Verbündeten, als er nachdrücklich betont, Goethe habe den Eros «immer hochgehalten», sei aber – auch als Biograph – ebenso ein «großer Bekenner» wie «sorgsamer Verhüller» gewesen getreu der Devise Mephistos:

> Das Beste, was du wissen kannst,
> Darfst du den Buben doch nicht sagen.

Beide Kränkungen des abendländischen Selbstbewußtseins, die kosmologische und die biologische, läßt Freud schließlich einmünden in die allerempfindlichste, die «psychologische Kränkung». Der Mensch ist nicht Herr seiner selbst. Bewußtsein, Geist, denkendes Ich sitzen einer Macht auf, die stärker ist: dem Unbewußten, genauer: dem «unbewußten Sexualstreben». Zwar habe die Psychoanalyse zu dessen Entdeckung nicht den ersten Schritt getan, sondern vor allem Schopenhauer mit seinem Begriff des Willens; dafür habe sie das bloß «abstrakt» Behauptete an seinem klinischen «Material» bewiesen. Dazu Freud: So sicher das Ich sich fühlt als oberste Instanz, gerade bei den Neurosen stößt es

«auf Grenzen seiner Macht in seinem eigenen Haus, der Seele. Es tauchen plötzlich Gedanken auf, von denen man nicht weiß, woher sie kommen; man kann auch nichts dazu tun, sie zu vertreiben. Diese fremden Gäste scheinen selbst mächtiger zu sein als die dem Ich unterworfenen; sie widerstehen allen sonst erprobten Machtmitteln des Willens, bleiben unbeirrt durch die logische Widerlegung, unangetastet durch die Gegenaussage der Realität. Oder es kommen Impulse, die wie die eines Fremden sind, so daß das Ich sie verleugnet [...] Das Ich sagt sich, das ist eine Krankheit, eine fremde Invasion, es verschärft seine Wachsamkeit, aber es kann nicht verstehen, warum es sich in so seltsamer Weise gelähmt fühlt.

Die Psychiatrie bestreitet zwar für solche Vorfälle, daß sich böse, fremde Geister ins Seelenleben eingedrängt haben, aber sonst sagt sie nur achselzuckend: Degeneration, heriditäre Disposition, konstitutionelle Minderwertigkeit. Die Psychoanalyse unternimmt es, diese unheimlichen Krankheitsfälle aufzuklären, sie stellt sorgfältige und langwierige Untersuchungen an, schafft sich Hilfsbegriffe und wissenschaftliche Konstruktionen und kann dem Ich endlich sagen: ‹Es ist nichts Fremdes in dich gefahren; ein Teil von deinem Seelenleben hat sich deiner Kenntnis und der Herrschaft deines Willens entzogen [...] Du hast deine Kraft überschätzt, wenn du geglaubt hast, du könntest mit deinen Sexualtrieben anstellen, was du willst [...] Da haben sie sich denn empört und sind ihre eigenen dunklen Wege gegangen, um sich der Unterdrückung zu entziehen [...] Das Seelische in dir fällt nicht mit dem dir Bewußten zusammen.› So wollte die Psychoanalyse das Ich belehren. Aber die beiden Aufklärungen, daß das Triebleben der Sexualität in uns nicht voll zu bändigen ist und daß die seelischen Vorgänge an sich unbewußt sind und nur durch eine unvollständige und unzuverlässige Wahrnehmung dem Ich zugänglich und ihm unterworfen werden, kommen der Behauptung gleich, daß das Ich nicht Herr sei in seinem eigenen Haus.»[5]

Freuds großer Essay über die drei narzißtischen Kränkungen erhält seine volle Brisanz erst im Kontext des abendländischen Medienverbunds und erweist sich als die konsequente Fortsetzung dessen, was Heine als erster an ihm aufgeschlüsselt hatte. In der vierten seiner «Fünf Vorlesungen» spricht Freud zunächst von der dem «Kulturmenschen» eigenen «Lügenhülle» der Sexualität, unter der sich das Bündnis von «Prüderie und Lüsternheit» verberge. Da es ihm aber nicht um dieses damals Normale geht, sondern um die Analyse der sexuellen Abnormitäten, mutet er wie in Europa auch in den USA seinem Auditorium den Umweg (die Verschiebung) zu in die «infantile Sexualität». Den von vornherein erwarteten Widerständen begegnet er folgendermaßen:

> «Jetzt bin ich aber erst recht Ihrer Verwunderung sicher. Gibt es denn eine infantile Sexualität? werden Sie fragen. Ist das Kindesalter nicht vielmehr die Lebensperiode, die durch das Fehlen des Sexualtriebes ausgezeichnet ist? Nein, meine Herren, es ist gewiß nicht so, daß der Sexualtrieb zur Pubertätszeit in die Kinder fährt wie im Evangelium der Teufel in die Säue. Das Kind hat seine sexuellen Triebe und Betätigungen von Anfang an [...] es gehört vielmehr eine gewisse Kunst dazu, sie zu übersehen oder wegzudeuten.»

Die Strategie der «Anspielung mit Auslassung» in der Assoziation von Sexualtrieb und Säuen ist unüberhörbar. Was in der westlichen Kultur als jüdische Sauerei gilt, findet sich von Anfang an in jedem Kind – und sie ist ganz normal. In der «hoch zusammengesetzten» Sexualität des Kindes erkennt Freud als Hauptquellen der Lust die Erregung besonders reizbarer Körperstellen (erogener Zonen) wie Mund-, After- und Harnröhrenöffnung, das «Wonnesaugen», die «koprophilen» Lustregungen, die «passive und aktive Schaulust» und die «masturbatorische Erregung der Genitalien». Zur Entwicklung dieser Partialtriebe sagt Freud:

> «Noch vor der Pubertätszeit sind unter dem Einfluß der Erziehung äußerst energische Verdrängungen gewisser Triebe durchgesetzt und seelische Mächte wie Scham, Ekel, Moral hergestellt worden, welche diese Verdrängungen wie Wächter unterhalten [...] Es sind besonders die ko-

prophilen, das heißt die mit den Exkrementen zusammenhängenden Lustregungen der Kindheit, welche von der Verdrängung am gründlichsten betroffen werden.»

Ja und nein, muß man hinzufügen, denn in Richtung «Juden» ließen die Wächter über Scham, Ekel und Moral das Schlimmste zu. Entsprechend gilt Freuds ganzes Interesse den Umständen, wo die so komplizierte Entwicklung der Seelenfunktion nicht glatt verläuft, sondern «entweder Abnormitäten oder Dispositionen zu späterer Erkrankung auf dem Wege der Rückbildung (Regression)» enthält. Solche Fälle sieht Freud da gegeben, wo sich Partialtriebe der «Herrschaft der Genitalzone» entziehen und abgelöst operieren. Die daraus sich ergebenden «Störungen» faßt er zusammen unter dem Begriff «Perversionen». Sie sind für ihn das Ergebnis «direkter Entwicklungshemmungen der Sexualfunktion» und umfassen «den gar nicht seltenen allgemeinen Infantilismus des Sexuallebens». Freud sieht demnach im Infantilismus der Perversionen ein kollektives Phänomen und will dies auch allgemein so gesehen wissen!

Zum Rückfall des Sexuallebens Erwachsener in frühe Phasen erklärt Freud in der fünften Vorlesung: «Diese Regression ist anscheinend eine zweifache, eine zeitliche, insofern die Libido [...] auf zeitlich frühere Entwicklungsstufen zurückgreift, und eine formale, indem zur Äußerung dieses Bedürfnisses die ursprünglichen und primitiven psychischen Ausdrucksmittel verwendet werden.» Freud läßt keinen Zweifel, daß sich die perversesten Triebe mit den sublimsten verbinden können. Darüber soll sein Auditorium nicht hinwegsehen:

«Je tiefer Sie in die Pathogenese der nervösen Erkrankungen eindringen, desto mehr wird sich Ihnen der Zusammenhang der Neurosen mit anderen Produktionen des Seelenlebens, auch mit den wertvollsten derselben, enthüllen. Sie werden daran gemahnt, daß wir Menschen mit den hohen Ansprüchen unserer Kultur und unter dem Druck unserer Verdrängungen die Wirklichkeit ganz unbefriedigend finden und darum ein Phantasieleben unterhalten [...] Die Neurose vertritt in unserer Zeit das Kloster, in welches sich alle die Personen zurückzuziehen pflegten, die das Leben enttäuscht hatte oder die sich für das Leben zu schwach fühlten.»

Der Ton, in dem Freud das alles vorträgt, ist der der wissenschafts-theoretischen Distanz. Nur einige Wörter sprengen das sonst sach-liche Oberflächengewebe des Textes, ohne daß man mit letzter Sicherheit sagen könnte, ob sie Freud bewußt oder unbewußt un-terlaufen. In jedem Fall ist die Provokation: Geht dem Infantilis-mus eures Seelenlebens endlich auf den Grund! ebenso unüber-hörbar vermittelt, wie die Pathogenese der am Antisemitismus erkrankten Seele durch Anspielung mit Auslassung entstellt bleibt. Im Begriff der Perversionen aber ist die christlich ausgemachte *perversitas* des jüdischen Körpers unausgesprochen voll mit aufge-nommen und analytisch als Regression verortet. War der Teufel christlicherseits in die jüdischen Säue gefahren, so macht er bei Freud nunmehr zwischen Juden und Christen keinen Unterschied mehr. Die Brutstätte geheiligter Perversionen, das «Kloster», lebt in den Neurosen der Gegenwart weiter. Es darf eben bei der Lek-türe Freuds keinen Augenblick vergessen werden, daß der «wis-senschaftliche Antisemitismus» in Biologie und Medizin, dem er überall begegnete, «von der Welt der christlichen Symbole» zehrte.[6] Wenn es aber das Ziel seiner Psychoanalyse sein sollte, «Juden und Gojim zu verschmelzen», dann durfte er die eigent-liche Brutstätte der pathogenen «Vergegnung» beider nicht direkt beim Namen nennen, sondern mußte den Umweg über das Kind einschlagen, zumal er der Königsweg zur Wahrheit war, wie das jüdische Mitinteresse entstellt blieb.

In seinem Aufsatz «Das Interesse der Psychoanalyse» von 1913 schreibt Freud:

«Die Psychoanalyse ist genötigt worden, das Seelenleben des Erwach-senen aus dem des Kindes abzuleiten. Ernst zu machen mit dem Satze: Das Kind ist der Vater des Mannes. Sie hat die Kontinuität der infanti-len Psyche mit der des Erwachsenen verfolgt, aber auch die Umwand-lungen und Umordnungen gemerkt, welche auf diesem Wege vor sich gehen. Die meisten von uns haben eine Gedächtnislücke für ihre ersten

Kinderjahre [...] Man darf behaupten, daß die Psychoanalyse diese Lücke ausfüllt, diese Kindheitsamnesie der Menschen beseitigt hat [...] Man ist dabei auf ein psychologisches Paradoxon gestoßen [...] daß gerade diese allerbedeutsamsten Eindrücke im Gedächtnis der späteren Jahre nicht enthalten sind. Die Psychoanalyse hat diese Vorbildlichkeit und Unverlöschbarkeit frühester Erlebnisse gerade für das Sexualleben am deutlichsten feststellen können.»[7]

Freuds Begriff der Kindheitsamnesie ist doppelsinnig. Es geht nicht nur darum, daß wir Menschen Lücken im Gedächtnis haben, sondern wie sie sich im Entwicklungsprozeß verschieden füllen, ohne daß wir uns dessen später erinnern können. Hatte Freud doch schon als Kind die traumatische Erfahrung machen müssen, daß sich die Triebstruktur des Christenmenschen von seiner fundamental unterschied. Sander L. Gilman weist auf ein Urerlebnis des Kindes Sigmund hin, unter dem sich das Raster seiner umsortierenden Sicht der Dinge wahrscheinlich nachhaltig ausprägte. Eines Tages geht der kleine Sohn an der Hand des Vaters durch seine Heimatstadt Freiberg (Mähren). Da kommt ihnen plötzlich ein christlicher Antisemit entgegen mit dem Ruf Hep! Hep!, der damals volkstümlichen Aufforderung an Juden, den Bürgersteig für den Christenmenschen freizumachen. Als der Vater der Aufforderung nicht nachkommt, schlägt dieser ihm die Pelzmütze vom Kopf und zwingt ihn vor den Augen des kleinen Freud, sie aus der Gosse aufzuheben.[8] Ein sadistischer Akt der Demütigung «des Juden», der sich seiner Perversion so wenig bewußt ist, wie er den verdrängten Impulsen spontan gehorcht. Da ist eine unheimliche Macht verinnerlicht, die überall und ohne Befehl von außen ihre Vollstrecker hat für das vor zwei Jahrtausenden über Israel gesprochene Urteil. Das Sublimste und das Niedrigste an einem Ort! Die jüdischen Menschen machen diese Erfahrung schon als Kinder. Der Schlachtruf «Hep! Hep!» = Hierusolima est perdita! (Jerusalem ist verloren!) bringt den christlichen Abschaffungswillen des Judentums auf geflügelte Kürze. Er geht damals kreuz und quer durch die deutschen Lande. Erinnert sei an Rahel Varnhagens Antwort an Heine, nachdem er ihr von den Hep!-Hep!-Krawallen in Hamburg vom 31. August bis zum 2. September 1830 berichtet hatte: «Hep ist mir sowenig unvermutet als alle andere Unzucht.»[9] Es braucht nicht viel Phantasie, sich die entblößenden Attacken gegen jüdische Mädchen und Frauen vorzustellen.

Nach alldem ist die verdeckte Offensive Freuds nachvollziehbar: Indem er die Sexualität von den Genitalien (und der Fortpflanzung) loslöst, ist es ihm möglich, die Sexualbetätigung der Kinder und der Perversen unter dieselben Gesichtspunkte zu bringen. Im Klartext: Als Kinder sind alle Menschen «Juden». Denn immer noch war dies die Wirklichkeit Freuds: Nicht nur im Mittelalter, sondern selbst noch um die Jahrhundertwende waren «Juden» und «Perverse» «praktisch austauschbare Kategorien».[10]

2. Freuds Bestes und die zum besten gehaltenen Buben

In Kapitel IV der «Traumdeutung» (1900) erläutert Freud die wichtige Frage der «Traumentstellung» an dem Beispiel eines eigenen Traums und seiner Analyse. Freud räumt ein, daß die Widerstände, die er dabei zu überwinden hat, groß sind. Der Hauptgrund liegt nahe, denn der Traum verarbeitet Freuds eigene widerwärtige Erfahrung mit dem damals in Wien besonders grassierenden Antisemitismus.

Im Frühjahr 1897, so berichtet Freud zur Vorgeschichte seines Traums, habe er erfahren, daß zwei Professoren der Wiener Universität ihn zum Professor vorgeschlagen hatten, eine Ehrung, «die den Arzt in unserer Gesellschaft zum Halbgott für seine Kranken erhebt». Freud ist sich aufgrund der Tatsache, daß er Jude ist, sicher, daß der Minister den Vorschlag ablehnen wird. Da besucht ihn eines Abends der befreundete Kollege R., ebenfalls seit längerer Zeit ein Kandidat für die Beförderung zum Professor und ebenfalls Jude, der aber, anders als Freud, immer wieder in den Büros «des hohen Ministeriums» vorstellig wird, um seine Angelegenheit zu befördern. R. berichtet Freud, er habe diesmal den

«hohen Herrn» so in die Enge getrieben, daß er habe zugeben
müssen, es seien die «konfessionellen Rücksichten», die der Beförderung zum Professor im Weg ständen.

Am Morgen nach diesem Besuch hat Freud diesen Traum, der
sich ihm in zwei Gedanken und zwei Bildern manifestiert:

> «I. Freund R. ist mein Onkel. – Ich empfinde große Zärtlichkeit für ihn.
> II. Ich sehe sein Gesicht etwas verändert vor mir. Es ist wie in die Länge
> gezogen, ein gelber Bart, der es umrahmt, ist besonders deutlich her-
> vorgehoben.»

Dazu Freuds eigene Deutung: Die Traumarbeit setzt R. mit einem
ganz bestimmten seiner fünf Onkel gleich: mit Onkel Josef. Dieser
Onkel aber wurde «in gewinnsüchtiger Absicht» kriminell und
«schwer bestraft». Freuds Vater, der vor Kummer darüber grau
wurde, hatte über den Onkel geurteilt, er «sei nie ein schlechter
Mensch gewesen, wohl aber ein Schwachkopf». Wenn Freund
R. = Onkel Josef ist, ist er ein Schwachkopf. Soweit der erste und
Freud «kaum glaubliche und sehr unangenehme» Teil des
Traums. Dieses Unangenehme behält auch der zweite Teil bei, wo
sich R., selbst «intensiv schwarz», in ein Mischbild verwandelt
mit länglichen Zügen und dem «gelben Bart». Freud erinnert sich,
daß Onkel Josef wirklich so ein Gesicht hatte, «von einem schönen blonden Bart umrahmt». Demgegenüber hatte der Bart von
Freund R. inzwischen einen «unerfreulichen Farbwandel» von
rot- und gelbbraun zu grau durchgemacht.

Dennoch sträubt sich Freud gegen die Gleichsetzung R. =
Schwachkopf wie Onkel Josef, «denn der Onkel war ein Verbrecher, mein Freund R. ist unbescholten». Da fällt ihm das Zusam-
mentreffen mit dem Kollegen N. neulich auf der Straße ein, der,
ebenfalls zum Professor vorgeschlagen, Freud zu der gleichen Ehrung gratulierte. Freud hatte darauf äußerst unnachsichtig reagiert, da N. als Jude doch den Wert solcher Vorschläge an sich
selbst erfahren habe. N. aber meint darauf, im Unterschied zu
Freud sei er das Opfer eines gemeinen Erpressungsversuchs geworden, bei dem er noch alle Mühe gehabt habe, die Anzeigerin

selbst vor Bestrafung zu retten. Aber vielleicht mache das Ministerium diese Sache gegen ihn geltend.

Nun ist sich Freud sicher, daß sein Onkel Josef die beiden nicht zu Professoren ernannten Kollegen R. und N. darstellt, den einen als Schwachkopf, den anderen als Verbrecher. Soll das aber heißen, er habe im Traum «zwei geachtete Kollegen» degradiert, um sich selbst «den Weg zur Professur» wunscherfüllend freizuträumen? Das kann nicht sein. Der Traum ist weiterer Deutung bedürftig.

Da ist ja noch die «große Zärtlichkeit», die er für Onkel Josef = R. empfindet. Für den Onkel, so erinnert sich Freud, hat er zärtliche Gefühle «natürlich niemals gehabt». Und was Freund R. betrifft, so ist er ihm «seit Jahren lieb und teuer», aber seine Zuneigung entspricht nicht «annähernd dem Grad» von Zärtlichkeit, die der Traum selbst produzierte. Also gehört die Zärtlichkeit nicht zum latenten Inhalt, sondern weist auf etwas tief Verdrängtes hin:

«Nach vollzogener Traumdeutung erfahre ich, wogegen ich mich gesträubt hatte; es war die Behauptung, daß R. ein Schwachkopf ist. Die Zärtlichkeit, die ich gegen R. empfinde, kann ich nicht auf die latenten Traumgedanken, wohl aber auf dies mein Sträuben zurückführen. Wenn mein Traum im Vergleich zu seinem latenten Inhalt in diesem Punkte entstellt, und zwar ins Gegensätzliche entstellt ist, so dient die im Traum manifeste Zärtlichkeit dieser Entstellung oder, mit anderen Worten, die Entstellung erweist sich hier als absichtlich, als ein Mittel der Verstellung. Meine Traumgedanken enthalten eine Schmähung für R.; damit ich diese nicht merke, gelangt in den Traum das Gegenteil, ein zärtliches Empfinden für ihn.»

Dennoch, befriedigend ist die Deutung bis dahin nicht. Denn grundsätzlich ist ja für Freud jeder Traum ein Wunscherfüllungstraum. Dann aber wäre der Wunsch hier in sehr peinlicher Weise entstellt. Dazu Freud zunächst allgemein:

«Wir dürfen also als die Urheber der Traumgestaltung zwei psychische Mächte (Strömungen, Systeme) im Einzelmenschen annehmen, von denen die eine den durch den Traum zum Ausdruck gebrachten Wunsch bildet, während die andere eine Zensur an diesem Traumwunsch übt und durch diese Zensur eine Entstellung seiner Äußerung erzwingt. Es fragt sich nur, worin die Machtbefugnis dieser zweiten Instanz besteht, kraft deren sie ihre Zensur ausüben darf. Wenn wir uns erinnern, daß die latenten Traumgedanken vor der Analyse nicht bewußt sind, der von ihnen ausgehende manifeste Trauminhalt aber als bewußt erinnert wird, so liegt die Annahme nicht ferne, das Vorrecht der zweiten Instanz sei eben die Zulassung zum Bewußtsein. Aus dem ersten System könne nichts zum Bewußtsein gelangen, was nicht vorher die zweite Instanz passiert habe, und die zweite Instanz lasse nichts passieren, ohne ihre Rechte auszuüben und die ihr genehmen Abänderungen am Bewußtseinswerber durchzusetzen.»[11]

Es ist also so, daß die zweite Instanz, die den Zugang zum Bewußtsein beherrscht, Freund R. mit einem «Erguß von übergroßer Zärtlichkeit» auszeichnet, weil, so Freud, der Wunsch des ersten Systems ihn aus einem «besonderen Interesse», dem er gerade anhängt, «als einen Schwachkopf beschimpfen möchte». Demnach erfüllt sich der Wunsch der ersten Instanz etwas, was der zweiten Instanz «peinlich» ist.

In dem Kapitel «Das Infantile als Traumquelle» nimmt Freud dann die Deutung dieses Traums wieder auf. Er erinnert sich zweier Prophezeiungen aus der Kindheit, daß er einmal «ein großer Mann», ein anderes Mal ein «Minister» werden würde, und zieht daraus den Schluß:

«Indem ich die beiden gelehrten und achtenswerten Kollegen, weil sie Juden sind, so schlecht behandle, den einen, als ob er ein Schwachkopf, den anderen, als ob er ein Verbrecher wäre, indem ich so verfahre, benehme ich mich, als ob ich Minister wäre, habe ich mich an die Stelle des Ministers gesetzt. Welch gründliche Rache an Seiner Exzellenz! Er verweigert es, mich zum Professor extraordinarius zu ernennen, und ich setze mich dafür im Traum an seine Stelle» (S. 197ff).

Eines an dieser Traumdeutung ist nicht zu überhören: Sie sagt sehr viel mehr aus, als sie sagt, getreu dem Lieblingszitat Freuds: «Das Beste, was du wissen kannst, darfst du den Buben doch nicht sagen.» Indem die Traumarbeit R. in den Onkel Josef verwandelt, entsteht ein Mischbild gegensätzlicher Züge und Farben. Dem doch in Wirklichkeit «schwarzen» Freund wird ein «gelber» Bart angeträumt. Die langen Züge des wirklichen Onkels dagegen umrahmte ein «schöner blonder Bart». Als Freud 1897 diesen Traum träumte, hatte längst eine rassistische Diskriminierung eingesetzt, die «die Juden» den «schwarzen» oder zumindest «dunkelhäutigen» Rassen zurechnete. Davon wußte Freud mit Sicherheit, zumal sein prominenter Kollege, der Chirurg Theodor Billroth, darin eine rassische Minderwertigkeit erblickte, zu der er sich in einem Artikel öffentlich äußerte. Das hatte am 10. Dezember 1876 an der Wiener Universität zu antisemitischen Krawallen gegen jüdische Studenten geführt.[12] Nun will es die Ironie des rassistischen Klischees, daß es ausgerechnet den jüdischen Onkel Josef mit dem schönen blonden Bart zum Arier macht. Auch historisch gesehen entspricht der Onkel nicht der Schwarz-blond-Dialektik der christlichen Sakralkunst oder der Disputationen im spanischen Mittelalter, die das Weiße und Reine gegen die dunkle Häßlichkeit «der Juden» betonte, eine Tradition, die auch in Philosophie (Hegel) und Kunst (Wagner) unangefochten weiterwirkte. Nun ist die Ironie des arisch blonden Onkels insofern eine doppelte, als er mit seinem Verbrechen alle antisemitischen Vorurteile bestätigt hat.

Freud gibt selbst zu, daß der zum Onkel Josef geträumte Freund R. eine «Schmähung» darstellt. Was dahintersteckt, beantwortet sich aber nur dem, der die Farbsymbolik des Traums ernst nimmt. Freud mißbilligt das Antichambrieren des Freundes um die Professur ausgerechnet bei denen, die die rassistische Diffamierung des jüdischen Volks zumindest dulden, wenn nicht gutheißen. Die ärgerliche Reaktion Freuds auf die Gratulation des Kollegen N., der als Jude doch wisse, was solche Vorschläge wert seien, sagt eigentlich alles. Ist nicht dies das Verächtliche an den «zwei geachteten Kollegen» R. und N., daß sie bei ihren Verächtern um die Gunst der Berufung buhlen? Farbsymbolisch gesprochen: Wollen die beiden «Schwarzen» nichts als «blond» werden? Wo doch der Bart von Freund R. in Wirklichkeit längst einen «unerfreulichen

Farbwandel» zu «grau» hin durchgemacht hat. Wie kommt es, daß Onkel Josefs Bart dem träumenden Freud nicht schön und blond, sondern «gelb» manifest wird? Will er, der gerade hier einen so ausgepägten Sinn für Farben und Farbnuancen entwikkelt, uns buchstäblich etwas durch die Blume, gar Passionsblume sagen? Etwa dies: Ihr beiden Kollegen könnt noch so «blond» tun, für die, bei denen ihr vorstellig werdet, seid ihr das, was die Signalfarbe Gelb der Christenheit immer schon anzeigte: «Schwachköpfe» und «Verbrecher»? Freuds Traumdeutung deutet viel mehr an, als sie sagt. Es sind vor allem die beiden Kernfragen, die nur sehr entstellt beantwortet werden: Erstens, wem gilt die Zärtlichkeit? Zweitens, wohin geht der Wunsch?

Ich beantworte die erste Frage versuchsweise mit: Freuds Vater. Denn dieser nimmt in der Deutung insofern eine besondere Stellung ein, als ihn das Verbrechen von Onkel Josef besonders tief erschütterte: Er wurde vor Kummer grau! (Der Kollege R. wurde grau in Erduldung seiner langen Kandidatur.) Das weist den Vater aus als den jüdischen Dulder unter der christlichen Repression, wie er dem kleinen Freud in Freiberg zum traumatischen Erlebnis wurde, als der Hep-Hep-Christ «den Juden» in die Gosse zwang. Ein Dulder, wie dies auch Shylock war, ehe ihm der Kragen platzte. Das Verhältnis zwischen Freud und seinem Vater war sicher zärtlich und von Liebe getragen. Aber mit dem Dulder hat der Sohn sich offensichtlich nicht identifiziert. Hat er sich dann die Liebe um so zärtlicher bewahren können über den Entschluß: dem Vater und seinem gedemütigten Volk sein Recht und seine Würde zurückzuerkämpfen? In der Symbolsprache der Psychoanalyse gesprochen, bricht der Freiberger Antisemit in einem triebhaften Zwang den Eckpunkt «Vater» aus dem ödipalen Dreieck heraus, sucht ihn in Richtung Judensau zu entmännlichen und macht den Sohn in einer wesentlichen Dimension vaterlos. Aus der Gegensicht der mitleidstheologischen Triade Mutter – Sohn – Juden übt der militante Christ Rache an Freuds Vater für das Karfreitagsverbrechen. Umgekehrt wird Freuds Kampf manifest in dem Leitbild des «Mannes Moses». Da ist ihm Heine der Wegzei-

ger gewesen: «Ich sehe jetzt, die Griechen waren schöne Jünglinge, die Juden aber waren immer Männer, gewaltige, unbeugsame Männer, nicht bloß ehedem, sondern bis auf den heutigen
Tag, trotz achtzehn Jahrhunderten der Verfolgung und des
Elends.»

Daß sich Freud früh vorgenommen haben muß, einer dieser
«unbeugsamen Männer» zu werden, geht gut verstellt aus der
Deutung seines Traums hervor. Es sind die beiden Prophezeiungen
in der Kindheit, er werde einmal «ein großer Mann» werden und
ein «Minister». Hier haben wir auch die Antwort auf die zweite
Frage: Wohin geht der Wunsch? Freud wechselt im Traum die
Stelle Seiner antisemitischen Exzellenz in Wien mit sich selbst
aus. Nun wird alles doppelsinnig dergestalt, daß zwei Perspektiven an
einem Ort sind: Die beiden Kollegen R. und N. dienen sich einer
Obrigkeit an, für die sie tausend Jahre lang den Tatbestand der
stultitia und *perversitas* erfüllten. Indem Freud diese Obrigkeit
vom Sessel träumt und durch sich selbst ersetzt, kommen die beiden ihm umgekehrt als Schwachköpfe und Verbrecher an der jüdischen Sache entgegen. Die Wunscherfüllung hat ihre Quelle in
der eigenen Kindheit und ist nicht ohne «Rache» für das, was ihm
selbst, seiner Familie und seinem Volk angetan wurde und täglich
angetan wird.

Das scheinbar «tolle Treiben» des Traums ist, wie Freud sagt,
«eine metalogische Form des Denkens», ein Wahnsinn mit Methode, der, als Symptom behandelt, ihm umgekehrt den Weg wies
zu den kollektiven Störungen der abendländischen Seele. Denn
während des Schlafs, so Freud, werden die Traumbilder für wahr
gehalten «infolge der nicht einzuschläfernden Denkgewohnheit,
eine Außenwelt anzunehmen, zu der ich mein Ich in Gegensatz
bringe».[13] Oder wie Goethe es sagte: Wir träumen uns immer «sehend». Wohlbemerkt: Die Innenwelt der Außenwelt dieser Innenwelt konnte Freud so nur als Jude in einer antijüdischen Welt träumen. Selbsterhellend für beide. Das war «das Beste», was man
wissen konnte. Es «den Buben» in ihrer Beschränktheit und er-
drückenden Übermacht direkt zu sagen, hätte das ohnehin mobi-

lisierte Haßpotential nur vermehrt. Das war das Dilemma. Es psychoanalytisch zu unterminieren mit dem Ziel, Gojim und Juden zugleich davon zu heilen, setzte einen unbeugsamen Willen zu Umwegen voraus. Freud bewies ihn. Von jenen damals mächtigen Exzellenzen, die seine Ernennung zum Professor selbst dann noch hintertrieben, als er weltberühmt war, kennt heute niemand mehr die Namen. Freud aber lebt. Kernbegriffe seiner Psychoanalyse sind sprachliches Gemeingut geworden. Damit hat er Maßstäbe gesetzt für eine analytische Seelenlehre, die für unsere Zeit noch ungeleistet ist.

Wenn im folgenden behauptet und belegt wird, Freud habe den Karfreitagskomplex zum Ödipuskomplex verschoben, dann wird nicht ein planvoll bewußtes Tun angenommen, sondern ein kreativer Akt des Unbewußten.

3. Die große Lücke im «schmutzigen kleinen Geheimnis» von Ödipus

1972 erscheint in Paris der «Anti-Ödipus» als Gemeinschaftswerk des Philosophen Gilles Deleuze und des Psychiaters und kritischen Lacan-Schülers Felix Guattari. Beide sehen im Ödipuskomplex ein abendländisch-bürgerliches Phänomen, dies allerdings unter Vernachlässigung seiner antijüdischen Implikationen. Im psychoanalytischen Verfahren sehen beide den «Verrat am Wunsch, das Ins-Laufställchen-Stellen des Unbewußten, narzißtische Maschine für geschwätzige, arrogante kleine Iche.»[14] Es geht ihnen um einen anderen Begriff des Unbewußten: «Indem das Leben der Kinder in den ödipalen Rahmen gezwängt wird und die Phantasiebeziehungen zu universellen Kindheitsvermittungen stilisiert werden, verdammt man sich unweigerlich dazu, die Produktion des Unbewußten selbst […] unzureichend und falsch zu erkennen. Denn das Unbewußte ist elternlos – es erzeugt sich selbst in der Einheit von Natur und Mensch.» Der Psychoanalyse wird demgegenüber

vorgeworfen, daß sie «die ganze Sexualität radikal verzerrt».
Deleuze und Guattari bemühen D.H. Lawrence, der früh den Eindruck gewann, «daß die Psychoanalyse im Begriff stand, die
Sexualität in einen bürgerlich aufgeputzten Kasten, in eine Art
ziemlich ekelhaften artifiziellen Triangel zu sperren, der die ganze
Sexualität als Wunschproduktion zum Ersticken bringen mußte,
um im Folgenden auf neue Weise aus ihr ein ‹schmutziges kleines
Geheimnis›, das kleine Familiengeheimnis zu erstellen, also ein in-
times Theater statt der phantastischen Fabrik, Natur und Produktion» (S. 61 ff).

Schon soweit wird deutlich, daß Deleuze und Guattari die psychohistorischen Entstehungsbedingungen in Freud selbst als Jude
gar nicht wahrnehmen. Das hat den ironischen Effekt, daß sie den
Ödipuskomplex, der doch von Freud selbst auch als Parodie gedacht war, ausgiebig parodieren. Den Psychoanalytikern wird
zum Vorwurf gemacht,

«daß sie daran glauben: an den Mythos, an Ödipus, an die Kastration.
Nicht soll erklärt werden, daß Ödipus ein falscher Glaube ist, vielmehr,
daß der Glaube notwendigerweise eine falsche Sache ist, der die wirkliche Produktion ablenkt und erstickt. Deshalb sind die Seher die Un-
gläubigsten. Beziehen wir den Wunsch auf Ödipus, so verdammen wir
uns selbst dazu, den Produktionscharakter des Wunsches zu verkennen, verurteilen wir ihn zu vagen Träumen und Imaginationen, die diesen Charakter nur noch in bewußte Expressionen fassen können, beziehen wir ihn auf unabhängige Existenzen, auf den Vater, die Mutter, die
Erzeuger, die ihre eigenen Elemente noch nicht als interne Elemente des
Wunsches begreifen. ‹Vater› und ‹Gott›, das ist beides die gleiche
Frage: aus der Abstraktion geboren, unterstellt sie, das Band zwischen
Mensch und Natur, Mensch und Welt sei zerrissen, so daß der Mensch
als solcher von etwas der Natur und dem Menschen Äußeres erschaffen
werden müsse. Diesbezüglich bemerkt Nietzsche [...] ‹... wir lachen
schon, wenn wir Mensch *und* Welt nebeneinander gestellt finden, getrennt durch die sublime Anmaßung des Wörtchens und!› [...] Nicht
bildet die Sexualität ein Mittel im Dienste der Zeugung, die Zeugung
der Körper steht im Dienste der Sexualität als Eigenproduktion des Unbewußten. Nicht stellt die Sexualität, im Austausch seiner Subordina-

tion unter den Zeugungsprozeß, eine Prämie für Ego dar, vielmehr ist dessen Trostpreis die Zeugung, seine Fortpflanzung, der Übergang eines Körpers in einen anderen, durch den hindurch das Unbewußte nur sich selber in sich reproduziert. In diesem Sinne gilt: von jeher war das Unbewußte elternlos, das heißt, es erschuf sich innerhalb der Identität von Natur und Mensch, Mensch und Welt. Unmöglich geworden ist das Problem des Vaters wie des Gottes, gleichgültig, da es auf dasselbe hinausläuft, ein solches Wesen zu bestätigen oder zu verneinen, es zu lieben oder zu töten: ein einziger Widersinn über die Natur des Unbewußten.

Aber die Psychoanalytiker halten daran fest, den Menschen abstrakt, das heißt ideologisch, für die Kultur zu schaffen. Ödipus erschafft derart den Menschen und gibt der falschen Bewegung, der unendlichen Progression oder Regression eine Struktur: dein Vater, der Vater deines Vaters, der bis zur Urhorde sich fortwälzende Schneeball Ödipus, Gott und das Paläolithikum. Ödipus erschafft uns, zum Guten und zum Schlechten, den Menschen: so der Kern der Plattheiten. Oberhalb dessen mag der Ton variieren.» (S. 138 ff)

Diese Kritik träfe durchaus zu, wenn Deleuze und Guattari im Ödipuskomplex die Kryptographie des Karfreitagskomplexes sähen und dementsprechend die Trennung von Mensch und Natur im Paulinischen Bruch mit dem GESETZ, den Freud, wie sich zeigen wird, so wenig für sich selbst akzeptierte wie die Gleichung Vater = Gott. Wenn schon die lädierte abendländische Seele nicht dahin gebracht werden konnte, daß Gott elternlos ist und keine Kinder hat, dann galt es die christliche Triangulation dahin gehend ödipal zu entstellen, daß sich die Antisemitismen in ihr auflösen ließen.

Der Gedanke, den Ödipusmythos zum allgemeingültigen Gleichnis des Ödipuskomplexes zu machen, wird von Freud in einem Brief an Wilhelm Fließ vom 15. Oktober 1897 ausgesprochen, ehe er ihn 1900 in der «Traumdeutung» veröffentlicht. Freud will bei der Behandlung von Psychoneurotikern immer wieder die Erfahrung gemacht haben, «daß sehr frühzeitig die sexuellen Wünsche des Kindes erwachen [...] und daß die erste Regung des Mädchens dem Vater, die ersten infantilen Begierden des Knaben der Mutter gelten. Der Vater wird somit für den Knaben, die Mutter für das Mädchen zum störenden Mitbewerber.»[15] Diese regelmäßig wiederkehrenden Inzestphantasien seiner neurotischen Patienten erklärt Freud für unbewußt. Und da sie sich immer mit Eifersucht und mörderischer Wut verbinden gegen den Elternteil des gleichen Geschlechts, sieht er sie gleichnishaft vorgegeben in dem Schicksal des mythischen Königs Ödipus von Theben, der, ohne es zu wissen, seinen Vater tötet und seine Mutter zur Frau nimmt. Freud setzt alles daran, dem Ödipuskomplex eine universelle Bedeutung zu geben. Er sieht ihn nicht nur im kindlichen Seelenleben kranker Menschen wirksam, sondern auch in dem der normalen:

«Es muß eine Stimme in unserem Innern geben, welche die zwingende Gewalt des Schicksals im Ödipus anzuerkennen bereit ist [...] Sein Schicksal ergreift uns nur darum, weil es auch das unsrige hätte werden können, weil das Orakel vor unserer Geburt denselben Fluch über uns verhängt hat wie über ihn. Uns allen vielleicht war es beschieden, die erste sexuelle Erregung auf die Mutter, den ersten Haß und gewalttätigen Wunsch gegen den Vater zu richten; unsere Träume überzeugen uns davon. König Ödipus, der seinen Vater Laios erschlagen und seine Mutter Jokaste geheiratet hat, ist nur die Wunscherfüllung unserer Kindheit [...] Wie Ödipus leben wir in Unwissenheit der die Moral beleidigenden Wünsche, welche die Natur uns aufgenötigt hat, und nach deren Enthüllung möchten wir wohl alle den Blick abwenden von den Szenen unserer Kindheit» (S. 269).

Demnach machen wir nach der oralen und analen Phase eine ödipale Phase durch, und wir gehen unter der Bedingung gesund aus diesem unbewußten Drama hervor, daß wir uns sexuell von der Mutter ablösen und die Eifersucht gegen den Vater vergessen.

In einem Zusatz von 1914 stellt Freud rückblickend fest, nichts in der psychoanalytischen Forschung habe einen «so erbitterten Widerstreit, ein so grimmiges Sträuben und – so ergötzliche Verrenkungen der Kritik hervorgerufen» wie der Ödipuskomplex. Damit konnte er mehr als zufrieden sein. Die Strategie der «Anspielung mit Auslassung» hatte funktioniert, und dies nicht nur

bei seinen Feinden, sondern auch bei seinen Freunden und Schü-
lern. Selbst noch der die «Grundzüge der Psychoanalyse» eher
trocken abhandelnde Charles Brenner ist nicht wiederzuerkennen,
wenn er sich den (seinen) ödipalen Wünschen zuwendet: «Es ist
ein wirkliches Liebesabenteuer. Für viele Menschen ist es das hef-
tigste Abenteuer im ganzen Leben; in jedem Fall steht es an Intensität keinem anderen Erlebnis nach, das einem Menschen wider-
fährt [...] die Intensität dieses Sturmes von Leidenschaft, von
Liebe und Haß, von Sehnsucht und Eifersucht, von Wut und
Furcht – dieses Gewitters, das in dem Kinde tobt. Davon sprechen
wir bei unserem Versuch, den Ödipuskomplex darzustellen.» Was
wir demnach unbewußt alles hinter uns haben sollen, ist ein sexueller Gefühlssturm, in den sich «mordgierige Wünsche» nach
«Vernichtung» aller Rivalen mit der «Furcht vor Vergeltung» mi-
schen, Vergeltung als Folge der ödipalen Wünsche insbesondere
der Jungen gegenüber der Mutter in Form der «Kastration», der
Verlustangst des eigenen Penis.[16] So wie Ödipus werden wir alle
aufgrund unserer urzeitlichen Sexualwünsche in schwerwiegender
Weise unschuldig schuldig. Nun wissen wir, daß Freuds Strategie
zur Bestimmung der infantilen Sexualität darauf abzielte, die
Sexualbetätigung der Kinder und der Perversen unter dieselben
Gesichtspunkte zu bringen mit dem Hintergedanken, auf diesem
Umweg die christlich wie medizinisch gegebene Gleichstellung
«der Juden» mit den Perversen zu unterlaufen. Um die Frage zu
beantworten, wie das Raster des Ödipuskomplexes in Anwen-
dung auf den Karfreitagskomplex funktionierte, sei zunächst der
antike Mythos selbst kurz in Erinnerung gerufen.

Wie Karl Kerényi gezeigt hat, gibt es eine Fülle von Varianten
der Ödipuserzählung, weit über die von den mythischen Greueln
gereinigte Fassung des Gustav Schwab hinaus.[17] Alle Varianten
aber stimmen darin überein, daß Ödipus durch göttliche Mächte
in einen Leidensweg verstrickt wird, gegen den alles Aufbegehren
nutzlos ist. Freuds Nacherzählung dieses Leidenswegs beginnt damit, daß Ödipus als Säugling von seinen Eltern, König Laios von
Theben und Königin Jokaste, ausgesetzt wird, weil das Orakel der

Götter verkündet hatte, der noch ungeborene Sohn werde den Vater töten. Das Kind aber wird gerettet und wächst an einem fremden Hof auf, dessen Herrscherpaar es für seine leiblichen Eltern hält. Erwachsen geworden, erlangt Ödipus Kenntnis des Orakels, daß er der Mörder seines Vaters und der Mann seiner Mutter werden würde. Um dieser Blutschuld zu entgehen, verläßt er seine vermeintliche Heimat. Unterwegs trifft er auf König Laios, dessen aggressive Arroganz im unerkannten Sohn die gleiche Aggression auslöst. Das Ende des Zusammentreffens ist der Notwehrmord des Sohnes an seinem Vater. Vor Theben verstellt ihm die Sphinx den Weg. Doch kann er ihr Rätsel lösen und sie überwinden. Zum Dank wählen ihn die Thebaner zum König und geben ihm Jokaste zur Frau. Mit ihr hat er zwei Töchter und zwei Söhne. Als nach Jahren die Pest ausbricht, erbringt das neuerlich befragte Orakel den Bescheid, daß die Pest aufhöre, wenn der Mörder des Laios aus dem Lande getrieben sei. Hier setzt die Sophokleische Tragödie ein, und Freud dazu wörtlich: «Die Handlung des Stücks besteht nun in nichts anderem als in der schrittweise gesteigerten und kunstvoll verzögerten Enthüllung – der Arbeit einer Psychoanalyse vergleichbar –, daß Ödipus selbst der Mörder des Laios, aber auch der Sohn des Ermordeten und der Jokaste ist. Durch seine unwissentlich verübten Greuel erschüttert, blendet sich Ödipus und verläßt die Heimat. Der Orakelspruch ist erfüllt.»[18]

Wichtig ist zu sehen, daß Freud die analytische Dramenform des Sophokles mit seiner Methode der Psychoanalyse vergleicht. Ödipus, als königlicher Richter zunächst ahnungslos, sucht den «Prozeßknoten» (Nietzsche) dadurch zu lösen, daß er mit dem Schwert des Rechts Gut und Böse scharf zu trennen sucht, um den Mörder des Laios zu ermitteln. Doch je scharfsinniger das Subjekt dieser richten wollenden Logik ins Objektive hineinprozessiert, desto unausweichlicher judiziert es sich mit Ödipus als Täter (Objekt) vor die Schranken einer Gerechtigkeit, die den Unterschied zwischen Subjekt und Objekt, Opfer und Täter, Gut und Böse, Innen und Außen gar nicht anerkennt. Es gibt im allumfassenden Prozeß des Lebendigen nichts Isoliertes. Es gibt nur eine unteilbare

Schuld, die alle ohne Ausnahme einbezieht. Es ist die Schuld auch des Unschuldigen, die unbewußte Schuld. Der lineare Opfer-Täter-Kausalismus kompliziert sich zu einem Übersystem von Rückkoppelungsschleifen. Aus dem individuellen Ödipusprozeß wird ein Seins-, ein Weltprozeß. Der königliche Richter erkennt sich selbst (an) als den Angeklagten eines numinosen Gerichts, das in ihm seine ganze Umwelt vor die Schranken zitiert. Denn ohne den blinden Glauben an Orakel gäbe es nicht die selbsterfüllende Prophezeiung: den «Ödipuseffekt» (Karl R. Popper), die Vertauschung von Ursache und Wirkung, aus der die christlich-jüdische Vergegnung hervorging.

Ich gehe davon aus, daß dies für Freud wahrscheinlich der tiefste Grund war, den Ödipuskomplex ins Zentrum seiner Psychoanalyse zu stellen. Die sittliche Weltmacht der Kirche schrieb nicht nur alle Schuld und alles erdenklich Böse «den Juden» zu, sie begründete diese Schuld auch dergestalt, daß sie den Warnungen der biblischen Propheten, die doch nichts als innerhebräische Selbstkritik waren unter der Maßgabe des GESETZES, den Charakter eines delphischen Orakels gab: Sie hätten den Kreuzestod Christi und die Blutschuld «der Juden» vorausgesagt. Damit setzten sie die toratreuen Juden des Abendlandes dem Schicksal des Ödipus gleich, machten sie zu Schuldigen ohne Ausweg, die auch als Opfer immer die Täter blieben. Indem Ödipus dem Orakel dadurch zu entgehen sucht, daß er seine Pflegeeltern verläßt, rennt er erst recht in dessen Falle. Wenn Deleuze und Guattari in Freuds Verfahren des Ödipus den Paralogismus des Double-bind, die «doppelte Sackgasse» sehen [19], dann sehen sie an der Oberfläche richtig, was auf dem kryptographischen Grund der Freudschen Entstellungslist der Passionsblume gilt. Aus deren Doppelbindung will Freud Juden und Gojim allerdings befreien.

Dazu bot sich Ödipus besonders an, weil er einen Komplex aus Vatermord, Mutter-Sohn-Inzest und Selbstverstümmelung darstellt, eine Triade also, die den Nachschlüssel hergab, den ambivalent schillernden, doppelbödigen Familialismus des Karfreitagskomplexes analytisch aufzuschließen, ohne ihn selbst direkt beim

Namen zu nennen. Der Beweis ist die Paßgenauigkeit, mit der das Schicksal des Ödipus zum Hebel der Erkenntnis wird für das Schicksal des jüdischen Volks unter den Repressionsbedingungen des abendländischen Exils. Ist man in Kenntnis dieser Bedingungen, dann leuchtet unter dem Täterprofil des Ödipus das «des Juden» auf. Sosehr Freud selbst als Teil des Systems dies bedingt bewußt war, blieb es der Masse seiner nichtjüdischen Schüler und Schülerinnen unbewußt. Über dem Universellen übersahen sie das scheinbar Partikulare oder verwässerten seine Essenz im Ozean der «Archetypen».

Wir haben gesehen, wie die Mitleidstheologie das Trinitätskonstrukt Gottes als Vater – Sohn – Heiliger Geist zu dem Dreieck Mutter – Sohn (und Herr) – Juden verschob und letzteren die Rolle gottesmörderischer Sadisten zuwies. Ihre Penetrationslust symbolisierte sich in Richtung der Mutter Maria von Messer bis Lanze, in Richtung des Sohnes und Gottes in einer alle Perversionen mobilisierenden Hinrichtung, insgesamt ein Triebpotential, das sich über Golgatha hinaus in Hostienschändungen und Ritualmorden immer wieder manifestierte. Dabei handeln «die Juden» blind, weil sie weder in Jesus den wahren Gott und Menschen sehen, noch in Maria die jungfräuliche Mutter und «Braut Christi». Indem sie so das christliche Orakel erfüllen, werden sie Ödipus vergleichbar, der ebenso blind den Vater tötet und die Mutter zur Frau nimmt. Blutschuld hier und da. Und noch etwas. Indem Jesus zugleich Mensch (Sohn) und Gott selbst ist, schillert das Verhältnis zu seiner Mutter und «Braut» doppelsinnig zwischen Inzest und unbefleckter Empfängnis.

Die Selbstblendung des Ödipus zur Sühne seiner Blutschuld ist für Freud ein weiterer wesentlicher Grund, den Sophoklesmythos für sich fruchtbar zu machen. Er deutet die Blendung als Kastration: «Die Kastration fehlt auch in der Ödipussage nicht, denn die Blendung, durch die sich Ödipus nach der Aufdeckung seines Verbrechens bestraft, ist nach dem Zeugnis der Träume ein symbolischer Ersatz der Kastration. Daß an der außerordentlichen Schreckwirkung der Drohung eine phylogenetische Erinnerungsspur mitschuldig ist an die Vorzeit der prähistorischen Familie, da der eifersüchtige Vater den Sohn wirklich des Genitales beraubte, wenn er ihm als Rivale beim Weib lästig wurde, ist nicht auszuschließen. Die uralte Sitte der Beschneidung, ein anderer Symbolersatz der Kastration, läßt sich nur verstehen als Ausdruck der Unterwerfung unter den Willen des Vaters.»[20] Worum es Freud hier wirklich geht, ist so wie die Blendung der «andere Symbolersatz der Kastration»: die Beschneidung. Freud selbst wurde am 13. Mai 1856 in Freiberg dem Ritual der Mezizah unterzogen. Damit wurde er, so Gilman, «Teil des Systems».

Genauer gesagt, muß Freud gesehen werden als der negativ integrierte Teil des jüdischen Systems im Supersystem der abendländischen Moral und ihrer multimedialen Dauersymbolisierung «der Juden» als messerwetzende Menschenmetzger und kastrierende Kastraten. Erinnert sei an die Bilder von den blutlüsternen Beschneidern Christi als Kind, an seine schamverletzenden Schändungen unter der jüdischen Folter, an die Zerstecher und Zerschneider der Hostie oder der rituell mißbrauchten Kinder, gipfelnd in der Kastration ihrer Genitalien.

Es war der Apostel Paulus, der die theologische Grundlage schuf für die Unterscheidung der Körper der Christen von den Körpern der Juden: «Wenn ihr euch beschneiden laßt, habt ihr von Christus nichts mehr zu erwarten» (Gal. 5,2). Den «Zerschnittenen», wie Paulus die «Bösewichter» nennt, stellt er die Christen als die «wirklich Beschnittenen» gegenüber (Phil. 1,13), weil der «Geist Gottes» sie von ihrem «ganzen Körper» geschieden habe (Kol. 2,11). Die Beschneidung gilt seitdem als der unablösbare «Schuldschein» (Kol. 2,14). Am Leitfaden dieser Differenzierung von Juden und Christen «denkt» die Medizin des 19. Jahrhunderts nahezu bruchlos weiter. Der liberale italienische Arzt Paolo Mantegazza (gest. 1901) befindet in seinem Standardwerk «Geschlechtsverhältnisse»: «Täglich sehen wir Juden, die sich selbst beflecken und syphilitisch sind. Die Beschneidung ist ein Zeichen für den Rassenunterschied [...] ein blutiger Protest gegen die universelle Verbrüderung, und wenn auch Christus beschnitten war, so protestierte er noch am Kreuz gegen jedes Zeichen, das die Menschen voneinander unterschied» (S. 96). Ein aufschlußreiches und repräsentatives Zeugnis für die alles planierende Intoleranz auf der Rückseite des bürgerlichen Gleichheits- und Brüderlichkeitsidealismus.

Als Arzt und Teil des europäischen Gesundheitssystems sieht Freud sehr wohl, daß es sich vom christlichen Sittensystem nur oberflächlich emanzipiert hatte. Auch in ihm gilt die Beschneidung als wichtigstes Zeichen jüdischen Andersseins, an dem die pathologische Natur «der Juden» am deutlichsten faßbar wird. Dabei bilden die Beschneidung, der Kampf gegen das «Laster» der kindlichen Onanie und die Syphilis einen Komplex. Während seiner Tätigkeit im Allgemeinen Krankenhaus in Wien 1883 kommt Freud in der Abteilung für Syphilis mit diesem Komplex in engste Berührung. Dazu Gilman: «Masturbation und Syphilis waren im Denken der Mediziner wie der Laien mit der Macht der Sexualität assoziiert. Ständig brachte man die miteinander verknüpften Gefahren der Sexualität, der Syphilis und des Verrücktwerdens mit der Gestalt des männlichen Juden in Zusammenhang. Seit man den Juden mit seinem Beschnittensein identifizierte, wurde er zur Personifizierung dieser Gefahr.» Sein beschädigter Penis «repräsentiert die potentiellen Verheerungen durch sexuell übertragbare Krankheiten» und wird zum «wissenschaftlich» verbrämten, ganz normalen Wahn von der jüdischen Bedrohung für die Ganzheit und Gesundheit des arischen Menschen (S. 101).

Indem das medizinische Schrifttum dieser Zeit einen engen Zusammenhang herstellt zwischen Beschneidung und Kastration und darin ein Zeichen sieht für jüdische «Barbarei», verrät es sich selbst als nicht voraussetzungsfrei, sondern im Gängelwagen alter Bevormundung. Deshalb unterscheidet Freud insbesondere in seiner 35. Vorlesung «Über eine Weltanschauung» (1932) indirekt zwischen zwei Arten derselben, nämlich einerseits der unwissenschaftlichen, andererseits der «wissenschaftlichen Weltanschauung», zu der er die Psychoanalyse oder Psychologie des Unbewußten rechnet als eine Spezialwissenschaft, einen Zweig der Psychologie. Diese selbst sei «ganz ungeeignet, eine eigene Weltanschauung zu bilden», sie müsse «die Wissenschaft annehmen».[21] Entsprechend die Schlüsse, die Freud aus dem Assoziationsmechanismus der Medizin von Beschneidung und Bedrohung der arischen Gesundheit zieht im Zusammenhang mit dem «kleinen Hans»:

> «Der Kastrationskomplex ist die tiefste unbewußte Wurzel des Antisemitismus, denn schon in der Kinderstube hört der Knabe, daß dem Juden etwas am Penis – er meint, ein Stück des Penis – abgeschnitten wurde, und dies gibt ihm das Recht, den Juden zu verachten. Auch die Überhebung über das Weib hat keine stärkere unbewußte Wurzel. Weininger, jener hochbegabte und sexuell gestörte junge Philosoph, der nach seinem merkwürdigen Buche ‹Geschlecht und Charakter› sein Leben durch Selbstmord beendigte, hat in einem vielbemerkten Kapitel den Juden und das Weib mit der gleichen Feindschaft bedacht und mit den nämlichen Schmähungen überhäuft. Weininger stand als Neurotiker völlig unter der Herrschaft infantiler Komplexe; die Beziehung zum Kastrationskomplex ist das dem Juden und dem Weibe dort Gemeinsame.»[22]

Otto Weininger, selbst beschnittener und getaufter Jude und damit wie Freud Teil des Systems des Systems, wurde anders als dieser und Heine mit seiner sexuellen Identität nicht fertig. Er nahm nicht wie die beiden den Kampf gegen das System auf, sondern machte sich dessen tausendjährige Bisexualisierung «der Juden» als Synagoga, Hexe, Judensau, Ahasvera zu eigen. Das heißt, er suchte die Identifikation mit dem Aggressor, assimilierte sich an dessen Antisemitismus und vermochte dies nur um den Preis des selbstmörderischen Hasses auf sein Judesein. Seine Dissertation «Geschlecht und Charakter» (1903) wurde ein Bestseller, denn sie etablierte «ein psychologisches Spektrum, an dessen einem Ende die jüdische und an dessen anderem Ende die arische Psyche stand. Diese Skala verlief parallel zu jener, auf der das Männliche und das Weibliche als antithetische Punkte fungierten.» Daß das Werk Weiningers, dieses «zweifellos hochbegabten Geisteskranken» (Leopold Löwenfeld), dem antisemitischen Rassismus sehr gelegen kam, beweist nicht nur Felix Langer, der in seiner Schrift «Die

Protokolle der Weisen von Zion» (1934) den Selbstmord Weiningers als Beweis jüdischer Schwäche und Verrücktheit bezeichnete.

Die Beschneidung (= Kastration) als systemtragende wie -gefährdende fixe Idee vom krank machenden Judentum ließ aber merkwürdigerweise einen der Effeminierung entgegengesetzten Aspekt zu. So befand Georg Groddeck im Jahre 1931, daß «kein Volk auf Erden [...] so ausgeprägt männlich» sei wie das jüdische, denn mit der Vorhaut, dem Pendant zu den vaginalen Schamlippen, werde «die Zweigeschlechtlichkeit des Mannes» beseitigt, werde der Jude «zum Mann»; dies allerdings mit der Folge eines «falschen Überheblichkeitsgefühls». Gilman kommt in seiner gründlich belegten Analyse des Kastrationskomplexes zu dem Ergebnis: «Für Weininger ist das ‹Jüdische› ein Makel, der das kranke Individuum zeichnet. Der Jude ist hoffnungslos beschädigt. Freud erkennt das Anderssein des jüdischen Körpers an, wie er auch das Anderssein der jüdischen Psyche anerkennt, hält aber die Reaktion des Ariers darauf für eine Art Pathologie» (S. 131). Daß diese Pathologie ihren Wurzelgrund zuerst einmal in der antijüdischen Sexualisierung der abendländischen Seele hatte, ist ebenso unabweisbar wie die Wahrscheinlichkeit, daß insbesondere die aufgeklärten Antisemiten des 19. und 20. Jahrhunderts diesen Ursprung vergessen oder verdrängt hatten mit der selbstverdummenden Folge, Christentum und Judentum verächtlich in einen Topf zu werfen und letzteres für ersteres verantwortlich zu machen. Unbewußt blieben sie in den verachteten christologischen Begriffsvorgaben gefangen, in der von Gilman ausgemachten «Triade»: der kastrations-(= infektions-)ängstliche Arier – die schwache, genital defekte Frau – der bedrohende jüdische Mann (S. 133).

Nicht zuletzt bot sich Ödipus Freud an wegen des Inzests zwischen Mutter und Sohn. Schon im Mittelalter wurden «die Juden» dieser Blutschande bezichtigt. In den Klöstern des 12. Jahrhunderts entsteht eine ödipale Version der Judaslegende, wonach der Christusverräter vorher seinen Vater ermordet und mit seiner Mutter Unzucht getrieben haben sollte. Dabei ist zu bedenken, daß Judas als Kollektivsubjekt des jüdischen Gottesverrats gehandelt wurde.[23] In diesen klösterlichen Phantasien offenbart sich ein das Judentum intim umkreisender Haß, dessen sexualisierter und sexualisierender Beweggrund unüberhörbar ist. Das prickelnde Thema des Inzests ist die Rückseite der Besessenheit, mit der die Kirche die Ehe- und Familienprobleme zu kanalisieren und zu kontrollieren sucht. Inwieweit der eigene inzestuöse Mißbrauch der Kinder auf die inzestuösen und ritualmörderischen Juden projiziert wurde, ist eine Frage, die sich in diesem Zusammenhang stellt, zumal die Geschichtsschreibung der Kindheit dazu eine Fülle von Belegen liefert.[24]

Ein weiterer Inzestvorwurf, der regelmäßig gegen «die Juden» vorgebracht wurde, war der zwischen Bruder und Schwester. Wie Freud auf diesen Komplex reagiert, beschreibt Gilman folgendermaßen: «Indem er die Hysterie dem Bereich des Inzestuösen zuweist, eliminiert Freud das Trauma der Beschneidung, die evidenteste ‹frühe Erfahrung sexueller Beziehungen mit wirklicher Erregung der Genitalien als Folge des Mißbrauchs durch eine andere Person› aus der Ätiologie der Neurosen.»[25] Das Reaktive dieser Ambivalenz ist nicht zu überhören. Freuds Strategie ist eindeutig. Er will die allein dem jüdischen Körper zugeschriebenen (kontaminösen) Defekte universalisieren. Wir alle sind Ödipus. Zwar ist die Beschneidung «ein Zeichen des Pathologischen, aber nicht für Juden. Der Arier ist es, der unter dem Trauma der Beschneidung des Juden leidet» (S. 144). Von der Sakralkunst bis zu den Hysterien der arischen Medizin und Biologie ist das lückenlos belegbar.

Im Ödipuskomplex sehen Freud und die Psychoanalyse eine Kindheitsschleuse, aus der das abendländische Über-Ich hervorgeht als eine spezifische Form der Gewissensbildung. Allerdings werden Vorläufer in der prä-ödipalen (präphallischen) Phase angenommen, die Ferenczi in dem treffsicheren Begriff der «Sphinktermoral» zusammenfaßte. Die Über-Ich-Bildung ist ein Prozeß der Internalisierung dessen, was die Eltern- und Erwachsenenwelt für moralisch gut und böse hält. Freud sieht die Stabilisierung dieses Moralisierungsprozesses im Kindesalter von zehn Jahren erreicht. Sie ist «schicksalhaft» und besteht in der «Identifikation» mit den Eltern. Sehr merkwürdig dabei, daß der Abwehrkampf des Über-Ich gegen die ödipalen und regressiven Es-Impulse anhält, obwohl in diesem Kampf normalerweise die Identifikationen, die das Über-Ich-Gewissen bilden, die stärkeren sind. Wo aber die Es-Impulse die Oberhand gewinnen, ist Krankheit. Daß Freud nur einen Wunsch hatte: daß dieses abendländische Es = Ich werde, ein Ich, erlöst von der antisemitischen Erkrankung, ist nur zu verständlich. Freud sieht immer, daß das Wechselwirkungsverhältnis von Es, Über-Ich und Ich unter permanenter Spannung steht. Wenn das Ich des Kindes an der Macht der Eltern durch Identifikation (Introjektion = Einverleibung) mit ihnen teilnimmt, so muß es dies damit bezahlen, daß es ihnen (ihrem Über-Ich) in gewissem Umfang auf immer unterworfen bleibt – bis hin zur «Identifikation mit dem Aggressor» (Anna Freud).

Es war aber nicht der Ödipuskomplex, sondern der Karfreitagskomplex, der den Prozeß der abendländischen Über-Ich-Bildung steuerte und eine ganz eigene Stimme des Gewissens dadurch schuf, daß er eine doppelte Identifikation (Introjektion) herbeiführte, die das Kind über die reale Elternbindung weit hinaus durch die religiöse Triangulation schleuste, in der sich das Es als antijüdisch besetztes ebenso spaltete wie das Über-Ich, in dem sich die Imago des himmlischen Paars zwingend über das Bild der irdischen Eltern schob. Von daher macht es hintergründigen Sinn, wenn Freud sagt, daß das Über-Ich als Ersatz und Erbe der ödipalen Objektbeziehung «tief im Es» seine Wurzel habe und daß es dort zur Umwandlung von sexuellen und feindseligen Besetzungen komme, die aber unbewußt bei den meisten Menschen weiterwirken.[26]

Ohne Zweifel brachte die von Gott und Kirche gebotene Identifikation mit dem himmlischen Paar das Kind vor allem in der Pubertät in einen schwerwiegenden Konflikt mit seinen leiblichen Eltern, die an diesen höchsten Anspruch der Liebes- und Mitleidensleistung nicht heranreichten. Ja, das erdrückende Vorbild (ver-)drängte sie nur allzu oft in die Rolle eines fragwürdigen, wenn nicht abstoßenden Negativs bis hin zur Karikatur, eine Frusterfahrung, die auf die vorgeschriebenen Feinde der Kirche projiziert wurde. Annette von Drostes naturalistische Erzählung «Die Judenbuche» ist dazu ein gutes Beispiel.

Wie nachhaltig diese doppelte Identifikation die normale Seele prägte, wurde vom Mittelalter bis in dieses Jahrhundert manifest in den Störungen, die sich z. B. aus den Visionen der Mystikerinnen ergaben. Immer sind diese Visionen gefährliche und gewagte Grenzgänge zwischen Ekstasen, die sich an der Passion Christi und seiner Mutter entzünden, und höllischen (pornographischen) Halluzinationen. Interessant dabei ist, daß nicht nur die bestallten Seelenärzte der Kirche, die Inquisitoren und Beichtväter, Tag und Nacht geplagt waren, diese Störungen unter Kontrolle zu halten, sondern daß auch die die Inquisitoren ablösenden Psychiater der Moderne mit den gleichen Fällen ziemlich hilflos konfrontiert blieben. Soweit die Mystikerinnen ihre Visionen niederschreiben, sind sie durchweg verschlüsselte Botschaften und Geständnisse des Unaussprechlichen. Denn immer wollen die geistlichen Bevormunder wissen, ob aus den klösterlichen Erleuchtungen des Hungers und der Ekstasen der Heilige Geist oder der Teufel redet.

Der Zisterzienserin Mechthild von Hackeborn kommt in ihren Visionen Jesus mit ausgebreiteten Armen entgegen, um sie zu empfangen. Dabei erlebt sie sich als «von Gott gänzlich verschlungen» (absorpta). Sie verliert das Bewußtsein und ist von einem unbeschreiblichen Glück erfüllt. Ähnlich die Mystikerin Hadewijk. Zur Bestimmung ihrer Visionen benutzt sie das Wort orewoet (ore = Aura, Sturm; woet = Wut) als Code für die Lustqualen der Liebe (minne) und die Sturmwut des Begehrens, der der göttliche Geliebte derart entspricht, daß er sie an sich zwingt und alle Glieder mit Wonnelust füllt bis hin zur gänzlichen Befriedigung.

Der Übergang von der mystischen Liebe zum Wahnsinn ist fließend. Wenn diese Liebe mächtig wird, dann bleibt sie nicht rein, sondern vermischt sich mit den tiefsten Qualen des verwundeten Herzens. Schwert, Pfeil und Herzwunde sind das Leitmotiv in der mystischen Minneliteratur, besonders beispielhaft bei der heiligen

Teresa von Avila und bei der heiligen Brigitta, mit deren «Offenbarungen» Martin von Kochem überhaupt erst dazu «erleuchtet» wird, die Passion von Jesus Christus und seiner glorwürdigsten Mutter Maria «ganz vollkommen» unter das Volk zu tragen. Maria selbst erscheint Brigitta als «die Mutter aller Mütter» und erzählt ihr haargenau bis ins schmerzverzückte Detail, wie z. B. die Geißelung wirklich vollzogen wurde, wie der entblößte Jesus die Martersäule mit «inbrünstiger» Begierde geküßt habe, wie der «giftige» Haß «der Juden» gleich Messern, Dolchen, Schwertern, Lanzen in ihr Herz eingedrungen und «sein Schmerz ihr Schmerz» gewesen sei, «zuckend» am Boden liegend und «schwimmend im eigenen Blute». Immer wieder umkreisen die Visionen der Brigitta die Schmerzenslust des «Herzens». Das Organ spaltet sich in den Doppelsinn eines aufnehmenden Kanals, in den die phallischen Gerätschaften eindringen bis hin zur «Entraffung». Besonders obsessiv die Vision der «schimpflichen Entblößung» Christi und die unter der Folter in Häßlichkeit verwandelte vollkommene Schönheit des göttlichen Leibes. Die Mutter Maria erweist Brigitta die Liebe, den ganzen Leidensweg des geliebten Sohnes mitzugehen. Sie küßt alle ihm nach und nach zugefügten Wunden und tut es ausdrücklich «mit dem sündigen Mund» und dabei betend: «O keuschester Bräutigam meiner Seele, du hast entblößt werden müssen, um meine unkeuschen Gedanken, Worte und Werke abzubüßen.» Martin weist mit Bezug auf dieses Vorbild darauf hin, daß etliche heilige Jungfrauen die Kreuzigung an sich selbst erlebt hätten. Doch suchen nicht nur die Frauen in ihren Visionen die Identifikation mit dem himmlischen Paar bis zur Introjektion, sondern es kreisen auch die Phantasien der Heiligen Bonaventura, Hieronymus, Anselmus und Vinzenz etc. um diesen Komplex; und ihnen verdankt der Volksmissionär die Enthüllung über die «schändlichen Ungebührlichkeiten», die «die Juden» im Hause des Kaiphas an ihrem Folteropfer Jesus vornahmen.[27]

All dies beweist, daß die mystischen Bräute Christi wie auch die mit ihnen phantasierenden Mönche, Priester, Heiligen, Kreuzritter, Romantiker und ein Heer von mit inspirierten Laien über das

Familiendreieck hinaus und von ihm weg die mitleidstheologische Introjektion erstreben um des hohen seelischen Einkommens willen, das ihnen die orgiastisch eindringenden Symbole des Bösen an Gefühlen gewähren, solange sie dem Heiligen Geiste bußwillig dafür die Zinsen zahlen. Wenn sich die Mystikerinnen von den brennenden Händen Gottes berührt erleben, dann ist das nicht länger der ordinäre Geschlechtsakt der Eltern, es ist auch nicht die jüdische *perversitas*, sondern deren hocherotische Sublimierung bis hin zur Entraffung in den Schoß der himmlischen Familie, die in «Blitzen» gipfelt und danach in Gefühle des leiblichen Gelöstseins übergeht. Heine ironisierte diesen Seiltanz als das «Konkordat» des Katholizismus «zwischen Gott und dem Teufel», zwischen dem Geist und dem «Fleische», dem «Lehn des Satans», das es um des lichten Himmels willen zu peinigen gelte.

Wenn die Theoretiker der Telekommunikation heute behaupten, mit dem Internet sei endlich der alte Menschheitstraum erfüllt, unabhängig von Zeit und Raum zu kommunizieren, dann ist da viel ahistorische Fixierung auf die elektronische Technologie im Spiel. Auch der abendländische Medienverbund funktionierte telekommunikativ über Raum und Zeit, wenn man sieht, wie die Christenkinder in den heiligen Sakramenten ihr Paßwort finden, mit dem sie sich in dieses Netzwerk einschalten und in ihm auf eine Weise operieren, daß sich der Geist zwar auch vom Leib ablöst hin zu einer virtuellen Realität, aber doch so, daß er über diesen Umweg den Leib um so leidenschaftlicher auflädt mit einem Gefühlssturm aus Haß, Liebe, Lust und Leid, von dem die Mystiker des Internet nur träumen können. Wenn sich heute pubertierende Jungen und Mädchen in ihre Medienstars verknallen, dann ist das nicht vergleichbar mit der Identifikationsgewalt, die von Christus, Maria und ihrem bildschönen Gefolge ausging. Und wenn sich die Kinder schon in perverse Gewaltstreifen einschalten, dann werden sie zwar in einen reißenden Strom von Emotionen hineingerissen, der sie aber seelisch nicht formt wie das Christentum die 30 Generationen Abendland, sondern in Partialtriebe auflöst, deren Wunschproduktion amorph bleibt. Noch ist das Internet gottlos. Immer aber sollte es seinen Teufel in sich selbst suchen.

Wo die Mystikerinnen niederschreiben, wie sie mit dem gegeißelten und angenagelten Leib Christi verschmelzen, tun sie es, wie gesagt, verschlüsselt. Denn die Inquisitoren führen ein hochnotpeinliches Überwachungs- und Strafregiment, und dies um so mehr, als ihnen der Garten der weiblichen Lüste im letzten verschlossen bleibt. Um so dogmatischer die Befragungskriterien des Erlaubten und Verbotenen: Ist in diesem oder jenem Fall die Erleuchtung durch den Heiligen Geist gegeben oder aber die Unzucht mit dem Teufel? Wie der Teufel aktiv wird, ist schon vom Evangelium her jüdisch festgelegt. Um den Verhören unter Folter zu entgehen, halten sich die inspirierten Frauen ihre ständigen Beichtväter, denen sie nicht selten durch harte Bußen abgewehrte Gewissensnöte bereiteten.

Es muß in diesem doppelbindenden Verhältnis eine Dauerspannung zwischen Strafangst und Ekstase angenommen werden, zumal der Karfreitagskomplex die Lustqualen des Perversen ebenso evozierte wie verteufelte. Diese paradoxe Sexualisierung löste seit dem Mittelalter in den Frauen eine Skala von Gefühlen aus, die psychiatrisch eingestuft werden müssen zwischen normal bis verrückt und die sich ungebrochen fortzeugten bis ins 20. Jahrhundert. Von dem Pariser Nervenarzt Pierre Janet besitzen wir die Protokolle einer Patientin mit Namen Madeleine (gest. 1921), die alle wesentlichen Züge der Ekstasen echter Mystikerinnen im Genuß des Leibes Christi aufwies:

«Ich koste überall die Süße dieser Küsse. Der Genuß im Mund und auf den Lippen ist endlos [...] Meine Zunge ergötzt sich wie noch niemals zuvor. Diese Süße in meinem Mund ist berauschend [...] Ich empfinde eine ungeheure Süße auf den Lippen und im Bauch, der sich in wahrhaft göttlichen Spasmen zusammenzieht. Etwas geschieht mit meiner Blase, die Öffnung wird verschlossen, und diese Unfähigkeit, Wasser zu lassen, ist keine Qual, sondern eine Lust. Gott hat mit seinen Küssen überall ein Siegel angebracht.»

Die ekstatische Süße wird so wie im Mund in allen versiegelten Öffnungen des Leibes erfahren. Den psychohistorischen Grund dieser Ambivalenz weiß Madeleine sehr exakt anzugeben in dem Namen, den sie sich selbst gegeben hat: «Sündenbock».

Da geht eine Gewalt aus von der Ikone des gekreuzigten Gottes und seiner schmerzensreichen Mutter, die die hochmotivierten Gotteskinder in einer doppelten Sackgasse zwischen Entleibungslust des Fleisches und Sexualisierung des Geistes ohne Ausweg läßt. Bei aller individuellen Verschiedenheit der Schicksale ist diese repressive Triebregulierung immer wieder die gleiche. So unterschiedliche Frauen wie die Marquise von Sévigné, Jeanne-Marie de La Motte-Guyon, Collete Peignot, die Gefährtin George Batailles, die Günderode oder die Kabarettistin Emmy Hennings, sie alle «haben» den Karfreitagskomplex.

Die 1895 in Flensburg geborene Emmy Hennings war Dienstmädchen, Schauspielerin in einem Wandertheater zusammen mit Joseph Hennings, der sie mit siebzehn heiratete und bald wieder verließ, war dann Kabarettistin in Berlin im Boheme-Café des Westens und schließlich im Münchner Kabarett Simplicissimus, wo sie wegen ihres Pazifismus entlassen wurde. Mit Hugo Ball emigrierte sie 1915 in die Schweiz und eröffnete zusammen mit ihm das Cabaret Voltaire in der Zürcher Spiegelgasse, dem Zentrum des Dadaismus. Ihr geheimes Leben aber legte sie erst offen in ihrem «Tagebuch» von 1920. Als Schauspielerin ohne Engagement landet sie als Hure in Köln: «Jeder Anlaß war mir ein Abgrund, ich bin nicht erst heute gefallen [...] Die auf dem dritten Wege sind und der herniedergeneigten Zeit folgen, die leben wie im Fegefeuer. Sie brennen ohne Unterlaß in innigem Verlangen, weil alles an ihnen geneigt ist: der Mund dargeboten, die Arme aufgetan und das reiche Herz bereit. Dies schreckliche Siechtum macht ihnen ihrer Seele Grund so tief und so weit, daß sie nicht erfüllt werden können ...»

Während Emmy obdachlos durch die Straßen Köln irrt, wo sie «keinen Grund hat» und vom Verkauf ihres Leibes leben muß, empfindet sie ihr Hurengewerbe als Verrat an Christus. Sie verrät ihn ausdrücklich um Judaslohn! Sie versenkt sich in den Abgrund ihrer Schande gleich einer Mystikerin und bringt ihr Schicksal in Zusammenhang mit der Passion: «Trotz alles Elends liebe ich mein Bewußtsein, auf geheimnisvolle Weise sogar das Bewußtsein meiner Sünde. Auch auf meiner Sünde muß ich bestehen [...] und mich fallen fühlen.» So nimmt sie die Sünde auf sich wie das Kreuz und geht als der Negativbeweis der Wahrheit und Reinheit des Vorbildes Christi auf den Strich. Auf diesem Hurenweg nähert sie sich von der anderen Seite der Grenze her kommend dem Schicksal Synagogas oder Ahasveras und erinnert nicht wenig an den Heine des Wintermärchens, irrend durch die nächtlichen Straßen Kölns und eingeholt von der Passion und ihren Folgen. Dies besonders da, wo sie träumt: «Ich bin wieder Kind, und aus der blauen Wolke, die von weither zu mir drang, höre ich die mütterliche Stimme, die warnt mich vor Gitter, Gosse und Ginster. Das ist Gefängnis, Straße und Wahnsinn.»[28]

Die Formation dieser mutigen Frauen, die sich berufen fühlten, die repressive Triebkonditionierung des Leibes durch den Heiligen Geist aufzudecken und (verschlüsselt) umzudrehen in die «Lust, tiefer noch als Herzeleid» (Nietzsche), ist zwar schmal, aber tief gegliedert. Über ihr Beispiel darf nicht vergessen werden, daß sie zugleich Zeugnis geben für die namenlose Masse der Mädchen und Frauen, die nicht nur tausend Jahre lang das gleiche Triebschicksal erlitten, sondern es als beichtende und kommunizierende Mütter immer wieder ihren Söhnen und Töchtern auferlegten. Zieht man Bilanz, kommt man zu folgenden Ergebnissen: Erstens, wenn die christlichen Seelenärzte den Heiligen Geist nur repressiv und vor dem dunklen Grund des «jüdisch» stigmatisierten Leibes unter Kontrolle zu halten vermochten, dann war ihr Geistbegriff falsch. Zweitens, wenn insbesondere die Frauen diese Begriffsgrenzen verletzten, ja sprengten und sich und ihren Leib zu einem ganz anderen Gleichnis machten, dann waren sie es, die wunschproduktiv in die verbotenen Räume eines Geistes vorstießen, der Erde und Leben treu geblieben war. Waren die ekstatischen Frauen den Beichtvätern deshalb so unzugänglich und unheimlich?

Es sei daran erinnert, daß Freud die weibliche Sexualität 1926 zum «dark continent» der menschlichen Psyche erklärt. Dabei laufen, so Gilman, seine Äußerungen über die wissenschaftliche Unerkennbarkeit des Weiblichen parallel zu seinen Aussagen über die wissenschaftliche Unerkennbarkeit des Juden.[29] War dieser Parallelismus von Weiblichkeit und Jude eine Anspielung mit Auslassung? Der hebräische Begriff des Geistes Gottes, die *ruach*, ist weiblich! In jedem Fall wird deutlich, daß er mit Ödipus mehr im Sinn hatte als Ödipus. So wie Jung war auch Freud nicht entgangen, daß der Psychoanalytiker in der Übertragung dem Patienten bisweilen wie ein Gott, Teufel oder Zauberer erscheint. Jung führte diesen Umstand gegen Freud ins Feld. Als Pastorensohn brauchte er sich hier auch nicht wie Freud zu verstellen. Ihm war es selbstverständlich, daß das abendländische Über-Ich die elterlichen Imagines in hohem Maß überschritt, indem es die Eckpunkte des ödipalen Familiendreiecks zum himmlischen Dreieck hin verlängerte. Freud hingegen hatte das vitale Interesse, diese Linienziehung umzukehren und zu sagen oder durch Anspielung auszulassen: Gott = Vater, Gottesmutter = Mutter, Geist = das Weibliche, Jude = Ödipus, Ödipus = wir alle. Es ging ihm um die Rückbindung der Triebe an die Wirklichkeit des Lebens, also um das, was er Realitätsprüfung nannte.

In diese theologisch-philosophische Dreiecksverdopplung waren zwei systemimmanente Sprengsätze eingebaut: der erste als die multimedial aufgeheizte Erlaubnis, sich in Phantasien des Perversen zu ergehen, sofern sie sich mit Judenabscheu paarten; der zweite aufgrund der damit zusammenhängenden Pflicht, das leibliche Leiden Christi und seiner Mutter durch alle sado-masochistischen Stationen hindurch im Geiste liebend mitzuleiden. Dieses Paradox komplizierte und sublimierte zwar die Seelen, machte sie aber zugleich krank. Und sicher anders als die in Mitleidenschaft gezogenen jüdischen Männer, Frauen und Kinder.

Die Kritik von Deleuze und Guattari an Ödipus und der Psychoanalyse geht daher zumindest an Freud selbst vorbei. Aber gerade deshalb ist sie aufschlußreich, wenn wir lesen:

«Wie es keine Evolution von Trieben gibt, die diese samt ihren Objekten einem integrativen Ganzen zusteuern ließe, so auch keine ursprüngliche Totalität, aus der sie abzuleiten wären. Melanie Klein ist die hervorragende Entdeckung der Partialobjekte, diese Welt der Explosionen, Rotationen und Vibrationen zu verdanken. Und doch, wie ist es zu erklären, daß sie die Logik dieser Objekte verfehlt hat? Zunächst, weil sie sie als Phantasien denkt, sie vom Gesichtspunkt der Konsumption aus beurteilt [...] Es steht fest, daß die Partialobjekte ausreichend geladen sind, um Ödipus in die Luft zu sprengen und ihn seines dümmlichen Anspruchs zu entkleiden, das Unbewußte zu repräsentieren, es zu triangulieren, die gesamte Wunschproduktion zu leiten [...] Weil Melanie Klein aber weiterhin den Bezugsrahmen des Ganzen, der ganzen Person und des Totalobjekts aufrechterhält – und vielleicht auch, weil sie es gegenüber der Internationalen Psychoanalytischen Vereinigung, an deren Pforte groß geschrieben steht ‹Eintritt nur für Ödipale(s)›, nicht zum Äußersten kommen lassen will –, bedient sie sich der Partialobjekte nicht, um die eiserne Halskrause von Ödipus zu sprengen, sondern (zumindest tut sie so) um Ödipus zu verwässern, zu verkleinern, um ihn zu vervielfachen und ihn derart im zartesten Alter anzusiedeln.»

Wie das bei der «am wenigsten ödipalisierenden Psychoanalytikerin» vor sich geht, belegen Deleuze und Guattari an dem Fall des kleinen Dick:

«Dick hatte, als ich ihn zur ersten Stunde von der Nurse übernahm, diese [...] ohne jede Affektäußerung verlassen. Als ich ihm die vorbereiteten Spielsachen zeigte, betrachtete er sie völlig interesselos. Ich stellte dann einen größeren neben einen kleineren Zug und benannte sie ‹Papa-Zug› und ‹Dick-Zug›. Er nimmt hierauf den kleineren, von mir mit Dick benannten Zug, läßt ihn zum Fenster fahren und sagt ‹Station›. Ich erkläre: ‹Station ist Mutti – Dick fährt in die Mutti.› – Er läßt darauf den Zug sein, läuft zu dem durch die Doppeltüren des Zimmers gebildeten Zwischenraum, schließt sich dort ein, sagt dabei ‹dunkel›, läuft gleich wieder von dort heraus und wiederholt dieses Vorgehen einige Male. Ich erkläre: ‹Dunkel in Mutti, Dick ist in dunkler Mutti›... [Im Fortgang der Analyse hatte Dick] auch das Waschbecken als Symbol des Mutterleibes entdeckt, und eine große Angst vor dem Benäßtwerden, vor Wasser trat hervor.»

Der Kommentar von Deleuze und Guattari zu diesem Fall ist nachvollziehbar:

«Sag, daß es Ödipus ist, oder ich knall' dir eine! [...] Damit ist die Wunschproduktion niedergewalzt, erneut in elterliche Imagines eingezwängt, auf präödipale Stadien gereiht, in Ödipus totalisiert; kurzum, die Logik der Partialobjekte ist zunichte gemacht. Ödipus gerät uns folglich nunmehr zum Prüfstein der Logik. Denn wie schon zu Anfang geahnt, werden die Partialobjekte nur scheinbar zu ganzen Personen, in Wirklichkeit aber einem nicht-personalen Strom (oder hylé) entnommen und darin erzeugt. Mit diesem kommunizierend, gehen sie zugleich mit anderen Partialobjekten Verbindungen ein. Das Unbewußte weiß nichts von Personen. Die Partialobjekte bilden weder Repräsentanten elterlicher Personen noch Träger familialer Beziehungen, es sind Bestandteile der Wunschmaschinen.»[30]

Wenden wir diese Theorie der Partialobjekte auf den Karfreitagskomplex an, so sind «die Juden» darin in der Tat zerlegt in anale, orale, phallische und (zu Herz und Seitenwunde verschoben) vaginale Wunschmaschinen, die auf einen nicht-personalen Strom von Wünschen verweisen, der (siehe Mystikerinnen) ebenso unbewußt ist, wie Deleuze und Guattari übersehen, daß Freud auf die sein Volk de-personalisierende Instrumentalisierung dieser Wunschmaschinen mit dem Ödipus reagierte. Das Plädoyer der beiden Franzosen für das Unbewußte ist dennoch beherzigenswert:

«Ist es übertrieben zu sagen, daß im Unbewußten notwendigerweise weniger Grausamkeit und Terror, und von anderer Natur, als im Bewußtsein eines Erben, eines Militär oder eines Staatschefs herrschen? Das Unbewußte besitzt seine Schrecken, aber diese sind nicht anthropomorph. Nicht der Schlaf der Vernunft erzeugt Monster, sondern die aufmerksame, nie schlafende Rationalität. Das Unbewußte ist rousseauisch, als Natur-Mensch. Welche Tücken und Listen finden sich zudem bei Rousseau! Überschreitung, Schuld, Kastration: bilden sie die Bestimmungen des Unbewußten, oder reflektiert sich in ihnen nur die Sehweise eines Priesters? Gewiß ließen sich noch andere Kräfte als die Psychoanalyse nennen, die das Unbewußte ödipalisieren, ihm Schuldgefühle einflößen, es strafen. Aber die Psychoanalyse unterstützt die Bewegung, sie erfindet einen letzten Priester» (S. 144 f).

Unbegründet ist der Vorwurf sicher nicht wie in dem Fall des kleinen Dick, der mit seinem Zug unbedingt (noch einmal) in die Mutti hineinfahren muß, damit sein schmutziges kleines Geheimnis an den Tag komme. Es ist demnach ein großer Unterschied, ob die Stichwaffen, die die kleinen Jungen in ihren Spielen und Phantasien benutzen, die Messer, Dolche, Schwerter, Lanzen etc., «im unbewußten Denken den Penis vertreten»[31] oder ob ich darüber hinaus weiß, daß das abendländische Über-Ich seine Kinder beiderlei Geschlechts (!) immer wieder in die Pflicht nahm, sie mit dem «giftigen» Haß «der Juden» zu assoziieren. So spürten nicht nur die inspirierten Mädchen und Frauen diese Stichwaffen in ihre Herzen eindringen, sondern auch die Knaben und Jünglinge, besonders beispielhaft die Ritter des Templerordens, von denen (nicht nur) Wolfram von Eschenbach erzählt, daß sie, schuldgeplagt, die Rachelanze des Longinus so lange in ihren Herzen brennen fühlten, bis sie sich durch die Rache an den Mördern Christi davon befreit hätten. Dieser Schwur reservierte ihnen den (auch bildlich) festgehaltenen Platz an der entblößten Brust Marias, aus der ein Bogenstrahl von Milch huldvoll in ihre Münder spritzte. So einten sich Milch und Blut, Brust und Wunde.

Es blieb dem Marquis de Sade (geb. 1740) vorbehalten, mit dem Feuer der christlichen Sittlichkeit nicht länger mystisch verschlüsselt nur zu spielen, sondern es (schreibend) in einen Flächenbrand zu verwandeln. Was er den Sittenwächtern zumutet, geht über die im Adel üblichen (und kirchlich kontrollierten) Libertinagen weit hinaus. Er bricht das Reich des Geistes hinter sich ab, macht das jüdische «Reich des Fleisches» zu seinem Reich und hält Einzug in das innere Ausland der verbotenen Lüste, die er exzessiv auslebt. Zunächst auch real. 1763 kommt der «Fall Keller» gegen ihn zur Anklage. Der Marquis hatte die Hure ausgepeitscht, sie mit Messerstichen gequält, in ihre Wunden Wachs gegossen und sie nicht nur Unzucht treiben lassen mit christlichen Symbolen, sondern auch selbst Hostien eingeführt in die verkehrten Öffnungen und sie sodomiert. Der Delinquent wird zwar verhaftet, doch wird der Prozeß durch den Einfluß seiner Schwiegermutter beim König zunächst verhindert. Schließlich endet der Wiederholungstäter dann doch in der Bastille. Dort schreibt er seine imaginären Exzesse in Romanen nieder, bis ihn der Sturm auf die Bastille 1789 vorübergehend befreit. 1797 erscheinen die zehn Bände der «Nouvelle Justine». Es hilft de Sade nichts, daß er die Urheberschaft abstreitet, er wird 1801 verhaftet und 1803 in die Irrenanstalt von Charenton eingewiesen, wo er für die Pariser Hautevolee Theaterstücke inszeniert, in denen die Geisteskranken die Rollen übernehmen.

In seinen inneren Ausschweifungen lösen sich die Personen (Ichs) und Geschlechtsunterschiede in einen die Leiber wahllos mit sich reißenden Strom von Partialobjekten auf. Ist dann die Lust in allen Varianten des Perversen wechselseitig befriedigt, bleibt zwischen den Partnern nur noch das «Nichts». Doch solange die übereinandergetürmten Kopulationsszenen in Betrieb sind, ist der Wunsch produktiv, erfindet er immer neue Stellungen mit immer neuen Wollüsten der Leidzufügung, die aus allen Leibeshöhlen und -wölbungen das Letzte herausholen. Was de Sade erstrebt, ist im Doppelsinn des Wortes antiödipal, ist die Vergesellschaftung der Orgie mit dem wechselseitigen Gebrauchsrecht aller Sexwerkzeuge. Seine imaginären Orgien enden fast immer in Delirien blutiger Vernichtung.

Wie schon angedeutet, stimmt die Choreographie der sadistischen Kopulationen mit all den Perversitäten überein, die der Karfreitagskomplex direkt oder verschoben Synagoga und ihrem pornographischen Gefolge zuschrieb. Wie in den Judensau- und Ritualmordphantasien lecken und saugen de Sades Figuren an allen Öffnungen, entladen sich in sie anal, oral, vaginal, ja ins Gesicht, ins Haar und über den ganzen Leib, und die Penetrationslust der gezückten Genitalien und Stichwaffen trifft das Herz im Leib mitleidlos da, wo die Lust der Qual am höchsten ist, wo die attackierten Öffnungen zerreißen und das Blut fließt und spritzt. Die Orgien gipfeln in der Regel tödlich. Immer aber sind sie, und das ist wichtig, keine Zufallsgruppierungen, sondern sorgfältig inszenierte Rituale. Gut daran ist nur, was ins kollektiv Maßlose geht:

«Die Wollust-Idee, die dir den Kopf erhitzt – die Martern des Todgeweihten ins Unendliche zu verlängern –, ersetze sie durch eine größere Menge von Morden; töte nicht nur ein und dasselbe Individuum über längere Zeit hin, denn das ist unmöglich, sondern ermorde recht viele von ihnen.» Der Marquis erstrebt die Gegenwelt zu der Welt, die ihm den Kopf heiß macht: die Welt der «großen Zahl», der «Vielzuvielen», wie Nietzsche später sagen wird. Die ewig blind sich fortzeugende Überschußproduktion der immer gleichen Menschen erheischt ein adäquates Entsorgungssystem. In «Die hundertzwanzig Tage von Sodom» schlagen die Massenorgien des Zeugens um in die lustvolle Massenhinrichtung von Hunderten von Opfern an heimlichen und abgelegenen Stätten. Der mitleidstheologische Täter-Opfer-Komplex, der Ketzer – Hexen – Juden auch da zu Tätern stempelte, wo sie Opfer waren, löst sich dabei auf in eine Gerechtigkeit auf dem «Thron der Wollust», der gemäß jeder nur Täter sein darf um den Preis, auch selbst ein Opfer zu werden. Das alles ist ein merkwürdiger Wahn, der auf verkehrte Weise Sinn macht. Denn de Sade ist Aufklärer. Auch für ihn ist, wie für Luther, die Vernunft «eine Hure», mit der sich das Gute so gut wie das Böse begründen läßt. Doch was der Marquis hier unverblümt zur Hure macht, ist die theologische Vernunft der Passionsblume. Dazu wechselt er die Rollen aus, macht sich und seine Figuren zu Judensäuen und die Theologen zu ihren Zuhältern. Der Sadismus ist eine einzige Parodie auf die guten Gründe nicht einfach «des Bösen»[32], sondern des christlich definierten Bösen.

Deshalb weiß de Sade, daß der Reiz der Grenzüberschreitung verlorengeht, wenn sich die Unzucht alles erlaubt: «Die Lust des Körpers allein ist nicht lustvoll genug. Sie braucht zu ihrer Steigerung das Bewußtsein der Sünde!» Wenn die sadistische Lust martert, bedarf sie des Publikums. Der Juliette-Roman beginnt in einem Kloster. Die dort so lange mit ans Kreuz genagelte Lust soll abgenommen, der Kitzel der Abscheu evoziert und zum Voyeur verführt werden. In all diesen Kerkerphantasien de Sades ist die abendländische Dialektik von der Natur zum Geist in die Gegenrichtung umgekehrt. Statt der unendlichen Entraffung die nicht endende Entladung. Die Ausschöpfung aller Triebpotenzen des Fleisches bis hin zur Umkehrung des sexuellen Reproduktionsprozesses soll, so will es der Marquis, die «unverständliche Natur», die Sphinx, zur Preisgabe ihrer Geheimnisse zwingen. Sadismus als empirisches Experiment. Doch je gewalttätiger de Sade im Rausch der Phantasien gegen ihre blinde, blöde Kraft anrennt und wütet, desto abgründiger ergreift ihn die Einsicht, daß die Natur sich ihm ebenso als ein unbegreiflich Übermächtiges entzieht, wie sich ihm Gott entzieht.

Wenn de Sade die christliche Ikonographie zur sadistischen hin verschiebt mit dem Effekt, die jüdisch definierten Perversionen als seine eigenen zu offenbaren, dann muß man davon ausgehen, daß ihm diese Vertauschung der Rollen wahrscheinlich selbst gar nicht bewußt war. Wohl aber bricht eruptiv etwas in ihm aus, was man den Aufstand des Fleisches gegen den Geist nennen muß. Den Teufel dieses Geistes will er mit seinen inneren Ausschweifungen noch überteufeln. Seiner Figur Clairwil gibt er den zu Juliette geäußerten Wunsch ein: «Ich möchte ein Verbrechen finden, das unaufhörlich fortwirkt, auch unabhängig von mir [...] wenn ich schlafe.» Und Juliette gibt zur Antwort: «Versuche es mit dem geistigen Verbrechen, indem du schreibst.»

Historisch real geworden war dieser Wunsch längst in den Auf- und Einschreibsystemen von den Karfreitagsverbrechen des jüdischen Volks. Deren telekommunikativer Verbund hatte bis dahin 1800 Jahre progressiv und unaufhörlich fortgewirkt, auch unabhängig von seinen Konstrukteuren. Selbst noch in Hitler und seinen Helfern. Nur daß da, wo de Sade die Natur herausforderte, Hitler in dem Vernichtungswillen Israels Gott herausforderte.

Als Schreibtischtäter will de Sade die ganze Welt zum Komplizen seiner Verbrechen machen, daß sie sich verselbständigt fortzeugen. Anders gesagt: Das so lange gegen die Versöhnung von Gott und Natur begangene Verbrechen schreibt sich in ihm ähnlich ans Licht wie in Shylock. Er trumpft nicht moralisch auf, sondern kehrt die Unmoral der herrschenden Moral demonstrativ zuoberst. Da fragt es sich, ob de Sade nur ein «verkehrter Aufklärer» ist oder nicht doch beispielhaft für die Verkehrtheit der Aufklärung. Was er radikal offenlegt, ist die paulinische Doppelbindung des Fleisches an die Institutionen des Geistes. Man kann auch sagen: In ihm wird Paulus insofern wieder zum Saulus, als sich auch ihm die humane Grundbedingung des Im-Fleische-Seins in ihrer ganzen Wucht offenbarte. Für den Apostel hieß Im-Fleische-Sein an die Natur gefesselt sein, im GESETZ sein. Die Befreiung aus diesem ewig sich selbst nur gebärenden und verschlingenden «Reich des Fleisches» sah er allein in die Gegenrichtung gegeben: ins Jenseits des Heiligen Geistes, der sich im Opfertod des göttlichen Sohnes aller Welt geoffenbart habe. Muß man nicht beide, Paulus wie de Sade, gegen die jeweils andere Wand der doppelten Sackgasse anrennen und wüten sehen? Die Folgen ihres Wollens waren in jedem Fall schrecklich, wenn auch der Marquis real niemals einen Mord beging!

Heine wie auch Freud kamen nach alldem zu der Einsicht, daß die «Emanzipation des Fleisches» (Heine) nur möglich ist in dem Leib und Geist, Gott und Natur versöhnenden Bund des GESETZES. Der unbeugsamen Größe dieses Anspruchs waren sich beide bewußt. Sie sahen sie vorgelebt in dem «Mann Moses» und den Besten seines Volks. «Der Mann Moses und die monotheistische Religion» ist Freuds Antwort auf den österreichischen Ethnologen und Pater Wilhelm Schmidt und dessen zwölfbändige Untersuchung zum «Ursprung der Gottesidee», deren judenfeindliche Thesen «die ungeheuerlichsten seiner Zeit widerspiegeln».[33] Nach Ansicht des Paters verdanken wir den Monotheismus keineswegs der Entdeckung einer kleinen Gruppe jüdischer Männer, er soll vielmehr ein allgemeines Grundprinzip sein. Demgegenüber ist für ihn die «seelische Struktur» des Judentums fundamental verschieden von der der christlichen Völker. Selbst die Taufe hebt diesen Unterschied nicht auf! Zu der Reaktion Freuds auf diesen antisemitischen Generalangriff schreibt Gilman:

«Für Freud war Moses ein Ägypter. Mit dieser Auffassung stand Freud zwar nicht allein, aber er hielt sie für revolutionär. Moses war ein

Ägypter, der seine eigene Religion, nämlich die des Aton, durch sein Leben und Sterben ins biblische Judentum überführte. Der Ägypter Moses war es, der die Juden mit der Form ihrer neuen Religion und dessen Hauptkennzeichen versorgte, mit ‹der Sitte der Beschneidung›. Freud faßt die Beschneidung als einen ägyptischen Brauch auf [...] Freud zufolge war die Beschneidung keine den Juden angeborene Krankheit – vielmehr war sie eine ägyptische Krankheit, die die Juden nur dadurch bekommen hatten, daß sie ihr während ihrer Gefangenschaft in Ägypten ausgesetzt waren [...] Die Beschneidung ist ein gesellschaftlicher Brauch – kein angeborenes Zeichen [...] ein Zeichen für den Übertritt bestimmter Juden zur Aton-Religion.»

Mögen den Theologen und Gelehrten der Schrift die Haare zu Berge gestanden haben, Freud selbst ist hier primär auf der Suche zu sehen nach den psychohistorischen Gründen des «unsterblichen Hasses», den sein Volk sich zugezogen hatte. Er weiß von vornherein, daß der Versuch einer direkten Widerlegung der Thesen des Paters den ohnehin brodelnden Antisemitismus nur noch mehr zum Aufkochen brächte. Also muß auch sein Volk eine gewisse Mitschuld haben, die aber von dem Blutschuldvorwurf wegführt.

Kern des Antisemitismus ist die gemeinsame Erinnerung an die Ursünde der Juden: die Tötung des Moses nach der Flucht aus Ägypten, die Wiederholung des Ur-Vatermordes durch die Söhne. Diesen Mord hat das jüdische Volk zu leugnen fortgefahren. Damit entläßt Freud, so Gilman, «zwar das Christentum aus dem Vorwurf, der einzige Quell des Judenhasses zu sein, aber er sah, daß der Vatermord der Juden für die Gestalt des Christus eine wichtige Rolle spielte. Freud war der Meinung, ‹Erbsünde und Erlösung durch den Opfertod›, was den Juden als Anklage entgegengehalten wurde, seien ‹die Grundpfeiler der neuen durch Paulus begründeten Religion› geworden.» Hier muß man unbedingt hinzufügen, daß Freud mit dieser Auffassung recht hatte. Worauf es ihm wesentlich ankam, drückte er selbst so aus: «Aus einer Vaterreligion hervorgegangen, wurde das Christentum eine Sohnesreligion. Dem Verhängnis, den Vater beseitigen zu müssen, ist es nicht entgangen. Nur ein Teil des jüdischen Volkes nahm die neue Lehre an. Jene, die sich dessen weigerten, heißen noch heute Juden» (S. 286 f). Aus dem angeblichen Gottesmord «der Juden» wird umgekehrt ein christlich wirklicher durch die (nachträgliche) Vergottung Jesu als «Sohn». Ihr fiel, wie oben dargelegt, aufgrund der mitleidstheologischen Verschiebung Mutter – Sohn – Juden nicht nur der übergeschlechtliche und unbildliche Gott zum Opfer, sondern mit ihm sein Volk. Demnach sind es die von ihrem Judentum abgefallenen Urchristen und die Heidenchristen, die nach Golgatha eine ödipale (vatermörderische) Sohnesreligion begründeten mit der Mutter und Braut in einem, wohingegen das Volk der Juden, indem es weiter dem Aton angehörte, in einer Vaterreligion verblieb. So gesehen aber ist der Vatermord an Moses selbst gar kein Gottesmord. Wie auch! War und ist doch der hebräische Gott eltern- und kinderlos.

Was der Freudsche Witz mit dem «Mann» Moses entstellt zu unterlaufen sucht, ist dieser Komplex: Es waren doch die Christen, die Gott zum Vater des «Stockjuden» (Ben Chorin) Jesus machten, den sie auf dem Konzil zu Nizäa (325 n. Chr.) im Bruch mit der Tora zum Gott machten (und seine Mutter 431 in Ephesus zu seiner Jungfau) mit der Folge, daß «die Juden» nicht nur den Sohn der Jüdin Mirjam gefoltert und ermordet hatten, sondern Gott selbst. Das alles war Freud so selbstverständlich wie Heine. In seiner Schrift «Eine Kindheitserinnerung des Leonardo da Vinci» stellt er klar: «Die Psychoanalyse hat uns den intimen Zusammenhang zwischen dem Vaterkomplex und der Gottesgläubigkeit kennen gelehrt, hat uns gezeigt, daß der persönliche Gott psychologisch nichts anderes ist als ein erhöhter Vater, und führt uns täglich vor Augen, wie jugendliche Personen den religiösen Glauben verlieren, sobald die Autorität des Vaters bei ihnen zusammenbricht.»[34] Freud rührt aus jüdischer Gegenperspektive an den Konstruktionsfehler der Christologie in der Rückkoppelung des irdischen Familiendreiecks an das himmlische. Sie bewirkte die doppelsinnige Verschiebung der Eckpunkte der göttlichen Trinität dahin gehend, daß sie das im Heiligen Geist verdrängte Weibliche mit der Mutter Ma-

ria besetzte und den kinderlosen Sinaigott, ins Großväterliche entschärft, hinter dem dämonisierten Judentum zum Verschwinden
brachte. In einem solchen Moralisierungssystem mußte es zwangsläufig dazu kommen, daß das Kind-Gott-Verhältnis psychologisiert
und das Kind-Gottesmörder-Verhältnis neurotisiert (psychiatri-
siert) wurde. Freud weist in «Der Mann Moses» demgegenüber
ausdrücklich hin auf die tiefe Weisheit des Bildnisverbots im GE-
SETZ. Er ist sich der historischen Tatsache bewußt, daß allein der
«unbildliche» und «übergeschlechtliche» Gott eine Religion vor
der inneren Selbstauflösung bewahrt: «Der jüdische Monotheismus benimmt sich in mancher Hinsicht noch schroffer als der ägyptische, z. B. wenn er bildliche Darstellungen überhaupt verbietet»
(S. 107). Wenn Freud die Gleichung Gott = Vater gebraucht, dann
spricht er nicht vom Judentum, sondern vom Christentum! So
mochte der frühe Vatertod aufgrund seiner religiösen Komplika-
tionen in dem Pastorensöhnchen Nietzsche zum Verlust des Glaubens führen, während umgekehrt die religiöse Demontage des Vaters durch den Freiberger Hep-Hep-Christen in Freud den Willen
auslöste, für dessen Würde und die seines Volkes zu kämpfen.

Im übrigen bewirkte der Verlust des Glaubens in Nietzsche den
Rückgewinn der Einsicht, im «Geniestreich» des Paulus und der
Entnatürlichung Gottes den «schmachvollsten Akt der Geschichts-Fälschung» Israels zu sehen.[35] Seine Umkehr zu Erde und
Leben begründet Nietzsche so: «Im jüdischen ‹alten Testament›,
dem Buch von der göttlichen Gerechtigkeit, gibt es Menschen,
Dinge und Reden in einem so großen Stile, daß das griechische
und indische [also arische!] Schriftentum ihm nichts zur Seite zu
stellen hat. Man steht mit Schrecken und Ehrfurcht vor diesem ungeheuren Überbleibsel dessen, was der Mensch einstmals war [...]
– der Geschmack am alten Testament ist ein Prüfstein in Hinsicht
auf ‹Groß› und ‹Klein›» (Bd. 5, S. 72). Entsprechend Nietzsches
Umwertung der pauschal zu perversen Jesusnachstellern ver-
fälschten Gesetzeslehrer und Pharisäer: «sie müssen schon etwas
wert gewesen sein, um auf eine so unanständige Weise gehaßt zu
werden» (Bd. 6, S. 224).

Daß in der kirchlich orientierten Atheismusforschung Freud und Nietzsche bis heute als «Atheisten» gehandelt werden, ist christlich gesehen ebenso konsequent wie der Frage würdig, ob jeder, der wie sie kein Christ ist, Atheist ist. Einer derartigen Atheismusforschung täte eine Antisemitismusforschung gut.[36]

4. Schrebers Wahn und Wagners «Parsifal»

C. G. Jung machte Freud 1910 auf die «Denkwürdigkeiten eines Nervenkranken» aufmerksam, deren Verfasser, Daniel Paul Schreber, sie 1900 in der Landesanstalt Sonnenstein niedergeschrieben und 1903 gekürzt veröffentlicht hatte.[37] Geboren 1842 als Sohn des nicht nur wegen seiner Schrebergärten berühmt gewordenen Orthopäden und Volkspädagogen Daniel Gottlob Moritz Schreber, bringt es Daniel Paul zu einem hervorragenden Juristen, nationalliberalen Reichstagskandidaten und schließlich zum Senatspräsidenten am Appellationsgerichtshof des Königlichen Oberlandesgerichts Dresden. Als er bei der Reichstagswahl 1884 seinem sozialdemokratischen Gegenkandidaten unterliegt, erleidet er eine Reihe psychotischer Schübe. Er wird Patient des Lehrstuhlinhabers für Psychiatrie, Paul Emil Flechsig, in der Leipziger Nervenheilanstalt. Nach vorübergehender Heilung durchläuft er nach weiteren Selbsttötungsversuchen die Universitätsklinik Leipzig, das Lindenhof-Sanatorium und schließlich die Landesanstalt Sonnenstein, wo seine «Denkwürdigkeiten» entstehen. Schreber stirbt 1911.

Dem Wahnsystem, in das sich der berühmte Patient einschließt, geben seine Ärzte den Namen Paranoia (Verfolgungswahn). Eigenartig an dieser Krankheit ist, daß sie eine «passionelle Struktur» (M. Foucault) freisetzt, in der zwar das normale Verhalten eine Übersteigerung erfährt, der Patient selbst aber weder verwirrt noch psychisch gehemmt ist. Intelligenz, Gedächtnis, Auffassungsgabe, formale Logik, Interesse an Politik, Wissenschaft und Kunst bleiben erhalten. Der Patient ist in der Lage, seine Wahnwelt als ein zwar in sich geschlossenes, aber gedanklich und sprachlich kohärentes System darzustellen. Daniel Schreber vermag dies so luzide, daß Elias Canetti seine Denkwürdigkeiten zum «wichtigsten Dokument der psychiatrischen Literatur» erklärt und seinen Fall in «Masse und Macht» in den Zusammenhang von «Herrschaft und Paranoia» stellt. In der Tat hat kein anderer Fall die Wissenschaft so herausgefordert wie der Fall Schreber. Freud macht ihn zur Grundlage seiner Paranoia-Studie von 1911 und ist davon überzeugt, daß der Verfolgungswahn der Schlüssel sei zum «Verständnis aller Neurosen».[38]

Doch zunächst zu Schrebers Wahnsystem selbst. Schon in der Einleitung zu seinen Denkwürdigkeiten definiert er das, was er erlebt hat, als «religiöse Vorstellungen» von einer Art, daß sie sich «in menschlicher Sprache überhaupt nicht ausdrücken lassen», sei er selbst doch der Wahrheit «unendlich viel näher gekommen [...]» als andere Menschen, denen göttliche Offenbarungen nicht zuteil geworden sind». Das Begriffsfeld dieser Offenbarungen, in das der Wahn störend eindringt, ist die «Dreieinigkeit».[39] Gleich in der ersten Anmerkung legt Schreber diesen Komplex in seinen Grundzügen offen:

«Auf der anderen Seite bin ich in der Lage, für einige christliche Glaubenssätze aufgrund des von mir selbst Erlebten eine nähere Erklärung, wie dergleichen Dinge im Wege göttlicher Wunder möglich sind, zu geben. Etwas der Empfängnis Jesu Christi von Seiten einer unbefleckten Jungfrau – d. h. von einer solchen, die niemals Umgang mit einem Manne gepflogen hat – ähnliches ist in meinem eigenen Leibe vorgegangen. Ich habe [...] zu zwei verschiedenen Malen bereits einen wenn auch etwas mangelhaft entwickelten weiblichen Geschlechtsteil gehabt und in meinem Leibe hüpfende Bewegungen, wie sie den ersten Lebensregungen des menschlichen Embryo entsprechen, empfunden; durch göttliche Wunder waren dem männlichen Samen entsprechende Gottesnerven in meinen Leib geworfen worden; es hatte also eine Befruchtung stattgefunden. Ferner habe ich von der Art und Weise, wie sich die Auferstehung Jesu Christi vollzogen haben mag, eine ziemlich deutliche Vorstellung erlangt; ich habe [...] in Hunderten von Fällen mitangesehen, daß Menschengestalten durch göttliche Wunder auf kurze Zeit hingeworfen wurden, um sich dann wieder aufzulösen oder zu verschwinden – die in mich hereinsprechenden Stimmen bezeichneten diese Erscheinungen als sog. ‹flüchtig hingemachte Männer› – zum Teil selbst längst verstorbene [...] keine wirklichen Menschen, sondern nur Wunderpuppen [...] Aufgrund dieser Erlebnisse bin ich geneigt anzunehmen, daß auch Jesus Christus, der als wahrer Mensch eines wahrhaften Todes gestorben ist, in der Folge durch göttliche Wunder auf kurze Zeit als ‹flüchtig hingemachter Mann› neu ‹gesetzt› worden ist, um den Glauben seiner Anhänger zu stärken und damit der Idee der Unsterblichkeit eine sichere Stätte unter den Menschen zu bereiten» (S. 10).

Bevor aber Schreber seine Geschlechtsumwandlung erlebt in eine Frau gleich der der Mutter Jesu, erleidet er die Kastration und Umwandlung in Ahasvera. Die «Gottesnerven», die dabei zuerst infizierend, dann befruchtend in ihn eindringen, bezeichnet er im folgenden genauer als «göttliche Strahlen». Diese gehen zwar von Professor Flechsig aus, doch steht Gott hinter ihm. Von ihm fühlt sich Schreber unterworfen und in einem nicht unmittelbar sexuellen Sinn vergewaltigt. Flechsig und Gott rauben ihm das «natürliche Recht des Menschen auf freie Verfügung über den Gebrauch seiner Nerven» (S. 37f). Die Weltordnung stellt sich Schreber in ihrer «grotesken» Gestörtheit dar als ein telekommunikativer Verbund von «Nervenanhängen», über den «in der Hauptsache abgeschiedene Seelen» mit ihm in Verbindung treten. Er könnte «Hunderte, wenn nicht Tausende von Namen nennen», darunter viele Katholiken, einen Jesuitenpater S., das erzbischöfliche Ordinariat in Prag, Kardinäle, den Papst, «der einen eigentümlich sengerigen Strahl» führe, dann «zahlreiche Mönche und Nonnen»; ja, bei einer bestimmten Gelegenheit seien «240 Benediktinermönche» als Seelen «in seinen Kopf» eingezogen, schließlich auch noch ein getaufter Jude und Slawophile, der durch Schreber Deutschland habe slawisch machen und «die Herrschaft der Juden» darin begründen wollen. All die «flüchtig hingemachten Männer» erlebt Schreber als «im Wege des Nervenanhangs» auf ihn einredende Stimmen.

Dieser Verkehr mit übersinnlichen Mächten hat die Form von göttlichen Machtkämpfen, die in Schrebers Wahn nicht nur kosmische Ausmaße annehmen, sondern ihren Austragungsort zugleich in ihm haben. Um die Macht kämpfen zwei «Gottesreiche», die vorderen und die hinteren. Zu letzteren heißt es: «Die hinteren Gottesreiche unterlagen (und unterliegen noch jetzt) einer eigentümlichen Zweiteilung, nach der ein niederer Gott (Ariman) und ein oberer Gott (Ormuzd) unterschieden wurden. Über die nähere Bedeutung dieser Zweiteilung vermag ich weiter nichts auszusagen, als daß sich der niedere Gott (Ariman) vorzugsweise zu den Völkern ursprünglich brünetter Rasse (den Semiten) und der obere Gott vorzugsweise zu den Völkern ursprünglich blonder Rasse (den arischen Völkern) hingezogen zu haben scheint» (S. 19). Schreber macht aus Ariman, der in der zarathustrischen Theologie das Böse repräsentiert, den Gott insbesondere der Semiten. Er ist es, von dem Schrebers Kastration und Verweiblichung ausgeht:

«Der zweite Punkt [...] betrifft die der Weltordnung innewohnende Tendenz zur ‹Entmannung› eines in dauernden Verkehr mit Strahlen getretenen Menschen. – Derselbe hängt zusammen einesteils mit der Natur der Gottesnerven, vermöge deren die Seligkeit [...] eine hochgesteigerte Wollustempfindung ist [...] Wenn auf irgendeinem Weltkörper sittliche Fäulnis (‹wollüstige Ausschweifungen›) oder vielleicht auch Nervosität die ganze Menschheit derart ergriffen hatten, daß von ihren übermäßig geschwärzten Nerven eine nennenswerte Ergänzung der Vorhöfe des Himmels [...] nicht erwartet werden konnte, so konnte ein Untergang des Menschengeschlechts [...] ins Werk gesetzt werden [...] Es wurde dann zur Erhaltung der Art ein einzelner Mensch – vielleicht der relativ noch sittlich tüchtigste – zurückbehalten, den die mit mir redenden Stimmen als den ‹Ewigen Juden› bezeichneten. Der Sinn dieser Bezeichnung ist also ein etwas anderer als derjenige, der der gleichnamigen Sage vom Juden Ahasver zugrunde liegt [...] Der Ewige Jude (in dem angegebenen Sinne) mußte entmannt (in ein Weib verwandelt) werden, um Kinder gebären zu können. Die Entmannung ging in der Weise vor sich, daß die (äußeren) männlichen Geschlechtswerkzeuge (Hodensack und männliches Glied) in den Leib zurückgezogen wurden und unter gleichzeitiger Umgestaltung der inneren Geschlechtswerkzeuge in die entsprechenden weiblichen Geschlechtsorgane verwandelt wurden, sie geschah vielleicht in mehrhundertjährigem Schlaf, da doch auch eine Veränderung des Knochenbaus (Becken usw.) hinzukommen mußte [...] Die Fähigkeit, das bezeichnete Entmannungswunder zu vollziehen, ist den niederen Gottes-(Ariman)-strahlen eigen; die Strahlen des oberen Gottes (Ormuzd) haben die Fähigkeit, die Männlichkeit bei gegebener Veranlassung wiederherzustellen» (S. 41 ff).

Demnach hat der kastrierte und vergewaltigte Schreber nicht, wie Deleuze und Guattari meinen, undefinierbare «Himmelsstrahlen im Arsch»[40], sondern die Strahlen des jüdischen Gottes. Ihm ist die Transformation in Ahasvera zu danken, die nach der Zerstörung der Welt übrigbleibt. Das Wahnsystem des evangelisch-lutherischen Schreber aber ist nicht nur antisemitisch, sondern auch antikatholisch, aber so, daß für ihn «die Juden» hinter der römischen Kirche stecken, die sie zu ihren bösen Zwecken gebrauchen. Flechsig rangiert im Rahmen des «Entmannungswunders» als «Strahlenführer» eines «Komplotts», in dem sich Schreber als «zum geschlechtlichen Mißbrauch überlassen» fühlt, einfach «liegen gelassen» und der «Verwesung» anheimgegeben. Der Arzt mißbraucht seinen umgewandelten Leib nicht als «Mensch», wohl aber in dem «gleichzeitig von ihm als Seele unterhaltenen Nervenanhang». Schreber sieht sich dadurch, daß er von seinen Wärtern wochenlang nackt im Bett festgehalten wird, «wollüstigen Empfindungen» zugänglich gemacht, so daß die bereits in seinen Körper eingedrungenen «weiblichen Nerven angeregt werden konnten». Er verlangt von Flechsig, «vergiftet» zu werden, wie er sich zugleich «im Nervenanhang» durch dessen «Gift» tödlich bedroht erlebt. Doch er erkennt dann, daß nicht der Professor sein «eigentlicher Feind» ist, sondern «Gott selbst». Er ist der «Mitwisser», wenn nicht «Anstifter» eines «Plans», der auf seinen «Seelenmord» und die Preisgabe seines Leibes als «weibliche Dirne» zielt. Damit hat sich Gott selbst außerhalb seiner eigenen Weltordnung gestellt. Umgekehrt sieht Schreber in dem von Gott gegen ihn geführten Kampf zugleich «Gott selbst auf seiner Seite», so daß alle «auf Entmannung zu weltordnungswidrigen Zwecken (d. h. zur Befriedigung der geschlechtlichen Begierden des Menschen) und später auf Zerstörung meines Verstandes gerichteten Versuche» scheitern.[41]

Die Paradoxität dieses Konflikts ruft in Schreber die Vision eines «Gottesgerichts» hervor zur Lösung einer für «den Bestand der Gottesreiche gefährlichen Krisis». Sie stellt sich so dar, daß «dem deutschen Volke, insbesondere dem evangelischen Deutschland nicht mehr die Führerschaft als auserwähltes Volk Gottes belassen werden könne [...] sofern nicht ein Kämpe für das deutsche Volk auftrete, der die fortdauernde Würdigkeit desselben erweise. Dieser Kämpe sollte bald ich selbst sein, bald eine andere von mir zu bezeichnende Persönlichkeit.» Schreber sieht das Gottesgericht manifest werden im «Vordringen des Katholizismus, des Judentums und des Slawentums» (S. 61). Dieses Vordringen wird als eine in den entmannten Leib schmerzhaft eindringende umfassende Infektion erlebt. Es zeigen sich Spuren der «Lepra hebraica» und der «Pest», die ihm der «Zauberer» Flechsig «angewundert» hat. Daß die Gleichsetzung Juden = Seuchen unausgesprochen auch die Syphilis meint, geht daraus hervor, daß Schreber mehrfach die krankhaften «Veränderungen an [seinen] Geschlechtsteilen» erwähnt. Um alle Übel vollzumachen, ist ihm auch noch «anstatt eines gesunden natürlichen Magens ein sehr minderwertiger sog. Judenmagen angewundert worden» (S. 107), dessen «Ausleerungsbedürfnis» zugleich eine kräftige «Seelenwollust» auslöst (S. 156). Daß sich die Judenseuchen in seinem Leibe nicht voll entfalten, liegt allein daran, daß sie «durch nachfolgende reine Strahlen» immer wieder beseitigt wurden. Wie er zwischen dem arischen und dem semitischen Gott unterscheidet, so unterscheidet Schreber auch zwischen «segnenden» und «sehrenden» (= verletzenden) Strahlen. Die sehrenden sind mit «Leichengift» und «Fäulnisstoffen» beladen, so daß es der segnenden Strahlen bedarf, den Leib davon zu heilen (S. 68 f).

Der perverse Akt seiner Verwandlung in eine weibliche Dirne

(genauer in den Komplex Synagoga, Hexe, Judensau) ist für Schreber begleitet von dem Zerstörungswillen seines Verstandes. Es ist ein «Blödsinnigmachen» am Werk. Insbesondere die «Jesuiten» als «abgeschiedene Seelen» wollen ihm andere «Bestimmungsnerven» in den Kopf setzen, wollen sein «Identitätsbewußtsein» verändern, seine Nerven «schwärzen» und sein «Ich» auslöschen. Doch nimmt dieser allgemeine Auflösungsprozeß nach und nach eine merkwürdig neue Wendung. Je mehr Schreber den Fortschritt der Verweiblichung an seinen Händen, Beinen, am Busen und Gesäß wahrnimmt, desto mehr beginnt er sich damit zu «befreunden». Er zieht «eine Befruchtung durch göttliche Strahlen zum Zwecke der Erschaffung neuer Menschen in Betracht», wie er überhaupt einen «wesentlichen Umschwung in den himmlischen Verhältnissen» gekommen sieht. Hatte bisher der obere Gott eine der Weltordnung gemäße «freundlichere Haltung» eingenommen, so kehrt sich für Schreber das Verhältnis nunmehr dahin gehend um, daß auch der niedere Gott Ariman ihm freundlicher begegnet, zumal die Auffüllung seines Körpers mit Wollustnerven «in erheblich höherem Grade» von ihm ausgeht (S. 124 ff). Schließlich betrachtet Schreber die Pflege dieser weiblichen Gefühle sogar als sein «Recht», ja seine «Verpflichtung», die so weit geht, daß er «das Wort der Kreuzfahrer des ersten Kreuzzuges Dieu le veut (Gott will es)» auf sich selbst gemünzt empfindet, zumal er Gott durch die «längst unbesieglich gewordene Anziehungskraft» seiner Nerven unauflöslich an seine Person gebunden habe: «Sobald ich aber [...] mit Gott alleine bin, ist es eine Notwendigkeit für mich, mit allen erdenklichen Mitteln [...] meiner Einbildungskraft dahin zu wirken, daß die göttlichen Strahlen von mir möglichst fortwirkend [...] den Eindruck eines in wollüstigen Empfindungen schwelgenden Weibes empfangen» (S. 193 f). Schreber geht in seinen Visionen in gleicher Weise auf Empfang des göttlichen Geistes wie die ekstatischen Bräute Christi, nur eben als ein wanderndes Mischwesen aus Ahasver(a) und Maria: «Um nicht mißverstanden zu werden, muß ich hierbei bemerken, daß ich mit der Wollust niemals eine geschlechtliche Begehrlichkeit gegenüber an-

deren Menschen (Frauenspersonen) oder gar einen geschlechtlichen Umgang mit solchen meine, sondern mich selbst als Mann
und Weib in einer Person, mit mir selbst den Beischlaf vollziehend
[vorstelle] wobei möglichst jeder Gedanke an Onanie oder dergleichen ausgeschlossen ist» (S. 194).

Zunächst ist Schreber von der Angst verfolgt, das «auserwählte
Volk Gottes» der Deutschen könnte sich gegenüber der jüdischen
Herausforderung als unwürdig erweisen. Er begreift diese Krise
als Gottesgericht und sich selbst dazu berufen, der rettende und
erlösende «Kämpe» zu sein, aber doch so, daß «im Wege göttlicher Befruchtung eine Nachkommenschaft aus [seinem] Schoße
hervorginge». Aus den «körperlichen Schmerzen, geistigen Martern und Schrecknissen völlig unbekannter Art», die ihm auferlegt
wurden, steigt ihm «das Bild eines Martyriums» auf, das in seiner
Gesamtheit «nur mit dem Kreuzestod Christi» vergleichbar ist.
Entsprechend seine Schlußfolgerung: «Wenn es wahr ist, daß die
Fortdauer der ganzen Schöpfung auf unserer Erde nur auf den besonderen Beziehungen beruht, in die Gott zu mir getreten ist, so
könnte der Lohn des Sieges für das treue Ausharren in den schweren Kämpfen um die Behauptung meines Verstandes und um die
Reinigung Gottes nur in etwas ganz Außerordentlichem bestehen» (S. 201).

Schreber sieht sich, wie er selbst sagt, als «Mittler» zwischen
Gott und Welt und als Bewahrer der Schöpfung vor dem jüdischen
Weltfeind. Er ist davon überzeugt, daß sein persönliches Geschick
und das Gewicht der Gründe seiner Visionen «eine Umwälzung in
den religiösen Anschauungen der Menschheit herbeiführen wird,
die in der Geschichte ihresgleichen sucht» (S. 201).

Kann es nach alldem noch Zweifel geben, wie tief die wahrlich
nicht leicht lesbare zentrale Metapher des Schreberschen Wahn-
systems im Karfreitagskomplex gründet? Gingen doch aus ihm
allein die dem jüdischen Körper immer wieder systematisch «an-
gewunderten» gemeingefährlichen Abartigkeiten hervor. Dieses
der abendländischen Seele so lange eingeimpfte paranoide Wol-
lustbild jüdischen Schreckens löst in Schrebers Psyche einen

ebenso paranoiden und inversen Rückkoppelungsprozeß aus. Das Judentum schreckt nicht länger nur ab. Sondern so, wie es sich ausleert, dringt es umgekehrt mit all seinen Abartigkeiten und Seuchen von hinten in ihn ein, daß er selbst zum weiblichen Juden wird. Der Patient wertet all dies als «weltordnungswidrig». Das steht ebenso im Einklang mit den virtuellen Juden des Medienverbunds, wie es auf Unkosten des realen jüdischen Volks erlebt wird. Das mitleidstheologische Dreieck (Mutter – Sohn – Juden) wird von Schreber auf eine (scheinbar) verwirrender kaum denkbare Weise zugleich bestätigt und in seinen Eckpunkten rund um die Uhr mischbildlich verdreht: Über «Vater» Flechsig, den Strahlenführer, verwandeln die zweigeteilten göttlichen Strahlen den die Passion Christi auf sich nehmenden «Sohn» zuerst in den Komplex Synagoga – Dirne – Judensau und schieben ihn aus dieser Ecke weiter auf den Platz der unbefleckten Jungfrau Maria und Mutter einer neuen Menschheit. Wie der Jude Jesus zuerst Christ, dann der von «den Juden» verfolgte Sohn der Jungfrau Maria wurde, so wird Schreber umgekehrt zuerst Christus, dann der bis zur Verjudung jüdisch Verfolgte, dann die neue Maria. Das geschlossene System des Wahns ist genauer gesagt der Rundgang eines darin Eingeschlossenen. In ihm ereignet sich die Selbsteinlieferung des Antijudaismus ins Irrenhaus. Der Rückkoppelungsprozeß dieser wandernden Transformation oszilliert nervlich zwischen weiblicher Wollust und Entleibungsschmerzen des Geistes bis zur Verlusterfahrung aller inneren Organe, ja bis zur «Verwesung», so daß nur noch «der Kopf lebt» (S. 347).

Schrebers schizoide Identitätsmigration ist das Ergebnis des Kampfes zwischen dem oberen, dem arisch-teutonischen Gott Ormuzd und dem semitischen Gott Ariman. Zwar gelingt letzterem Schrebers Transformation, aber Ormuzd ist am Ende stärker. Dieser Gott spricht deutsch mit Schreber, spricht genauer gesagt in einer altdeutschen «Grundsprache». Aber auch der semitische Gott spricht mit Schreber. Doch ist seine Sprache nicht die der hebräischen Bibel, sondern ebenfalls deutsch, aber auf Judensau-Niveau: So hört Schreber ihn «Tausende von Malen [...] die Worte

F... und F...erei» zu ihm sagen (S. 132). Es sei daran erinnert, daß die mitleidstheologische Verschiebung der Dreieinigkeit den Gott des GESETZES hinter dem Eckpunkt «die Juden» begrifflich zur Auflösung brachte. In Schrebers Wahn nimmt er dämonische Züge an. Die Fortdauer der Schöpfung wird davon abhängen, ob die «Reinigung Gottes» von ihm und allem Jüdischen gelingt oder nicht. Da geistert unausgesprochen auch Marcion unter all den flüchtig hingemachten Männern durch Schrebers Kopf.

In seinem Wahn läuft Schreber aber nicht nur im christlichen Theoriegebäude rund, er möbelt es wie seine Ärzte auch mit der Rhetorik des wissenschaftlichen Antisemitismus seiner Tage auf. Gilman ist zuzustimmen, wenn er von einer «biologischen Lesart» der Religion spricht. Die Kirche substituierte Israel und erklärte die Christenheit zum auserwählten Volk Gottes. Schreber substituiert den als jüdisch negativ besetzten Katholizismus und gibt (dem evangelischen) Deutschland diesen Erwähltheitsstatus. Wie sich der Leib Christi von der jüdischen Perversion verfolgt erlebte, so erlebt Schreber den arischen Volkskörper in seiner Schönheit und Gesundheit tödlich bedroht. Darin übersteigert sein Wahn das damals Normale so gut wie nicht. Noch Hitler teilt ihn mit ungezählten anderen. Ja, vergleicht man wie Arnold Zweig Schrebers Denkwürdigkeiten mit des Führers «Mein Kampf», dann stimmen beide in der biologischen Lesart der Religion weitgehend überein. Dies vielleicht auch deshalb, weil sich beide an derselben Droge berauschten: an dem Werk Richard Wagners. In jedem Falle wird eine Weltordnung zu weltordnungswidrigen Zwecken evident, die 1933 die Reichskanzlei zur Heilanstalt des Reiches machte. Tiefenpsychologisch bemerkt wurde das damals nur von jüdischer Seite. Im real existierenden Christentum gingen Antijudaismus und Antisemitismus mischbildhaft ineinander über. Der Unterschied zwischen Antijudaismus und Antisemitismus war nicht, wie Theologen heute gern möchten, dualistisch, sondern graduell, denn das antijüdische Fühlen blieb hier wie da im Wesen gleich. Die dualistische Differenzierung wäre berechtigt, wenn Rom und die evangelischen Kirchen Jahrzehnte vor der Shoah und nicht erst Jahrzehnte danach den Antisemitismus unmißverständlich zur «Sünde» erklärt hätten. Darauf aber kamen sie erst gar nicht. Denn es fehlten ihnen die psychologischen Kategorien, den christlichen vom völkischen Neurotiker zu unterscheiden bzw. beide überhaupt als solche zu erkennen. So mußte die Endlösung uns alle zur Sünden-Einsicht bringen. Im übrigen: Was wiegen 100 Jahre Antisemitismus gegen 1800 Jahre antijudaistische Indoktrination im Namen des Vaters, des Sohnes und des Heiligen Geistes?

Wie aber reagiert Freud auf all dies? Wäre es nach ihm gegangen, hätten die Deutschen in Hitler einen Fall und keinen Führer und Kämpen sehen müssen. Darin war er sich mit Arnold Zweig einig.[42] In einem kann man sicher sein: Jung war, als er Freud Schrebers Denkwürdigkeiten empfahl, ebenso verschieden davon angetan wie neugierig, was sein jüdischer Kollege zu alldem sagen würde. Freud läßt sich nicht provozieren. Statt dessen ignoriert er, so Gilman, «Schrebers gesamte antisemitische Rhetorik und konzentriert sich ganz auf die Bedeutung von Schrebers ‹Homosexualität›, seinen Wahn, kastriert und in eine Frau verwandelt zu werden» (S. 239). Abermals bedient er sich der Strategie der Anspielung mit Auslassung. Er nimmt die Attitüde des neutralen Beobachters an, liest Schreber entstellt, selektiv und als ein Meister des wissenschaftlichen und kulturellen Diskurses, d. h. der strikten Trennung von Glauben und Wissen. An den bürgerlichen Idealen der Aufklärung allein will er sich messen lassen. In sie integriert er die besondere Verfolgungsgeschichte seines Volks, wenn er feststellt: Die Paranoia ist der Schlüssel zum Verständnis der «Geschichte der Spezies», erst im Abnormen entlarvt sich das Normale. Daß Freud sich auf Schrebers Homosexualität konzentriert, wird von Gilman so begründet: «Um die Jahrhundertwende waren Paranoia und Antisemitismus eng miteinander verbunden. Angesichts der sexualisierten und feminisierten Definition des jüdischen Mannes in der damaligen Wissenschaft und Volkskultur überrascht es nicht, daß diese Bilder von der Gefährlichkeit der Juden von Freud auf ein anderes Bild vom gefährlichen, krankhaften

und sexbesessenen Mann pojiziert werden – auf den Homosexuellen» (S. 203 f). Was Gilman nicht weiß, Freud aber sicher wußte,
waren die mit «den Juden» assoziierten anal-erotischen Phantasien in Kunst und Theologie. Man denke nur an Luthers Tisch-
rede, in der er den angeblich aufgeborstenen Leib des Judas zum
Gleichnis Israels macht, oder an die Verschiebung des Goldenen
Kalbes zur «Gold» scheißenden Judensau, die der Rabbi verkehrt
herum reitet. Freuds Konzentration auf die Homosexualität geschieht im Gegenzug nicht abwertend, sondern in der Weise, daß
alle Individuen in der Kindheit eine homosexuelle Phase durchlaufen und dementsprechend ein Rest dieses Begehrens in uns allen
zurückbleibt. Auf keinen Fall ist Homosexualität als Krankheit
anzusehen; und sie ist auch nichts, «dessen man sich schämen
müsse».

Freud legt also Schrebers Wahn konsequent unter das Raster
des Ödipuskomplexes. Bei ihm erklären sich die ödipalen Span-
nungen aus dem «Auftreten einer femininen (d. h. passiv homosexuellen) Wunschphantasie [...] welche die Person des Arztes zu ihrem Objekt genommen hatte».[43] Flechsig, der Strahlenführer,
wird zum «Vater», Schrebers Krankheit beruht auf Regression, in
der zugleich die Furcht vor wie der Wunsch nach Kastration manifest werden. Die analerotische Judifizierung Schrebers wird
nicht direkt aufgegriffen, sondern zum Infantilismus entstellt und
damit primär zum christlich-arischen Problem gemacht. Auf den
hinter Flechsig wirkenden semitischen Gott Ariman geht Freud in
der Weise ein, daß er zu dem Schluß kommt: «Formal ausge-
drückt, ein sexueller Verfolgungswahn hat sich dem Patienten
nachträglich zum religiösen Größenwahn umgebildet. Als Verfolger galt zunächst der behandelnde Arzt Flechsig, später trat Gott
selbst an dessen Stelle» (S. 250 f). Wenn Gilman hierzu anmerkt,
die «religiöse Einfärbung» von Schrebers System sei für Freud ein
«nachträglicher», kein primärer Aspekt gewesen, dann durchschaut er dessen Strategie nicht ganz.[44]

Freud selbst ist durchaus konsequent, wenn er die Reihenfolge
Gott – Vater – Sohn umkehrt. Schließlich war es das Christentum,

das den jüdischen Begriff des unbildlichen und kinderlosen Gottes in dieser Weise ödipalisierte (vermenschlichte) und zu zwei gegensätzlichen Göttern aufspaltete. Schrebers Wahn aber dokumentiert in erhellender Weise die Spätfolgen dieser Verkehrung. Die so lange antijüdisch infizierte abendländische Seele gibt ihr ganzes zwielichtiges Empfinden preis. Denn bei Schreber wird, so Gilman, «das Gefährliche und Furchterregende, aber auch das Anziehende und Verführerische mit den Juden verbunden. Im Denken des späten 19. Jahrhunderts war das die herrschende Meinung, nicht nur in den Irrenhäusern, sondern in den Sälen, in denen man in Wien und Berlin die Gesetze verabschiedete, auf den Titelseiten von Zeitungen und Zeitschriften und überall in der politischen und intellektuellen Kultur Mitteleuropas». Freud sieht in der Paranoia den Schlüssel zur Geschichte der Spezies. Dabei muß aber berücksichtigt bleiben, daß Schrebers Wahnsystem so wenig das eines jüdischen Menschen hätte sein können, wie z. B. gewisse Träume Freuds nur die eines unter die Christenheit gefallenen Juden sein konnten. Otto Weiningers Erkankung war nicht spezifisch jüdisch, sondern hatte den krank machenden Antijudaismus zur historischen Voraussetzung.

Gilmans Untersuchung ist immer wieder fixiert auf die Vorstellung, daß Freud «unfähig war, gewisse Aspekte des Schreberschen Textes zu deuten». Das mag teilweise so sein. Aber anders als seine nichtjüdischen Kollegen, die das in den Denkwürdigkeiten als «anstößig» und «ästhetisch geradezu unmöglich» empfundene Material in ihren Analysen unterschlagen (verdrängen?), weiß Freud sehr wohl, warum er gerade hier das Gegenteil tut: «Von einer Krankengeschichte, die die gestörte Menschheit und deren Ringen nach Wiederherstellung schildern soll, wird man eben nicht fordern dürfen, daß sie ‹diskret› und ‹ästhetisch› ansprechend sei.»[45] Eben: wo es doch um die tausendjährige Indiskretion und Anästhesie in der Sache Israel geht. Freud läßt in seiner Deutung der Denkwürdigkeiten keinen Zweifel, daß sie ihm «ein psychoanalytisches Verständnis für die Ursprünge der Religion [...] ermöglichen» (S. 319) und daß das Wahnsystem des Paranoischen dem organisierten System der Theologie entspricht.[46] Für die Hirten und Hüter dieses Systems mußte Freud nicht deutlicher werden. Ihre Reaktionen bewiesen es. Im übrigen mußte er auf die entbindende Kraft des Ödipus setzen, auf das Sohn-Vater-Verhältnis in Schrebers Wahn, kastriert, effeminiert und judifiziert zu werden.

Dieser familiale Aspekt ist von der Fachwelt der Psychoanalyse unter Ausblendung seiner tiefentheologischen Implikationen so erschöpfend behandelt worden, daß ich mich auf einen Faktor des Komplexes beschränke. Schrebers Vater, Dr. Daniel Gottlieb Moritz Schreber (1808–1861), der selbst unter «Zwangsneurosen und Mordphantasien» litt [47], war einer der prominentesten Vertreter der Schwarzen Pädagogik. Die orthopädischen Maschinerien, die er erfindet zur Korrektur von allem, was an Leib und Seele des Kindes damals für krumm galt, sind von Foltervorrichtungen nicht oder nur graduell verschieden. In seinen detailliert bebilderten Erziehungshilfen für die Eltern, die teilweise 40 Auflagen erreichten, sieht man z. B. ein ausgeklügeltes System von Fesseln, das die korrekte nächtliche Rückenlage eines weiblichen Kindes im Bett gewährleistet; man sieht aufwendige Gestelle, die ein krummes Sitzen bei den Schulaufgaben verhindern; man sieht komplizierte Schulterbandagen, die einen kleinen Bubenrücken kerzengerade biegen oder Vorrichtungen zur Verunmöglichung der nächtlichen Onanie. Schrebers Vater repräsentiert die «politische Anatomie» (M. Foucault) einer Zeit, die auf die völkisch-nationale Nutzbarmachung des kindlichen Körpers zielt. Er wird zur Zielscheibe einer Macht, deren Geist beides an einen Ort zwingt: seine gesteigerte Tauglichkeit und vertiefte Unterwerfung.

Zweifellos hat auch Schrebers kindliche (ödipale) Sexualität aufgrund ihrer Steuerung mittels der väterlichen Maschinen Verfolgungsängste erlebt, hat er sie möglicherweise als Anschläge (im Sinne der Kastration) auf seinen Leib erlitten. Aber die antijudaistische Metaphorik seines Wahns legt doch überhaupt erst offen, daß es der Geist des (protestantischen) Christentums war, der der väterlichen Folterpädagogik die Autorität, ja Aura verlieh. Er war das Primäre. Für beide, den Antijudaismus wie den biologisch-medizinischen Antisemitismus, definierte der jüdische Leib das, was der abendländische niemals sein durfte. Von Kind an muß sich Schrebers Angst um seinen Körper entsprechend definiert haben. Als er bei den Reichstagswahlen unterliegt, fällt ihn die Urangst an, dem Gott und Idealbild des Vaters nicht mehr zu entsprechen und zum «Juden» zu werden. Diese Vorstellung wird wahnhaft abgewehrt in der Weise, sich von dem semitischen Gott Ariman via Flechsig dazu gemacht zu erleben. Daß diese Opferrolle, die bis zur Verweiblichung ausgespielt wird, sado-masochistische Wollustempfindungen freisetzt, hat ihren Ursprung sicher auch in der Pädagogisierung der kindlichen Sexualität, die ihm durch den Vater an Leib und Seele widerfuhr. Aber erst im formenbildenden Feld des abendländischen Sittensystems konnte diese private Pädagogisierung ihre kollektiv gefährdende und gefährliche Gestalt annehmen.

Daß Schreber sich nicht nur kastriert und effeminiert, sondern auch in Ahasvera verwandelt erlebt, hat Gilman vermuten lassen, es liege hier eine «literarische» Identifikation vor mit Eugène Sues «Wanderndem Juden» (1845), der eine katholische Verschwörung zur Beherrschung Europas aufdeckt.[48] Das mag sein. Doch sehr viel aufschlußreicher und verblüffender ist das Ergebnis eines Vergleichs zwischen Schrebers Wahnsystem und Wagners «Parsifal». Beide sind in ihren paranoiden Grundzügen nahezu deckungsgleich. Wahrgenommen hat man das bisher nicht, obwohl Schreber sich in den Denkwürdigkeiten wiederholt als intimer Wagnerkenner und -liebhaber ausweist. Die Uraufführung des «Parsifal» erfolgte im Juli 1882 in Bayreuth. Schreber erkrankte 1884. Der Dramentext selbst war lange vor seiner Vertonung veröffentlicht worden. Schreber könnte ihn oder das fertige Bühnenweihfestspiel also gekannt haben. Wenn nicht, dann muß es zu einem enormen Nervenanhang zwischen ihm und Wagner gekommen sein.

Selbst Thomas Mann kam erst Ende 1949 zu dem Urteil: «Es ist viel ‹Hitler› in Wagner.»[49] Wieviel Wagner indessen schon in Wolframs von Eschenbach «Parzival» (um 1210) war, soll zunächst kurz erörtert werden. Das gewaltige Epos hat zum formenbildenden Kern die göttliche Trinität in ihrer mitleidstheologischen Verschiebung. Das Paßwort, das die Verbindung zu Gott herstellt, ist nicht länger die Hostie, sondern der Heilige Gral. Bei Wolfram hat er die Gestalt eines Steins. Genauer gesagt ist er ein Schriftbildträger telekommunikativer Handlungsanweisungen Christi an seine erwählten Hüter: den Orden der Tempelritter. Der Gral kann weder «erjagt» noch «erstritten» werden, noch weniger ist er käuflich. Seiner würdig zu sein vor aller Welt, setzt ungewöhnliche Eigenschaften voraus: sittliche Reinheit, höchste leibliche Kraft und Schönheit, Treue und Tapferkeit bis zum Tod im kämpferischen Einsatz für das Evangelium und die Verachtung der Krämer.[50] Der geheime Stammsitz des Eliteordens ist die Gralsburg mit dem Allerheiligsten des Grals. Er hat die Kraft, seine Hüter mit aller Nahrung des Leibes und der Seele in Fülle zu versorgen. Die Gralsburg ist nur Eingeweihten zugänglich. Ritter und Edelfrauen leben in ihr zusammen. Doch ist die im himmlischen Brautpaar vorgelebte sexuelle Reinheit höchstes Gebot. Die Ehe ist allein dem Gralskönig vorbehalten. Allerdings dürfen die Ritter wie die Jungfrauen, wenn sie zu geheimen (die Frauen zu öffentlichen) Machtmissionen in die Welt gesandt werden, heiraten, um der Gralswelt den Nachwuchs zu sichern.

Im Geistesadel des Gralskönigtums gibt es keine Erbfolge vom Vater auf den Sohn. Die Königsfamilie steht in irdischer Stellvertreterschaft zum hohen himmlischen Paar. Gott selbst behält sich die Wahl der reinen Magd vor, die ihm insgeheim irgendwo den Sohn und neuen Gralskönig gebären wird. Welcher Art die hohen Eigenschaften sein müssen, damit der Auserwählten dieser Vorzug zuteil wird, ergibt sich aus dem Namen der Mutter Parzivals: «Herzeloyde». Er ist das Codewort für die Leiden Marias um ihren gemarterten und gemordeten Sohn. Diesem Mitleiden und Lieben, der hohen (Jesus-)Minne also, muß die erwählte Magd und Mutter gleichkommen. Der Gral ist die dingsymbolische Vernetzung der hohen Minne mit der hohen Christologie. Sie droht zu zerreißen, als sich Amfortas mit einer Geliebten einläßt, die ihm «die Inschrift auf dem Gral», d. h. Christus selbst, nicht erlaubt (9,478). Denn sie ist nicht «makellos rein» (9,495). Im Zweikampf für die Ehre dieser gralsunwürdigen Geliebten wird Amfortas von einem «Heiden», der dem Gral nachstellt, mit einer «vergifteten» Lanze an der Scham verletzt (9,479). Der «Heide» ist aus dem Zweistromland, mit Heine gesagt, von «den Wassern Babels», hergekommen. Und da für Wolfram Juden ausdrücklich «Heiden» sind (9,453), ist der Gralsschänder unmißverständlich identifiziert. Das allein erklärt auch, warum Gott «keine Heilung» der Wunde will (9,481). Es geht von ihr nicht nur ein «übler Geruch» aus (9,491), sie versetzt den Leib des Gralskönigs periodisch in einen Zustand innerer Eiseskälte. Dann muß ihm, damit «ein Schmerz den anderen betäubt» (9,490), die Lanzenspitze in die Wunde gestoßen werden. In diesem Augenblick fühlt jeder der Gralsritter zugleich aus tiefem Mitleiden «die Lanzenspitze in seinem Herzen» brennen (9,493).

So verknüpft sich in ihnen die Genitalwunde des Königs mit der Seitenwunde Christi, der Weltwunde jüdischer Herzenskälte und Erbarmungslosigkeit. In den drei Blutstropfen im Schnee, die den irrenden Parzival an seine Erlöserpflicht gemahnen, ist diese Verknüpfung symbolisch verdichtet. Die Todsünde des Königs ist auch die Sünde seiner Ritter. Nun stehen sie alle unter «Gottes Zorn», der schon «zu lange währt». Ihr Selbstverständnis ist das eines elitären Eingreifkommandos «auf Leben und Tod». Zur «Buße für ihre Sünden» ist ihnen von Christus selbst auferlegt, den Gral «ohne Pardon» gegen seine Verderber zu verteidigen. Dazu erwarten sie sehnlichst den angekündigten Helden der erlösenden Mitleidsfrage.

Als diese Frage von Parzival am Ende seiner Irrfahrt an Amfortas gestellt wird: «Oheim, was fehlt dir?», da wird Gott, der seine Wunde heilt, definiert als der, der auf die Bitte des heiligen Silvester einen «Stier vom Tode erweckte» (16,795). Die Anspielung enthält einen vernichtenden Antijudaismus. Geht es doch um die damals populäre Sage, nach der Papst Silvester im Beisein Kaiser Konstantins und seiner Mutter Helena eine Disputation mit Rabbinern dadurch gewann, daß er einen Stier im Namen Christi wieder zum Leben erweckte, den die Juden zuvor dadurch getötet haben sollten, daß sie ihm den Namen ihres Gottes einflüsterten. Wolfram vertritt nicht nur die Theologie des zweigeteilten Gottes, er setzt auch durchgehend «Judas» als das Kollektivsubjekt jüdischen Verrats an Christus in Kontrast zu der «Treue» und dem «Erbarmen» des christlichen Ritters und seiner Dame.

Wolframs Gralsepos ist Kreuzzugsdichtung aus dem Geist der Kreuzzugstheologie. Kern des Weltkonflikts ist die in Leib und Geist gespaltene Sexualität. Das Trinitätssymbol der drei Blutstropfen im Schnee, das Erwähltheitszeichen Christi an Parzival, steht für die hohe Minne, die Schamwunde des Amfortas für die jüdische *perversitas*. So wie der «giftige» Haß «der Juden» am Karfreitag verletzend und mordend in die Mutter-Sohn-Dyade eindrang, dringt die Lanze des «Heiden» im Verein mit der unreinen Geliebten in den familialen Kern der Gralswelt ein, so daß es der erlösenden Mitleidsfrage Parzivals bedarf, die mitverletzte himmlische Trinität wiederherzustellen.

In diesen antijudaistischen Grundzügen kommt Wolframs Epos Wagner als Quelle sehr gelegen. Der Meister war, anders als seine germanistischen Hüter bis heute, darin nicht mit Leseschwäche geschlagen. Was er nicht übernimmt, ist die Gestalt des Grals als Stein. Statt dessen wählt er die zweigeteilte Version des Robert de Boron: die Lanze des Longinus und den Kelch des erlösenden Bluts. Erinnert sei an die vielfältig variierte Verbildlichung des Gegensatzes Ecclesia – Synagoga, Maria – Synagoga. In einer Variante sticht Synagoga mit der Lanze in die Seite des Gekreuzigten (oder sein Lamm-Gottes-Symbol), während Ecclesia Maria den herausquellenden Blutstrom in einem Kelch auffängt. In anderen Varianten wird Synagoga vom Teufel geritten, oder sie ist im Bunde mit Eva, die den Apfel der «Erbsünde» in der Rechten, den Tod in der Linken hält. Immer wieder entsprechen dem Gegensatz Ecclesia/Maria – Synagoga die gegenläufigen Affinitätsketten: Eva – Synagoga – perversitas – Tod auf der einen, Maria – Reinheit – ewiges Leben auf der anderen Seite.

Da Wagner diesem Weltkonflikt dramatische Gestalt geben will, bedarf es des zweigeteilten Sinns, der, anders als dem Stein, dem Gralsbesteck aus Lanze und Kelch innewohnt. Ist doch die Lanze des Longinus beides: jüdische Rachelanze und Reliquie der Reliquien, weil getränkt an ihrer Spitze mit dem Heilsblut des Erlösers. Die eigentliche Analyse des Parsifal-Dramas, will sie gelingen, aber setzt voraus, daß man den 35 Jahre währenden theoriebildenden Prozeß aufzeigt, der seine Entstehung begleitete und ihm zu seiner Gestalt verhalf. Ging doch Wagner selbst so weit, in seinen Schriften seine «eigentlichen Werke» zu sehen.[51] Diese Werke geben auch die deutlichste Antwort auf die Frage: wieviel Hitler denn in Wagner ist. Sie sind wiederum begleitet von den 162 antisemitischen Ausfällen in Cosimas Tagebüchern. Aus ihnen sei zuerst zitiert.

Als im Dezember 1881 bei einem Theaterbrand in Wien während der Aufführung von Lessings «Nathan der Weise» 400 jüdische Menschen verbrennen, notiert Cosima am 18.12. in ihrem Tagebuch für die Nachwelt des Meisters mitleidlosen Kommentar dazu: «es sollten alle Juden in einer Aufführung des ‹Nathan› verbrennen.» Was mit ihnen verbrennen soll, ist der Geist der Aufklärung. Moses Mendelssohn, das Vorbild für Nathan, und Lessing entwickelten einen Toleranzbegriff, der nicht die Assimilation der jüdischen an die abendländisch-christliche Kultur erstrebte, sondern die gegenseitige Befruchtung unter Wahrung der jeweiligen Besonderheit. Was Wagner besonders gegen Lessings Drama aufbrachte, war der darin ausgesprochene Hinweis auf die Tatsache, daß Jesus selbst kein Christ, sondern Jude war.

Wagner eröffnete die Reihe seiner antisemitischen Schmähschriften 1850 mit «Das Judentum in der Musik». Das Pamphlet endet mit dem Appell an seine Leser: «Aber bedenkt doch, daß nur eines eure Erlösung von dem lastenden Fluche sein kann, die Erlösung Ahasvers. Der Untergang!»[52] Der Meister hatte seinen Wolfram gründlich gelesen. Deutlicher konnte das Ungeheuerliche, das dort schon ausgebildet war, nicht aufgegriffen und erneuert werden. Wie den Tempelrittern Wolframs die jüdische Rachelanze im eigenen Herzen brennt, bis der jüdische Anschlag auf den (Grals-)Leib Christi gerächt ist, so sieht auch Wagner nicht nur Ahasver durch Christus verflucht, sondern die Deutschen (Christen) so lange mit ihm, bis der «Untergang» sie davon erlöst hat. Hinter dem Konstrukt steht der Ausbruchswille aus der paulinischen Doppelbindung von Christen und Juden. Er ist paranoid. Die Deutschen müssen endlich Täter werden. Der (Er-)Lösungswille aus dem Fluch rechtfertigt sich dadurch, daß Ahasver das Karfreitagsverbrechen an Christus, dem «Erstgeborenen der ganzen Schöpfung» (Kol. 1,15), zwanghaft fortsetzt. Gott selbst ist es, der den Untergang, das Abbüßen des Fluches, fordert: Dieu le veut! Das gibt der erlösenden Tat die Weihe eines heldischen (Blut-)Opfergangs.

Als Wagner 1850 in seinem Pamphlet diesen Untergang fordert, hat er bereits fünf Jahre Quellenstudium der Gralsdichtung hinter sich. Am Beispiel der jüdischen Komponisten Meyerbeer oder Mendelssohn-Bartholdy spricht er «den Juden» jede ästhetische Eigenqualität ebenso ab wie Kreativität. Ihre Werke sind nichts als Imitationen des «Sinn und Geist verwirrenden Gegurgels, Gejodels und Geplappers» des Synagogengesangs. Des Meisters ganz besonderes Verdammungsurteil aber gilt Heine und denen, die ihn vertonen. Heine kann als Jude nur Mißbrauch mit der deutschen Sprache treiben. Durch ihn ist die Poesie eine «Lüge» geworden. Was dem Meister vor allem an die Galle geht, ist Heines «jüdischer Ton». Er wird nicht als Ausdruck des tausendjährigen jüdischen Schmerzes unter der Christenheit vernommen, der beide krank machte, sondern haßvoll abgewehrt. Die Schrift «Modern» (1878) greift diesen Gedanken erneut auf. Womit Wagner nicht fertig wird, ist der Eintritt des jüdischen Volks in die europäische Kultur. Aus dem Stand und auf breiter Front ist dieses so verächtlich gemachte Volk zu Kulturleistungen fähig, die nach christlich-abendländischem Selbstverständnis gar nicht sein dürfen. Wagner verwirft sie als «modern», als «Sprach-Verfälschung» und «Einmischung des ‹Modernen› in unsere Kultur-Entwicklung».

Der Aufsatz «Wollen wir hoffen?» von 1879 ist angelegt auf die

Rettung des «Deutschen Geistes». Die ihn ruinierenden Mächte sind ohne Frage «die Juden»; aber es sind auch die durch sie verunreinigten «Staats- und Kirchenverfassungen». Von Luther her werden beide als «undeutsch» verworfen. Verworfen wird auch ausdrücklich Lessings «Nathan». Was den Meister aber besonders erregt, ist der Bau einer «imponierenden Synagoge reinsten orientalischen Stils» in Nürnberg ausgerechnet dem «Denkmal des Hans Sachs gegenüber», des Bruders im antijüdischen Geiste. Wagner stellt die Grundfrage: «Ist der Deutsche, unter der Undeutschheit seiner ganzen höheren Lebensverfassung leidend [...] eine bereits zerbröckelte und seiner letzten Zersetzung entgegensiechende Völkererscheinung, oder lebt in ihm noch eine besondere, der Natur um ihrer Erlösung willen unendlich wichtigen [...] Anlage [...], die, vollkommen ausgebildet, einer weit ausgedehnten neuen Welt den Untergang der uns jetzt noch immer so überragenden alten Welt ersetzen könnte?» Die «Anlage», auf die Wagner seine bange Hoffnung setzt, verdeutlicht er an dem militärischen Vorbild Oliver Cromwells und seiner «unbesieglichen Schwadronen», durch die Englands Geschichte «von neuem» begonnen habe. Was er indessen ablehnt, ist der Geist des «Gottes Zebaoth», auf den der Engländer noch gebaut habe. Unter diesem (jüdischen) Gott sei nicht nur das Kirchenchristentum «impotent» geworden, sondern auch die Reichspolitik, der «kürzlich ein englischer Jude das Gesetz» gemacht habe. Gemeint ist Benjamin Disraelis Rolle beim Berliner Kongreß 1878. Worauf also «wollen wir hoffen?» Der Meister setzt seine letzte Hoffnung auf den «Deutschen Geist» und dessen besondere «Anlage» zur Erlösung der Welt, ja der Natur (!), von dem, was die europäischen Völker ins Siechtum getrieben habe, und er bekundet sie dadurch, daß er «die Musik zu [seinem] ‹Parsifal› in diesen Tagen vollenden konnte». Wesensmerkmal der erlösungsfähigen Anlage ist das «Mitleiden» mit dem Leiden Christi, des «Alldulders», an der jüdischen Weltwunde, verbunden mit dem unbesieglichen Willen zu einer neuen Welt durch den Untergang der alten im heldischen Opfergang. In Wagners Werk verwirklicht sich in der Nachfolge

Hegels exakt der von Heine so vorahnend befürchtete deutsche Pantheismus, dessen ohnmächtig «eingekerkerter» Gott seines welterlösenden Helden(volks) harrt.

In «Kunst und Religion» (1880) verdeutlicht Wagner dann genauer, worum es ihm geht: Er will «den Kern der Religion» retten vor seiner Degeneration durch die «katholisch-jesuitisch-hebräischen» Einflüsse. Er bezweifelt, daß «Jesus selbst von jüdischem Stamme gewesen» sei. Den «Verderb der christlichen Religion» leitet Wagner ab «von der Herbeiziehung des Judentums zur Ausbildung seiner Dogmen». In absoluter Unkenntnis der Entstehungsgeschichte des Christentums kreidet er dem Christentum als jüdisch an, was allein aus der christlich-paulinischen «Fälschung» des wirklichen Judentums hervorging. Es ist Nietzsche, der im «Antichrist» nicht zuletzt gegen Wagner diesen Fälschungsprozeß analytisch zu seinem Ursprung hin aufrollt.[53]

In besonderem Maß verbohren sich die sogenannten Regenerationsschriften in den Karfreitagskomplex und die fortwährende Bedrohung des «Alldulders» durch das Judentum. In der Abhandlung «Was nützt diese Erkenntnis? Ein Nachtrag zu: Religion und Kunst» (1880) vertraut Wagner darauf, daß das Kunstwerk die Religion abzulösen vermöchte: «Wir erkennen den Grund des Verfalls der historischen Menschheit sowie die Notwendigkeit einer Regeneration derselben; wir glauben an die Möglichkeit dieser Regeneration und widmen uns ihrer Durchführung in jedem Sinne.» Es war Nietzsche, der diese Verwechslung von Ursache und Wirkung richtigstellte: Für ihn sind «das jüdische ‹alte Testament›» und der «Geschmack» daran «ein Prüfstein in Hinsicht auf ‹Groß› und ‹Klein›», dem das arische Schrifttum «nichts zur Seite zu stellen hat».[54] Im Widerspruch zu Wagner sieht Nietzsche den Siechtumsgrund der abendländischen Degeneration gerade nicht im Judentum, sondern in der 2000jährigen Verlustgeschichte der urhebräischen Maßstäbe: des GESETZES. Darin war er sich mit Heine einig.

Ermutigt durch die Lektüre von Gobineaus «Essai sur l'inégalité des races humaines» entsteht mit «Erkenne dich selbst»

(1881) die wohl brisanteste Schrift Wagners. Er kommt gleich zur Sache mit der Frage: «was den Juden die jetzt so verderblich dünkende Macht unter uns und über uns gegeben hat.» Diese Frage wird mit dem (jüdischen) Kapitalismus verbunden, dem «verhängnisvollen Ring des Nibelungen als Börsen-Portefeuille», dem durch «Kredit» ersetzten «Glauben». Wo die Deutschen nur «Stümper» sind in der «Kunst des Geldmachens», sind die Juden «die Virtuosen». Die Machtfrage wird von Gobineau her nunmehr unverhüllt rassistisch-darwinistisch begründet. Für Wagner ist der Jude «das erstaunlichste Beispiel von Rassen-Konsistenz, welches die Weltgeschichte noch je geliefert hat». Dem Juden schadet weder die «Vermischung», noch bringt ihn eine noch «so ferne Berührung mit der Religion irgendeines der gesitteten Völker in Beziehung: denn in Wahrheit hat er gar keine Religion, sondern nur den Glauben an gewisse Verheißungen seines [!] Gottes, die sich keineswegs, wie in jeder wahren Religion, auf ein außerzeitliches Leben» erstrecken, «sondern auf eben dieses gegenwärtige Leben auf der Erde, auf welcher seinem Stamme allerdings die Herrschaft über alles Lebende und Leblose zugesichert bleibt. So braucht der Jude weder zu denken noch auch zu faseln, selbst nicht zu rechnen, denn die schwierigste Rechnung liegt in seinem jeder Idealität verschlossenen Instinkte [...] fertig vor. Eine wunderbare, unvergleichliche Erscheinung: der plastische Dämon des Verfalls der Menschheit in triumphierender Sicherheit.»

Hier wie auch in anderen Schriften geht mit Wagner immer wieder die paranoide Verkehrung der wirklichen Machtverhältnisse durch. Die prozentual kaum zählende jüdische Minderheit erlangt die Kosmizität eines Dämons, der den Untergang des Abendlandes und mit ihm der Erde beschlossen hat. Wagner steht unter dem Alp des «unausgleichbar drückenden Nachteils» der deutschen gegenüber der jüdischen «Rasse»! Wenn es überhaupt einen Ausgleich des Nachteils geben soll, dann durch einen «höheren Trieb», der, «da er dem heutigen Volke doch nur dunkel und wahnvoll bewußt sein kann, wohl zuerst noch als Instinkt, dennoch aber von edler Abkunft und höherem Ziele, etwa als Geist reiner Menschlichkeit, bezeichnet werden müßte.» Daß des Meisters Reinheitsbegriff eine judenfrei gemachte Menschlichkeit meint, ergibt sich aus der für ihn einzig denkbaren Überwindung der Beziehungsfalle (Doppelbindung), in die er die Deutschen (Christen) und die Juden eingeschlossen erlebt. Er nennt sie die «große Lösung». Sie sei, so Wagner, erreicht, «wenn es keine Juden mehr gebe». Für fähig und würdig zu diesem eliminatorischen Weltakt hält Wagner, sich mit eingeschlossen, allein die Deutschen: «Uns Deutschen könnte [...] diese große Lösung eher als jeder anderen Nation ermöglicht sein, sobald wir ohne Scheu, bis auf das Mark unseres Bestehens, das Erkenne-dich-selbst durchführten.»

Erst nach Auschwitz wurde die (vor allem durch Neu-Bayreuth) peinlich abgewehrte Frage laut, ob der Meister seine «große Lösung» als ethnische Säuberung des Reiches verstanden habe oder als Auslöschung im Sinne der «Endlösung». Eliminatorisch gedacht war sie in jedem Fall. Aber das ist nicht das Eigenartige an Wagner. Er war kein Vulgär-Antisemit, sondern völlig verstrickt in die paradoxe Täter-Opfer-Verkettung des Karfreitagskomplexes. Parsifal, der Held der großen Lösung, rechtfertigt den Untergang, den er der kranken alten Welt bereiten muß, mit dem Einsatz des eigenen Lebens. Die Erlösung zu einer neuen, gesunden (= judenfreien) Welt setzt das große Blutreinigungsopfer der Deutschen voraus. Denn das welterlösende Opferblut des «Alldulders» ist Blut von ihrem Blute! Das so überaus Gefährliche, ja Entsetzliche dieses Wahns liegt darin, daß er die Bereitschaft fordert, sich in Verfolgung seines Wollens selbst ans Kreuz des Leidens und Sterbens zu schlagen.

Es ist in diesem Zusammenhang unerläßlich zu wissen, daß diese Schriften Wagners zu der bevorzugten Lektüre Hitlers zählten. Die innere Verwandtschaft in beider Denken und Fühlen ist unübersehbar. Hitler bettet ab 1941 die Vernichtung des jüdischen Volks nicht nur ein in den bisher größten Ausblutungskrieg der Weltgeschichte, er setzt auch den Mituntergang des Deutschen Reichs zu diesem Lösungsziel rücksichtslos aufs Spiel.

Der um den «Parsifal» gerankte Zyklus der Regenerationsschriften wird von Wagner im September 1881 abgeschlossen mit «Heldentum und Christentum». So wie schon in «Erkenne dich selbst» wird im Sinne Gobineaus auch hier die «Überlegenheit» der weißen Rasse gegenüber allen anderen hervorgehoben und mit Schopenhauer moralisch begründet. Wie keine andere sei die weiße Rasse berufen, die Menschheit aus der Verstrickung des «Willens» zu «erlösen», denn ausschließlich ihr komme die höchste menschliche Fähigkeit zu: die des bewußten Leidens. Dieser Geist der höchsten Leidensbereitschaft ist für Wagner Fleisch geworden in den Spitzenprodukten der «arischen» Rasse. Bewahrt habe er sich in den letzten rein erhaltenen germanischen Geschlechtern. Sie sind für ihn das Rekrutierungsreservoir der wahren «Helden-Naturen». Deren Geheimnis ist die Nichtvermischung des Bluts: «Die Tugend des Stolzes ist zart und leidet keinen Kompromiß, wie durch Vermischung des Blutes; ohne diese Tugend aber sagt uns die germanische Rasse – nichts.» Wagner hat ausschließlich Siegfried-Qualitäten vor Augen, die aber weiterzuentwickeln sind zum letzten Vollendungsideal der Rasse: dem «Heiligen als göttlichen Helden». Dieser nimbierte Held ist in Parsifal (unausgesprochen) vorgezeichnet. In ihm erneuert sich das Kreuzzugsideal der Tempelritter, des damals mächtigsten, schlagkräftigsten und gnadenlosesten Eliteordens der Christenheit. Wagner wirft die Frage auf: «Von welchem Wert dürfte nun das ‹Blut›, die Qualität der Rasse, für die Befähigung zur Ausübung solches heiligen Heldentums sein?»

Von dieser rhetorischen Frage her leitet Wagner über auf die «semitische» Rasse, die sich für ihn in die römisch-katholische Kirche fortgesetzt und aus ihr einen «jesuitisch-lateinischen» Mischling gemacht habe. Damit sei auch «das Blut des Christentums» verdorben. Von daher stellt sich ihm die Frage nach der rassischen Qualität des Blutes Christi. Wenn die höchste Leidensfähigkeit das unverwechselbare Wesensmerkmal einer ausschließlich arischen und vor allem deutschen Elite ist, dann ist Jesus Christus, der heldenhafteste aller großen Leidenden, niemals ein Jude gewesen. Er war ein unter die Juden gefallener Arier. Die Begründung, die der Meister dafür liefert, ist atemberaubend: Es werde in Geschlechtern, die «bis zur Vernichtung bedroht» seien, die Produktionskraft in einer so abnormen Anstrengung gesteigert, daß nicht nur ein höher organisierter einzelner, sondern in und mit diesem eine neue Spezies entstehe. Wagner, sonst allem Modernen abhold, bemüht Darwin. Jesus Christus, der Alldulder, war ein Mutationswunder. Wie schwer der Meister diese Gedankengeburt zur Welt bringt, verrät der schweißperlende Stil: «Das Blut in den Adern des Erlösers dürfte so der äußersten Anstrengung des Erlösung wollenden Willens zur Rettung des in seinen edelsten Rassen erliegenden menschlichen Geschlechts, als göttliches Sublimat des Gottes selbst geflossen sein [...] Das in jener wundervollen Geburt sich sublimierende Blut der ganzen leidenden menschlichen Gattung [...] spendet sich dem ganzen menschlichen Geschlechte zur edelsten Reinigung von allen Flecken seines Blutes. Hieraus fließt dann die erhabene Einfachheit der reinen christlichen Religion.» Wagner macht sich Paulus zu eigen. Auch er sieht in Jesus, freilich auf seine Weise, den «Erstgeborenen der ganzen Schöpfung» (Kol. 1,15). Vor ihm war nichts Gutes. Was aus Marias Schoß hervorkam, muß arisch gewesen sein. (Die fast durchweg blonden Madonnen der nördlichen Sakralkunst hatten diesen Gedanken ohnehin längst insinuiert.) Wieviel von Daniel Schrebers passionsblumiger Phantasie hier schon vorgeprägt ist, wird dem Leser nicht entgangen sein. Nur blieb Schrebers nachfolgender Wahn(sinn) gegenüber dem des Meister «die Abwesenheit des Werks» (M. Foucault).

Zur Regeneration von Welt und Natur von der semitischen Versündigung am Blut Christi bedarf es für Wagner der arischen Erwähltheitsmerkmale: Mitleiden, Liebe (Agape), Leidensbereitschaft. In einem Brief an Mathilde von Wesendonck vom 1. Oktober 1858 erklärt er das Mitleiden zum vermutlichen «Quell» seiner Kunst. Es zu vermögen, habe die edle, die «höhere Natur» zur Voraussetzung. Anders als dem «erlösungslosen Leiden» des Tiers ist dieser höheren Natur die «Anlage zur Welterlösung» wesensmäßig. Doch ist Wagners Mitleidsbegriff (wie sein Gottesbegriff) zweigeteilt. Für ihn hat der Mensch «in seiner Not den Weg zur Erlösung, der eben dem Tier verschlossen ist; erkennt er diesen nicht, so [...] kann ich bis zur Grausamkeit gehen, ihm die Not des Leidens zum Bewußtsein zu bringen [...] wie es meine ganze Natur mit sich bringt, aus dem gemeinen Zustande aufzuregen, so drängt es mich auch hier, nur zu stacheln, um das große Leid des Lebens zu fühlen zu geben!» Wer demnach nicht mitleiden will, muß fühlen. Ist doch der einzige Weg zur Welterlösung durch die Passion Christi gewiesen. Wer ihn ausschlägt (oder wie Ahasver seiner tierhaften Natur wegen gar nicht leisten kann), mit dem ist Mitleid «Mitschuld». Die höhere Anlage zum Mitleiden, die das Werk Christi fortsetzt, ist prädestiniert und autorisiert, «das große Leid des Lebens» zu fühlen und zugleich «zu fühlen zu geben» bis zur Grausamkeit. Dabei ist, so Wagner wörtlich, nicht maßgebend: «was der andere leidet, sondern was ich leide, wenn ich ihn leidend weiß [...] Somit macht mein Mitleid das Leiden des anderen zu einer Wahrheit [...] veredle ich es, so ist es, weil ich edel bin, fühle ich sein Leiden als ein tiefes, so ist es, weil ich tief fühle.» Ahasvers letzte Chance ist demnach der erlösende Held, daß er ihn im «Untergang» adelt. In der Parsifal-Dramaturgie ist dies die zwielichtige Lösung. Sie wird Kundry, dem zu Ahasvera umgewandelten Ahasver, zuteil.

Wagners Mitleidslehre ist die Fortschreibung der Kreuzzugstheologie des Mitleidens, die «den Juden» dieses Vermögen ebenso absprach, wie sie ihnen alle Grausamkeiten andichtete. An das Ungeheuerliche dieser Schuldzuweisung glaubt der Meister so felsenfest, daß er von ebenso ungeheuerlichen Erlösungs(wunsch)ängsten von allem Jüdischen heimgesucht wird. Sein «Parsifal» gibt sie nur verschlüsselt her. Ebenso verschlüsselt sind wohl deshalb Wagners Anweisungen zur Rezeption und Bühnenproduktion des Musikdramas an den engsten Kreis seiner Bayreuther Jünger. In Cosimas Tagebüchern ist unter dem 5. Januar 1882 folgendes von ihm wörtlich festgehalten: «Nein, nein, ich habe mir heute gesagt, es ist doch sehr merkwürdig, daß ich mir dieses Werk für die höchste Reife gespart habe; ich weiß, was ich weiß und was darin ist; und es kann die neue Schule, Wolzogen u. a. sich daran halten.» Was der Meister dem künftigen «Bayreuther Kreis» mit seinem Gralsdrama zum Vermächtnis macht, wird geheimnisvoll umschrieben und bleibt im letzten unausgesprochen eine Sache zwischen ihm und Cosima. Sie vermerkt: «er deutet mehr an denn, als er es ausspricht, den Gehalt dieses Werkes, ‹Erlösung dem Erlöser› – und wir schweigen, nachdem er noch gesagt hat: ‹Gut, daß wir allein sind›.» Die Angst vor dem Ungeheuerlichen, das in seiner letzten Konsequenz wie unter Verschwörern unausgesprochen bleibt, ist um so beredter. Hat doch die Geheimformel des *opus ultimum*, «Erlösung dem Erlöser», zur inneren Logik die «große Lösung», daß es – so oder so – «keine Juden» mehr gebe. Das Erlösungsopfer Christi ist unvollendet geblieben. Die jüdische Weltwunde brennt weiter. Der «Heilige als göttlicher Held» muß den Erlöser von ihr erlösen.

Obwohl «Herzeleide», die göttlich erwählte Magd und Mutter, der Welt mit Parsifal diesen erlösenden Sohn insgeheim geboren hat, weiß der selbst zunächst von alldem nichts. Beginnend als «tumber Tor» und irrender Ritter, muß er einen langen Reife- und Bewußtwerdungsprozeß durchlaufen, ehe er seiner Berufung zum gottgesandten Retter einsichtig und würdig wird. Wagner faßt den Prozeß in die Formel «Durch Mitleid wissend». Dramaturgisch ist er gegenläufig zu dem Degenerationsprozeß der Welt der Gralshüter. Kundry, der verführerischen Ahasvera, ist unter Mithilfe des Zauberers Klingsor die sexuelle Verführung des Gralskönigs Amfortas und mit ihr die Schändung des Heiligen Grals gelungen. Er droht seine heilende und nährende Kraft zu verlieren. Konstitutiv für die Handlung ist die Idee der Eucharistie, des Danksagungsrituals des Abendmahls. Wie in der Hostie ist Christus «im Gral anwesend» (Dieter Borchmeyer). Wagner verschiebt die Hostienschändung zur Gralsschändung. Wie er König Ludwig II. in dem Brief vom 7. September 1865 verrät, wiederholt sich in dem Kuß, mit dem Kundry Amfortas verführt, der Ur-Katastrophenkuß Evas, der die Welt einst in erlösungsloses Leiden stürzte, so daß

Gott selbst in Jesus Christus, dem «zweiten Adam», das Opfer seines erbsündenreinigenden Bluts erbringen wußte, um die Welt dem ewigen Tod zu entreißen. Wagner verknüpft, so wie die Sakralkunst, das Urmotiv der erbsündlich unreinen Frau und Sünderin mit Judentum (Synagoga) und Tod und verschiebt und verdichtet den Komplex zu Kundry, der Ahasvera. Wie Evas Kuß die vorchristliche Welt, so reißt Kundrys Kuß den Gralskönig Amfortas und mit ihm den Kern des Christentums in das Urleiden der Welt zurück.

Daß Kundry das Ewig-Jüdische ist, das uns hinabzieht, sagt das Libretto unumwunden. Sie selbst gesteht, daß sie den unter dem Kreuz ächzenden Heiland an jenem Karfreitag «kühn geschmäht» und verlacht habe, bis dann «sein Blick» sie getroffen und verflucht habe. Das mystische Ereignis transformiert Kundry in eine schizoide Hysterikerin des Gottesfluchs, die ebenso ihren Arzt und Erlöser erstrebt, wie die Fleischeslust ihrer tierhaften Natur sie der reinen Gottesliebe (Agape) und des Mitleidens unfähig hält. Vom Fluch verfolgt, ist sie seit Golgatha in wechselnden Gestalten immer wieder nur schadenstiftend durch Zeiten und Völker gerannt, unfähig, diesem Trauma zu entrinnen; zumal es zu ihrem Karfreitagsverbrechen eine ebenso sadistische Vorgeschichte gibt. Klingsor, der Zauberer, legt sie offen:

Im Todesschlafe hält der Fluch sie fest,
der ich den Krampf zu lösen weiß [...]
Herauf! Herauf! zu mir!
Dein Meister ruft dich Namenlose,
Urteufelin, Höllenrose!
Herodias warst du, und was noch?
Gundryggia, dort, Kundry hier.

Die Ewige Jüdin ist eine lange kriminelle «Identitätsmigration» durchlaufen. Schon vor Christus hatte sie als Herodias Johannes den Täufer auf dem Gewissen. Irgendwann ist die Heilsüchtige des Unheils dann in verwandelter Gestalt Gralsbotin geworden in «wilder Kleidung, hoch geschürzt; Gürtel von Schlangenhäuten, lang herabhängend, schwarzes [...] flatterndes Haar, tief braun-rötliche Gesichtsfarbe, stechende schwarze Augen, zuweilen wild aufblitzend, öfters wie totenstarr.» Als Klingsor sie aus ihrem Todesschlaf erweckt, daß sie nach Amfortas auch Parsifal ruiniere, stößt sie «einen gräßlichen Schrei» aus. Ihr Seelenzustand ist zerrissen zwischen Wollust und «Klagegeheul». Während Amfortas ihren Verführungskünsten erliegt, kehrt ihr «das verfluchte Lachen wieder». Der Symptomkomplex stellt sich dar als ein ständiges Oszillieren zwischen Stupor und «krampfhaftem Wehgeschrei», zwischen Tiefschlafgestammel von «Wut», «Tod», «Fluch» und Lachenmüssen: «Da lach ich – lache – kann nicht weinen, nur schreien, wüten, toben, rasen, in stets erneuter Wahnsinnsnacht.» Alles, was der Antijudaismus in Volksmission und Sakralkunst «den Juden» an sittlicher Verkommenheit und seelischer Degeneration anhängte, nimmt in Kundry komplexe Gestalt an.

Aber noch bevor der Dramentext Kundry als Ahasvera identifiziert, tut es die Musik zu Beginn des ersten Akts. Zu der Zeile «zu büßen Schuld aus früh'rem Leben» verknüpft Wagner die erste Hälfte des Abendmahlsmotivs mit dem Kundrymotiv. Am Karfreitagsverbrechen gegen Christus war sie aktiv beteiligt.[55] Während Amfortas in Kundrys «Armen liegt» – Wagner dachte sie sich nackt dabei wie Tizians Venus –, entwindet Klingsor ihm die Gralslanze. Diese doppelsinnige Attacke führt zu einer ebenso doppelsinnigen «Wunde» am Leib des Gralskönigs. Sie ist zugleich Sakralwunde wie entmannende und infizierende Genitalwunde. In den unreinen Händen Klingsors hat sich die Gralslanze in die Rachelanze des Longinus rückverwandelt und dringt, so wie einst in die Seite des Gekreuzigten, in die des Amfortas. Der König, dem der «Heiland» die Weihegewalt über den Gral verlieh, wird zum erneuten Träger der Seitenwunde Christi. Doch das Blut, das aus ihr fließt, ist unrein, ist «Sündenblut», das «keine Büßung» je stillt. Durch die sexuelle Vereinigung mit Ahasvera ist es unheilbar «vergiftet» worden. Musikalisch gibt es zwar nur eine Wunde, aber zweierlei Blut: vergiftetes reines Blut, ein Paradox, dem die

Musik dadurch Gestalt gibt, daß sie die Amfortaswunde «ständig durch das Kundrymotiv beleuchtet». So wie Christi Leib am Karfreitag, trägt nun auch Amfortas das Leibzeichen jüdischen «Giftes». Aber da er diesem Gift nicht standhielt, wird durch ihn der Gral, die letzte Bastion reiner Religion, untergehen, wenn nicht der den Fluch Ahasvers mittragende Held «durch Mitleid wissend» wird und «Erlösung dem Erlöser» bringt.

Dieses «höchsten Heiles Wunder» geschieht, als Kundry auch Parsifal verführen will. Wohl wissend, daß sie mit «Herzeleides» Sohn nicht ein so leichtes Spiel haben wird wie mit Amfortas, schlüpft sie in die Rolle seiner Mutter und fordert den Sohn auf, sie so zu umarmen, wie es einst Vater Gamuret mit Herzeleide getan habe. Wagner macht aus Ahasvera eine bewußte Jokaste, so wie die Mönche einst aus Judas einen Ödipus machten, der seinen Vater getötet und seine Mutter zur Frau genommen haben sollte. Kundrys falscher Mutterkuß wird zu einer Variante des Judaskusses. Doch erliegt der Sohn ihm nicht, vielmehr ruft der Kuß in ihm die mütterliche Urmitgift reinen Herzeleides erinnernd wach. Noch in den Armen der Höllenrose sieht Parsifal in einer mystischen Entraffung plötzlich nicht nur an Amfortas «die Wunde» bluten, sie blutet im selben Augenblick in ihm und «brennt» in seinem Herzen. Wie die ekstatischen Bräute Christi tritt Herzeleides Sohn in telekommunikativen Kontakt mit «des Heilands Klage», daß er «erlöst» sein will «aus schuldbefleckten Händen». Gemeint sind die Hände, in die des Alldulders Stellvertreter Amfortas fiel: in die Hände Ahasveras und Klingsors, ihres lanzenstechenden Zuhälters. Parsifal ist der einzige unter den Gralshütern, der die «Gottesklage» nicht nur «furchtbar laut» in seiner Seele hört, sondern sie zugleich als allerhöchste Handlungsanweisung begreift, den Infektionsherd des reinen Bluts zu heilen. Wagner variiert das Motiv der Hostienschändung: Auch dort hatten nur getaufte, reine Zeugen Ohren, aus der geschändeten Hostie das anklagende kindliche Weinen Christi herauszuhören.

In Wagners Erlösungsdrama ist die Triade Maria – Jesus – Juden, verschoben zu Herzeleide – Parsifal – Kundry-Klingsor,

ebenso erneuert wie die begriffliche Zuordnung Herzeleid – reines
Blut – Gift. Die Lösung des weltdramatischen Konflikts zwischen
den Gralshütern und dem Kundry-Klingsor-Komplott erfolgt in
zwei Etappen. Als Parsifal in Klingsors Sinnnenzauberpalast nicht
nur den Verführungskünsten seiner teuflischen Blumenmädchen
widersteht, sondern auch denen Kundrys, da schleudert der Widersacher die Gralslanze auf ihn. Doch fängt der Held sie auf und
schwingt sie «im Zeichen des Kreuzes» gegen den Zauberer. Sein
Reich des Fleisches versinkt in einem Erdbeben: Der Garten der
Lüste verwandelt sich in eine Einöde, und die Blumenmädchen
liegen verwelkt am Boden. Wer aber ist Klingsor? Schon bei Wolfram ist er der Zauberer, der, beim Ehebruch ertappt, von dem
betrogenen Gatten entmannt wird, freilich ohne daß er seine Faszination bei den Frauen einbüßt. Auch bei Wagner ist er der
Kastrierte. Aber er hat das irgendwie selbst besorgt, um sich so die
Aufnahme in den Gralsorden zu erschleichen, der sie ihm aber verwehrt.

1982 zog Hartmut Zelinsky daraus den Schluß, das Initiations-
ritual des Gralsordens habe die Überprüfung des Genitalbereichs
eingeschlossen. Die (Selbst-)Kastration Klingsors sei ein verstek-
ter Hinweis auf dessen Beschneidung. Dem Juden sei als dem ras-
sisch Unreinen die Aufnahme in den Orden verwehrt worden.[56]
Zelinsky hat damit den ersten Anstoß gegeben, Wagners Antisemitismus in der Werkstruktur selbst nachzuweisen. Dennoch muß
man fragen, ob der Zauberer, der sich die heilige Lanze anmaßt,
neben Ahasvera noch zusätzlich die Manifestation «des Juden»
ist. In Cosimas Tagebuch vom 2. März 1878 soll er der «Jesuit»
sein. Ernst Bloch wollte wissen, Klingsors Vernichtung durch Parsifal bedeute die «Reinigung Christi vom Kirchentheater». Wagner selbst gibt in einem Brief an Wolzogen vom 17. Januar 1880
noch den plausibelsten Hinweis, wenn er schreibt, Klingsor bedeute «alle alexandrinisch-judaisch-römisch-despotische Verun-
staltung» des Evangeliums. Danach wäre Klingsors Selbstkastra-
tion Leibzeichen des durch jüdisch-römische Vermischung unrein
und impotent gewordenen Christentums, dem wie Ahasver der

Untergang bereitet werden müsse. Was aber meines Wissens bisher unbeachtet blieb, ist der Einfluß Heines auch auf die Konzeption der Kundry-Klingsor-Allianz.

Allgemein bekannt ist, daß Wagner Heine die stoffliche Anregung sowohl zur Gestaltung des «Tannhäuser» wie des «Fliegenden Holländer» verdankte. 1851 ensteht in Paris Heines Ballett-Dichtung «Der Doktor Faust» als Antidot zu Goethes Faust. Aus Mephisto macht Heine aus gutem Grund «Mephistophela». Denn diese gedächtnisträchtige und zugleich verdeckte Geschlechtsumwandlung in Synagoga läßt es nicht mehr zu, daß Faust, wie bei Goethe, trotz Pakt am Ende von seinem Teufel erlöst wird. Vielmehr ist es gerade dieses als jüdisch negativ besetzte Teufelskonstrukt, das ihn «mit wilder Umschlingung» am Ende erdrosselt. Dieser hintersinnige Witz muß den erlösungssüchtigen Meister so aufgebracht haben, daß er Heines Faust den Parsifal als seinen Faust und welterlösenden Helden entgegensetzte und ihm in Ahasvera seinen wahren Teufel zurückgab. Man kann geradezu von einer Kontrafaktur sprechen. Denn Heines Paktgespann Faust – Mephistophela zaubert genau die Welten der Fleischeslust auf die Bühne, mit denen auch Klingsor die Gralswelt verführen und verderben will. Was bei Klingsor die Blumenmädchen sind, ist in Heines Faust ein Ballett aus lauter «dämonischen Tänzerinnen». In der Palastwelt des Herzogs, den Faust und Mephistophela zuerst aufsuchen, fungiert die üppige Herzogin als «Domina» und «vornehmste Satansbraut», die Faust um jeden Preis besitzen will. Vom Herzogspalast geht es zum Hexensabbat. Während der Satansmesse leisten die Paare auf der Stufenleiter der verbotenen Lüste dem Teufel am Bocksaltar den Homagialkuß auf den Hintern. Das orgiastische Treiben mischt alles durcheinander: die weitgehend entblößte Herzogin so gut wie Oberhirten, Mönche und Nonnen. Im Anblick all dessen wird Faust plötzlich von Abscheu und Ekel gepackt. Er stößt die aufdringliche Herzogin zurück, denn er erkennt in der Satansmesse die lüsterne Kehrseite der «kirchlichen Asketik». Weltenweit davon weg sehnt er sich nach «Harmonie» und «Götterfrieden». Es treibt ihn zu einem

Ort, wo ihn nichts mehr erinnert an «mystische Wollust- und Angstschauer, an überirdische Ekstase eines Geistes, der sich von der Körperlichkeit emanzipiert». Dieser Ort ist die Insel mit dem Venustempel, wo Helena mit ihren Mägden tanzt, «keusch und feierlich» in der ungebrochenen Einheit von Leib und Geist. Mephistophela bringt Faust dorthin. Befreit von «Wahnsinn» und «Krankheit» des Nordens, genießt er das dionysische «Urschöne». Helenas Jungfrauen winden Weinlaub «in die entfesselten Locken, und mit flatternden Haaren und geschwungenen Thyrsen taumeln [...] die göttlich rasenden Mädchen und tanzen».

Doch bricht plötzlich die Herzogin mit rasender Eifersucht ein in diese Szene des «emanzipierten Fleisches». Sie schwingt den Zauberstab, woraufhin sich der Himmel verfinstert und alles sich in eine Wüste verwandelt. Die Bäume stehen leblos und «verdorrt», die Bildsäulen liegen zerbrochen am Boden, und Helena ist nur noch eine «fast zum Gerippe entfleischte Leiche». Faust durchsticht daraufhin im Zorn mit seinem Schwert die rasende Herzogin.

Zurück in einer großen Stadt des Nordens, verliebt sich Faust in die Tochter des Bürgermeisters. Er will sie heiraten. Den Teufelspakt hat er verdrängt. Doch am Hochzeitstag tritt Mephistophela dem glücklichen Bräutigam vor der Kirche hohnlachend in den Weg und besteht darauf, daß Leib und Seele jetzt der Hölle gehören. Als Faust sich mit Jammern und Bitten dagegen wehrt, verwandelt sich die Teufelin in eine «gräßliche Schlange» und erdrosselt ihn «mit wilder Umschlingung». Goethe läßt seinen Faust dem Teufel der christlichen Theologie entkommen, Heine nicht. Dieser Faust war durch den Pakt zu sehr verjudet, als daß er hätte davonkommen können.

In die Gedächtnislücke christlicher Interpreten hat sich Heines Faustballett als Pornostreifen eingenistet. In Wahrheit ist es das Kryptogramm aller perversen Phantasien, mit denen die Volksmission und Sakralkunst das Fleisch verteufelte, und zugleich deren mutwilligste Parodie. Schon Goethe hatte in seinen Studien der

Hexenprozesse herausgefunden, daß die Frauen ihren Sittenwächtern unter der Folter immer wieder schematisch das gleiche Unzuchtritual mit dem Teufel «gestanden», wie es in der Satansmesse abläuft, dem angeblichen Infektionsherd aller Übel. In der «Walpurgisnacht» macht Goethe daraus ein Gleichnis der christlich erkrankten Sexualität zwischen Faust und Gretchen. Auch seinen Faust befällt auf dem Höhepunkt des Hexensabbats der Ekel und die Abscheu über die Folgen. Soweit ist Heine mit Goethe einig. Denn Goethes Faust sieht Gretchen in die erbarmungslosen Hände der Inquisition gefallen, sieht sie das erlösungslose Schicksal einer Hexe erleiden, gegen das er sich wehrt. So läßt er auch sie erlöst sein. Da aber folgt Heine Goethe nicht. Sein Leidensgedächtnis weiß es besser, weiß um die untergründige Verknüpfung von Synagoga und Hexe (Hure), Homagialkuß und Küssen der Judensau.

Was aber macht Wagner aus alldem? Statt in der Linie Goethe – Heine weiterzuschaffen, reagiert er paranoid im Sinne der abendländischen Gegenbesetzung. Freud selbst definierte diesen Begriff noch als die «Verdrängung durch das ins Bewußtsein dringende Gegenteil».[57] Wie die fast 2000jährige Virulenz des Antijudaismus beweist, muß die Kirche permanent von der Angst verfolgt worden sein, es könnte der Sinai-Bund Gottes mit Israel unaufgekündigt fortbestehen. Dann wäre ihr «neuer» Bund die unaufgebbare Bindung an den ersten und nicht dessen Ablösung. Auf diese Angst wurde im Abendland mit einer so tiefenwirkenden Gegenbesetzung reagiert, daß erst der Schock der Shoah in den Kirchen einen quälenden Prozeß der Loslösung aus der Selbstverstrickung einleitete, dem immer noch der letzte Mut zur ganzen Wahrheit fehlt. Immerhin tritt der Vatikan den Rückzug an aus den Trümmern lange geheiligter Positionen: Gott habe in Christus, dem Sohn, Israel durch die Kirche ersetzt (Substitutionsdogma), und Rom sei das «Neue Jerusalem». Das alles stimmt nun nicht mehr. Die Implikationen sind radikal. Denn wenn, wie Rom nun lehrt, der erste Bund ungebrochen Geltung hatte, dann hätte die Christenheit das exilierte Volk der Juden nicht nur unter sich dulden, sondern es achten und ehren müssen im befruchtenden Widerstreit der Lehren. Statt dessen machte sie den Antijudaismus zum Eckstein ihres Sittensystems, vor dessen Trümmern sie nun steht. Wenn aber der Sinai-Bund gilt, dann kann nur sein GESETZ zum Eckstein eines neuen Weltethos werden, das sich die Einheit von Leben und Lehre zum Ziel setzt.

Heines Faustdichtung ist wie sein ganzes Werk Ausdruck der tief erlittenen Einsicht, daß es in einer vom antijüdischen Fühlen unerlösten Welt keine erlösten Seelen geben kann. Wagner aber ist der Gefangene der umgekehrten Sicht. Der Erlöser muß von «den Juden» ebenso erlöst werden wie diese durch den erlösenden Helden von sich selbst. Wo Heines dionysische Frauen mit «entfesselten Locken» und «flatternden Haaren» der Einheit von Leib und Geist tanzend huldigen, trennt Wagner sie, rückverwandelt in «teuflisch holde» Fleischeslust, ab vom welterlösenden Geist des Grals. Desgleichen Kundry, die Ahasvera mit den «losen Zöpfen» und dem wild «flatternden Haar». Sie ist Mephistophela und Satansbraut, ist die Domina, die in «wildes Wutrasen» ausbricht, als der durch Mitleid wissend gewordene Parsifal sie in ihrer blinden Sexgier von sich stößt. Aber Kundry hat auch den Christusfluch im Leib; von dessen Wahnsinnsschüben, so will es Wagner, nur Parsifal sie heilen kann. Die Lösung dieses dramaturgischen Knotens ist, von Heine her gesehen, überaus passionsblumig. Das Leiden schaffende kreatürliche Lustleiden der Ahasvera an sich selbst ist – auch musikalisch – unüberhörbar.

Geistlich betrachtet, liegt der Symptomkomplex der Besessenen vor, der des exorzistischen Erbarmens bedürfte. Doch so wie die Mitleidtheologie «den Juden» jedes eingeborene Ethos absprach, fehlt dies auch Kundry. Flucherlösung kann sie nicht anders als in Wollust sich erhoffen. Vor dem Mitleidsethos des Grals aber hat nur die reine, hohe Minne Bestand. Indem Kundry tief unter diesem Niveau bleibt, ist sie von vornherein selektiert. Als ihr dies dumpf bewußt wird, will sie dem Gral in Demut dienen und büßen. Auf der «Karfreitagsaue» nähert sie sich Parsifal im Büßerhemd und leistet ihm die niederen Hetärendienste, wie sie Maria

Magdalena einst Jesus leistete. Das Äußerste, was der erlösende Held dennoch für sie nur tun kann, ist die Taufe. Sie wird aber überdeutlich als Glaubensbefehl an ihr vollzogen, um so «die letzte Last» vom «Haupt» des Erlösers zu nehmen. Lastet doch der Christusfluch so lange auf den Gralshütern, wie sie (sich) nicht von Ahasver erlöst (haben) sind. Kundrys bußfertiger Selbstabschaffungswille bewirkt immerhin, daß sie von den Symptomen des Fluchs geheilt wird. Die Taufe durch Parsifal löst den Wahnsinnskrampf in «Weinen» auf. Doch – zu diesem Weinen «lacht die Aue». Gemeint ist die «Karfreitagsaue», ein lieblicher *hortus conclusus* nahe der Gralsfeste ähnlich dem der Sakralkunst, aber ohne Madonna, und ein symbolischer Vorschein auf die nunmehr miterlöste «Natur», «entsündigt» ausschließlich durch das «reine» Blut Christi.

Wenn auch Kundry am Ende zur Büßerin wird, so macht sie das nicht zur Maria Magdalena. Denn was bei der bußfertigen Hure 2000 Jahre zuvor inmitten des «giftigen» jüdischen Hasses noch heiligmäßige Eigenleistung war, muß Kundry durch Christi Fluch und Parsifals Keuschheitsprobe erst abgerungen werden. Der Satz «Nun freut sich alle Kreatur auf des Erlösers holder Spur» schließt die weinende Ahasvera nachdrücklich aus. Zur Gralswürde fehlt ihrer tierhaften Natur das Wesentliche: Geist. Von der Karfreitagsaue zieht Parsifal, der neue Gralskönig, gefolgt von Gurnemanz und der Büßerin, in den Gralsdom ein. Er taucht die Spitze der von Klingsor zurückeroberten Lanze ein in die Wunde des Amfortas, und mit ihr schließt sich die Wunde im Leib Christi: Synagoga. «Erlösung dem Erlöser» krönt das Ende: Unter der Lichtwucht des regenerierten Grals läßt Wagners Regieanweisung Kundry trotz Taufe tot «zu Boden» gehen, während Parsifal «den Gral segnend über die anbetende Ritterschaft schwingt». Der harte Kern der Religion ist intern geheilt. Doch die kranke, alte Welt draußen muß sich im heroischen Untergang erst noch erneuern. Wie dies zu geschehen hätte, ist im dialektischen Symbolismus der Dramenhandlung vorgegeben.

Wie tief Schrebers Denkwürdigkeiten in Wagners «Weltabschiedswerk» wurzeln und sich mit ihm decken, soll nunmehr in den Grundzügen aufgezeigt werden. Beide «haben» den Karfreitagskomplex, sind also ödipal. Das Begriffsfeld der paranoiden Offenbarungen ist hier wie da die Dreieinigkeit. Beide gehen von einem zweigeteilten Gottesbegriff aus. Christus, der Alldulder, und der Gott Ahasvers sind nicht identisch, sondern in eine kosmische Auseinandersetzung verstrickt. Bei Schreber verschiebt sich die Amfortaswunde zur effeminierenden Kastrationswunde, verknüpft mit rektal eindringenden und schmerzhaft infizierenden Strahlen. Wagners Lanzenführer Klingsor kehrt bei Schreber wieder als der Strahlenführer (Flechsig) des niederen semitischen Gottes, durch den sich die Amfortas-Passion zu der einer fortschreitenden Verjudung verschärft – oder soll man sagen: verdeutlicht? Das Weltsiechtum der Gralswelt weitet sich in Schrebers Wahn aus zur sittlichen Fäulnis auf einem «Weltkörper» und dem Untergang des Menschengeschlechts. Wie Wagner den Ewigen Juden verweiblicht, so erlebt Schreber sich in eine von Wollustnerven geplagte Ahasvera und Dirne verwandelt. Doch stellt der obere (arische) Gott als der Stärkere die Männlichkeit wieder her. Schreber steht so wie Amfortas im Schnittpunkt des Konflikts der beiden Gottheiten. Der eine erlebt sie als sehrende und segnende Strahlen, der andere als die sehrende und segnende Lanze. So wie Parsifal erlebt auch Schreber sich als Medium zwischen Gott und Welt. Die Fortdauer der Schöpfung hängt beide Male von dieser besonderen Beziehung ab. Kundrys Mutterkuß wird für Parsifal zu deren Auslöser. Jokaste küßt nicht Sex aus ihm heraus, sondern seinen Ödipus: «Mutter! Süße, holde Mutter! Dein Sohn, dein Sohn mußte dich morden!» Die Umarmung entrückt den Helden in die Arme Herzeleides. Doch wird nicht einfach die verdrängte Kindheit wach, sondern die mariologische Muttermitgift reiner Christusliebe. Sie erst macht den Helden «welthellsichtig». Plötzlich sieht er in des Amfortas Wunde seine Wunde, fühlt sie in sich bluten, erleidet im «Herzen» den «Brand», die «Qual der Liebe! Wie alles schauert, bebt und zuckt – in sündigem Verlangen!» Doch entsinnlicht sich dieses Verlangen zur «Erlösungswonne». Und nunmehr hat der

Held Ohren für des Heilands «Gottesklage», daß er «erlöst» sein wolle aus «schuldbefleckten Händen». Schreber wie Wagner ist ein Marcionismus eigen: Es geht ihnen um die «Reinigung Gottes» durch die Entsemitisierung des Evangeliums. Wo Schreber sich den welterlösenden «Kämpen» wünscht, ja es selbst sein möchte, bringt Wagners Verfolgungswahnwunsch ihn mit Parsifal auf die Bühne. Beide, Schreber mit seinen Denkwürdigkeiten und Wagner mit seinem Gralsdrama plus Hintergrundschriften, erstreben eine radikale Umwälzung in den religiösen Beziehungen, weg von Israel und Rom und hin zu einem arischen Christentum.

Der Einfluß des Parsifaldramas auf Schreber erklärt möglicherweise auch dessen ausgefallene Wahnidee, der Ewige Jude habe im Verlauf eines «mehrhundertjährigen Schlafes» in ein Weib verwandelt werden müssen, um Kinder zu gebären. Wagner verwandelt Ahasver nicht nur in die dirnenhafte Kundry, er läßt sie auch aus einem «Todesschlaf» heraus aktiv werden, der sich dem 2000jährigen Zeitraum des «Parsifal» gemäß durchaus in Jahrhunderten bemessen läßt. Schreber nimmt auch so wie Amfortas das Leiden Christi auf sich, durchwandert dann aber das mitleidstheologische Dreieck hin zu Ahasvera und weiter zu der gottesmütterlichen Gebärerin und sieht sich zugleich wie Parsifal als der zu «schweren Kämpfen» berufene Kämpe, um die «weltordnungswidrigen» Zustände zu beseitigen. In der Tat evoziert Kundrys Kuß in Parsifal die Erinnerung an seine mystische Zeugung in Herzeleide und an seine ödipalen Triebwünsche, ja sie leitet als Wehmutter ganz im Sine der Hegelschen Dialektik in Selbstaufhebung die geistige Geburt des erlösenden Helden ein. Kundry weiß als die Ewige Jüdin alles; vor allem weiß sie, daß sie sich gegen Christus versündigt hat und weiter versündigt. Daß sie dennoch nicht an ihn glaubt, ist ihre unsühnbare Schuld. Damit steht Wagner (und mit ihm Schreber) ganz in der Tradition des Antijudaismus. Beide sind sie Gefangene der christlichen Begriffsvorgaben, in denen sie zwar nicht mehr dogmatisch, dafür (um so schlimmer) automatisch weiterdenken. Keinen Augenblick sind sie das Subjekt ihrer Rede.

Für Wagner läßt sich das belegen mit einer Äußerung, die Cosima in ihrem Tagebuch vom 12. Februar 1881 festgehalten hat. Darin geht der Meister aufschlußreich auf Distanz zu Gobineaus Rassenlehre: «Daß die Menschheit untergeht, ist gar keine Unmöglichkeit: nur wenn man außer Zeit und Raum die Dinge betrachtet, weiß man, daß es auf etwas anderes ankommt als auf Rassenstärke, gedenkt man des Evangeliums.» Der weit hergeholte Mut dieser Weltangst baut nicht auf die Rassentheorie des Tages, sondern auf die Weltmacht der Hohen Christologie. Und Wagner weiß warum. Denn in ihr ist das Judentum als es selbst nicht nur mit der Aura göttlicher Offenbarung ausgelöscht oder antithetisch gegen sich selbst gekehrt, sondern auch das große Orakel seines Untergangs ausgesprochen.

Nietzsches Analyse trifft ins Schwarze, wenn er Wagner zur Rede stellt: «was ihn eigentlich jene männliche (ach, so unmännliche) ‹Einfalt vom Lande› anging, jener arme Teufel und Naturbursch Parsifal, der von ihm mit so verfänglichen Mitteln schließlich katholisch gemacht» worden sei; und fragt dann weiter: «– wie? war dieser Parsifal überhaupt ernst gemeint? [...] Man möchte es nämlich wünschen, daß der Wagnersche Parsifal heiter gemeint sei, gleichsam als Schlußstück und Satyrdrama [...] mit einem Exzeß höchster und mutwilligster Parodie auf das Tragische selbst.» Nietzsche denkt hier an Heine, denn er weist hin auf die «jungen Deutschen» und ihren Willen zu einer «gesunden Sinnlichkeit», wie auch er sie vertritt gegen Wagners «Apostasie und Umkehr zu christlich-krankhaften und obskurantischen Idealen». Nietzsche kommt zu dem Ergebnis: «der Parsifal ist ein Werk der Tücke, der Rachsucht, der heimlichen Giftmischerei gegen die Voraussetzungen des Lebens [...] Die Predigt der Keuschheit bleibt eine Aufreizung zur Widernatur: ich verachte jedermann, der den Parsifal nicht als Attentat auf die Sittlichkeit empfindet.»[58] Das heißt: Nicht Wagner war tückisch, vielmehr erlag (auch) er der Tücke tausendjähriger Begriffsvorgaben, deren Netzwerk ihn ebenso gefangenhielt, wie er es um einen überaus kunstvollen Knoten vermehrte, dessen musikdramatische Faszination Schule machte. Weshalb weder Heine noch Nietzsche sich historisch durchsetzten, sondern das, was Saul Friedländer unter den Begriff des «Erlösungsantisemitismus» gebracht hat.[59] In ihm ist der Rassismus sekundär. Beherrschend ist ein religiös begründetes Erlöstseinwollen von allem Jüdischen.

Anknüpfend an Wagners Werk spann sich ein untergründiger Leitfaden fort zu seiner politischen Einlösung in den «Bayreuther Blättern», dem «geheimen Archiv des Wagnertums» (H. St. Chamberlain) bis 1938. In ihnen wird früh gegen Nietzsche polemisiert, wird dessen «Erkrankung» so gedeutet, «daß sich das ‹Jüdische› seiner bemächtigt habe». Er habe «Juden und jüdischen Geist bis ins Alte Testament hinein verherrlicht» (Curt von Westernhagen). Demgegenüber gilt für Hans von Wolzogen während des Ersten Weltkriegs «als erwiesen, daß Wagner über Nietzsche, die Wahrheit über den Wahn, der deutsche Geist über die Dekadenz gesiegt habe».[60] Ab 1933 kann dann die «innere Verwandtschaft» zwischen Wagner und Hitler aus dem «Bayreuther Kreis» in die Öffentlichkeit getragen werden. Parsifal ist das «Idealbild einer nordischen Führernatur». Es hat sich verwirklicht in dem «gottgesandten Führer des Dritten Reiches». Auf dieses Entgegenkommen reagiert Hitler dann am Tage der Rheinlandbesetzung 1936 im vertrauten Kreis mit dem Bekenntnis: «Aus dem Parsifal baue ich mir meine Religion. Gottesdienst in feierlicher Form ... ohne Demutstheater ... Im Heldengewand allein kann man Gott dienen.» Und nachdem die Schallplatte mit dem Trauermarsch aus der «Götterdämmerung» abgespielt ist, fährt er fort: «Ich habe ihn zuerst in Wien gehört. In der Oper. Und ich weiß noch, wie wenn es heute gewesen wäre, wie ich mich beim Nachhauseweg wahnsinnig erregte über einige mauschelnde Kaftanjuden, an denen ich vorbeigehen mußte. Einen unvereinbareren Gegensatz kann man sich überhaupt nicht denken. Dieses herrliche Mysterium des sterbenden Heros und dieser Judendreck.»[61]

Durch die Shoah sieht sich «Neu-Bayreuth» dann ab 1951 in die Unmöglichkeit versetzt, seinen Wagner jemals wieder mit soviel «christlich-arisch-biedermännischer» (Nietzsche) Unschuld inszenieren zu können wie zuvor. Was es arisch aufgibt, legt es christlich und vor allem biedermännisch zu. Der Entnazifizierung des Clans folgt die Entsemitisierung Kundrys. Nun muß sie nicht mehr sterben. Vielmehr entdeckt Wieland Wagner in ihrem Joka-stekuß plötzlich Wagners geniale Vorwegnahme des Freudschen Ödipuskomplexes. Die Gralslanze ist nicht länger die Lanze, son-dern der heldische Phallus; und ebenso urbildlich verwandelt sich der Kelch des heiligen Bluts in den weiblichen Schoß. Das zweige-teilte Gralsbesteck wird entschärft zum Symbol des Kampfes der Geschlechter, den der Liebestod Christi aus der Entzweiung erlöst und in ewiger Liebe vereinigt habe. Mit dem einzigen Schoß unter lauter Helden, dem Kundrys, kann und muß nun anders verfahren werden. Es darf nicht länger sein, daß die infizierte Phalluswunde des Gralskönigs aus der Vaginalwunde des unreinen Weltschoßes hervorgeht. Denn dann müßte der dramaturgischen Logik ent-sprechend die Lanze Parsifals wie in die Wunde des Amfortas auch in Kundrys Schoß heilend eintauchen. Diese Pikanterie umgeht man auf dem Weg der mystischen Verschmelzung von Ahasvera und Herzeleide. Man wirft beide in einen Schoß. Die ekstatische Braut der Hölle erlebt ihre Transformation zu einer quasi himm-lischen Madonna im Rosenhag, die acht «sehr langsame» Takte lang küssend in ihr ödipales Söhnchen eindringen darf, ohne dafür sterben zu müssen.

Erinnern wir uns: Freud suchte mit dem Ödipuskomplex sein diffamiertes und bedrohtes Volk in den «mainstream der Neuro-sen» einzubringen. Die dem jüdischen Körper zugeschriebene Krankheit sollte endlich als die Krankheit aller erkannt werden. Aus der Psychoanalyse machte er ein Instrument der Unerkenn-barkeit «des Juden», damit er überlebe. Neu-Bayreuth aber mani-pulierte sie in ein Instrument der Unerkennbarkeit des eigenen An-tisemitismus, damit es ungeschoren weiterlebe. (Wer mag es dazu animiert haben?) Nach Wielands Tod setzt Bruder Wolfgang diese Tradition der Werkverfälschung auf seine Weise fort. Wie er den «Parsifal» zu den soundsovielten Festspielen 1993 und später in Bayreuth auf die Bühne bringt, genügt der Eindruck des akkreditierten Kritikers. Danach bringt Wolfgang Wagner die «große Auseinandersetzung» zwischen Kundry und Parsifal dem Publikum zu folgender Lösung: «Diesen keineswegs nur tumben Toren ging die Frau durchaus etwas an. Und als er sie später erlöste, taufte, da wurde sogar Liebe erkennbar. Kundry zog gerettet in den Gralstempel ein, wo sie nicht etwa starb, sondern das ewige Licht enthüllen durfte. Daß Parsifal Lohengrins Vater war, wissen wir – daß Kundry Parsifals Mutter hätte sein können, stellte sich hier als wahrscheinlich heraus.»[62]

Man muß dem Kritiker dankbar sein, daß er der Tücke, die Kurzfassungen eines solchen Komplexes in sich haben, unfreiwillig erliegt. Ein Parodist hätte es nicht besser machen können. Der tumbe Tor ist nun beileibe nicht mehr so dumm, daß ihn «die Frau» nichts angehen darf. Er darf «sogar Liebe» erkennen lassen. Selbstverständlich wird die Frau erlöst (von was?), wird in den heiligen Wassern der Karfreitagsaue gesund gebadet (von was?), stirbt selbstverständlich nicht mehr, wird auch nicht einfach nur gerettet, darf vielmehr das ewige Licht des Grals enthüllen, darf sogar die geliebte Mutter und erwählte Magd Gottes sein, darf all das sein, was der Text und die Dramaturgie des Meisters gar nicht zuläßt und was nun doch vor aller Welt auf offener Bühne abläuft: das Mutationswunder Ahasveras zur mystischen Braut Christi und Hohenpriesterin des Heiligen Grals. Wolfgang Wagner dreht sich so wie Schreber im Rundgang der Trinitätsdialektik zwischen Ver- und Entjudung der Gralswelt. Des Meisters «Parsifal» wird geradezu verschrebert und die Karfreitagsaue, dieses enterdete Symbol der geheilten Natur, verniedlicht zum Schrebergärtchen. Mit Schreber lieferte sich der paranoide Antijudaismus ins Irrenhaus. Mit Hitler in die Reichskanzlei. Wieweit ist die Regie der Enkel von diesem Wahn entfernt, wenn sie an der ganz anderen Werkwahrheit so lange herumwerkelt, bis die unfreiwillige Satire der eigenen Unwahrhaftigkeit zur Aufführung gebracht ist? Bei der Verstrickung der Wagnerfamilie in die Verbrechensgeschichte des Dritten Reichs ist diese Verdrängungsleistung noch erklärlich. Schlimm aber wird es, wenn man sieht, wie die Generation der jungen Regisseure weiterschrebert. Bei Peter Konwitschny ist Kundry die Hure und Heilige in den Händen einer weißgottweshalb verdüsterten Männerwelt, während Parsifal sich vom «tarzanhaften Waldschrat zum nazarenisch milden Heiland» wandelt. Auch Konwitschny wirft alles in einen «Schoß», daß nur ja keiner mehr darauf kommt, welch «große» Lösungsaufgabe Wagner dem «durch Mitleid wissend» gewordenen Parsifal wirklich stellte. Nach dieser Anästhesie darf die heilige Hure sogar wieder «entseelt» zu Boden gehen, die Lanze ausdrucksstark zwischen den Beinen. So wird Ahasveras «Wahnfriedhof» zum Bühnenzauberfriedhof des eigenen Wahns, der vor lauter flüchtig hingemachten Männern und Wunderpuppen nur so wimmelt, bis der Vorgang fällt und das Publikum – klatscht.

Eines ist gewiß, wieviel Hitler immer schon in Wagner war, Wagner ist nicht schuld an Hitler. Dazu ist die Frage der Schuld viel zu komplex. Aber sich ihr – erinnernd – zu stellen, ist die Verantwortung der Nachgeborenen. Im Fall Wagner der Rezeption und Regie. Nietzsche forderte, aus Wagner einen «lehrreichen Fall» zu machen.[63] Für den «Parsifal» würde das bedeuten, daß die große Auseinandersetzung zwischen Judentum und Christentum nicht länger eingeebnet und vernebelt, sondern unverfälscht zur Darstellung käme unter der historischen Fragestellung: was zu Hitler und zur Shoah führte.

Als zwischen 1933 und 1945 jüdische Kinder, Männer und Frauen vor aller Augen wieder wie in den Jahrhunderten der Pogrome verlacht, gedemütigt, geschlagen und entrechtet wurden, schließlich abtransportiert, ausgebeutet, gefoltert und am Ende vernichtet, da funktionierte das, was doch ein kreatürlicher Spontanaffekt ist, bei uns Deutschen nicht: das Mitleiden und Erbarmen. Selbst unter den Priestern der Kirchen bestimmten mikroskopische Ausnahmen die ganz andere Regel. Tausend Jahre lang hatten die Kirchen ihr Volk im Medienverbund der heiligen Worte, Bilder und Rituale durch Mitleid wissend gemacht über die Erbarmungslosigkeit «der Juden», hatten sie die Erhabenheit jüdischen Leidens am Kreuz in ein schizoides Zeichen aus Liebe und

Haß verkehrt, so daß Hitler keine große Mühe hatte, sie und ihr Volk zu den Gefangenen und Gelähmten ihrer eigenen Lehre zu machen. Es war dieser Begriff eines selektierenden Mitleids, gegen den Nietzsche, den «Fall Wagner» vor Augen, seinen großen (und gern mißverstandenen) Einspruch ausgab: «Mitleid soll Sünde für dich sein!» Keiner hat die Hintergründe dieses Appells analytisch tiefer erfaßt und in ein entsprechendes Bild übersetzt als der in Cambridge und München ausgebildete indische Philosoph Muhammad Iqbal (1877–1938). In seinem Hymnus auf Nietzsche heißt es:

> Wenn süßen Sang du suchst, so flieh vor ihm,
> In seinem Rohr liegt Donnergrollens Wut!
> Er warf ins Herz des Westens einen Speer,
> Rot seine Hand noch von des Kreuzes Blut!

Auf den ersten Blick erscheint der Eckpunkt Synagoga im mitleidstheologischen Dreieck ausgewechselt durch Nietzsche. In Wahrheit aber galt der Speer dieses erklärten «Anti-Antisemiten» nicht dem Herzen Jesu, sondern der antijüdischen Mördergrube, zu der man es gemacht hatte. «Parsifal» aber ist das letzte große abendländische Schlüsselwerk dieser Machenschaft, deren Resultate wir alle sind. Deshalb sind wir aufgerufen, die toten Väter und Mütter in den Unterwelten ihrer Unerlöstheit aufzusuchen und in uns von ihrem Antijudaismus zu erlösen. Die verschlimmbessernde Komik der Nach-Shoah-Regie des «Parsifal» muß dem Mut zur Wahrheit weichen. Denn wie kein anderes Werk ist Wagners Erlösungsdrama geeignet, die Entzweiungsgeschichte zwischen Deutschen (Christen) und Juden in die Tiefe der Zeit hinein aufzurollen.

Wie aber reagierte Freud auf Wagner? In den Wiener Protokollen der «Psychologischen Mittwoch-Gesellschaft bei Prof. Freud» taucht Richard Wagner häufig in den Diskussionen auf, insbesondere seine Erlösungsmanie. Aber Kundry wird nur ein einziges Mal diskutiert, am 17. Oktober 1906. In dieser Sitzung bringt Max Graf ihr «geheimnisvolles Dunkel» aber lediglich mit Wagners inzestuöser Beziehung zu seiner jüngeren Schwester in Zusammenhang. Wenn jedoch diese Jugendsünde konstitutiv war für die Kundrygestalt, dann bricht die Mittwochsdiskussion genau da ab, wo sich die entscheidende Frage stellt: Warum macht Wagner aus seiner Sünde eine jüdische? Freud schweigt sich aus. Ausdrücklich aber erklärt er Wagner auf der Sitzung vom 29. Januar 1908 zum «Paranoiker».[64] Damit weiß er mehr, als er sagt und selbst unter Freunden sagen kann und will. Es stand aber unausgesprochen im Raum, daß Paranoia damals ebenso mit dem Antisemitismus verknüpft wurde, wie sie für Freud mit dem organisierten System der Religion zusammenhing. Insgesamt aber umgehen die Protokolle durchweg die Brisanz der «Judenfrage». Die psychologischen Bedingungen waren nicht danach, daß der jüdische Schwanz mit dem abendländischen Hund hätte wedeln können. Die europäische und insbesondere deutsche Geschichte als jüdische Geschichte zu lesen, unterliegt selbst heute noch weitgehender Abwehr. Was so lange währte, wird so schnell nicht gut. Denn die antijüdische Komponente des «kulturellen Gedächtnisses» reicht weit zurück.

Ausdrücklich als Beitrag zur «historischen Analyse des Antisemitismus» hat Jan Assmann in «Moses der Ägypter. Entzifferung einer Gedächtnisspur»[65] die Moses-Debatte von Manetho bis Freud zu ihrem Ursprung hin aufgerollt: dem «Amarna-Schock», den Echnaton (1364–1348) über die Ägypter brachte, als er mit einem gewaltsamen Götter- und Bildersturm den Himmel freimachte für den Einen Gott Aton (S. 48 ff). Es geht darum, wem die Ersterfahrung des Einen Gottes gebührt: Israel oder Ägypten. Schon der ägyptische Priester Manetho (3. Jh. v. Chr.) verknüpft den Begriff der Hebräer in haßvoller Weise mit Aussatz, Unreinheit und Atheismus. Bedeutsam für den hier verfolgten Zusammenhang aber ist die Frage, wie sich diese Verknüpfung im Denken der Aufklärung von John Spencer über John Toland bis zu Karl Leonhard Reinhold und Friedrich Schiller fortzeugte. Das Erkenntnisinteresse geht im letzten dahin, dem jüdischen Volk die Ersterfahrung des Einen Gottes am Sinai ab- und allein der Weisheit der ägyptischen Priesterschaft zuzusprechen. Was die richtungweisenden Denker der Aufklärung alle übersehen, ist dies: Zwar ist der Eine Gott des Echnaton, der «lebende Aton», antipolytheistisch, aber er ist kein Gott des GESETZES. Erst die Mosaische Unterscheidung (so wie die des Abraham) bindet den Menschen, indem sie ihn auf das Gelobte Land (und nicht auf ein Jenseits) verpflichtet, an die Bewahrung der Schöpfung. Und dies aus der Grunderfahrung heraus, daß unser Erkenntnisapparat der Komplexität des Lebendigen nicht gewachsen ist.

Entsprechend deutet der so mißverstandene Spinoza die Ordnung des Universums als «Korrelation» (Deleuze): Gott hat Adam im Paradies nicht (vordergründig moralisch) etwas verboten, er warnte ihn aber, daß die Frucht der Erkenntnis den «Zusammenhang», in dem sein Leib lebt, «auflöst», gar «zerstört» – und auf diesem Umweg ihn mit. Die Differenz zwischen Gott und Mensch wird zugleich gewahrt und als mutuelle Koexistenz begriffen, und zwar so, daß der Mensch als Ausdruckseinheit des göttlichen Vermögens Informationsträger und eigenverantwortlicher Teilhaber des Schöpfungsgeschehens ist. Spinoza argumentiert aus der Weisheit der Tora und des Talmud, denen gemäß das Sinai-Vertragswerk eine Menschheitsentscheidung auf Leben und Tod war: «Gott hat einen Vertrag mit dem Schöpfungswerk geschlossen (mit der Wirklichkeit, die er in Erscheinung rief): Wenn Israel die Tora annimmt, so bleibt ihr bestehen; wenn nicht, verwandle ich euch wieder in Wüste und Leere» (Resch Lakisch). Diese Sinai-Erfahrung deutet der Talmud ausdrücklich auch als Schock.

Im Unterschied zu dem Kosmotheismus der ägyptischen Mysterien hat die Mosaische Differenz die Qualität eines Rückkoppelungsverhältnisses zwischen Erde (Leben), Leib und (göttlichem) Geist. Sie ist, auch im ökologischen Sinne, ein Bund, der im GESETZ seinen adäquaten Ausdruck findet. Reinhold und Schiller aber nehmen diesen Zusammenhang gar nicht mehr wahr. Das wird daran deutlich, daß sie die Geheimformel von Sais, «Ich bin alles, was ist», als spinozistisch mißverstehen und mit der hebräischen Gotteserfahrung «Ich bin, der ich bin/sein werde» (Ex.

3,14) gleichsetzen. Auf diesen entscheidenden Denkfehler des deutschen Pantheismus reagierte, wie wir gesehen haben, Heine. In ihm ist die Konsequenz des Sinai-Vertragswerks für die Menschheit, sich zwischen Leben und Tod (Wüste) entscheiden zu müssen, vergessen. So ist Moses für Schiller zwar ethnisch ein Hebräer, kulturell aber ein Ägypter gewesen (Die Sendung Moses). Ägyptische Priester haben ihn in die dem gemeinen Volk unzugänglichen Mysterien des Aton eingeweiht. Indem er sie am Sinai an das «rohe» und «aussätzige» Volk der Juden weitergab, sei er zum «Verräter» geworden mit der Konsequenz, die (durch Christus wiederhergestellte) Größe des Gottesbegriffs versimpeln zu müssen. Dem Mediziner Schiller gilt die besondere Aufmerksamkeit der Lepra hebraica. Sie sei bei den Juden zu einer erblichen Seuche geworden (S. 188 f).

Dieser allgemeine Vernichtungswille der Mosaischen Unterscheidung hat zur federführenden Voraussetzung die paulinische «Befreiung» vom GESETZ. Da teilt selbst Schiller, der Kant der Poesie, zusammen mit den Großen der Aufklärung so oder so die Selbstauflösung seines Subjekts, ohne zu merken, wie wenig er sich, wenn es um «die Juden» ging, seines eigenen Verstandes bediente. Wie auch Voltaire zeigt, war selbst für das kritischste «Ich denke, also bin ich» das Sein schon vorab als antijüdisch bestimmt, ehe es zu denken anfing. Was sich da kollektiv abspielte, war ungetrübt von dem, was Freud mit dem Begriff der dritten der drei großen Kränkungen der Menschheit, der «psychologischen Kränkung», bewußtmachte: daß wir nicht Herr unserer selbst sind, daß unser Bewußtsein, unser denkendes Ich, unser Geist einer Macht aufsitzt, die stärker ist: dem (kollektiven) Unbewußten. Für Freud war die Moses-Debatte, auf die er reagierte, eine Kränkung im doppelten Sinn: zugleich krankend an sich selbst und kränkend für sein Volk.

Wenn er daher aus Moses einen Ägypter machte, dann ging sein Interesse ganz sicher nicht dahin, wie seine Vorgänger die Mosaische Differenz zu vernichten. Dagegen spricht, daß er, wie auch Assmann feststellt, «das ganze Corpus der Ritualgesetze auf das eine ‹Zeichen der Beschneidung› reduzierte» (S. 225). Es ging ihm, wie Gilman sagte, darum, die psychologisch so tief eingefressene Verknüpfung seines Volks mit Seuchen und Geistesgestörtheiten analytisch dadurch aufzulösen, daß er sie historisch auf die ägyptische Gefangenschaft und ihre krank machenden Folgen zurückführte. Einen Vorläufer dafür hatte Freud in dem von Maimonides beeinflußten John Spencer, der zwar die Mosaische Unterscheidung einebnete, dem aber als Protestant und Hebraist daran gelegen war, das Bild der Hebräer dadurch für die Christenheit zu retten, daß er den Ursprung von Lepra, Pest und Lustseuchen (!) in Ägypten annahm, wo sich die Juden lediglich «angesteckt» hätten (S. 112 f). Diese nicht von Haß geprägte These schrieb sich in Freud fort.

Doch zeitgleich mit dem Freudschen Abwehrkampf gegen die «große Krankheitsperiode» (Heine) strebt der Antisemitismus Hitlers und seiner Getreuen dem Paroxysmus zu. Seine Geheimrede auf der Ordensburg Vogelsang am 29. April 1937 belegt dies, zumal sie sich im Innersten aus dem Bildkern des Karfreitagskomplexes organisiert, dem jüdischen «Stoß ins Herz» der Welt, den Hitler vergeltend und vernichtend umkehrt: «Ich sage nicht Kampf, weil ich kämpfen will, sondern ich sage: Ich will dich vernichten. Und jetzt Klugheit hilf mir, dich so in die Ecke hinein zu manövrieren, daß du zu keinem Stoß kommst, und dann kriegst du den Stoß ins Herz hinein.» Saul Friedländer hat die Aufzeichnung dieser Geheimrede, die den Krieg überlebte, im Sinne seiner These vom «Erlösungsantisemitismus» zugleich akustisch analysiert: «An dieser Stelle brüllt Hitler in höchster Lautstärke. Dann kommt es, in einem orgiastischen Krampf, buchstäblich zu einer Explosion der drei letzten Worte: ‹Das ist es!› Der Beifall ist rasend» (S. 206). Ebenso rasend ist der Wille zur Selbsterlösung aus der Paradoxität eines Wahns, der (wie immer schon) dabei ist, sich seine blutige Wirklichkeit überhaupt erst herzustellen. Kafkas Werk hat den Ort seiner Entstehung aufgesucht und die Folgen festgehalten.

III. Der abendländische Strafvollzug in den Gleichnissen des Franz Kafka

1. «Der Proceß»

Die Last des Lesens kann zum Vergnügen werden, wenn wir Kafkas Erzählungen als Gleichnisse wahrnehmen, als eine Form der parabolischen Rede (neben Fabel und Parabel), die zu dem Bild, das sie einzig vermittelt, auch die Sache freigibt, die sie in sich birgt, ganz so, wie wir das aus den Gleichnissen Jesu oder der Rabbiner des Talmuds kennen, Urformen der Darstellung komplizierter Sachverhalte, die im jerusalemischen Talmud stets mit der Formel eingeleitet wurden: «Die Sache gleicht ...» Was das eigentümliche Wesen der Gleichnisrede dem Leser/Hörer demnach abverlangt, ist die dynamische Zusammenschau zweier Bereiche: des Bildbereichs und des – unsichtbaren – Sachbereichs. Der Gleichniserzähler erstrebt über diesen Umweg die Sichtbarmachung der Sache in einem so bisher nicht oder niemals wahrgenommenen Licht. Immer geht es um die Dekonstruktion einer als selbstverständlich und normal hingenommenen Lebensordnung. Der Angesprochene soll zu sich selbst auf Distanz gebracht werden, soll in die Selbstbeobachtung eintreten, ihm soll etwas zu Ohren kommen, was er bisher so nicht hören und sehen wollte oder konnte. Das Gleichnis setzt an die Stelle der rhetorischen Konfrontation ein unerhörtes Drittes: die nicht länger vorgefertigte Einsicht, daß sie den Angesprochenen aus den Niederungen seiner Vorurteile und ihrer Affekte erlöse.

Der Proceß-Roman hat als Gleichnis seine Besonderheit darin, daß sich um sein zentrales Bild, das Schlüsselgleichnis «Vor dem Gesetz», die labyrinthische Architektur eines rätselhaften «Gerichts» rankt mit immer neuen und doch gleichen Wegräumen: Fluren, Zimmern, Treppen, Sackgassen, Straßen etc., durch deren «Verschraubungen»[1] sich die Zentralfigur Josef K. mühen und mühen muß, ohne von der Stelle zu kommen. In der Tat hat das Irren des K. durch die Instanzen des Gerichts seine Paradoxität darin, daß es raum-zeitlich irreversibel abläuft und dabei doch zugleich historisch etwas aufrollt hin zum «Dom» und seinem innersten und zeitlich tiefsten Bildkern, dem Gleichnis «Vor dem Gesetz», mit dessen Erzählung der «Gefängniskaplan» dem Josef K. seine «Verurteilung» und «Verhaftung» ebenso begründet wie legitimiert. In diesem Gleichnis erstrebt der «Mann vom Lande» den Einlaß ins «Gesetz». Doch der zweideutige «Türhüter» sagt weder ja noch nein oder in sinnverwirrender Weise beides zugleich. Das Resultat ist eine Doppelbindung, die beide paradox verkoppelt und verkettet. Daß der «Mann vom Lande», hebräisch «Am – ha' – arez», für das Volk der Juden steht, erschließt sich aus der Tatsache, daß er ins «Gesetz» eintreten will. Daß ein Türhüter ihm dies mit allen Mitteln zu verwehren sucht, war aber nicht immer so, sondern setzt ein mit der Zeitwende vor 2000 Jahren. Ab dann erst hat das «Gesetz» die Bedeutung von «Fluch» und «Tod». Das Schlüsselgleichnis weist demnach hin auf den Begründer des Türhütertums vor der Tora: den Apostel Paulus von Tarsos. Er war der erste, der «den Juden» den Prozeß machte und sie vor das Gericht Christi stellte. Seine Rede war «doppelte Rede», die die Christen ebenso doppelsinnig zu Opfern der Juden wie diese zu Tätern machte. Kafkas Witz aber besteht darin, diese doppelte Rede gleichnishaft aufzugreifen und so zu seiner Rede umzudrehen, daß die Christen zu den Opfern ihres eigenen Antijudaismus werden.

Was behauptet wird, soll nun gezeigt werden, zunächst kurz von Kafkas Biographie her. Der Prozeß seiner Umkehr vom assimilierten Westjuden zum Judentum ist inzwischen unbestritten.[2] Das Jahr 1912 markiert den energischen Beginn dieses Umkehrwillens. Er vollzieht sich unter starken inneren Kämpfen, Krisen und Zerreißproben, die Kafka in seinem Tagebuch auf die Kurzformel bringt: «Antizionismus, Zionismus, Hebräisch.»[3] «Hebräisch» bedeutet hier nicht einfach das Wiedererlernen der Ursprache der Väter und Mütter, sondern die Rückeroberung der vergessenen und verwehrten Maßstäbe seiner eigenen Herkunft. Von diesen Maßstäben her sieht sich Kafka in eine verkehrte Welt exiliert, die Erde, Leib und Leben ihren entwertenden Lehren unterwarf. Die Umkehr zum GESETZ ereignet sich auf dem Wege des Schreibens, dessen Ausdrucksenergie und Ziel er in seinem Tagebuch in die Worte faßt: «Merkwürdiger, geheimnisvoller, vielleicht gefährlicher, vielleicht erlösender Trost des Schreibens: das Hinausspringen aus der Totschlägerreihe, Tat-Beobachtung, Tatbeobachtung, indem eine höhere Art der Beobachtung geschaffen wird [...] und je höher sie ist, je unerreichbarer von der ‹Reihe› aus, desto mehr eigenen Gesetzen der Bewegung folgend, desto unberechenbarer, freudiger, steigender ihr Weg.»[4] Deutlich in dem Willen zu «eigenen Gesetzen» die Negation der über «die Juden» hinwegmarschierenden hegelianistischen Geschichtsdialektik. Schreiben heißt für Kafka: aus dieser Tradition hinausspringen in die Gegenwirklichkeit jüdischen Denkens, um von dessen ganz anderen Maßstäben her den Antisemitismus und Assimilationsdruck auf sich selbst und sein Volk der «Tatbeobachtung» auszusetzen.

Kafka schrieb sein Werk in Deutsch. Dennoch ist er so wie Heine nicht einfach ein deutscher Dichter jüdischer Herkunft. Denn er selbst empfand die Benutzung des Deutschen, obwohl es seine Muttersprache war, als die Anmaßung eines fremden Besitzes, «den man nicht erworben, sondern durch einen [...] flüchtigen Griff gestohlen habe»[5]. Wie er zu seiner Muttersprache stand, verdeutlicht er an dem entwicklungspsychologisch so zentralen Wort Mutter: «‹Mutter› ist für den Juden besonders deutsch, es enthält unbewußt neben dem christlichen Glanz auch christliche Kälte; die mit Mutter benannte jüdische Frau wird daher nicht nur komisch, sondern fremd.»[6] Kafkas Werk ist ein Palimpsest, unter dessen deutschem Text der darunter gelöschte jüdische Text wieder aufleuchtet. In ihm kommt uns aus der Tiefe der Zeit der exilierte Jude ‹Ohneland› entgegen aus jenem «bösen Prag», damals ein Hexenkessel des Vielvölkerhasses und für Juden zwischen Tschechen und Deutschen der unwirtlichste Ort, über den Kafka schreibt: «Von Prag weggehen. Gegen diesen stärksten menschlichen Schaden, der mich je getroffen hat, mit dem stärksten Reaktionsmittel [...] vorgehen» (S. 230). Kafkas Prag wird zur Gedächtnismitte der abendländischen Repression. Es hinter sich zu lassen gelingt nur schreibend, aber so, daß der zum Weltschädling abgestempelte Jude diese Sicht in die des darin wirklich zu Schaden Gekommenen umkehrt, ein Verfahren, das Kafka ab 1912 unter «vollständiger Öffnung des Leibes und der Seele» in einer Serie von Werken realisiert (S. 183 f). Seine Texte verstricken den Leser in ein Verwirrspiel wechselnder Perspektiven, das ihn umdreht zum «Juden» seiner eigenen abendländischen Welt.

Wie wenig das durchschaut wurde, bestätigt eine wachsende Zahl westlicher Interpreten, die sich aus dieser Zumutung dadurch zu retten sucht, daß sie im Proceß-Roman eine «Leerform» zu entdecken glaubt, eine Form ohne Inhalt oder ein Rätsel ohne Lösung.[7] Josef K. sei von Kafka «mit ebensowenig Körper wie Seele» gestaltet worden wie die Strichmännchen, die er auf den Rand seiner Manuskripte gekritzelt habe (S. 145). Wie aber, wenn Kafka diese Interpreten zu den Unfreiwilligen seines Humors gemacht hätte, dergestalt, daß die Leerform, das Rätsel ohne Lösung, das Strichmännchen, das sie sehen, niemand wäre als sie selbst? Sieht man es so, dann ist die monoperspektivische Erzähltechnik Kafkas ästhetisch unumgänglich, dann überlistet sie den nichtjüdischen Leser, einmal zum Juden verwandelt seine eigene Welt gegen sich zu haben und die Verwirrwege des K. zu erleiden als das Labyrinth und den Minotaurus seines eigenen Geistes, der statt immer nur «die Juden» einmal ihn selber frißt. Kafka versetzt den Leser genau in die «Lücke» oder «Wunde», als die Synagoga im Leib Christi fungierte. Doch wie listig immer Kafkas Perspektivismus diese Gedächtnislücke in Sachen Judentum ins Spiel bringt, er läßt dem Leser zugleich die Chance, zu der Realität seines bisher so fraglos nur gelebten Geistes auf Distanz zu gehen, in die Selbst- oder «Tatbeobachtung» einzutreten und statt «der Ju-

den» sich selbst zum bewußten Büßer seiner eigenen Bewußtseins-
lücke zu machen.

Kafka leistet Hilfe für diese Möglichkeit, indem er dem so berühmt gewordenen Einleitungssatz seines Proceß-Romans die provokante Form eines Paradoxes gibt: «Jemand mußte Josef K. ver-
leumdet haben, denn ohne daß er etwas Böses getan hätte, wurde
er eines Morgens verhaftet.» Dieser Josef K. wird nicht das Opfer
irgendeines Justizirrtums, sondern seine Sache ist die des verleum-
deten und für Christi Tod am Kreuz kollektiv haftbar gemachten
jüdischen Volks. Der allererste Satz entscheidet demnach über
Sein oder Strichmännchensein. In ihm ist gleich einem Orakel die
Schlußfolgerung vor die Voraussetzung gestellt. Die Schuld ist,
auch ohne etwas Böses getan zu haben, in der Tatsache der «Verhaftung» einfach gegeben. Man hat, mit Nietzsche gesagt, nicht
damit aufgehört, «die Ursachen zu Sünden und die Folgen zu
Henkern» zu machen. Das normale Rechtsempfinden steht kopf
und doch fest auf den Füßen. Josef K. hat den Status eines Verhafteten, den man zugleich frei herumlaufen läßt. Dennoch ist das alles nicht absurd, sondern eben – paradox. Der «Proceß» war nur
insofern ein Rätsel ohne Lösung, als es zur Zeit Kafkas als christlich-abendländische Lösungsaufgabe, als «Judenfrage», noch offen war. Doch Kafka rollt die Spätgestalt dieser ungelösten Frage
(Aufgabe) gleichnishaft zu ihrem historischen Ursprung hin auf.
Die zur Verhaftung des K. führende Verleumdung ist, so wie die
seines Volks, 2000 Jahre alt. Seit Paulus läuft der «Proceß» gegen
die Mörder Christi, die es eigentlich gar nicht mehr geben darf
und die es auch nur noch als Negativfolie der eigenen Wahrheit
gibt. Die Strategie der Wesensabschaffung des Judentums im Christentum[8] ließ im Weltbild des Abendländers einen blinden Fleck
entstehen, der sich mit dem tausendjährigen Feindbild des Ewigen
Juden füllte. Schon in der Wiege, ja im Mutterleib waren «die Juden» schuldig gesprochen. 60 Generationen lang trieb die Christenheit sie als die Totschläger Gottes durch die Spießruten ihrer
Institutionen, deren Geist, umgerüstet zum Deutschen Idealismus,
zur Romantik und verwissenschaftlicht in Biologie, Medizin und

Theologie, sich immer brisanter antisemitisch auflud. Indem Kafka schreibend aus dieser Totschlägerreihe hinausspringt, sollen wir ihm lesend nachspringen. Wir Täter sollen unsere eigenen Opfer werden und unserem Tun kopfschüttelnd gegenübertreten. Nicht Josef K. muß daher, wie besagte Interpreten es gern hätten, sein Bewußtsein, seine Einstellung ändern, nicht er ist es (gar noch verwechselt mit Kafka), der «zum Leser seiner eigenen Geschichte» werden muß, sondern wir![9] Wenn etwas an Kafka «kafkaesk» ist, dann wir im Spiegel seines Werks. In der hohen Kunstform der Interferenz zweier Einstellungen (Perspektiven), der abendländischen und der jüdischen, kommt dieser paradoxe Effekt der Selbsterhellung zustande.

Wichtig dabei zu realisieren, daß der Proceß-Roman zwar ein Fragment ist, aber dennoch in seiner Grundaussage voll ausgestaltet. Alle Wege des verhafteten K. durch die verwinkelten Instanzen des «Gerichts» münden in den «Dom», genauer gesagt, ganz wie bei Heine, in die anklagende Bildwelt des Karfreitags. Daß diese Mündung zugleich die Quelle ist, der Ursprung der Verhaftung, geht aus dem Auslegungsdisput hervor, in den K. den Gefängnisgeistlichen über das Gleichnis «Vor dem Gesetz» verwickelt. Wie Ödipus rollt auch K. den Prozeß seiner Menschwerdung rückwärts auf. Aber nicht nur einen Vater und eine Mutter zurück, sondern deren 60 bis zu dem historisch fernen Tatort, wo der Zugang zum GESETZ zum ersten Mal unter Strafe gestellt wurde. Der Geistliche selbst ist es, der K. im Gleichnis der Türhüterlegende diesen Ort als den Ursprung auch seiner Verhaftung und Verurteilung transparent macht (und dem Leser, der die Perspektive des K. teilen muß, mit).

Die Legende ist eine Warnung an K. Es wird dir ergehen wie jenem «Mann vom Lande», wenn du dich nicht auf die Seite derer schlägst, die der Opfertod Christi vom «Fluch» (Gal. 4,4) des Gesetzes «befreit» hat (Röm. 8,3), wie Paulus lehrte. Er ist es, der sich hinter den «einleitenden Schriften zum Gesetz» verbirgt, aus denen der Dom-Geistliche, der «Gefängniskaplan», K. die Legende zitiert. Diese Legende ist wahrlich ein Granitbrocken doppelbindender Paradoxien, etwas für die ewigen Steinmühlen der Exegeten und die Seiltänzer der Dialektik. Die Türhüterlegende ist die in eine Nuß gepackte paulinische Verfluchungs- und Befreiungslehre vom GESETZ. Das ist ihr Humor. Mit Paulus beginnt das 60 Generationen zeugende Türhütertum, auf dessen zeitgenössisches Endglied Josef K. im Dom trifft.[10] Wie schon Spinoza begreift auch Kafka den Apostel Paulus als den Selbstwiderspruch eines Judenchristen, dessen Rede nicht, wie Jesus forderte, «Ja, ja, nein, nein» ist (war), sondern doppelte Rede, die ihr Gegenüber immer auf zwei Kanälen zugleich anspricht mit zwei Nachrichten, die so zusammengesetzt sind, daß sie einander logisch ausschließen. Spricht Paulus als Jude, widerspricht er sich als Christ – und umgekehrt. Daraus macht er selbst kein Hehl: «Wenn ich mit Juden zu tun habe, lebe ich wie ein Jude, um sie zu gewinnen. Ich selbst bin nicht mehr an das Gesetz Moses gebunden; aber wenn ich unter Menschen bin, die noch daran gebunden sind, lebe ich wie sie nach dem Gesetz, um sie für Christus zu gewinnen. Wenn ich dagegen Menschen gewinnen möchte, die nicht nach dem Gesetz leben, beachte auch ich es nicht. Das bedeutet nicht, daß ich das Gesetz Gottes verwerfe, aber ich bin an das Gesetz Christi gebunden» (1 Kor. 8,20 ff). Logisch machen läßt sich diese paradoxe Verklammerung zweier Gesetze nicht. Schon gar nicht aus jüdischer Sicht. Sie ist *duplex cogitatio*, übersetzt in *duplex oratio*, in der Augustinus, freilich ohne an den Apostel zu denken, dàs Signum der Lüge sah. Indem Kafka diesen Komplex in das Urgleichnis dialogischer «Vergegnung» zwischen Christen und Juden übersetzt, erhält es zwangsläufig die Form der Doppelbindung (Double-bind) oder Beziehungsfalle. Das gibt der Türhüterlegende den Rang eines Leitfadens durch das gesamte Erzählwerk Kafkas. Sie liefert dem Leser den Code, es angemessen aufzuschlüsseln.

Die Grundmerkmale der Doppelbindung sind folgende:

Erstens, zwei oder mehrere Personen stehen zueinander in einer engen Beziehung, die für einen oder alle in hohem Maß (über-)lebenswichtig ist. Solche Situationen ergeben sich z. B. zwischen Eltern und Kindern, zwischen Liebenden oder Hassenden, zwischen

Aufsehern und Gefangenen, Folterern und ihren Opfern oder zwischen Gruppen unterschiedlichen Glaubens, die sich eine gemeinsame Lebenswelt unter problematischen Bedingungen teilen müssen.

Zweitens, die doppelbindende Rede spricht ihr Gegenüber mit zwei Nachrichten zugleich an, die einander logisch ausschließen. Immer ist die Rede in einem Atemzug ja und nein. Ergeht z. B. von dem Aufseher an den Gefangenen eine Handlungsaufforderung, so wird sie «durch Mißachtung befolgt und durch Befolgung mißachtet». Der dominante Redende, hier der Aufseher, entzieht sich vom Gefangenen her gesehen jeder eindeutigen Definition. Er ist es selbst nur, wenn er es nicht ist, und er ist es nicht, wenn er es ist.

Drittens, der Empfänger der doppelten Rede kann sich deren bindender Macht nicht dadurch entziehen, daß er entweder über sie «metakommuniziert», sie also interpretiert – oder sich ihr verweigert und entzieht. Obwohl die Rede logisch sinnlos ist, ist sie eine «pragmatische Realität», eine Strategie der Macht, die Menschen unter ein permanentes Dilemma zwingt, ein Paradox, das aber in seiner Widerlogik nicht aufgedeckt, nicht re-paradoxiert werden darf, wie es Kafka tut. Sonst läuft die «in die Doppelbindung gefangene Person» Gefahr, «für richtige Wahrnehmungen bestraft und darüber hinaus als böswillig oder verrückt bezeichnet zu werden, wenn sie es wagen sollte zu behaupten, daß zwischen ihren tatsächlichen Wahrnehmungen und dem, was sie wahrnehmen ‹sollte›, ein wesentlicher Unterschied besteht.»[11]

Genau dies aber war die Exilsituation der Juden unter den Christen, wenn sie dies z. B. in öffentlichen Disputationen oder zur Verteidigung vor den Gerichten der Inquisition zu tun wagten. Selbst Freud muß noch auf die Strategie der Anspielung mit Auslassung ausweichen, muß den Karfreitagskomplex zum Ödipuskomplex verschieben, um die Chance einer Metakommunikation zu erhalten. Es ist das Wesen der Doppelbindung, daß sie beide Seiten so komplex ineinander verwebt, daß sich ihre Geschichte (Ätiologie) mit den Kategorien von Ursache und Wirkung nicht entwirren läßt, zumal dann nicht, wenn sie die Aura eines göttlichen Orakels zum Bezugspunkt hat. Vor allem ist die Doppelbindung pathogen. Zwischen Christen und Juden wurde sie zu einem weltgeschichtlichen Verhängnis.

Betrachten wir zunächst kurz die Bildebene der Türhüterlegende. Auf des Mannes vom Lande Bitte um Eintritt in das «Gesetz» reagiert der Türhüter nicht einfach mit ja oder nein, sondern zugleich mit einem eingeschränkten Ja («es ist möglich») und einem eingeschränkten Nein («jetzt ... nicht»). Darauf tritt er einladend zur Seite («versuch es doch») und schreckt den Mann im selben Atemzug ab («Ich bin mächtig.»). Diesem Pardox des offenlassenden Verwehrens entsprechen, auf die Sachebene der paulinischen Theologie übertragen, folgende nicht zu vereinbarende Nachrichten. Zunächst die verwehrenden: «Aber seit Christus gekommen ist, ist das Gesetz nicht mehr der Weg zu Gott» (Röm. 10,4), und weiter: «Bevor uns Gott den Weg des Vertrauens öffnete, waren wir im Gefängnis des Gesetzes eingesperrt» (Gal. 3,23). Daß der Türhüter den Mann vom Lande nicht ins Gefängnis einläßt, ist von dieser Nachricht ebenso wohltätig geboten wie von der folgenden des Paulus nicht: «Das ganze Gesetz ist erfüllt, wenn dieses eine Gebot befolgt wird: ‹Liebe deinen Mitmenschen wie dich selbst›» (Gal. 5,14). Dieser zum «Gesetz Christi» (Gal. 6,2) erhobene Satz aber ist eine zentrale Weisung der Tora (3 Mose 19,18), also des GESETZES, das nun nicht mehr der Weg zu Gott sein darf. Wie sieht das plötzlich so doppelsinnig gemachte Gesetz von den Juden her aus? Wird es nicht durch Befolgung mißachtet und durch Mißachtung befolgt? Zumal für Paulus auch dies gilt: «Über die, die aufgrund des Gesetzes vor Gott bestehen wollen, gilt, was Mose schreibt: ‹Wer die Gebote befolgt, gewinnt dadurch das Leben›.» Doch fügt der Apostel schnell hinzu: «Für die, die Gott aufgrund seines Vertrauens annimmt, gilt dagegen [...] Jesus ist der Herr [...] es gibt hier keinen Unterschied zwischen Juden und Nichtjuden. Beide haben denselben Herrn» (Röm. 10,5 ff). Paulus läßt aber keinen Zweifel, daß Jesus ganz dem GESETZ des Mose treu war (Gal. 4,4 f). Dann war also Jesus selbst gar kein Christ, sondern ein toratreuer Jude, den man nachträglich erst zum Christenchristus machte. Und was war dann seine «gute Nachricht»? Die des ersten oder die des zweiten Testaments? Das GESETZ ist, wie gesagt, für Paulus ein «Fluch» (Gal. 3,10) und im selben Atemzug «auf die Seite Gottes gehörend» (Röm. 7,12). Ja, was denn nun? Die Göttlichkeit des Gesetzes kann doch nicht zugleich behauptet und verneint werden.

Diese Widerlogik, so sollte man meinen, sei zu erschüttern. Doch nicht bei Paulus: «Wer mit Jesus Christus verbunden ist, braucht das Strafgericht Gottes nicht zu fürchten. Denn das Gesetz, das durch den Geist in Verbindung mit Jesus Christus zum Leben führt, hat euch befreit vom Gesetz, das durch die Sünde in den Tod führt» (Röm. 8,1 ff). (Kundrys hypnotisches Gestammel von «Fluch» und «Tod» hat hier seinen Ursprung.) Mit scheinbar tollkühner Eindeutigkeit behauptet der Apostel, erst das GESETZ habe die «Übertretung», die «Sünde» in die Welt gebracht (Röm. 4,15), um dann, wie auf einen Einwand reagierend, fortzufahren: «Folgt daraus, daß das Gesetz auf die Seite der Sünde gehört?» – worauf er mit Nachdruck zur Antwort gibt: «Das kann nicht sein!», um dann doch sich selbst entgegenzuhalten: «Aber ohne das Gesetz hätten wir Menschen die Sünde nie kennengelernt» (Röm. 7,7).

Dieser Bedeutungsverdopplung des GESETZES entsprechen die Aussagen des Paulus über seine jüdischen Mitmenschen, die sich immer wieder in die Zwickmühlen seiner Reden gelenkt sehen: «Als sie [die Juden] verstoßen wurden, bedeutete das für die ganze Welt den Frieden mit Gott. Was wird erst geschehen, wenn sie wieder angenommen werden» (Röm. 11,1). Und weiter: «Ihre Schuld brachte der Welt reichen Gewinn und ihre Abkehr war für die anderen Völker eine Quelle des Segens. Wie groß wird dann erst der Segen für die Welt sein, wenn ganz Israel sich Jesus Christus zuwendet!» (Röm. 11,1). Die Juden haben «Schuld» vor Gott und sind deshalb «verstoßen» worden. Das scheint eindeutig; und so wurde es auch kirchen- und staatsgeschichtliche Wirklichkeit bis hin zu den Nürnberger Gesetzen unter Hitler. Aber Paulus wäre nicht Paulus, wenn er nicht immer zugleich den Einwand gegen sich selbst im Ohr gehabt hätte: «Ich frage nun: Hat Gott sein eigenes Volk verstoßen? Das kann nicht sein!» (Röm. 11,1), und wenig später fragt er noch einmal: «Sind die Juden damit unwiderruflich verworfen? Nein» (Röm. 11,11). Niemals hat man einen, sondern immer zwei Paulus im Ohr und mit ihnen zwei Gesetze und zwei Israel. Dieser erste Türhüter der Christenheit rückt eine Generation nach Jesus den «heiligen Weg» des jüdischen Volks ins Zwielicht der Völker. Seitdem sind die Juden beides: Fluch und Segen der Welt, sind eingesperrt in das Dilemma zwischen Verstoßen- und Angenommensein und in ihrer Identität unberechenbar gespalten. «Sie sind», so Paulus, «Gottes Feinde geworden, damit ihr die gute Nachricht hören konntet. Aber wie Gott ihre Stammväter erwählt hat, bleiben sie seine Freunde» (Röm. 11,28). Das also sind die Juden: Die Freund-Feinde Gottes als die Mörder Jesu, des «Herrn» (2 Thes. 15), und demzufolge «Menschenfeinde» (1 Thes. 2,14), die aber als solche den Völkern Gutes tun. Es zählt nicht, aus welch damals unmöglichen Bedingungen Paulus selbst so zu handeln gezwungen war. Darüber gibt es von Nietzsche bis Taubes viele Erklärungen. Was zählt, sind die Folgen für das jüdische Volk, als das Evangelium zur Staatsreligion des Römischen Reiches Deutscher Nation wurde. Seitdem wurde die Frage, was «die Juden» denn nun sind: die Feinde Gottes und (damit) der Menschen oder Freunde, auf eine gefährliche Weise unentscheidbar, wurde zum Bohrwurm in den Hirnen der Theologen und Philosophen, an dem sie sich affektiv verzehrten in ihrem nicht zu stillenden Lösungshunger der «Judenfrage».

Kehren wir zur Bildebene zurück. Dem doppelbindenden Dialog zwischen dem Türhüter und dem Mann vom Lande entspricht eine ebenso gefangennehmende Architektur, zugleich sich öffnend und abwehrend, einlenkend und umlenkend. Ihr Grundelement ist ein Wegraum mit tabuisierter Tür, der sich durch Raum und Zeit endlos fortzeugt. Von dieser Architektur wird nun auch K. eingeholt. Wie alle Instanzenwege des Gerichts ist auch der Dom für K. kein erbaulicher Verweilraum des Glaubens, sondern eine doppelte Sackgasse, an deren einem Ende sich ihm der «Gefängniskaplan» (symbolisch für «Gefängnis des Gesetzes», Gal. 3,23) in den Weg stellt im Verein mit den ihn anklagenden Bildmedien von der Grablegung Christi und dem Mitleiden seiner Mutter Maria. In der Rede des Geistlichen wiederholt sich bis in die Gebärden hinein das Interaktionsverhalten des Türhüters. Er nennt K. einen Verhafteten und Verurteilten und verabschiedet ihn ganz unvereinbar mit den Worten: «Das Gericht will nichts von Dir. Es nimmt Dich auf, wenn Du kommst, und es entläßt Dich, wenn Du gehst.» Der Bescheid kleidet sich in Wohlwollen, doch ist ihm mit der Lesung der Türhüterlegende eine tödliche Drohung unterlegt. K. wird, wenn er den Dom verläßt, in eine geistliche Illegalität entlassen, die sich ihrer sozialen Rückwirkungen auf den Unbelehrbaren sicher ist. Der doppelten Sackgasse entgeht K. nicht. Wie der Mann vom Lande in den Fängen des Türhüters an einer «Degradationsmetamorphose» zugrunde geht, so geschieht dies in anderer Weise auch mit Josef K. Am Ende nehmen ihn zwei Henker in ihre Mitte, führen ihn in das öde Abseits eines «Steinbruchs», wo sie ihm das «Fleischermesser» feierlich in den Leib rennen und «zweimal» umdrehen.

Nicht der kriminelle Akt des Abschlachtens ist in seinem blutigen Naturalismus das Widerlich-Obszöne des Vorgangs, sondern sein Symbolismus. Die Assoziation mit Shylock stellt sich ein. Da wird nicht jemand wie im Krimi einfach umgebracht, sondern es wird ein Ritual der Rache vollstreckt. Wie die Stichwaffen jüdischen Hasses ins Herz Marias und ihres Sohns eindrangen oder später in Hostien und Christenkinder, dringt nun das Fleischermesser umgekehrt ein in K. als das angemessene Vollstreckungswerkzeug für den, der dem «Reich des Fleisches» verhaftet bleibt.

Das hat er durch sein nicht kooperatives Verhalten gegenüber dem Gericht bewiesen. Am gründlichsten im Dom. Statt zu erkennen, daß Christus auch für ihn Gefängnis und Sklaverei der Tora «beseitigt» (Eph. 2,15) und ihn «zur Freiheit berufen» (Gal. 5,13) habe, verwickelt K. den Gefängniskaplan in einen talmudischen Disput über die Türhüterlegende. In perspektivischem Einklang mit K. wird der Leser dazu überlistet, all das, was er fraglos glaubt, erhofft und liebt, einmal von seiner vergessenen Rückseite her wahrzunehmen. Statt sich fromm erbauen zu lassen, soll er sich den Schädel produktiv zerbrechen, soll möglichst dabei ein wenig seinen christlichen Verstand verlieren, damit er sich fragt, an was er und seine Väter und Mütter eigentlich solange glaubten und ob damit nicht, wie K. feststellt, die «Lüge» zur Weltordnung erhoben wurde. Der Geistliche merkt schnell, daß sein Verfahren, die logischen Absurditäten der Legende dialektisch zu verdecken, von K. unterlaufen und dekonstruiert wird. K. vergleicht das Eingangsverbot des Türhüters mit der Schlußerklärung an den sterbenden Mann vom Lande: «dieser Eingang war nur für Dich bestimmt.» Wenn es doch aber sein Eingang ins Gesetz war, dann durfte er dem Mann entweder nicht verwehrt werden, oder aber er war nicht für ihn bestimmt. War es sein Eingang, dann war der Türhüter der Diener des Mannes, der sich die Herrenrolle anmaßte. Umgekehrt definierte sich der Mann, indem er zu Beginn dem Türhüter «bittend» gegenübertrat, von vornherein als sein Abhängiger. Situation und Rollenverteilung wurden somit ebenso unidentifizierbar, wie ihre so gordisch verknotete Beziehung unauflösbar blieb – ausgenommen so, wie es die Alexander der «großen Lösung» insinuierten und die Endlöser am Ende ausführten. Die 2000jährige Täuschung der Legende verstrickte beide: den Türhüter und den Mann vom Lande. Doch ist es K., der dem Geistlichen aus der Gegensicht des Juden die historische Rechnung aufmacht: «Du mußt doch bedenken, daß die Täuschung, in der sich der Türhüter befindet, ihm nichts schadet, dem Mann aber tausendfach.»

Zu Beginn und im Verlauf seines «Processes» erliegt K. aber dem Selbstbetrug, er könne sich bei diesem Gericht (so wie der Mann beim Türhüter) den «Freispruch» erwirken. K. hat als Prokurist einer Bank eine hochangesehene Position in der Gastgesellschaft, die ihn zwar aufgrund der Emanzipation der Juden im Rahmen des Rechts frei gewähren läßt, zugleich aber entweder religiös (antijudaistisch) oder antisemitisch weiterhin untergründig oder offen in Haft hält. Im anfänglichen Anpassungsstreben an dieses schizoide Milieu oszilliert K. ständig zwischen aggressiver Arroganz und Entgegenkommen, Frechheit und hellwacher Vorsicht bis an den Rand der Selbstdemütigung. Das Gericht, ein Medienverbund der herrschenden Moral, lauert K. überall auf, wohin er auch geht. Selbst in den verkommensten Winkeln schickt es ihm seine Wächter, Zuträger, Richter, Advokaten, Auskunftsgeber, Maler, Frauen und zudringlichen Kinder entgegen. Ihrer aller Rede ist in Wort und / oder Gebärde doppelte Rede, in die auch die Architektur der ganzen Gerichtswelt mit einstimmt. Aus dem Getto hat man K. zwar entlassen, nicht aber aus dem Geist, der es schuf (so daß es im Nationalsozialismus wieder hervorkommen konnte). Dafür ist beispielhaft die Episode, wo der in dem labyrinthischen Gebäude «verirrte» K. einen «Gerichtsdiener» nach dem Weg fragt, weil es doch hier «so viele Wege» gibt, und dieser in «vorwurfsvollem» Ton (und paulinisch korrekt) zur Antwort gibt: «Es ist der einzige Weg.» Wir Leser aber sehen und gehen umgekehrt in der perspektivischen Einheit mit K. nur «viele Wege», die alle so verschraubt sind, daß auch uns mit ihm der «Schwindel» befällt, daß uns die «Luft», die uns überall anweht, «kaum mehr atembar» ist und uns der «Schweiß» ausbricht wie in einem «schweren Seegang» und die Stimmen, die auf uns einreden, «unverständlich» sind und nur noch als «Lärm» ankommen.

Wie sehr die überraschende Verhaftung des Josef K. durch die «Wächter» im paulinischen «Strafgericht» Christi wurzelt bzw. im Karfreitagskomplex, ergibt sich aus deren Umständen und ihren Folgen. Sie ist die Inszenierung des folgenden Zitats aus dem Evangelium: «Aber ihr lebt ja nicht in der Dunkelheit, Brüder, so daß euch der Tag des Herrn wie ein Dieb überraschen könnte» (1 Thes. 5,4). Wie ein Dieb überrascht aber wird K. von den ihn verhaftenden Wächtern, die sich umgekehrt gegen ihn als die Diebe seiner Kleidung erweisen. Frau Grubach, die Zimmervermieterin, sucht den religiösen Begriffsnebel der Aktion damit zu durchdringen, daß sie gegen K. bemerkt: «Sie sind zwar verhaftet, aber nicht so, wie ein Dieb verhaftet wird [...] Es kommt mir wie etwas Gelehrtes vor, entschuldigen Sie, wenn ich etwas Dummes sage, [...] das ich zwar nicht verstehe, das man aber auch nicht verstehen muß.» Gleich zu Beginn Kafkas schwarzer Humor: Frau Grubach im Banne der Macht eines Gelehrten, der sich auf den Unverstand seiner Schafe verlassen kann. Josef K. ergibt sich zunächst nicht in seine Verhaftung. Es gelingt ihm sogar, die Wächter wegen des Kleiderdiebstahls bei Gericht mit Erfolg anzuklagen. Doch die befremdliche Prügelstrafe, die sie dafür erleiden und zu deren Zeugen, wenn nicht Voyeuren, wir Leser mit K. werden, erhellt ihren verborgenen Sinn erst vor dem Hintergrund der Passion Christi. Die Wächter, die K. die Kleider wegnehmen und ihn von oben herab wie einen Verurteilten behandeln, kehren den Karfreitag «der Juden» an Christus um. Entsprechend rechtfertigen sie ihren Diebstahl: «aber Tradition ist es doch, daß die Wäsche den Wächtern gehört, es ist immer so gewesen.» Immer so, seit die (von «den Juden» bestochenen) Henker um Christi Kleider würfelten. Die Möglichkeit der Anzeige der Wächter, die der Rechtsstaat dem emanzipierten Juden K. formaljuristisch einräumt, führt im Kontext der christlichen Tradition zu einer schizoiden Situation. Es darf das Leiden Christi nun umgekehrt durch einen Juden an Christen vollzogen werden. Wie kann das Gesetz, das doch auf seiten der Christen ist, zugleich auf seiten «der Juden» sein?

K. selbst ist die Folterstrafe, die seinetwegen an den Wächtern vollzogen wird, so peinlich, daß ihn der Gedanke übermannt, «sich selbst ausgezogen» dem Prügler als Ersatzopfer anzubieten. Doch hilft ihm dies so wenig aus der Klemme wie die hohe «Bestechungssumme», mit der er statt dessen die Wächter aus den Händen des gnadenlosen Prüglers «zu befreien» sucht. Die Volksmission ließ uns in den Folterkeller des Kaiphas blicken und ließ die Henker Christi durch «die Juden» mit Geld und Wein bestechen. K. sucht diesen Täter-Opfer-Komplex aufzubrechen. Doch vergeblich. Was er auch tun möchte, es wäre das Falsche. Dennoch fährt K. in seiner Absicht fort, sich den «Freispruch» des Gerichts zu erwirken. Das Verfehlte und Demütigende dieses Wollens wird ihm bewußt, als er sich in die Hände des Advokaten Huld begibt, damit dieser seine Sache vertrete.

Hulds Bemühungen beschreiben den juristischen Wirrwarr aus Rechtsstaat und Kirchendogmen, in den sich der assimilationsbereite Jude verlor, wie es Advokaten gab, die ihm die Befreiung daraus versprachen. Doch wie die Gnade (Huld) einer Welt erwirken, die ihr gnadenloses Urteil über Israel gesprochen hat? Es drückt sich aus in Hulds Umgang mit seinem Klienten Block, dessen Zeuge K. wird. Er läßt sich von Block die Hand küssen, unterzieht ihn Verhören wie ein Beichtvater und bringt ihn dazu, vor ihm, dem Vertreter bei Gericht, «auf Knien» zu liegen. Das heißt: Block findet, wenn überhaupt, den «Freispruch» allein auf dem Weg der Selbstabschaffung als Jude. Diesem Ritual widersetzt sich K. Eine besondere Rolle spielt Leni, die «Pflegerin» von Hulds «Herzleiden» (!) und dem seiner Klienten. In dieser bettlägerigen Krankenwelt redet sie auf K. ein, dem Gericht gegenüber nicht so «unnachgiebig» zu sein, sondern das «Geständnis» zu machen. Leni ist die Maria Magdalena des Gerichts und rückt K. entsprechend «zudringlich» auf den Leib. Sie komplettiert das Verhältnis Huld – Josef K. zu einer Triade, reziprok zu den wechselnden Triaden Christus – Frauen – Juden. Leni ist Tag und Nacht allzeit bereit und darin ganz das zwielichtig Verlockende des Prozeßgeschehens.

Doch ihr «körperlicher Fehler», das so befremdliche «Verbindungshäutchen» zwischen Mittel- und Ringfinger, löst in K. einen Abwehrmechanismus aus. Es erinnert ihn an das, was ihm als dem «Beschnittenen» genau da fehlt, wo die Verbindung zwischen ihm und dem Gericht funktionieren müßte. Seit Paulus aber ist die Beschneidung der unablösbare «Schuldschein» (Kol. 2,14). Entsprechend zweideutig nimmt K. Lenis Schwimmhäutchen wahr als eine «hübsche Kralle», die ihn, den «Zerschnittenen» im Fleische, aus seiner tierhaften Natur kaum befreien kann. Leni hat die Sonderbarkeit an sich, daß sie «die meisten Angeklagten schön findet» und sie «alle» liebt, selbst (oder gerade) Block. Ohne Zweifel geistert Hegels «Geist des Christentums» durch die Kanzlei des Advokaten Huld: «Alle folgenden Zustände des jüdischen Volkes, bis auf den schäbigen, niederträchtigen, lausigen Zustand, in dem es sich noch heutigentags befindet, sind weiter nichts als Folgen und Entwicklungen ihres eigenen Schicksals, von dem – einer unendlichen Macht, die sie sich unüberwindlich entgegensetzen – sie mißhandelt wurden und solange werden mißhandelt werden, bis sie es durch den Geist der Schönheit aussöhnen und so durch die Versöhnung aufheben.» Huld ist der Advokat dieser «unendlichen Macht», die, wohlbemerkt, nicht die Christen, sondern die Juden sich selbst entgegensetzen, weshalb sie auch an ihrer Mißhandlung durch den Geist der Schönheit selber schuld sind. Das gibt der bußfertigen Leni, die alle «schön» findet, die bereit sind, das «Geständnis» ihrer Blutschuld zu machen, geradezu den Rang einer Erlöserin. Der Preis dieser Schönheit ist die Selbstabschaffung. K. aber entzieht Huld seine Vertretung bei Gericht. Was ihn in seinem «Proceß» dann jedoch noch weniger weiterbringt, ist die rabulistische Freispruchlehre des Gerichtsmalers Titorelli.

Ehe K. sich dem Advokaten Huld in die Hände gab, hatte er den Freispruch bei seiner Zimmernachbarin, dem Fräulein Bürstner, zu erreichen versucht. Ihr hatte er, ohne ihren «Taufnamen» zu kennen, in der Nacht noch einmal seine Verhaftung am Morgen vorgeführt: den «Ruf» seines Namens, der das plötzliche «Klopfen» des anonymen «Hauptmanns» an der Tür zur Folge hatte, wie dieses wiederum das Erbleichen des Fräuleins, dem umgekehrt K. mit einem «besonders starken» Erschrecken Antwort gegeben hatte. Gleich zu Beginn die Pathologie der Doppelbindung, hier in der Geschlechterbeziehung zwischen dem Juden und der Getauften, die in einem Hin und Her von Locken und Verweigern Ausdruck findet. K. faßt sie am «Handgelenk», ein zudringlicher Griff, der zugleich passiv geduldet und im Ziehen des K. zur Tür hin aktiviert wird, durch die das Fräulein ins Vorzimmer schlüpft vor die «Tür des Hauptmanns» und sich K. entgegenstellt als die Hüterin ihrer Reinheit. Diesem abwehrenden Angriff entspricht der «Kuß», den K. ihr «auf den Mund und dann über das ganze Gesicht» gibt und ganz so, «wie ein durstiges Tier mit der Zunge über das endlich gefundene Quellwasser hinjagt», ein Kuß, der aber schließlich der Getauften an die «Gurgel» geht, wo «die Lippen lange liegen» bleiben.

Die Ambivalenz des Affekts ist unübersehbar. Vampirismus und Quellwasser, das Sinnbild der Reinheit, unvereinbar an einem Ort. K. bezeichnet sich selbst mit aggressivem Unterton als «unrein». Das Blut der Christin hingegen ist durch die empfangenen Sakramente rein. Die Vermischung des reinen mit dem unreinen Blut verbietet sich. Das Dürsten des Josef K. nach dem Quellwasser ist Ausdruck der unbewußten Sehnsucht nach einem Leben in Reinheit, das ihm die Gastwelt ebenso abspricht wie verwehrt. Wer aber ist der «Hauptmann»? Ist er die ewige Wiederkehr jenes römischen Hauptmanns, der sich unter dem Kreuz zu Christus bekehrte? Dann gliche auch diese Episode der unsichtbaren Gegenwärtigkeit des Karfreitags, der sich K. auf all seinen Wegen immer wieder in den Weg stellt.

Diese Gegenwärtigkeit ist der ikonologische Grund aller Episoden. Kafka weist in dem Kapitel «Im Dom» ausdrücklich hin auf die «kunsthistorischen Kenntnisse» des Josef K. Sie werden greifbar in drei großen Künstlern, die ebenso genial wie entschieden antijüdisch malten: Grünewald, Greco und Bosch. Im zweiten Kapitel «Die Kanzleien» verrät der Gerichtsdiener K. seine Rachephantasien gegen den Studenten, mit dem ihn seine Frau betrügt: «Hier ein wenig über dem Fußboden ist er festgedrückt, die Arme gestreckt, die Finger gespreizt, die krummen Beine zum Kreis gedreht und ringsherum Blutspritzer.» Diese so überaus expressive Kreuzigungsphantasie mit den gespreizten Fingern und den Blutspritzern ist eine Verschiebung des Gekreuzigten von Grünewald im Isenheimer Altar. Vor diesem Hintergrund wird daher überhaupt erst die witzige Pointe erfaßt, in die der anschließende Dialog mündet. Der Gerichtsdiener gesteht K., er selbst dürfe wegen seiner Abhängigkeit solchen Rachegedanken nicht nachgehen: «Nur ein Mann, wie Sie, könnte es tun.» Als K. erstaunt fragt: «Wieso denn ich?», erhält er zur Antwort: «Sie sind doch angeklagt.» Das heißt: Sie sind doch Jude.

Auf den gleichen Zusammenhang verweist das Richterporträt, dessen K. im Haus des Advokaten Huld ansichtig wird. In ihm ist unschwer El Grecos Kardinal- oder Großinquisitor wiederzuerkennen, wie er, zu Gericht sitzend, aber kalt lauernd und wie zum Sprung bereit, in Richtung des Angeklagten blickt, dessen Blickpunkt mit dem des Betrachters in eins fällt. Bei dem Gerichtsmaler Titorelli findet K. ein gleiches Bild in Arbeit, nur dahin gehend ergänzt, daß hinter dem drohend auffahrenden Richter die «Gerechtigkeit» stehend gemalt ist, in der K. zugleich die «Siegesgöttin» erkennt. Diese paradoxe Triade einer mittels tödlicher Drohung siegenden Gerechtigkeit ist die kafkaeske Parodie auf den gegen «die Juden» umgedrehten Prozeß Jesu.

Vieles spricht dafür, daß sich hinter der Prügler-Episode der «Garten der Lüste» des Hieronymus Bosch verbirgt, und zwar der rechte Flügel mit dem höllischen Konzert. Denn der Schrei, den der gefolterte Wächter Franz ausstößt, «schien nicht von einem Menschen, sondern von einem gemarterten Instrument zu stammen, der ganze Korridor tönte von ihm.» In Boschs Hölle sind die jüdischen Stichwaffen sadistisch-lüsterner Bestrafung ergänzt um Musikinstrumente, die ihre Harmonien aus den Qualen der Gefolterten gewinnen. So setzt Kafka die von Heine eröffnete jüdische Rezeption der abendländischen Kunst auf seine Weise fort.

Was sich in Kafkas Erzählungen – insbesondere im «Proceß» und in der «Verwandlung» – besonders auffällig wiederholt, ist eine überfallartige «Störung», ein Aufgeschreckt- und Aufgewecktwerden durch etwas, das im Augenblick des Erwachens schon nicht mehr zu hören ist – und dennoch da. Lyotard sagt dazu, Kafka habe damit seinen jüdischen Mitmenschen «auf exemplarische Weise Schutz gewährt, wenn auch nur, um sie desto rückhaltloser ihrer Lage, der von Geiseln, auszusetzen. Eine Schar vergeßlicher Seelen, wie alle, aber die das Vergessene wesentlich darum bedrängt, um zurückzurufen, was sie ihm schulden».[12] Gemeint ist der Gott des GESETZES, der sein Volk am Sinai zur Geisel nahm. Von daher wird die Verhaftung des vergeßlichen K. zu einem doppelbödigen Ereignis, wird zur Verhaftung in der Verhaftung, zum «Proceß» im Prozeß. K. ist unkündbar verhaftet an den Bund seines Volks und zugleich der verhaftete und verurteilte Jude der Kirche(n) mit dem Resultat, in zwei Wirklichkeiten leben zu müssen mit zwei Identitäten, der ureigenen wirklichen und der virtuellen des Karfreitagsverbrechers als der ihm aufgezwungenen pragmatischen Realität.

Als die Henker K. im Steinbruch das Fleischermesser in den Leib rennen, überkommt ihn sterbend die große, sich selbst wiederfindende Einsicht: «Wie ein Hund! sagte er, es war, als sollte die Scham ihn überleben.» «Wie ein Hund» verweist auf die hündische Rolle, zu der die Christenheit die Juden zwang, bar jeder Scham, eine Rolle, die das Genie Shakespeares in der Figur des Shylock hat unvergeßlich werden lassen. Scham, wie K. sie sterbend überkommt, daß sie ihn überlebe, setzt ethische Maßstäbe voraus. Scham ist deren tiefster affektiver Ausdruck. Doch vom ersten Augenblick seiner Verhaftung bis zu diesem Ende ist K. den schamlosesten Zudringlichkeiten des Gerichts ausgeliefert. Nirgends die Würde der Distanz, der kritischen Selbstbeobachtung. Diese Gerichtswelt entbehrt in Richtung alles dessen, was K. repräsentiert, der Scham. Worauf sie monoman versessen ist, ist die (auch) an ihm einzuklagende Passion Christi, falls er sich nicht bekehrt. Daß die Scham den Josef K. überleben «sollte», erweist sich als notwendig an dem Gehabe der beiden Henker. K. sieht ihre «widerlichen Höflichkeiten», sieht die «Reinlichkeit ihrer Gesichter», das Uniformierte ihrer Gebärden wie überhaupt ihre tausendfältige Austauschbarkeit und Vermehrbarkeit, mit der Kafka symbolisch hinweist auf eine sein Volk bedrohende dunkle Zukunft, auf die er Josef K. mit der Frage reagieren läßt: «Wo war das hohe Gericht, zu dem er nie gekommen war?» Gemeint ist damit nicht mehr das schamlose Gericht der Christenheit, sondern das GESETZ, das der Gefängniskaplan so wie alle Türhüter zuvor unter Verschluß hält.

Im Sterben sieht der Mann vom Lande an dem Türhüter vorbei «im Dunkel einen Glanz, der unverlöschlich aus der Türe des Gesetzes bricht». Wieder muß man bei Paulus nachlesen, was es mit dem Glanz auf sich hat: «Obwohl es [das GESETZ] zum Tode führte, war der Glanz auf dem Gesicht Moses so stark, daß das israelische Volk ihn nicht ertragen konnte. Und das ist doch nur ein vergänglicher Glanz [...] Wenn schon der Auftrag [das GESETZ], der den Menschen die Verurteilung brachte, Gottes Herrlichkeit ausstrahlt, wieviel mehr Herrlichkeit wird dann mit dem Auftrag verbunden sein, der ihnen den Freispruch bringt! Verglichen mit diesem überwältigenden Glanz ist jener ganz andere Glanz gar nichts» (2 Kor. 3,7ff). Die Scham des Josef K. und die Frage nach dem wahren hohen Gericht widerspricht dieser Theologie und ihrer Abschreckungsfolge der immer mächtigeren Türhüter hinter dem Türhüter, zu denen sie die Propheten Israels machte, die angeblich das Leiden und Sterben Christi durch «die Juden» vorausgesagt haben sollten.

Die Enderkenntnis des K. ist auch seinem Schöpfer, Franz Kafka, eigen, der von sich bekannte: «Es ist nicht Trägheit, böser Wille, Ungeschicklichkeit, welche mir alles mißlingen oder nicht einmal mißlingen lassen [...] sondern es ist der Mangel des Bodens, der Luft, des Gebotes [...] Ich bin Ende oder Anfang.»[13] Schlüsselbegriff ist «Boden». Gemeint damit ist Erez Israel, das Land, der Leib der jüdischen Seele. Diesen Boden hatte der «Westjude» Kafka so wie K. unter seinen Füßen verloren und mit ihm die «Luft» zum Atmen und die Erinnerung an das «Gebot», das GESETZ, zu denen umzukehren Kafka als die Kernfrage ansieht, «der sich der Zionismus zu stellen habe».[14] Das Gleichnis vom «Proceß» hat zur Sache diesen Umkehrwillen.

2. «In der Strafkolonie»

«Dem Leib schreiben sich die Ereignisse ein.» Michel Foucault bezog sich in dieser Sache auf Nietzsche, Nietzsche auf Heine. Heine wiederum hatte sich die vergleichsweise tiefere religiöse Einsicht des Onkel Tom aus dem Umstand erklärt, daß der Sklave das Evangelium seiner weißen Unterdrücker von Kind an «mit dem Rücken» hatte lesen müssen.

Kafkas Gleichnis spinnt am Leitfaden dieses Bildes weiter. Zu diesem Zweck versetzt er uns auf eine ferne Insel, eine Strafkolonie, die ein «Forschungsreisender» per Dampfschiff aufsucht. Alles, was uns Lesern/Hörern in dieser Strafkolonie begegnet, erfahren wir aus der Perspektive dieses Reisenden. Man führt den Gast der Kolonie sofort in deren Zentrale: eine riesige Hinrichtungsmaschine. Sie ist einem «Offizier» anvertraut, der sie dem Reisenden in allen Einzelheiten erklärt, ehe die Exekution des Delinquenten erfolgen soll, der, gefesselt an einen Soldaten, zugleich «stumpfsinnig» und «hündisch» neugierig auf seine Bestrafung wartet. Zunächst hat der Reisende «wenig Sinn» für die Apparatur. Doch dem «bewundernden Blick» des Offiziers darauf kann er sich dann doch nicht ganz entziehen, zumal dieser ihm mit «großem Eifer» und «heißem Gesicht» die hochkomplizierte Konstruktion zu erklären sucht, während er zugleich mit Hilfe einer «Leiter» an ihr herumklettert bis zur «Ermattung» – oder umgekehrt später bis zum «Wutschrei», als «Störungen» am Ablauf auftreten.

Zuerst erläutert der Offizier den dreiteiligen Aufbau der Maschine. Ihre Basis bildet das «Bett» mit einer Watteauflage. Etwa zwei Meter darüber ragt der «Zeichner», der die an einem Stahlband befestigte «Egge» in Bewegung setzt. Zeichner und Bett haben beide die Form von Truhen, die an ihren vier Eckpunkten durch Messingstangen miteinander verbunden sind. Zwar wirken beide zusammen, haben aber ihr je eigenes elektrisches Antriebsaggregat. Der Verurteilte wird zuerst «bäuchlings» und «nackt» auf das Bett gelegt. Ein «Filzstumpf» ist so angebracht, daß er ihm in den Mund dringt, um ihn während der «Folter» still zu stellen. Während des weiteren Verlaufs der Exekution wird dann der Filz gegen einen elektrisch beheizten Napf mit «Reisbrei» ausgetauscht, nach dem sich alle Verurteilten die Zunge lecken. Das eigentliche Herzstück der ganzen Konstruktion aber ist der Zeichner. Er nimmt die Software auf, die die Egge steuert. Mit ihr wird dem Verurteilten das Gebot, das er übertreten hat, «auf den Leib geschrieben». Zu diesem Zweck hat die Egge die «Form eines Menschen». Der Hinrichtungsapparat funktioniert als eine riesige Schreibmaschine, deren Nadeln das Urteil in die nackte Haut eintätowieren. Warum das alles so sein muß, erklärt der Offizier dem Reisenden damit, daß der Delinquent das Urteil selbst gar nicht kennt. Es wird ihm nicht erklärt, denn er soll es, so der Offizier, «auf seinem Leib» erfahren. Ja, der Verurteilte weiß nicht einmal, daß er verurteilt ist. Deshalb gibt man ihm auch gar nicht erst die Gelegenheit, sich zu verteidigen. Er würde dann doch nur lügen. Der Grundsatz, nach dem der Offizier und Strafrichter hier unerschütterlich zu entscheiden hat, ist: «Die Schuld ist immer zweifellos.»

Was aber hat nun dieser stumpfsinnige Mensch, dessen Hinrichtung ansteht, verbrochen? Der Reisende erfährt, es sei dem Mann zur Pflicht gemacht worden, bei jedem nächtlichen Stundenschlag vor der Tür des «Hauptmanns» zu salutieren. Er aber sei von diesem beim Schlafen erwischt und mit der Peitsche ins Gesicht geschlagen worden. Statt seinen Vorgesetzten zu «ehren», habe er sich widersetzt. «Ehre deinen Vorgesetzten!» wird ihm dafür in den Leib eingestichelt werden. Das Sinnlose dieser Salutierpflicht und die himmelschreiende Unverhältnismäßigkeit zwischen Schuld und Strafe aber hat im Kontext des Sittensystems der Strafkolonie dennoch einen – wenn auch zunächst undurchschaubaren – Sinn. Die Hinrichtungsmaschinerie funktioniert nämlich gemäß einem übergeordneten Grund- oder Gesamtprogramm, in das sich die einzelnen Urteile einfügen. Dieses Grundprogramm setzt sich zusammen aus «Zeichnungen». Als der Offizier ihm einige zeigt, kann der Reisende ihre Schriftzeichen jedoch nicht «entziffern». Für den Offizier aber sind sie etwas Heiliges. Er nennt sie «das Teuerste» und wagt sie nur mit zuvor gereinigten Händen aus einer Mappe herauszunehmen. Die Strafkolonie funktioniert demnach nach einem religiösen Geheimcode. Ihn zu entschlüsseln, ergibt sich daher nur mittelbar aus der Art und Weise, wie sich die Egge in den Leib des Verurteilten einschreibt und wie dieser sich dadurch verändert. Die große Zahl ihrer «Nadeln» ist nicht willkürlich, sondern immer paarweise angeordnet. Während die jeweils längere in den Leib einsticht, spritzt die jeweils kürzere linderndes Wasser aus, «um das Blut abzuwaschen».

Einen ähnlich doppelsinnigen Dienst erweist die blutstillende Watte. Der Delinquent erleidet unter der zweifach schreibenden Egge in den ersten «sechs Stunden» demnach nicht nur «Schmerzen», wie es heißt, sondern zugleich das orale «Vergnügen» und die «Lust» an dem gewärmten Brei. In den weiteren sechs Stunden – der ganze Hinrichtungsvorgang dauert «zwölf Stunden» – wird der Delinquent dann auf dem Weg seines Leidens wissend.

Auf die Frage nach der Sache, der dieses Gleichnis gleicht, haben psychoanalytisch ausgebildete Interpreten sehr früh in der Weise geantwortet, die Hinrichtungsapparatur sei eine Familienmaschine, in der das Bett die mütterliche und das sich straffende Stahlband mit der Egge die väterliche Seite des Systems bilden. Das gab dem Gleichnis den Doppelsinn der moralischen Hinrichtung des Menschenkindes zu einem sozial funktionstüchtigen Wesen. Die Familienmaschine war eine Erziehungs- und Sexualisierungsmaschine. In der Tat erinnert das ablaufende Verfahren nicht wenig an Kindesaufzucht wie an einen Koitus. Aber es erinnert auch an mystische Entraffungen. Denn das Bett «zittert in winzigen, sehr schnellen Zuckungen» unter dem zunächst bäuchlings daraufgebundenen Delinquenten. Zugleich sind alle Bewegungen des Betts vom Zeichner aus «genau berechnet» und «peinlich» abgestimmt auf die Bewegungen der Egge. Wie der Offizier erläutert, verliert der Verurteilte dann «um die sechste Stunde» das Vergnügen am Reisbrei. Nun setzt mit Macht eine neue Entwicklungsphase ein, in der der Mann unter der Folter der Egge auf einmal «still» wird und «Verstand» selbst «dem Blödesten» aufgeht. Wie das aussieht, erläutert der Offizier so: «Um die Augen beginnt es. Von hier aus verbreitet es sich.» Für den Offizier ist das jedesmal ein Augenblick, der «einen dazu verführen könnte, sich mit auf die Egge zu legen.» Denn nun ist plötzlich jeder fähig, «die Schrift zu entziffern». Und dies dank der Tatsache, daß er sie «mit seinen Wunden» liest.

Indem der Offizier dem Reisenden dies mitteilt, erinnert er sich mit Sehnsucht jener früheren Zeiten, in denen solche Exekutionen noch ein Volksfest waren, bei dem selbst die Kinder ganz nah zuschauten. Darüber gerät er in eine geradezu ekstatische Erregung: «Wie nahmen wir alle den Ausdruck der Verklärung von dem gemarterten Gesicht, wie hielten wir unsere Wangen an den Schein dieser endlich erreichten und schon vergehenden Gerechtigkeit. Was für Zeiten.» Das Ende der Exekutionen sah dann immer so aus, daß die Egge den rundum mit Wunden beschrifteten Leib des Verurteilten vollständig aufspießte und in die «Grube» auf das «Blutwasser» und die Watte warf, aber dies doch immer in einem «unbegreiflich sanften Flug».

Nun aber ist mit dem neuen «Kommandanten» der Strafkolonie alles anders geworden; und dies unter dem Einfluß seiner «Damen», die die Verurteilten vor der Exekution mit «Zuckersachen» vollstopfen und zur Linderung des Schweißes «Taschentücher» austeilen. Seitdem wird auch die Maschine nicht mehr so gewartet wie noch unter dem alten und nun toten Kommandanten, auf den die Konstruktion und der Steuerungsmechanismus des Hinrichtungsverfahrens zurückgeht. Ja, die Maschine hat schon Schaden genommen. Das wird sehr schnell deutlich, als der Offizier nach den langen Erläuterungen nun die eigentliche Exekution einleitet. Während der Soldat dem Verurteilten mit einem Messer dessen Hemd und Hose hinten durchschneidet, so daß sie auf die Erde fallen, stellt der Offizier die Maschine ein und legt den Entblößten unter die Egge. Doch der erbricht sich in dem Augenblick, als ihm der Filz, der entgegen früher lange nicht erneuert worden ist, in den Mund eindringt. Der Offizier ist außer sich über die Beschmutzung der Maschine. Der Soldat muß sie sofort reinigen, während sie selbst allerdings automatisch weiterarbeitet. Sie «wirkt für sich», wie der Offizier dem Reisenden gegenüber zweimal betont. Aber sie arbeitet nicht so einwandfrei wie ehedem. Eines der Zahnräder im Zeichner «kreischt». Der Offizier fürchtet um die Erhaltung des Verfahrens. Daher will er den Reisenden dafür gewinnen, daß er Einfluß nehme auf den Kommandanten und seine Damen, obwohl er dessen nicht zustimmende Gedanken ihm wortwörtlich von der Stirn abliest wie: «Bei uns gab es Folterungen nur im Mittelalter.» Über derartige Einwände ist der Offizier erhaben. Er nennt sie «unschuldige Bemerkungen, die sein Verfahren nicht antasten». Als er den Reisenden weiterhin ersucht, sich beim Kommandanten für ihn zu verwenden, der aber mit einem kategorischen «Nein» antwortet, weil für ihn die «Ungerechtigkeit» des Verfahrens «zweifellos» ist, nimmt der Hinrichtungsprozeß eine dramatische Wende.

Der Offizier hält die Maschine an, befreit den Verurteilten, steigt auf die Leiter und ordnet das Getriebe des Zeichners um auf ein völlig anderes Grundprogramm. Es lautet: «Sei gerecht!» Anschließend entkleidet er sich, zerbricht seinen Degen und legt sich selbst unter die Egge. Der Verurteilte glaubt, das alles geschehe von seiten des Reisenden aus «Rache» für ihn. Der Gedanke entlockt ihm ein «breites, lautloses Lachen». Er und der Soldat helfen mit bei der Selbstexekution des Offiziers. Besonders der Verurteilte entwickelt einen «lebhaften» Eifer. Als der Reisende beiden befiehlt, nach Hause zu gehen, fleht ihn der Verurteilte «mit gefalteten Händen» und am Ende niederkniend an, weiter zusehen zu dürfen. Inzwischen ist dem Reisenden aufgefallen, daß das Rad im Zeichner nicht mehr «kreischt» und die Maschine «still» arbeitet. Aber nicht lange. Denn plötzlich geschieht etwas mit ihr, «als presse irgendeine große Macht den Zeichner zusammen». Ein Zahnrad nach dem andern kollert von hoch oben herab in den Sand. Und dann sieht der Reisende, daß die Egge aufgehört hat, so zu schreiben, wie der Offizier es ihm zuvor erklärt hatte. Sie sticht nur noch; und das Bett hebt den blutigen Leib noch dazu zitternd in die Nadeln. Der Reisende will dem Gemarterten zu Hilfe kommen, weil das nicht länger nur «Folter» ist, sondern «Mord». Denn auch die Egge hebt nur noch den aufgespießten Körper zur Seite (wie es sonst erst in der zwölften Stunde geschah), wo er aber in den Nadeln hängenbleibt, während das Blut «in hundert Strömen» fließt – und nicht mehr «mit Wasser vermischt». Vergebens bittet der Reisende den Soldaten und den Verurteilten, ihm zu helfen. Doch beide bleiben völlig ungerührt. Selbst als er sie «mit Gewalt zu dem Kopf des Offiziers» drängt. Als der Reisende dann «fast gegen seinen Willen» in das Gesicht der Leiche blickt, stellt er fest: «Es war, wie es im Leben gewesen war; (kein Zeichen der versprochenen Erlösung war zu entdecken;) was alle anderen in der Maschine gefunden hatten, der Offizier fand es nicht; die Lippen waren fest zusammengedrückt, die Augen waren offen [...] durch die Stirn ging die Spitze des großen eisernen Stachels.»

Nachdem die Hinrichtungsmaschine so «in Trümmer» gegangen ist, verläßt der Reisende fluchtartig die Kolonie. Unterwegs kommt er an dem Grab des toten Kommandanten vorbei und dem «gedemütigten Volk» seiner Anhänger, «die jetzt keinen Namen tragen dürfen». Einer Prophezeiung zufolge aber werde er «auferstehen» und die Kolonie wiedererobern. Der Soldat und der Verurteilte heften sich jedoch dem Reisenden an die Fersen. An der Anlegestelle des Schiffs kann er sie nur mit einem «schwer verknoteten Tau» davon abhalten, ihm im Sprung zu folgen.

Im Kontext der gesamten Untersuchung und ihres gegenperspektivischen Ansatzes wird deutlich, daß der so doppelsinnige Vollstreckungsapparat der Strafkolonie mehr meint als eine Familien- und Erziehungsmaschine, auch mehr als eine «Junggesellenmaschine»[15], es sei denn, man denke dabei an die mystischen Junggesellinnen und -gesellen in den Klöstern, als sie sich ihren Wollustschmerzen hingaben. Man kann das an Hellmuth Kaisers psychoanalytischer Deutung der Strafkolonie in «Imago» von 1931 erkennen. Kaiser reduziert die Nadelanordnung der Egge einfach auf «Penes».[16] Die den Leib konditionierende Einschrift aber ergeht als doppelte Rede. Der Verurteilte erleidet zugleich die Pein der Folter und die Wohltat des Wassers, die orale (mütterliche) Lust und den stechenden Schmerz, die Ausblutung des Leibes und dessen ekstatische Verklärung. Es gibt nur ein Sittensystem, in dessen Ikonographie Blut und Wasser in diesem Doppelsinn so kostbar zu «Blutwasser» zusammenfließen: bei dem Lanzenstich des Longinus in die Seite Christi am Kreuz. Dort wird der die Welt erlösende Strom in einem Kelch aufgefangen. Dem Offizier aber ist das aus der Maschine abfließende Blutwasser nicht weniger kostbar, sieht der Reisende doch, wie er es «an der Mündung des Abflußrohres mit beiden Händen förmlich auffing». Über die Sache, der dieses grausame Bildrätsel gleicht, kann es kaum einen Zweifel geben. Es vereinigt in sich das gesamte Instrumentarium der Passion und ihren Symbolismus bis hin zu den «zwölf Stunden» ihrer Dauer. Der Folterapparat ist eine Blutopfermaschine des (verzückten) Mitleidens. Der Offizier hantiert an ihr herum wie die Henker Christi, aber zugleich wie jene, die in Liebe und mit Hilfe der Leiter die Kreuzabnahme besorgten. Sein Gebaren ist das eines Priesters. Doch ist der Code des Ganzen damit noch nicht entschlüsselt. «Die Maschine ist sehr zusammengesetzt», wird der Reisende belehrt. In der Tat. Der mit der Egge rundum so blutig aufgestochene Leib des Verurteilten ist das Pendant zu dem zergeißelten Leib des Heilands; er ist umgekehrt aber und zugleich ein Pendant zu den mit Stichwunden übersäten nackten Kinderleichen, die ihre jüdischen Ritualmörder an den Tatorten zurückließen. So zeigen die mit der Frankfurter Judensau kombinierten Bilder mit dem Leichnam des Simon von Trient nicht nur die Wundmale, sondern auch ein ganzes Set von Nadeln, mit denen sie dem Kind beigebracht wurden.[17]

Ganz frei gibt das Bildrätsel seinen Sinn aber erst durch die Art, wie der Offizier am Ende unter der zu «Sei gerecht!» umprogrammierten Maschine stirbt. Er stirbt den Tod der Synagoga, ganz so, wie er in den Bildmedien vom «Lebenden Kreuz» immer wieder visualisiert wurde. Erinnern wir uns: Während in diesen Bildern die aus dem Kreuzbalken wachsende (heraldisch) rechte Hand Ecclesia mit einer goldenen Krone krönt, rammt die linke Kreuzbalkenhand Synagoga eine stachelförmige Stichwaffe durch den Kopf. Synchron strömt das Blutwasser aus der von ihr zuvor geöffneten Seite Christi in einen von Ecclesia aufgehaltenen Kelch. Die Stichwaffe, die Synagoga dafür tötet, ist die Summe aller Stachel der Dornenkrone. Mitleidstheologie und Antijudaismus bilden einen Komplex, der in seiner rachsüchtigen «Metaphysik des Henkers» (Nietzsche) seinesgleichen sucht. Aber auch in jenen Darstellungen der Passion, wo «die Juden» selbst unsichtbar blieben, wurden die Wunden Christi immer entziffert als die unauslöschliche Einschrift ihres perversen Hasses. Das Lebende Kreuz ist eine Kombination aus Organischem und Mechanischem. Es ist der Karfreitagskomplex pur. Kafka verschiebt und verdichtet ihn zwar zu einer mechanistischen Metapher der Moderne, aber das Organische bleibt unübersehbar erhalten. Schon als Gymnasialschüler in Prag plagte ihn die schmerzliche Erfahrung, daß «der Bau des Menschen» doch «etwas grauenhaft Primitives» habe und «innerhalb des Organischen soviel Mechanisches».[18]

Eines aber wird an dem selbstmörderischen Ende des Offiziers in den Trümmern seiner Maschine deutlich: Das Sittensystem, nach dessen Regeln sie konstruiert und programmiert wurde, hatte von vornherein einen unsichtbar eingebauten Defekt. Wie gut immer der Offizier seine Maschine kennt, hinsichtlich des Defekts ist er ahnungslos. Das ist die Ironie in Kafkas finsterstem Humor. Dieser Experte ist von der Gerechtigkeit seines Systems so felsenfest überzeugt, daß die Zweifel des Reisenden ihn nicht einmal berühren. Aus der Arbeitsweise der Nadeln und ihren psychosomatischen Folgen läßt sich das Grundgesetz dieses Systems auf den Satz bringen: «Werde durch Mitleiden wissend.» Mit ihm unablösbar verknüpft ist der Grundsatz: «Die Schuld ist immer zweifellos.» Er ist eine Umschrift der Idee der Erbsünde und ihrer logischen Konsequenz: dem von ihr erlösenden Liebestod Christi am Kreuz. Das Judentum aber kennt die Erbsünde so wenig wie die Vorstellung vom erlösenden Sohn. Es gibt nur Erlösung. Der Messias ist nicht Gott selbst, sondern so etwas wie sein Herold. Das christliche Sittensystem baute auf Mitleiden und Liebe. Beides sind Affekte, die sozial immer selektierend wirken, weil kein Mensch Herr seiner Gefühle ist. In dem so maßlos unanständigen Haß auf «die Juden» hat sich das erwiesen. Das GESETZ des Sinai-Gottes aber baute auf Gerechtigkeit, auch und gerade gegenüber dem Fremden. Selbst dann, wenn er wenig liebenswert war. Gerechtigkeit stellt gegenüber Mitleiden und Liebe den ungleich höheren Wert dar, weil sie ohne Ansehen der Person eingelöst werden muß. Demgegenüber glaubt der Offizier unerschütterlich an die Gerechtigkeit seines Strafvollzugs. Um dies dem Reisenden zu beweisen, gibt er das alte Programm des toten Kommandanten in den Zeichner ein: «Sei gerecht!» Das aber hält die Konstruktion nicht aus. Sie geht in Trümmer; und der Offizier wird das Opfer seines eigenen Eifers. Es ist ein Untergang ohne die versprochene Erlösung.

Das Bild des sich zusammenpressenden Zeichners, der seinen Inhalt kollernd in den Sand «entleert», hat die psychoanalytische Deutung mit Recht als einen Akt der Defäkation gedeutet. Doch erst, wenn man diesem Bild seine historische Dimension gibt hin zur Volksmission und Sakralkunst oder zu Luthers Tischreden, wo die Verknüpfung des Judentums mit analen und koprophagen Phantasien ein durchgehender Topos war, findet auch diese Komponente der Supermetapher ihre Lösung. Was der Mechanismus der in der Strafkolonie herrschenden Moral an seelischer Deformation (Ödipalisierung) leistet, wird ablesbar an dem Verhalten des Verurteilten, den der Offizier aus dem Hinrichtungsprozeß befreit. Sein Stumpfsinn als Ausgangslage hat sich unter der Egge zu einem perversen Infantilismus weiterentwickelt, der, als die Folterung des Offiziers in Mord übergeht, mitleidlos bleibt. «Sie werden ähnliche Apparate in Heilanstalten gesehen haben», hatte der Offizier zuvor dem Reisenden erklärt. Hierbei nicht an Schrebers Vater und seine Erziehungsapparaturen zu denken oder an die sehrenden Strahlen, die in den bäuchlings auf dem Bett liegenden Sohn eindringen, ist nahezu unmöglich.

Alles, was wir in der Strafkolonie zu sehen bekommen, sehen wir mit den Augen des Reisenden. Er leiht uns eine Perspektive, wie sie nur den Opfern unserer Taten möglich war. Ihr Wahrnehmungsvolumen wurzelt in einem Leidensgedächtnis, dessen Tiefe allein auf dem Weg der «vollständigen Öffnung des Leibes und der Seele» unter «Schlaflosigkeit, Kopfschmerzen, Herzschwäche» schreibend hervorzubringen war. «In der Strafkolonie» entstand im Oktober 1914 – «bis an die Grenzen meiner Fähigkeit, wie es hätte sein müssen», so Kafka am 31. Dezember desselben Jahres in seinem Tagebuch. Zufrieden war er mit sich selbst nicht. Damals hatte der Erste Weltkrieg gerade begonnen. 30 Jahre später, 1944 und gegen Ende des Zweiten Weltkriegs, war der Hinrichtungsprozeß der europäischen Juden kurz vor dem Abschluß. In der Funktionsweise der Strafkolonie war er ebenso visionär vorweggenommen, wie die Angst vor seiner Möglichkeit ihren Bildkomplex konstituierte. In ihm schrieb sich Heines abgewandelter Satz fort: «Und das Wort ist Fleisch geworden und hat unter uns – geblutet.»

IV. Daniel Jonah Goldhagen, «Hitlers willige Vollstrecker» und der Streit um die Einmaligkeit der Shoah

Leiden werden nicht primär im Terror der Familie, sondern der Geschichte geboren. Selbst in den behüteten Enkeln der Opfer – wie der Täter – wirken sie weiter.[1] Man muß wohl davon ausgehen, daß es Ereignisse gibt, die gerade die Überlebenden nicht überleben, es sei denn um den Preis, ihr Schweigen zu brechen, wie es Heine brach, daß:

> Es dringt in alle Ohren,
> Und durch die Ohren ins Herz –,
> Ich habe gewaltig beschworen
> Den tausendjährigen Schmerz. (An Edom)

Daniel J. Goldhagen widmet seine Untersuchung[2] über die «ganz gewöhnlichen Deutschen und den Holocaust» einem Überlebenden: dem «Vater und Lehrer» Erich Goldhagen. Der junge Harvard-Professor ist damit von vornherein im Innersten auf die Perspektive der Opfer eingeschworen. Das macht Lücken und Leerstellen sehen, macht das Unauffällige plötzlich «auffällig» insbesondere in der deutschen Geschichtsschreibung der Shoah, daß sie sich die wesentliche Frage nach der Mentalität der Täter niemals systematisch und gründlich zu eigen gemacht hat. Aus welcher Kultur gingen die Männer und Frauen hervor, die die Verbrechen verübten? Und wie stand es um ihre moralische Autonomie? Daß sie gegeben war, erläutert Goldhagen an dem Beispiel des Hauptmanns Hoffmann, eines fanatischen Judenmörders, dessen sittliche Empfindsamkeit in einer Befehlsverweigerung Ausdruck fand, die er so begründete: «denn es erscheint mir eine Zumutung, daß von einem anständigen Deutschen und Soldaten verlangt wird, daß er eine Erklärung unterschreiben soll, in der er sich verpflichtet, nicht zu stehlen, zu plündern und ohne Bezahlung zu kaufen» (S. 15 f). Das Schlüsselwort «anständig» war in jenen Jahren so geflügelt, daß man es selbst nach dem Krieg noch den vielen «anständigen Nazis» als eine Auszeichnung verlieh, ohne die logische Unvereinbarkeit auch nur wahrzunehmen.

Das prominenteste Beispiel für diese schizoide Abtrennung der für sich selbst reservierten Anständigkeit vom scheußlichsten Gegenteil ist Heinrich Himmler. Zu der Vernichtung des jüdischen Volks erklärte er am 4. Oktober 1943 in Posen den versammelten SS-Generälen:

«Ein Grundsatz muß für den SS-Mann absolut gelten: ehrlich, anständig, treu und kameradschaftlich haben wir zu Angehörigen unseres eigenen Blutes zu sein und zu sonst niemandem [...] Ich will hier vor Ihnen in aller Offenheit auch ein ganz schweres Kapitel erwähnen. Unter uns soll es einmal ganz offen ausgesprochen sein [...] Ich meine jetzt die Judenevakuierung, die Ausrottung des jüdischen Volkes. Es gehört zu den Dingen, die man leicht ausspricht [...] Von Euch werden die meisten wissen, was es heißt, wenn 100 Leichen beisammen liegen, wenn 500 daliegen oder wenn 1000 daliegen. Dies durchgehalten zu haben, und dabei – abgesehen von Ausnahmen menschlicher Schwächen – anständig geblieben zu sein, das hat uns hart gemacht. Dies ist ein niemals geschriebenes und niemals zu schreibendes Ruhmesblatt unserer Geschichte.»[3]

Auf den ersten Blick könnte man meinen, der Ausdruck «ein ganz schweres Kapitel» sei mit ethischen Skrupeln befrachtet. In Wirklichkeit ging es Himmler um den Unterschied zwischen einer technisch anständigen und unanständigen Form der Vernichtung. Bis in die Alliteration von «Ausrottung» und «anständig» dokumentiert sich hier ein Unschuldswahn, zu dessen Verwurzelung im Unbewußten die gerade einmal hundert Jahre wissenschaftlicher Antisemitismus in Biologie und Medizin nicht ausreichen, geschweige denn die 1943 gerade zehn Jahre Hitlerherrschaft. Schon mit Beginn der Kreuzzüge ist dieser Wahn voll ausgebildet. In aller

Unschuld antijüdisch zu fühlen bis zum tödlichen Haß gehörte ganz einfach zum innersten Anstand des Christenmenschen. Im übrigen sorgte ein multimediales Netzwerk von Gedenkstätten jüdischer Verbrechen über ganz Westeuropa dafür, daß selbst die blutigsten Gemetzel an jüdischen Menschen nicht als Unrecht empfunden wurden, sondern als eine vor Gott gerechte Sühne. Daß z. B. Ritualmord-Gedenkstätten noch Jahrzehnte nach der Shoah hier in Deutschland kirchlich in Betrieb blieben, sagt alles über die Nachhaltigkeit eingespielter Automatismen und ihrer empfindungskalt machenden Folgen. Die deutsche Geschichtsschreibung hat sich ihnen bis heute nicht wirklich, d. h. gründlich und systematisch, gestellt.

Von daher konnte es gar nicht ausbleiben, daß mit Goldhagen die unaufgearbeitete abendländische Doppelbindung von Deutschen (Christen) und Juden mit einer Wucht hervorbrach, für die man dankbar sein muß. Denn dem Enkel und Gedächtnisträger seines Volks ist ja, anders als uns, gerade das ungeschriebene Ruhmesblatt deutscher Geschichte in den Leib geschrieben, weshalb er gar nicht anders kann, als es zum Raster seiner Untersuchung über den Motivationsgrund der Täter zu machen. Damit aber setzte sich Goldhagen als Neuhistoriker von vornherein dem Dilemma aus, die methodischen Rahmenbedingungen seiner Wissenschaft ebenso einhalten wie sprengen zu müssen. Überall, wo er die Zeit aufgreift, wird sie zum Durchgriff durch die Zeit, daß in ihr ein Vergangenes gegenwärtig wird. Die Täter, die er beschreibt, sind nur die Flügelmänner einer 30 Generationen tiefgestaffelten kafkaesken «Totschlägerreihe», deren Hinrichtungsverfahren einem Symbolismus gehorcht, der sich mit nationalsozialistischen Kategorien nicht erklären läßt. Die Täter waren ganz anders, als die Historiker sie sich selbst und uns bisher nahebringen konnten. Daher ihre Irritation, die sich in den Disputen mit Goldhagen in den Medien bis zur Dialogunfähigkeit verstieg. Da kamen Abwehrhaltungen zum Ausdruck, deren Distanzlosigkeit zu sich selbst bisweilen parodische Züge annahm.

Der Name Auschwitz ist unablösbar geworden von der Vorstellung einer riesigen Industrieanlage zur Ausschlachtung und Massenvernichtung jüdischen Lebens in Gaskammern mit der anschließenden Rauchauflösung der Leichen im Feuer der Krematorien. Die Konstrukteure und Betreiber dieser zur höchsten Effizienz gebrachten Endlösungsapparatur rekrutieren sich aus dem elitären SS-Orden unter dem Totenkopf. Von dieser abstrakten und unpersönlichen Vorstellungswelt führt uns Goldhagen weg zu den vorausgehenden oder parallel laufenden «improvisierten Lösungen» der Judenfrage, denen zwischen März 1942 und November 1943 «etwa zwei Millionen polnischer Juden» zum Opfer fielen.[4] Diese Toten aber, deren Zahl der der vergasten Toten kaum nachsteht, gingen nicht auf das Konto «handverlesener Weltanschauungskrieger», sondern auf das von einer bunt zusammengewürfelten Schar militärisch schon etwas in die Jahre gekommener Männer, meist Familienväter, die man in Reservepolizeibataillonen zusammengefaßt hatte. Goldhagen beschreibt sie als «ganz normale Deutsche» und eher als eine Parodie auf die junge SS-Elite, von der sie sich dennoch nicht im geringsten unterschieden, wenn es darum ging, «ohne Abscheu und Zögern» zu morden. «Sie brauchten weder eine Aufforderung noch eine Erläuterung, jeden Juden zu töten, dessen sie habhaft werden konnten. Das Maß an Autonomie ist bemerkenswert, da militärische und politische Hierarchien es normalerweise vermeiden, solche Entscheidungen, die gewöhnlich Offizieren vorbehalten sind, einfachen Untergebenen zu überlassen. Doch in bezug auf Juden waren die üblichen Regeln außer Kraft gesetzt. Jeder Deutsche war Ankläger, Richter und Henker in einer Person» (S. 454). Dennoch hatte diese Autonomie nichts von Kants Mut, sich «seines eigenen Verstandes zu bedienen». Eher funktionierte in diesen ganz normalen Männern ein Automatismus, unter dessen Einfluß, mit Kafka gesagt, auch dem Blödesten der Verstand aufging. Da bedurfte es keiner Beweise, daß «die Juden» diesen Krieg «angezettelt» hatten, daß dies ein «jüdischer Krieg» war und die den Bomben der Alliierten zum Opfer gefallenen eigenen Kinder auf ihr Konto gingen (S. 473, 496). Die Schuld war immer zweifellos.

Goldhagen schildert das «erbarmungslose und unglaublich brutale» Massaker im Getto von Józefów, das Leichen über Leichen hinterließ «in den Vorgärten, Hauseingängen und auf der Straße bis zum Marktplatz». Er zitiert einen der Täter, der sich erinnert: «als ich während der Räumung durch das Judenviertel ging, habe ich überall erschossene Greise und Säuglinge gesehen. Ich weiß auch, daß während der Räumung sämtliche Insassen eines jüdischen Krankenhauses von den Durchsuchungstrupps erschossen wurden.» Goldhagen macht den Leser an dieser Stelle verweilen: «Es ist leicht, diese beiden Sätze zu lesen, einen Augenblick zu erschauern und dann weiterzulesen. Statt dessen lohnt es sich innezuhalten und sich vorzustellen, wie groß der psychische Druck, sich an diesem Massaker nicht zu beteiligen, gewesen wäre, hätten die Männer diese Tötung wirklich abgelehnt; hätten sie tatsächlich nicht angenommen, daß die Juden ein derartiges Schicksal verdienen» (S. 485).

Da war etwas zum Habitus geworden, das auch maßgebend war für die Mitleidlosigkeit jener Männer des Polizeibataillons 101, die mehr als 1200 jüdische Kinder, Frauen und Männer in Waldlichtungen führten, um sie dort mit Genickschüssen hinzurichten, deren schwierige Technik man ihnen zuvor genau erklärt hatte. Goldhagen schildert die Exekution nicht einfach ab, sondern macht uns die Täter aus der Sicht ihrer Opfer ansehen, indem er fragt:

«Neben einigen Deutschen gingen gewiß Kinder [...] Welche Gedanken und Gefühle bewegten diese Männer jetzt, da sie Seite an Seite mit einem vielleicht acht- oder zwölfjährigen Mädchen marschierten, das für einen nicht-ideologisierten Geist wie jedes andere Mädchen aussah? In diesem Augenblick hatte jeder der Mörder eine persönliche, direkte Beziehung zu seinem Opfer, zu seinem kleinen Mädchen. Nahm er überhaupt ein kleines Mädchen wahr, und fragte er sich, warum er kurz davor war, dieses kleine, zarte menschliche Wesen zu töten? Hätte er in ihm wirklich ein kleines Mädchen gesehen, wären dann sein Mitleid, sein Beschützerinstinkt und seine Fürsorglichkeit geweckt worden?»

Die Fragen fallen ohne Echo in eine grauenhafte Leere und Lücke, an der die Psyche dieses herausgegriffenen Täters erkrankt ist. Denn wenig später schießt er, Vater eigener Kinder vielleicht, dem kleinen Mädchen «das Hirn aus dem Kopf». Was bei dieser Vernichtung des virtuellen Weltfeindes in den Blick der Täter tritt, sind die unanständigen äußeren Umstände. Einer der nach dem Krieg Befragten erinnert sich: «Die Schützen waren grauenvoll mit Blut, Gehirnteilen und Knochensplittern besudelt. Das hing an ihren Kleidern» (S. 260 f). Es ging ihnen wohl auch unter die Haut, löste, so Goldhagen, «Ekel» aus, aber keine Scham (S. 298).

Derartige Ekel-Reaktionen sind auch von Himmler oder Eichmann bekannt. Sie sorgten sich um die Psyche ihrer Männer in den Einsatzkommandos, fürchteten, sie könnten «Sadisten» werden und sich nicht länger mit Anstand abheben von denen, die um dieser Perversion willen aus der Welt zu schaffen waren. Daß der Motivationsgrund tiefer saß als im rassenbiologischen Ästhetizismus der geschniegelten Herren, belegt Goldhagen mit den Reaktionen der Täter auf die damals im Osten noch vielfach ganz biblisch aussehenden «archetypischen Juden» mit ihren Vollbärten. Da zwingt sie ein gewisser Oberleutnant Gnade, sich öffentlich nackt auszuziehen und unter Schlägen über den Boden zu robben (S. 272). Geradezu leitmotivisch durchgehend ereignet sich überall und immer wieder das öffentliche Spektakel des Abschneidens oder Abbrennens der Bärte; oder man zwingt diese biblisch gebliebenen Juden, «ihre Gebetsschals anzulegen, wie beim Gebet niederzuknien und möglicherweise auch Gebete zu singen», ehe man sie abführt und umbringt. Und das alles unter dem Hohngelächter nicht nur der eigentlichen Täter, sondern der das Schauspiel fröhlich mit ansehenden Soldaten der Wehrmacht (S. 292–307). Die jüdischen Menschen lösen immer wieder den gleichen perversen Verhaltensautomatismus aus. Es sind Rituale der öffentlichen Verhöhnung und Entwürdigung – und immer auf der Tiefebene der inszenierten Zoten. Im wohltuenden Unterschied zu den bisherigen historischen Vorgehensweisen stellt Goldhagen zum ersten Mal die ins Wesen der Sache selbst zielende Frage: «Warum konn-

ten diese Henker des jüdischen Volkes nicht wie normale Scharfrichter verfahren?» (S. 466). Darauf gibt er die einzig weiterfüh-
rende Antwort: Weil die Henker es nicht wie bei den Polen, Ukrai-
nern, Russen, Franzosen oder Serben mit Feinden zu tun hatten,
sondern mit dem «metaphysischen Feind» (S. 287). So etwas aber
baut sich nicht von heute auf morgen auf. Dazu bedurfte es eines
Millenniums an sexualisierter Indienstnahme der Seelen.

Das allein erklärt auch das Unglaubliche, das sich im Sommer
1942 auf dem Marktplatz von Miedzyrzecz abspielte. Goldhagen
berichtet von wenigstens zwei Offizieren des Polizeibataillons 101,
die während der Mordaktionen mit ihren aus dem Reich zu Besuch
weilenden Frauen zusammenlebten. Einer von ihnen war Hauptmann Wohlauf (siehe S. 295). Im Juni 1942 hatte er in Hamburg
seine Frau Vera geheiratet, die ihm dann wenig später nach Polen
gefolgt war. Dadurch wurde sie unmittelbar Zeugin von Massen-
hinrichtungen, die die Einheit unter dem Kommando ihres Mannes durchführte. So auch an dem ganztägigen Mordeinsatz des gesamten Bataillons am 25. August 1942 in Miedzyrzecz. Goldhagen
spricht von der «wohl brutalsten und zügellosesten» Aktion. Der
Marktplatz war bald mit Leichen übersät, darunter viele Kinder.
Zuschauer dabei aber war nicht nur Vera Wohlauf, sondern auch
einige andere Ehefrauen von am Ort stationierten Deutschen und
eine Gruppe deutscher Rotkreuzschwestern (S. 288 ff).

Aufschlußreich an dieser Aktion ist jedoch nicht die Konstellation von Mördern – Frauen – Juden, sondern der besondere Anlaß, der in den Männern des Bataillons nach dem Massaker eine
nahezu einhellige Empörung auslöst. Es geht um die Anwesenheit von Vera Wohlauf bei der sog. «Räumungsaktion». Sie ist
schwanger. Das hebt sie ab von all den übrigen Frauen, gegen deren Dabeisein niemand etwas hatte. Es ist also das Kind unter dem
Herzen dieser werdenden Mutter, das das moralische Verletztsein
der Mörder auslöst. Die Schwangerschaft der Frau des Hauptmanns hat in ihnen einen Bildniswandel bewirkt, in dem die Sexualität der so attraktiven, jungen Schönheit sublimiert ist zu dem
Archetyp mütterlicher Unantastbarkeit. Die Wirkung ist wie die

einer chemischen Reaktion, die plötzlich die Unschicklichkeit des Orts peinlich fühlbar macht. Nicht durch das, was die Mörder tun, sondern wozu «die Juden» sie zwingen. Die in der Empörung zum Ausdruck kommende Triebregulierung ist existentiell und geht tiefer als der arische Mutterkult damals. Sie ist eher religiös und hat wahrscheinlich mariologische Wurzeln, aus denen heraus sich der Archetyp Jude und der Archetyp Madonna durch die Identifikation der Mörder mit dem Kind in ihrem Leib zu einer Triade komplizieren, die ödipal ist. Die Frau des Hauptmanns symbolisiert das Reine in der idealisierten Ferne der Heimat, zu dessen Bewahrung sie sich hier die Hände schmutzig machen. Dieses Reine hat hier so lange nicht seinen Ort, bis die «Räumungen» des neuen Lebensraums von allem Unreinen abgeschlossen sind. Auch für Goldhagen spricht aus den empörten Einwänden der Mörder «nicht Scham über das, was sie taten», sondern die Befürchtung, die «Empfindungsfähigkeit und die Physis dieser Frau könnten Schaden nehmen». Eines ist sicher: Goldhagen sieht mehr und macht uns mehr sehen, als er selber sagt. Was spricht nicht alles aus der «zügellosesten» Weise, in der die Hinrichtungen ablaufen! Ihnen voraus geht der immer gleiche Zotenverkehr, gehen Rüpelspiele der Unzucht und des sexualisierten Hasses, eine Virulenz wiederkehrender Metaphern, wie sie der Karfreitagskomplex durch die Jahrhunderte hervorbrachte und unter die Haut gehen ließ. Die darin den meist archetypisch dargestellten Juden so lange angedichtete Perversion wird in dem Augenblick zum Auslöser der eigenen, wo die Täter sich ihnen als Ostjuden leibhaftig gegenübersehen. Und so, wie die Mörder allen Anstand verlieren, müssen ihre Opfer ohne Anstand sterben.

Daniel Goldhagen rührt nicht nur an die Wunde und Lücke im Leib Christi, zu deren Büßer wir sein Volk so lange machten; er zeigt, wessen Blut allein immer nur real aus dieser Wunde floß. So wie die Christen, wenn sie über «die Juden» redeten, immer nur über sich selber redeten, übten sich auch namhafte Historiker und mit ihnen das Gros ihrer Mitstreiter in den Medien in dieser Tradition, als es darum ging, mit Goldhagen ins Gespräch zu kommen. Von Ausnahmen abgesehen, kam es gar nicht erst zustande. Was hingegen automatisch funktionierte, war eine sich fachlich verschanzende Abwehr. Dazu ein repräsentatives Beispiel. Unter dem Titel «Herz der Finsternis» erscheint am 16. August 1996 in der Frankfurter Allgemeinen Zeitung eine Kritik mit dem vernichten wollenden Urteil, Goldhagen verfahre historiographisch «unseriös» und sei bei dem Versuch, das «Psychogramm» der Täter zu entziffern, «in den Bildern des Bösen» gefangen geblieben, ja, er habe sich zu einer «Pornographie des Horrors» hinreißen lassen bei der Verknüpfung des Massakers von Miedzyrzecz mit der attraktiven Frau des Hauptmanns Wohlauf.[5] Daß Antijudaismus und Antisemitismus es waren, die das jüdische Volk bis zu Hitler in diesen Bildern des Bösen gefangenhielten, ist vergessen, ist verdrängt. Eine sich empörende Ignoranz zitiert den Enkel der Opfer vor ihre Schranken und schreibt ihm die Perversionen zu, die er an den Tätern sichtbar macht. Die Kritiker können nicht nachvollziehen, daß Goldhagen sie uns so zu sehen gibt, wie sie allein mit den Augen ihrer Opfer sichtbar werden. Dieser bisher weitgehend ungeleistete Einstellungswechsel ist das methodisch Provokante. Daß dies so schwer nachzuvollziehen ist vor allem für uns Deutsche, läßt die Macht des Unbewußten ahnen, die uns immer noch beherrscht. Goldhagen fragt mit Recht: Warum tasten die Täter die Würde ihrer jüdischen Opfer anders an als die ihrer nichtjüdischen Opfer? Warum unterwerfen sie nur sie in deutlicher Differenz zu Polen oder Russen einem besonderen Leidensweg? Und warum ist gerade die zügellose Gestaltgebung dieses Leidenswegs der Nährboden einer zwanghaft wiederkehrenden «Symbolik» des Perversen?

Ohne daß ein Regisseur auszumachen wäre, inszenieren die Täter aus sich selbst heraus Rituale eines stationenreichen Hinrichtens, die zu ihrer Auslösung das Jüdischsein der Opfer voraussetzen. Bei Nichtjuden verfahren sie hingegen in der Regel sachlich – mit Hannah Arendt zu sagen «totalitär» und darin nicht verschieden von z. B. den stalinistischen Tätern. Gegenüber «den Juden» aber steuert die Handschrift der Vollstrecker ein ganz eigener

Code. Dessen «kognitives Modell», wie Goldhagen sagt, ist das Paradox eines Täters, der seine Opfer auch da, wo sie objektiv unschuldig sind und kindlich wehrlos, dennoch kollektiv handhabt als die Manifestation einer ins Dämonische gesteigerten Bedrohung, deren Eliminierung rechtens und notwendig ist. Das Grundmerkmal dieses Täter-Opfer-Komplexes ist die Mitleidssperre, die die Tiefe ihrer Einprägung am deutlichsten dadurch verrät, daß die Täter selbst die Gequälten und Todgeweihten noch unzüchtig verhöhnen.

Von dem Phänomen dieser nahezu standardisierten Mitleidlosigkeit aber kommt Goldhagen nicht los. Er sieht sie nicht nur in den ganz normalen Henkern und ihrem Publikum vor Ort funktionieren, sondern in nahezu allen Deutschen damals von den Eliten abwärts bis zum braunen Mob. Woher diese kollektive Abstumpfung, die 1933 so gut ausgebildet war, daß Hitler auf sie bauen konnte? Goldhagen deckt im Rahmen seiner historiographischen Möglichkeiten eher deren Symptomatik auf als ihre Vorgeschichte. Beides zusammen hätte, wie gesagt, den methodischen Rahmen und die Intention seiner Untersuchung gesprengt. Doch im Unterschied zu seinen insbesondere deutschen Kollegen, die in dieser Hinsicht wenig tun, deckt er zum ersten Mal in der «Symbolik» der Exekutionen den Motivationsgrund der bisher ungeschriebenen jüdischen Geschichte in der deutschen auf. Wie Heine in seinen Reisen durch das abendländische «Netzwerk», wie er es schon nennt, fordert auch Goldhagen uns die Selbstbeobachtung mit den Augen des anderen ab. Zu diesem Einstellungswechsel ist es in der Begegnung zwischen Deutschen und Juden fast nicht gekommen. Ein solcher Dialog wäre auch nicht «herrschaftsfrei», denn er setzte als das Schwerste die Herrschaft über sich selbst voraus, die Selbstüberwindung. Darüber lernten wir gründlich, daß die Shoah keineswegs ein «Rückfall in die Barbarei» war, sondern der fortgeschrittenste Ausdruck einer niemals wirklich überwundenen. Das lehrt Goldhagens Blick auf die ganz normalen Täter. Der Kontakt mit den jüdischen Opfern löst ein wie auswendig gelerntes Verhaltensmuster aus, das, wenn auch variiert und manchmal lückenhaft, immer demselben Grundmuster gehorcht: Verhaften – Verhöhnen – Verprügeln – Abschneiden (Abbrennen) der Bärte – Vorenthalten von Nahrung und Notdurftverrichtung – Entblößung – Exekution der unwürdigsten Art – Schändung der Leichen. In diesem Grundmuster wiederholt sich von Station zu Station der Kreuzweg Christi, ganz so, wie ihn (erinnert sei an Martin von Kochem) eine tausendjährige Informationsstrategie zum jüdischen Kollektivverbrechen gemacht hatte, nur eben umgekehrt nun eingelöst. Wo soviel Leid war, sollte Strafe sein.

Es war insbesondere Heine, der die Gefahr für sein Volk erkannte in der neu aufblühenden Ästhetisierung der Passion im Gefolge des Deutschen Idealismus, der Romantik und der Historienmalerei, in der sich ein Wilhelm von Kaulbach ganz hegelianisch dazu inspirieren ließ, «Die Zerstörung Jerusalems durch Titus» als den Willensausdruck Gottes selbst zu malen. Eine ästhetische Sensation damals, geordert von den Königen Bayerns und Preußens – und doch: viel fleischfarbene Hep!-Hep!-Unzucht vom Feinsten, die mit Wagners «Parsifal», dem sexualisierten Ästhetizismus der «großen Lösung», zu ihrem Höhepunkt findet. So wie Kaulbach seinen Titus zum Geschäftsträger des judentumvernichtenden Gottes erhebt, tut dies Wagner mit Parsifal. Hitler verhilft diesem «Erlösungsantisemitismus» dann zum Durchbruch: «Aus Parsifal baue ich mir meine Religion [...] Im Heldengewand allein kann man Gott dienen.»

Ich erinnere an diese historischen Hintergründe deshalb, weil die Kritiker der Frankfurter Allgemeinen Zeitung Goldhagen der «Ästhetisierung des Holocaust» bezichtigt haben. Er habe einen «Horrorfilm» abgedreht, er habe sich der ungebührlichen Verknüpfung von «Sexualität und Morden» schuldig gemacht in dem «Gegensatz der schönen Frau und der gesichtslosen Mordlust einer enthemmten Horde.» Die Ironie der Verdrehung ist bemerkenswert. Was im Gesicht des Enkels beim Anblick der Täter als ein später Reflex der sexualisierten Ästhetik des Antijudaismus aufleuchtet, ist allein Ausdruck seiner unsauberen Phantasie. Aus den Bildungslücken dieser Meinungsbildner in Sachen Literatur und Kunst ist das nicht zu erklären. Hier wappnet sich ein Abwehrmechanismus mit Wertgefühlen, die sich z. B. bei Museumsbesuchen zu einem wertfreien Genießen entspannen, obwohl ihnen dort im Prinzip der gleiche Gegensatz zwischen den so sinnlich schönen Frauen um Christus und den enthemmten jüdischen Horden gleich serienweise in die Augen springt. Daß diese Horden seit den Kreuzzügen immer nur als bildgläubige Christen und zuletzt als willige Deutsche wirklich wurden, ist in der Tat unerträglich.

Dabei ist in Goldhagens Horrorstreifen nur die letzte Seite eines tausendjährigen Drehbuchs abgespielt, das sich selbst niemals auf den Index setzte. Im Gegenteil. Wohl deshalb hatten die Kirchen, so Goldhagen, nichts einzuwenden gegen «den hemmungslosen Antisemitismus der Nationalsozialisten». Den «verlorenen Stimmen des Mitleids» stand eine «schier unglaubliche Teilnahmslosigkeit» gegenüber, für die die Geistlichkeit beider Kirchen vorbildlich war.[6] Diese Mitleidlosigkeit geschah nicht aus Gleichgültigkeit, sie hatte immer auch etwas Aktives. Goldhagen schließt seine Untersuchung ab mit der Rolle der deutschen Eliten unter Hitler. «Wo sind die Belege?» fragte er immer wieder, daß sie sich nennenswert gegen Hitlers eliminatorische Judenpolitik wehrten. Sie sind nicht zu erbringen. Sonst wären sie es längst. Also hat man das nahezu einmütige Versagen der Eliten verleugnet und verschwiegen mit der Folge, daß das Gewicht der Shoah, je länger es zeitlich zurückliegt, nicht ab-, sondern zugenommen hat. «Die massenhaft hingemordeten Juden sind, abwesend, gegenwärtiger als jegliches Gegenwärtige.»[7]

An Daniel Goldhagen hat sich der Streit über die Frage neu entzündet, worauf sich das Einmalige der Shoah gründe. Raul Hilberg, der Doyen der amerikanischen Holocaust-Forschung, hält daran fest, das Einmalige sei nicht in der Perversion der Täter zu begründen, sondern in den Gaskammern und dem hochqualifizierten technischen Verwaltungsapparat. Demgegenüber habe Goldhagen diesen ineinandergreifenden Mechanismus durch Pistolen, Peitschen und Fäuste ersetzt und auf die vertraute Dimension von Pogromen reduziert. Es geht um die wesensbestimmende Frage, was hier zählt: das Wie der Vernichtung, bei dem sich die hochtechnisierte Tätergruppe der SS von den handwerklich verfahrenden Polizeibataillonen unterscheidet, oder das, was beide in ihrer austauschbaren Mitleidlosigkeit vereint. Himmler war sich früh mit seinen Endlösern einig, daß die Form der Massenerschießungen, wie sie auch die Einsatzgruppen praktizierten, ineffektiv sei und seinen Männern seelisch schade. Die Frage war also: Wie können wir die Judenfrage effektiver und zugleich «anständig» aus der Welt schaffen? Goldhagen aber beharrt auf der Frage, die sich dahinter versteckt: Warum dieser mitleidlose Haß und woher?

Schließt man sich dieser Frage an, dann hat sie aufschlüsselnde Kraft. Die sensible Schonung der Täter, sie könnten Sadisten werden, wird doch genau mit der Krankheit begründet, die kirchlich wie medizinisch dem jüdischen Leib und Geist zugeschrieben wurde. Die Konstruktion der chemo-physikalischen Tötungsapparatur erlaubt für sich selbst nicht zu begreifen, warum es zu den Massenmorden kommen konnte. Die Henker verfuhren wie in Kafkas Strafkolonie. Nicht die Konstruktion zählte, sondern die Software: «Die Schuld ist immer zweifellos!» Sie setzte die Gaskammern ebenso mitleidlos in Betrieb wie die Genickschußpistolen der Polizeischützen oder die Peitschen der Bewacher auf den Todesmärschen. Die Metapher von der industriellen Vernichtung verschleiert die Abnormität des Normalen: die Massenerkrankung der Deutschen und ihrer Hilfswilligen am Antijudaismus und Antisemitismus sowie deren Herkunft.

Wie ist das alles zu bewerten? Goldhagen machte in den Deutschen einen «eliminatorischen Antisemitismus» aus. Aber zwischen dem Wegwünschen «der Juden» und ihrer millionenfachen Auslöschung klafft dennoch eine abgründige Nichterklärbarkeit. Daß Hitlers Machtergreifung 1933 aus einer gravierenden Fülle negativer Faktoren und ungewöhnlicher Zufälle hervorging, wurde als historische Fragestellung immer wichtig genommen. Sie ist auch wichtig, aber sie ist nicht wesentlich. Wesentlich ist die Frage, warum Hitlers «Erlösungsantisemitismus» erst der Endlösung bedurfte, um als krankhaft und abstoßend empfunden zu werden. Diese Frage aber hat ihren Grund nicht in Hitler, sondern im Wesen des real gewordenen Christentums. Gegen dessen Ergründung aus der Sicht der Opfer haben sich die Kirchen selbst nach 1945 noch Jahrzehnte gesperrt. Aus deren Sicht ist das «Wesen des Christentums [...] die Abschaffung des Judentums» (Jeshajahu Leibowitz). Stimmt das in dieser provokanten Zuspitzung?

Im Wintersemester 1899/1900 hält Adolf von Harnack, einer der führenden protestantischen Theologen und Lehrer Dietrich Bonhoeffers, in Berlin für alle Fakultäten eine Vorlesung in 16 Folgen über «Das Wesen des Christentums». Damals ein richtungweisendes Ereignis. Harnack erhebt den Anspruch, als ein objektiver Historiker zu sprechen und keine Werturteile zu fällen. Daß er das Gegenteil tut, wird ihm gar nicht bewußt. Jesus verkörpert gegenüber dem Judentum etwas qualitativ einzigartig Neues. Denn er «löste mit scharfem Schnitt die Verbindung der Ethik mit dem äußeren Kultus und den technisch-religiösen Übungen. Er wollte von dem tendenziösen und eigensüchtigen Betriebe ‹guter Werke› in Verflechtung mit dem gottesdienstlichen Ritual schlechterdings nichts mehr wissen.» Für Harnack gilt als historisch gesichert, daß Israel ein Unheilskollektiv ist: «Jesus stand in einer Nation, deren größere Hälfte Generationen hindurch vergebens ihr Recht verlangt hatte und die das Recht nur als Gewalt kannte.» Denn was die jüdischen Priester und Pharisäer betrifft, so «hielten sie das Volk in Banden und mordeten ihnen die Seele». An diesem Zustand hat sich in den vergangenen 1900 Jahren nichts geändert. Im Gegenteil: «das geschärfte Gewissen vermag bei der offenbaren Unheiligkeit des Volkes und der Macht der Sünde auf eine herrliche Zukunft für alle nicht mehr zu hoffen; nur ein Rest wird gerettet [...]». So kam es dann auch. Die Zeit des Judentums war für Harnack vorbei.

Auf dieses «Wesen des Christentums» reagiert Leo Baeck zunächst mit einer Kritik dessen, was Harnack für eine wertfreie Geschichtsschreibung hält, 1905 dann mit der Schrift «Das Wesen des Judentums». Denn dieses Wesen ist bei Harnack von vornherein nur abwesend anwesend als die Negativfolie des eigenen Wesens. Dennoch erhebt er mit diesem Vorgehen den Anspruch einer streng wissenschaftlichen «Methode». Geradezu paradigmatisch im Sinne der abendländischen Tradition schließt Harnack von dem Wert, den die christlichen Glaubenssätze für ihn haben, auf deren absolut geltende Richtigkeit. Baeck kann gar nicht anders, als auf diese Verwechslung von Werturteil und Wissenschaft mit der Ironie des nicht nur aus Leiderfahrung Überlegenen zu reagieren: «was in keiner anderen Wissenschaft einer wagen würde, das scheint, an der Geschichte des Judentums begangen, straflos und erlaubt zu sein.» Nämlich die mit wertfrei und objektiv etikettierte Unterschlagung des nachweislich Gegenteiligen: «durch die gesamte pharisäische Literatur zieht sich der sittliche Respekt vor der Armut hindurch, nicht etwa das bloße warme Mitleid mit ihr.» Baeck kann auch aus der jedem zugänglichen Quellenlage beweisen, daß Leben und Lehre Jesu keinerlei Differenzierung oder Abtrennung zulassen zu der geistigen Offenheit der jüdischen Glaubenswelt damals. So wie Heine oder Freud sucht auch er der Wesensauslöschung des Judentums entgegenzuwirken und eine Gesprächsbasis zwischen Deutschen (Christen) und Juden herzustellen. In «Das Wesen des Judentums» schreibt Baeck: «Wir begehren nicht, daß man sich im Wohlwollen zu uns wende, sondern nur, daß man uns kennen lerne, es erfahre, was wir sind, und weshalb wir es sind. Vor aller Augen liegt das Judentum [...] wer sehen will, kann sehen.»[8] Dieser Wille aber ist selbst akademisch lahmgelegt. Harnack würdigt Baeck keiner Silbe. Am Antijudaismus als Eckstein seiner Lehre hält er fest und bleibt darin exemplarisch.

Gegen Baeck suchen Theologen auch heute noch an dem zumindest qualitativen Unterschied zwischen dem jüdischen und dem christlichen Testament festzuhalten. So meint der Alttestamentler Frank-Lothar Hossfeld: «Wenn der Bund mit Gott und den Menschen ewig ist (wie es Baeck in Interpretation der jüdischen Tradition sagt), dann besteht überhaupt kein Anlaß mehr zu einer Konzeption von einem neuen Bund.»⁹ Hat der Anlaß jemals wirklich bestanden? Ein vernichtender Gedanke, aber so, daß er Destruktion und Konstruktion an einen Ort zwingt. Denn die Implikation Wenn – dann verbirgt eine 2000jährige Verblendungsgeschichte, für die das jüdische Volk büßen mußte. Bis zum Zweiten Vatikanischen Konzil beteten die Christen in der Karfreitagsliturgie: «Lasset uns beten für die ungläubigen Juden [...] Allmächtiger, ewiger Gott, Du schließest sogar die ungläubigen Juden von Deinem Erbarmen nicht aus; erhöre unsere Gebete, die wir ob der Verblendung jenes Volkes vor Dich bringen: mögen sie das Licht Deiner Wahrheit, das Christus ist, erkennen und ihrer Finsternis entrissen werden.» Die Shoah entzog diesen Gebeten das gute Gewissen. Man ließ sie fallen. Nun aber rückt das Ende des Jahrtausends heran und nimmt in die Pflicht.

In der Erklärung des Vatikans vom 16. März 1998 unter dem Titel «Wir erinnern. Eine Reflexion über die Shoah» sind, wenn auch zaghaft, die selbstverpflichtenden Worte zu lesen:

> «Die Unmenschlichkeit, mit der die Juden in diesem Jahrhundert verfolgt und hingeschlachtet wurden, läßt sich nicht in Worte fassen. Und all dies wurde ihnen nur aus dem einzigen Grund angetan, daß sie Juden waren [...] ein derartiges Ereignis kann nicht allein durch die üblichen Kriterien der Geschichtsforschung erfaßt werden. Es ruft zu einer ‹moralischen und religiösen Erneuerung› auf, und – insbesondere unter Christen – zu einer sehr ernsthaften Reflexion über die Gründe, die es hervorriefen. Die Tatsache, daß die Shoah in Europa stattfand, das heißt in Ländern mit einer langen christlichen Zivilisation, wirft die Frage nach der Beziehung zwischen der Verfolgung durch die Nationalsozialisten und der Haltung der Christen gegenüber den Juden während der Jahrhunderte auf.»

Das sind nicht nur wesentliche Einsichten am Ende eines langen Irrtums, sondern auch erste Ansätze zu einer neuen Sittlichkeit. Denn endlich soll der verhängnisvollsten Erinnerungslücke der Christenheit offensiv zu Leibe gerückt werden mit dem Konzept: «das Bewußtsein der jüdischen Wurzeln ihres Glaubens zu erneuern». Der Vatikan betont, es handle sich «nicht nur um einfache

Worte, sondern um eine verbindliche Verpflichtung». Wenn sie, beginnend bei der Erziehung der Kinder, real eingelöst werden will, dann nur auf dem Weg der systematischen Aufhellung eines tausendjährigen Unbewußten, das insbesondere in den großen Werken der Kunst und Literatur (im weitesten Sinn) nach wie vor archiviert ist. Ihre bisherige Geschichtsschreibung und Interpretation trägt längst das Verfallsdatum und wird dennoch gehandelt. So wie manches, was der Vatikan in seiner Erklärung noch an Selbstrechtfertigung handelt, das Verfallsdatum trägt. Wenn aber mit der Umkehr zu den «jüdischen Wurzeln» Ernst gemacht werden sollte, dann müßte für die Antijudaismen des Evangeliums das gelten, was aus der Sicht Leo Baecks für die gesamte Bibel gilt. Für ihn ist sie «als Ganzes gewissermaßen unausgearbeitet, unbeendet und systemlos, sie gibt nur ‹Bruchstücke einer großen Konfession›. Sie läßt vieles offen, sie bleibt fragenreich, und auch dadurch gebietet sie das Weiterdenken.»[10] Das Weiterdenken aber war niemals die Sache der vielen, sondern der wenigen. Die Kirche ist jedoch in dem Dilemma, Kirche der vielen sein zu müssen, wo aber doch von jeher, so Baeck, von den wenigen das «Bleibende» ausging und «die Richtungen in der Geschichte». Das sittliche Prinzip der wenigen erklärt für Baeck, warum das Judentum «auch ein Gradmesser für die Höhe der Gesittung auf Erden geworden» ist (S. 306). Dieser Gradmesser war im Gedächtnis der Deutschen 1933 ausgelöscht. Selbst in den Kirchen, die ihm ihre Existenz verdankten. So konnte sich unter dem Vorbild der Eliten das wiederholen, worauf Baeck schon 1905 zugleich erinnernd und mahnend hinwies: «Man hat ‹Siege› über das Judentum errungen, aber es sind immer nur Siege der Macht gewesen, gefahrlos und ruhmlos» (S. 309).

Wie aus der Gegensicht der Heine, Freud, Kafka, Goldhagen deutlich wird, gingen diese ruhmlosen Siege hervor aus dem historisch bisher mächtigsten und nachhaltigsten Medienverbund: dem des Christentums in der Allianz von Thron und Altar, aus deren Tradition auch noch das Konkordat zwischen Hitler und dem Vatikan hervorging. Opfer seiner Wirklichkeitskonstruktion wurde das Volk der Juden. Ein operativer Symbolgebrauch seiner sexuellen und intellektuellen Dämonisierung in immer vernichtenderen Bildern des Bösen führte dazu, daß die wirklichen jüdischen Kinder, Frauen und Männer für den wahnhaft eingebildeten Juden immer wieder Terror und Tod erleiden mußten: gefahrlos und ruhmlos für die Täter. Im eng geflochtenen Netzwerk der Theologie und ihrer bevormundeten Künste hatte sich ein kollektives Unbewußtes gebildet, dessen antijüdisches Fühlen weder die Aufklärung noch die wertfreien Naturwissenschaften aufzulösen vermochten. Im Gegenteil.

In der Einleitung wurde davon ausgegangen, daß der Zivilisationsbruch der Shoah seine lange Vorgeschichte gehabt habe im Bruch des Christentums mit dem GESETZ des alten Bundes. Das Konstrukt des neuen Bundes hatte zum Eckstein den Antijudaismus. Als Defekt im System wurde er in ungezählten Pogromen immer wieder manifest, ohne als solcher empfunden zu werden. Noch im Triebhaushalt von Hitlers willigen Vollstreckern vor Ort und in der Heimat blieb diese Empfindungssperre in Funktion. Erst die Shoah brachte das System zum Einsturz. Wie insbesondere Goldhagen zum Bewußtsein bringt, war es die in den Ostgebieten erhalten gebliebene Vatergestalt des archetypischen Juden, die in den Henkern das hervorrief, was der Rechtshistoriker Pierre Legendre den Anschlag nennt auf «die Bilder der absoluten Referenz».[11] Gemeint damit ist die rechtsphilosophische Tatsache, daß keine Kultur, will sie die Weitergabe des Lebens in den Söhnen und Töchtern gewährleisten, darauf verzichten kann, sich auf eine sittliche Instanz zu gründen, die der Macht ihrer Subjekte entzogen ist. Die Sinai-Erfahrung des unbildlichen und nicht inkarnierbaren Gottes garantierte diesen Entzug, weil die hebräischen Weisen in seinem GESETZ nicht, wie die Christen, ein Vertragswerk nur zwischen Gott und Mensch erkannten, sondern allumfassend (und vermittelt über das Land) zwischen Gott und Schöpfung.

Es sei noch einmal an den Talmud erinnert, wo es zu diesem Vertrag heißt: «Wenn Israel die Tora annimmt, so bleibt ihr bestehen; wenn nicht, verwandle ich euch wieder in Wüste und Leere.»

Moses und die hebräischen Weisen sehen sich am Sinai stellvertretend für die Menschheit in Haft genommen für die Bewahrung und (Mit-)Gestaltung des Schöpfungsgeschenks, eine Last, die, so Levinas, der Talmud entsprechend definiert: «Diese Last heißt Verantwortung. Verantwortung für die Kreatur – ein Sein, dessen Ich nicht Urheber seiner Selbst ist –, die das Ich einsetzt. Ich sein heißt, über das, was man begangen hat, hinaus verantwortlich zu sein.» Diese Bestimmung des Ich steht für Levinas ethisch höher als der christlich-abendländische Ich-Begriff der «Person», deren «erste Ursache» die Freiheit der Entscheidung sein soll. Als Menschen zwischen Wüste und Land, Erde und Leere gestellt, läßt der als «lebendig» erfahrene Gott uns keine Wahl, es sei denn die der Selbstvernichtung. Es anders zu sehen, hieße die Augen zu verschließen vor dem «Geheimnis des Ich».[12] Setzt doch das Wesen jeder schöpferischen Inspiration die Umkehrung von Wissen (Lehre) und Tun voraus, d. h. einen Akt, in dem ein «vorher nie geschautes Modell erblickt» wird. Wie der Paradiesesmythos zeigt, reagiert diese Umkehrung auf die Schockerfahrung der Grenzen unserer Erkenntnis (Freiheit), deren Mißachtung den «Zusammenhang» des Lebendigen (Spinoza), der uns trägt, im letzten «zerstört». Das GESETZ ist ungleich mehr als ein «Ritualgesetz», wie seine christlichen Entwerter wollten. Wie unerbittlich immer es für das steht, was menschlicher Bemächtigung entzogen ist, so hat es doch zur fairen Basis die Warnung vor den intellektuellen Grenzen unseres Ich. Deshalb die korrigierende Bindung an alles Lebendige; deshalb das Gebot des Gottesfriedens (Sabbat) für Mensch und Nutztier als Vorschein auf eine mit sich selbst versöhnte Erde; deshalb die Forderung, nicht zu töten und auch im Fremden den Nächsten zu sehen und zu lieben wie sich selbst.

Mit diesem Vertragswerk bricht das Christentum. An seinem Gründungsort verschiebt und verdichtet sich der unbildliche Gott zu der folgenschweren Metapher des geopferten Sohns, der, zum Himmel auffahrend, Erde und Leben hinter sich läßt. Die Bindung des Ich an die Verantwortung für Gottes Schöpfung und damit über das hinaus, was es selbst begangen hat, weicht der Ödipalisierung (Psychologisierung) des Gott-Mensch-Verhältnisses. Gott reduziert sich auf den einbildbaren «Vater», der nicht länger den Blick auf das Leiden aller Kreatur einfordert, sondern ausschließlich auf das Karfreitagsleiden seines Sohns, dem wir ewig Sühne schulden. Es ist die Angst-Imago dieses Schuld eintreibenden «Vaters», der sich in der abendländischen Seele festsetzt als der Drahtzieher unseres jeweiligen Glücks oder Unglücks. Je nachdem, ob er hilft oder uns dem Bösen ausliefert, kompliziert er sich zu einem verwirrenden Widerspruchswesen aus gütiger oder despotischer Allmacht, empörender Gleichgültigkeit oder Ohnmacht. Die Folge ist eine nicht enden wollende Theodizee-Debatte über die Gerechtigkeit Gottes. Klammerte sich der Glaube an die göttliche Allmacht bis 1945 noch an Hegels Geschäftsträger des Weltgeistes und Wagners gottgesandte Heldensöhne, so löste der Ohnmachts-Schock des verlorenen Kriegs und der Shoah in der Christenheit eine «Theologie der Ohnmacht Gottes» aus. «Ich denke», meinte (nicht nur) Dorothee Sölle, «daß Gott in der Hitlerzeit in Deutschland sehr klein war, keine Freunde und Freundinnen hatte. Gott war entsprechend machtlos.» Aus der unfreiwilligen Satire dieser Theologie der Verdrehung, die Gott da kleinmacht, wo allein wir es waren, hat Arnold Künzli den entsprechenden Schluß gezogen: «Die Geschichte der Theodizee ist um eine originelle Variante reicher geworden: Man schreibt Gott krank» – statt sich selbst, wie man zu ergänzen hätte.[13]

Ausgehend von der Shoah als dem endzeitlichen Symptomkomplex der «Gotteskrise» ist Künzli der Gedächtnisspur der Hiob-Debatte gefolgt und der in ihr so verheerend falsch gestellten Frage, warum Gott das Böse zulasse. Das Resultat ist eine labyrinthische Verwirrung des Geistes, aus deren Stickluft man sich in die klare Atemfrische eines Gottesbegriffs retten muß, wie er in der Tradition des Maimonides auf Jeschajahu Leibowitz gekommen ist. In seiner Ortsbestimmung der Mosaischen Unterscheidung stellt er klar, daß die Gotteserfahrung «nicht vom Himmel» herab, sondern «von unten nach oben geht», wie es in den Psalmen heißt: «Wahrheit wächst von der Erde.»[14] Das ist auch der Grund, warum die immer wieder beschworene «Intervention Gottes nicht zum Glauben» führte (S. 121f). Denn diese ist immer von oben herab gedacht, aus den Einbildungen eines erdabgewandten Ich. Leibowitz läßt keinen Zweifel an der Absurdität des Begriffs der Vorsehung, wie ihn Hitler in uralter Tradition bis zuletzt auf sich als das Werkzeug «des Allmächtigen» bezog. Dazu Leibowitz: «Es ist doch nicht das Amt Gottes, die Angelegenheiten der Welt und des Menschen zu ordnen [...] Gott hat keine Aufgabe gegenüber der Welt. Wenn Sie den Begriff Vorsehung in seinem eigentlichen Sinn verstehen, dann sind auch sechs Millionen Juden [...] mit Hilfe Gottes ermordet worden.» Wenn Gott uns am Sinai an seinen Schöpfungsvertrag gebunden hat, dann besteht der Glaube nicht darin, «was ich von Gott weiß, sondern darin, was ich über meine Pflichten gegenüber Gott weiß».

Entsprechend anders die Auslegung der Hiob-Geschichte durch Leibowitz. Während Hiobs Freunde so wie allzu viele Theologen «gleichsam online» alles über Gott wissen, ist es am Ende Hiob vorbehalten, über Gott das «großartigste Wort» zu sprechen: «Ich kannte dich ja bisher nur von Hörensagen: nun aber hat mein Auge dich gesehen» (Hiob 42,5). Und was hat sein Auge «gesehen»? Eben keinen «Vater», sondern das, worin der «unbildliche» Gott manifest wird: im Licht, im Nilpferd, im Leviathan, d. h. im Vertragswerk seiner Schöpfung. Was Hiob am Ende leistet, ist ein existentieller Perspektivenwechsel, ein Sprung aus der Selbstumgrübelung seines Unglücks in die Wahrnehmung des Zusammenwirkens der Dinge, wie Gott sie vorgesehen hat gemäß den Regeln seines Gleichgewichts von Leben (Liebe) und Tod und seiner Ästhetik, vor der die Fragen unseres Geschmacks wenig zählen. Im Angesicht des göttlichen Vertragswerks löst sich der Gott-von-Hörensagen oder Gott-mit-uns in nichts auf. Genauer gesagt weicht er einer Leere (Unbildlichkeit), die auszuhalten für seine Erwählten möglich wird durch die Verpflichtung: «zu tun, was sie noch nicht gehört haben.»[15] Leibowitz zitiert den «Führer der Verwirrten» des Maimonides: «Tatsächlich bedeutet Gottes

Vorsehung nicht dasselbe wie das, was wir vorsehen, und seine Lenkung des von ihm Erschaffenen ist nicht dasselbe, wie unsere Lenkung dessen, was wir lenken [...] Wenn aber der Mensch dies weiß, dann wird er jedes Mißgeschick für gering achten, und diese zufälligen Ereignisse werden ihn nicht mehr zum Zweifel an Gott bringen.»[16] In der Tat: Wäre Gott der Lenker der Schlachten, wozu dann das GESETZ, die «Halacha», die doch «das Wandern» oder «der Weg» bedeutet, worin das dynamisch offene, das schöpferische Element der jüdischen Gesetzgebung zum Ausdruck kommt?

Der Prozeß der Ödipalisierung des Gott-Mensch-Verhältnisses vollendet sich in dem Augenblick, als die Kreuzzugstheologie Maria als die himmlische Braut und Mutter an die Seite des Sohnes setzt und dieses Leitbild christlicher Menschwerdung (Filiation) in ein vernichtendes Kampfverhältnis bringt zu «den Juden» und der Tora. Dieses Konstrukt führt nicht nur zur Negation des hebräischen Gottesbegriffs, es unterminiert auch das Vateramt in der Familie. Die Mosaische Unterscheidung verpflichtete den jüdischen Vater auf das toratische Schutzgebot des Lebens. Damit trat er seinem Sohn, seiner Tochter nicht als eine autonome, gar selbstherrliche Größe gegenüber, sondern als der Repräsentant einer Verantwortung, die, eingebunden in das göttliche Vertragswerk, jede Willkür ausschloß. Dadurch wurde die Familie überhaupt erst zu einer Institution mit einer symbolischen Ordnung, die «Sohn» wie «Tochter» unter dem Richtwert «Leben» und «Land» (Schöpfung) wissen machte, was ihre soziale Aufgabe als künftiger «Vater» und künftige «Mutter» zu sein hätte.

Von daher gesehen, kommt es sicher nicht von ungefähr, daß für die vom GESETZ «befreiten» Söhne des Westens die ödipale Duell-Beziehung zum Vater bzw. zu Vaterfiguren zu einem Markenzeichen geworden ist, das sich inzwischen auch die emanzipierten Töchter anheften. Die liberalisierte Familie hat weitgehend aufgehört, eine staats- oder gesellschaftstragende Institution zu sein. Was aus ihren «intriganten Höhlen»[17] in die Schulen und «ins Leben» drängt, ist ebenso referenzlos geworden wie ausgerichtet auf Sachverhalte des Fleisches, um dessen Fitneß und Formung in den Medien und auf den Märkten ein Psycho-, Schönheits- und Muskelkult entbrannt ist, der in Selbstverwirklichungsphantasien schwelgt und immer unempfindlicher wird für die Grenzen, die der eigenen Entfaltung regional und global gesetzt sind. Geradezu vorbildlich geworden nicht nur im Massenphänomen Sport ist die Verwischung der Grenzen zwischen fair und foul. Was an dieser immer folgenloser in Frage gestellten Triebkultur der Gewalt bisher diffus bleibt, ist die Zielrichtung, das klar abgegrenzte Feindbild. Im letzten ist das alles nur noch im Zaum gehalten durch einen Verwaltungsapparat des Gesetzes, den zu verinnerlichen und zu repräsentieren die Väter und Mütter immer weniger Kraft haben. Auf eine verschobene Weise setzt sich das fort, was die Massen der Söhne und Töchter 1933 hereinfallen ließ auf die Vater-Karikatur Hitler und sein Inkarnationsversprechen des «Neuen Menschen», dem nur noch das GESETZ im Wege stand, aus dem die genealogische Kategorie des «Vaters» hervorgegangen war, die sich in den archetypischen Juden des Ostens über Jahrtausende original erhalten hatte und deren Unhintergehbarkeit der Wertsetzung für immer von dieser Erde verschwinden sollte. Zu unserer Standortbestimmung sagt Legendre:

«Solange wir die grundsätzlichen Fragen nach dem, was die national-sozialistische Verdummung und Vertierung möglich gemacht hat, noch nicht geklärt haben, ist auch die nach-hitlersche Epoche noch nicht zu Ende. Wir sind die Nachkommen dieser offengebliebenen Fragen, die alle das Thema der ‹Fleischerkonzeption der Filiation› – so habe ich das genannt – umkreisen […] Wir glauben nur noch an das Fleisch, an den Biologismus […] auf der Ebene der Fundamente der europäischen Kultur hat die Nazi-Apokalypse stattgefunden und auf ihr geht es auch um unsere politische Glaubwürdigkeit» (S. 190).

Das stellt die Erzieher unserer Kinder vor die Entscheidung, Wiedergänger des Gewesenen in die Welt zu entlassen oder auf die Erstlinge und Originale eines anderen Lebens hinzuarbeiten, das wieder da anknüpft und das fortsetzt, was an absoluter Referenz einmal erreicht war. Nietzsche, der als einziger deutscher Denker das ihn total vereinsamende Wagnis auf sich nimmt, die tabuisierte Gedächtnisspur zu dieser Referenz wiederaufzunehmen, nennt den Bruch des Christentums mit dem GESETZ den «schmachvollsten Akt der Geschichts-Fälschung» mit der Folge eines ebenso «falsch» gewordenen Systems von Werten, zu dessen Überwindung er ein halbes Jahrhundert vor Hitler – vergeblich – die «Umwertung aller Werte» einfordert.[18]

Zur Begründung meiner anfangs aufgestellten These, daß der am antisemitischen Erlösungswahn erkrankte Hitler zum inversen Therapeuten unseres Sittensystems wurde, möchte ich auf Nietzsches Lenzerheide-Fragmente verweisen. In ihnen geht Nietzsche davon aus, daß sich unter den Kräften, die die abendländische Moral großzog, die Wahrheit am Ende gegen diese Moral gewandt habe. Dazu schreibt er: «und jetzt wirkt die Einsicht in die lange eingefleischte Verlogenheit [...] als Stimulanz. Zum Nihilismus», mit der Folge, «daß die Schlechtweggekommenen keinen Trost mehr haben, daß sie zerstören, um zerstört zu werden [...] und auch ihrerseits Macht wollen, indem sie die Mächtigen zwingen, ihre Henker zu sein» (S. 211 ff). Wir Deutschen erwählten uns 1933 unter nicht enden wollenden Heil-Rufen Hitler zu unserem messianischen Führer und Retter und gaben ihm alle Macht, daß er sie uns gäbe. Im Doppelsinn des Wortes machte er sich dann als Herr der Heerscharen ebenso erbarmungslos zu unserem Henker, wie wir uns zu Henkern «der Juden» machten. Im Bild des göttlichen Drahtziehers gesprochen: Die Eliten gaben Hitler alle Drähte in die Hände, mit denen er sie und uns zu den Marionetten und Götzendienern seines Willens machte. In Nietzsches Lenzerheide-Fragmenten war die politische Konsequenz des Wagnerschen Erlösungsantisemitismus hellsichtig vorweggenommen: «Aber bedenkt doch, daß nur eines eure Erlösung von dem auf euch lastenden Fluche sein kann, die Erlösung Ahasvers: der Untergang!» Diese (selbst)zerstörerische Empfehlung lösten wir Deutschen ein. Nach 1945 kam es zu dem, was Ralph Giordano die «zweite Schuld» nennt, die «kollektive Abwehr» einer historischen Last, die aber wächst, weil sie ihre andere Qualität darin hat, daß sie die Denkmäler des Sieges, wie ein Millennium zuvor, nicht länger erlaubt.[19]

Die Wernerkapelle zu Bacharach, einst ein Juwel des antijüdischen Gedenkens, gegen das Heine vergeblich mit seinem «Rabbi von Bacharach» anschrieb, ziert nun das Gebet Johannes' XXIII., eingeschnitten in roten Sandstein:

«Wir erkennen heute, daß viele Jahrhunderte der Blindheit unsere Augen verhüllt haben, so daß wir die Schönheit deines auserwählten Volkes nicht mehr sahen und die Züge unseres erstgeborenen Bruders nicht mehr wiedererkannten. Wir entdecken nun, daß ein Kainsmal auf unserer Stirn steht. Im Laufe der Jahrhunderte hat unser Bruder Abel in dem Blute gelegen, das wir vergossen, und er hat die Tränen geweint, die wir verursacht haben, weil wir deine Liebe vergaßen. Vergib uns den Fluch, den wir zu Unrecht an den Namen der Juden hefteten. Vergib uns, daß wir dich in ihrem Fleische zum zweitenmal ans Kreuz schlugen. Denn wir wußten nicht, was wir taten.»

Die Potenz dieser Einsicht liest sich wie eine späte Hommage an Heine, der sie schon überboten hatte, als er dem «Rabbi von Bacharach» die Verse seines leidensmächtigen Lachens widmete:

Ein Jahrtausend schon und länger
Dulden wir uns brüderlich,
Du, du duldest, daß ich atme,
Daß du rasest, dulde ich.

Manchmal nur in dunklen Zeiten
Ward dir wunderlich zumute,
Und die liebefrommen Tätzchen
Färbten sich mit meinem Blute.   (An Edom)

Jetzt ein anderer?

Es ist das Jahr 1931, das Entdeckungsjahr seines Lieblingsbuchs. Der Junge, er ist im fünften Lebensjahr, schleppt es nun fast täglich auf den Teppich im Wohnzimmer, legt sich davor und schlägt es auf. Das Buch ist dick, viele Kilo schwer und halb so hoch wie er selbst. Es ist eine Bibel, gedruckt in gotischen Schriftzeichen und reich illustriert mit den Reproduktionen großer Meister von Lochner bis Rubens, von Raffael, Dürer, Memling bis zu den Nazarenern. Der Großvater hatte die Bibel 1912 seiner Tochter, der Mutter des Jungen, geschenkt, als sie auf das Lyzeum kam. Es war auch ihr Lieblingsbuch geworden, aus dem sie nun ihrem «Dreibibelhoch», wie sie ihn nennt, immer wieder vorlesen und die Geschichten zu den Bildern erzählen muß, denn er selbst kann noch nicht lesen. Es sind faszinierende Bilder, voller Dynamik z. B. die von Doré über den Tempelbau, aber auch erschreckende und aufwühlende Bilder von der Sintflut, vom Höllensturz und vom Jüngsten Gericht mit den immer wieder nackt übereinandergeworfenen Verdammten.

Als Hitler 1933 an die Macht kommt, ist der Junge sechs; als Hitler sich 1945 im Bunker der Reichskanzlei erschießt, ist er achtzehn. Dazwischen die Kindheit. In allen Ferien ist der Junge zu den Großeltern nach Bullay an die Mosel gefahren. Eine Wohnung im Haus ist an die jüdische Familie Harf vermietet. Von den beiden Kindern ist Inge ein Jahr älter und Walter ein Jahr jünger. Es entsteht eine Kinderfreundschaft, die von Ferien zu Ferien enger wird. Unvergeßlich die Spiele am damals noch wild verwachsenen Ufer der Mosel, im Weinkeller der Großeltern oder im großen Lagerhaus der Eltern von Inge und Walter zwischen Stapeln rötlich eingesalzener Felle von Rindern, Pferden, Schafen.

Plötzlich, ab dem Sommer 1936, stören die Dorfkinder zunehmend die Spiele der drei. Rückzug in den Garten, die Dorfkinder johlend am Zaun, werfen Steine, und Hubertus, der Sohn des Revierförsters, ruft: «Schäm dich, du Judenknecht!» Die Wege durchs Dorf werden unsicher. Man lauert ihm auf, bespuckt und verprügelt ihn, am schlimmsten im Sommer 1937. Doch da treffen die Eltern von Inge und Walter die letzten Vorbereitungen zur Auswanderung in die USA. Zurück bleiben die Großeltern, Oma Lina und Opa Gustav. Sie werden 1943 abtransportiert und ermordet.

Ostern 1932 kommt der Junge in die Katholische Volksschule III seiner Heimatstadt Neuwied. Die oft zügellose Bereitschaft der Lehrer und geistlichen Herren zu prügeln erzeugt eine permanente Atmosphäre der Angst. Ein Drittel der Kinder, aus den Armenvierteln, ist unterernährt und dürftig gekleidet. Eine leere Bankreihe sondert sie ab von den anderen. Sie ziehen besonders viel Bestrafung auf sich und stehen oft in der Ecke. Einmal macht ein Mädchen dort aus Angst in die Hose und steht in seiner Pfütze.

Ostern 1935 heilige Kommunion. 1936 Eintritt in die Hitlerjugend. Die Eltern kaufen eine besonders gediegene Uniform. Das breite Koppel mit der goldenen Siegesrune auf dem silbernen Schloß und die schwarze Uniformhose werden auch außer Dienst zur Lieblingsbekleidung. Dann Aufnahme in die Sing- und Spielschar, das emotionale Herzstück der Massenaufmärsche, Fahnenweihen und Totenfeiern. Die Lieder, die immer wieder gesungen werden, sind das «Liedgut» des Dritten Reichs. Ihre Melodien reißen mit, ihre Texte infiltrieren die Seelen, bilden das Substrat eines todbringenden Geistes. Mit ihnen singt sich die deutsche Jugend vorab in die Massengräber des Zweiten Weltkrieges. Er kann sie heute noch auswendig, so oft hat er sie singen müssen, und manchmal singen sie noch automatisch tief in ihm, kaleidoskopisch durchmischt zu einer Collage aus Texten und Tönen:

Viele Jahre zogen dahin,
Geknechtet das Volk und betrogen.
Verräter und Juden hatten Gewinn,

Sie forderten Opfer Legionen.
Im Volke geboren erstand uns ein Führer,
Gab Glaube und Hoffnung an Deutschland uns wieder.
Volk ans Gewehr!
Wir kämpfen für Hitler, für Arbeit und Brot.
Deutschland, erwache! und Juda – den Tod.
Himmlische Gnade uns den Führer gab,
Wir geloben Hitler Treue bis ins Grab.
Wir Jungen schreiten gläubig
Der Sonne zugewandt,
Wir sind ein heilger Frühling
Ins deutsche Land.
Daß dem Lande die Sorgen versinken,
Darum stehen wir auf,
Unsere Fahnen das Morgenrot trinken,
Eure Herzen reißt auf!
Freiheit ist das Feuer.
Und welcher Feind auch kommt mit Macht und List,
Seid nur ewig treue Kameraden.
Der Herrgott, der im Himmel ist,
Liebt die Treue der jungen Soldaten.
Deutschland sieh uns,
Wir weihen dir den Tod als kleinste Tat,
Grüßt er einst unsre Reihen,
Werden wir die große Saat.
In den Ostwind hebt die Fahnen,
Denn der Ostwind macht sie weit,
Drüben geht es an ein Bauen,
Das ist größer als die Zeit.
Ihr Sterne seid uns Zeugen,
Die ruhig niederschaun:
Wenn alle Brüder schweigen
Und falschen Götzen trauen,
Wir wolln das Wort nicht brechen,
Nicht Buben werden gleich,
Wolln predigen und sprechen
Vom heilgen deutschen Reich.
Eh der Fremde dir, deine Kronen raubt,
Deutschland fallen wir, Haupt bei Haupt.

Als er in den Sommerferien 1936 wieder zu den Großeltern kommt, ist wie immer sein erster Weg die Treppe hoch zu Inge und Walter. Ehe er anklopft, zieht er seinen Pullover über das Koppel mit der Siegesrune. Freudiges Wiedersehen. Er gibt Tante Ida die Hand, dann Onkel Julius. Der hebt dabei ein wenig den Pullover, begutachtet das Koppelschloß, das wohl durchgeschimmert hatte, und lacht. Der kleine Hitlerjunge ist verlegen. Die Szene bleibt haften.

9. November 1938. «Reichskristallnacht». Die Neuwieder Synagoge brennt. Über die aus dem Schuhgeschäft Kahn auf die Straße geworfenen Schuhe fällt der Mob her. Mit Mutter, Tante und Kusine Ortsbesichtigung, aber vornehm auf Distanz. Auf dem Heimweg Unbehagen über die Zügellosigkeit der «Proleten». Anstoß aber nehmen Mutter und Tante vor allem an der Zerstörung der «wertvollen Sachen». Hinter diesen Bildern verschwindet das Leiden der Geschädigten.

1939 der Zweite Weltkrieg. Der Vater muß «ins Feld». 1940 wird Gerhard Nebel sein Lateinlehrer. Die Klasse liest begeistert sein Afrikabuch «Feuer und Wasser». Nebel macht sie mit seinem Freund Ernst Jünger bekannt. Der Vierzehnjährige liest «In Stahlgewittern», liest es zweimal, dreimal. Alle möglichen Kriegsbücher hat er bereits gelesen, selbst heimlich Remarques «Im Westen nichts Neues», das man in der zweiten Reihe im Bücherschrank versteckt hatte. Nichts in diesen Kriegsbüchern schreckt ab. Das will er alles auch erleben! Offizier will er werden.

Am 18. Februar 1941 frühmorgens macht die Mutter einen Selbstmordversuch. Sie schneidet sich die Pulsadern auf. Irgend etwas ist mit dem Vater. Er hat in Frankreich wieder zu trinken angefangen, hat eine Freundin. Und überhaupt «dieser furchtbare Krieg». Seit der Vater weg ist, hat sie oft geweint. Als der vierzehnjährige Sohn an diesem 18. Februar morgens aus dem Bett in die Küche kommt, ist alles voller Blut. Die Mutter bereits im Hospital. Er wird von der Nachbarin versorgt und in die Schule geschickt. Nachmittags erfährt er, daß die Mutter «als nicht zuständiger Fall» in die Nervenheilanstalt Andernach verlegt worden ist.

Zu dieser Zeit läuft das Euthanasieprogramm. Die Ärzte, Dr. R. und Dr. K., die die Mutter behandelten, werden am 29. Juli 1948 vom Landgericht Koblenz zu Zuchthausstrafen verurteilt. Doch wie das damals war, 1950 werden sie freigesprochen. Der Erforschung des Schicksals rheinischer Euthanasiepatienten widmet man sich erst in den 80er Jahren, insbesondere der Direktor der Rheinischen Landesklink Langenfeld, Dr. Leipert. Durch dessen Vermittlung erhält er Zugang zu den Akten über seine Mutter. Bei der Lektüre erinnert er sich ganz genau, daß sie in den ersten Tagen immer wieder gebettelt hatte: «Holt mich hier raus! Sie machen mit mir Sachen, geben mir Spritzen, von denen mir schlecht wird.» In den Akten über den 20. 2. liest er: «Pat. tagsüber sehr freundlich und nett, redet sehr vernünftig, weint nachts nach ihrem Sohn.» Am 24. 2. dann: «zum Personal: ‹Redet nicht mit mir, ich weiß doch, was los ist und wo ich hinkomme.›» Am 25. 2. «Widerruft vor dem Arzt ihre Aussage vom 19. 2., daß sie ein ‹minderwertiges Geschöpf› sei. Fragt statt dessen: Warum wird man hier gefoltert?» Die Tage danach: Stupor und schneller Verfall. Tod am 16. März. Todesursache «Herzschwäche». Diagnose des Falls: «Nicht zu stellen.» Er erinnert sich, daß der Hausarzt über die Todesursache den Kopf schüttelte und sagte, die Mutter habe ein sehr gesundes Herz gehabt.

Im September 1943 ist er Soldat auf dem Truppenübungsplatz Mailly le Camp in der Champagne zwischen Chalons-s-Marne und Troyes. SS-Obergruppenführer Sepp Dietrich überbringt die Grüße des Führers, der beschlossen habe, daß die Division «Hitlerjugend» nun doch eine Panzerdivision werden soll im Rahmen des Panzercorps «Leibstandarte». 500 junge Soldaten haben sich in einem großen Halbkreis um ihren obersten Chef setzen müssen. Seine Rede gipfelt in unnachahmlichem Bayerisch in dem Satz: «Stellt euch vor! Da habt ihr Jungs bis vor kurzem noch mit Streichholzschachteln gespielt, und jetzt gibt euch der Führer einen Panzer!» Die Ausbildung an den Panzern ist ebenso rücksichtslos hart wie sie hoch motiviert. Jeden Sonntagmorgen zwei Stunden «Weltanschauung» bei Hauptsturmführer R., dem stellvertretenden Gauleiter von Bayreuth. Immer wieder Wagner. (Vor einigen Jahren erzählt ihm Gottfried Wagner, R. sei ein Intimus seiner Großmutter Winifred gewesen, geadelt mit ihrem höchsten Prädikat: «ein grundanständiger Mann».) Im Februar 1944 wird er zum sog. Führervorbereitungslehrgang befohlen. Kurz nach dessen Abschluß landen die Alliierten an der Küste der Normandie. Endlich! Ehe sie in ihren Panzer klettern, schwören sie, sich erst wieder mit dem Wasser des Atlantik zu rasieren, in das sie den Feind zurückgetrieben haben. Doch nach wenigen Wochen ist nicht der Feind in den Atlantik getrieben, sondern die Division «Hitlerjugend» in ihrer Substanz vernichtet. Die Reste werden zu einer Kampfgruppe zusammengefaßt und in Einzelgefechten «verheizt». Was später in Teilen der Bundeswehr zum «Langemarck des Zweiten Weltkrieges» verklärt wurde, war nur eine Sinnlosigkeit mehr damals. Wenn etwas sinnvoll war, dann die Tapferkeit und der Todesmut der jungen britischen, kanadischen und US-amerikanischen Soldaten. Nicht der Todesmut der «Hitlerjugend» war, wie ein kanadischer Historiker meinte, deren Nemesis, vielmehr verwies die Göttin ihn auf die Nachtseite eines Kriegs, der der Gegenseite recht gab.

Im Herbst 1944 wird er zur Panzerjunkerschule in Königsbrück kommandiert. Er ist mit gerade achtzehn der jüngste Junker der Waffen-SS. Der Inspektionschef verordnet doppelte Jugendverpflegung und macht aus seinem «Benjamin» eine kleine Sensation. Wenn hoher Besuch kommt, einmal aus dem Führerhauptquartier, ist er der begutachtete Vorzeigeheld.

Am 13. April 1945 in US-amerikanischer Gefangenschaft. Vierzig Tage Hungern in Kreuznach, eingegraben in Erdhöhlen. Erste Lagerzeitungen mit den Verbrechen in den KZ. Immer wieder die nackten Leichenberge. Eines Tages auf der ersten Seite in Großbuchstaben: «SS bleibt zwanzig Jahre in Gefangenschaft». Dann wäre er achtunddreißig. Ein zermalmender Gedanke. Aber er hat doch das Blutgruppenzeichen nicht unter dem Arm, an dem sie die SS erkennen. Warum nicht, ist ihm bis heute ein Rätsel. Er lernt alle Daten einer Heereseinheit auswendig, die ihm ein zufällig wie-

dergetroffener Schulkamerad gibt, als sie in das Lager Bretzen-
heim verlegt werden. Dort existiert ein Sonderlager für SS. Was
tun? Der Schulkamerd beschwört ihn, im großen Haufen unterzu-
tauchen. Er aber läßt sich mit abführen ins SS-Lager. Er habe nur
als Soldat gekämpft. Der Zufall will es, daß er neben einem Teil
des Verwaltungspersonals vom KZ Buchenwald zu liegen kommt.
Wenn sie sich unterhalten, ist auch von Polen die Rede, wo sie vorher waren. Einer von ihnen, Heinrich K., schon älter, sucht offensichtlich seine Nähe. Er stammt aus dem nahegelegenen Sobern-
heim, und seiner Frau ist es irgendwie gelungen, ihn zu finden.
Fast täglich kommt sie, ein kleines Mädchen an der Hand, mit etwas zum Essen, und manchmal lassen die Wachen es zu, daß sie es
ihrem Mann durch den Stacheldraht reichen darf. Der teilt alles
mit ihm, gibt aber auch den anderen. Diesen Heinrich K. fragt er
eines Tages, ob das mit den Lagern stimmt. «Mir kannst du es ja
sagen.» Er möchte, daß es nicht stimmt. Aber schon die Reaktion
des Gefragten zwischen Abwehr und Eingeständnis verrät das Gegenteil. Heinrich erzählt bis in die Nacht, erzählt schlimme Dinge,
aber auch, beim Aufstand hätten sich seine Häftlinge schützend
vor ihn gestellt, weil er sie gut behandelt habe. Mit den andern von
Buchenwald spricht der Junker kaum. Sie halten sich auch für
sich. Nur einen hört er einmal etwas sagen, was sich ihm einprägt:
«Wenn ich daran denke, daß ich im Kino wieder neben einem Juden sitzen soll, dann ...»; weiter spricht er nicht.

Eines Tages kommt durch den Lagerlautsprecher die Aufforderung an alle noch nicht neunzehnjährigen Gefangenen, sich am
Lagertor zu melden. Ein Dutzend Hungergestalten in lehmgelben
Lumpen stellt sich ein und wird von einem Baum von Sergeant zur
Vernehmung in ein anderes Lager gebracht. Sie sollen ihrer Jugend
wegen nach Hause entlassen werden, heißt es. Sie können es nicht
glauben. Und doch tut sich was. Sie müssen die Personalien und
alle Einsatzorte ihrer SS-Einheiten genau angeben. Dann müssen
sie einer nach dem anderen zur Vernehmung vor die Offiziere, die
hinter Tischen unter dem offenen Zelt sitzen. Alle, die vor ihm
drankommen, erhalten schließlich das erlösende «O.K.» unter

den Entlassungsschein. Der junge Offizier, der ihn vernimmt, erzählt ihm später, er sei Jude, sei in Dortmund aufgewachsen und 1938 mit den Eltern in die USA emigriert. Aber schon die Vernehmung verläuft wie unter Pennälern. Warst du HJ-Führer? Dienstrang? Wie oft hast du Hitler gesehen oder Himmler? Am Ende blickt er noch einmal kurz auf den Fragebogen, liest plötzlich laut den Dienstgrad, sieht ihn prüfend an. Der gerät in Panik, redet los, er habe die Blutgruppe nicht und sich doch dazu bekannt und macht schon den Arm frei: «Hier, sehen Sie selbst!» Der Offizier aber winkt lachend ab und setzt sein «O.K.» unter den Entlassungsschein. «Wir suchen ganz andere», erklärt er und erzählt ihm dann seine Geschichte.

Noch am Abend bringt ein Auto die Entlassenen aus der Staubwüste des Lagers an den Rhein und weiter in Richtung Koblenz. Ein unortbares Gefühl der Dankbarkeit. Am nächsten Tag, es ist der 9. Juli 1945, ist er wieder in Neuwied. Der Vater hat eine Notwohnung beschaffen können. Ein Jahr Arbeit in der Landwirtschaft und in einem Stahlwerk. 1946 liest er Nietzsche. Der entnazifiziert ihn, ermutigt ihn zu Lessing, Goethe, Gottfried Keller und Heine. Fürs erste, weiß er, was er will: lesen und wissen, in welcher Welt er lebt. 1949 externes Abitur in Koblenz. Dann Studium der Germanistik, Kunstgeschichte und Anglistik in Bonn. Gymnasiallehrer mit der Gottesgabe, von den jungen Menschen angenommen zu werden.

Mit dem Eichmann-Prozeß stellt er sich zum ersten Mal die Frage, ob er sich dem Befehl, jüdische Kinder, Frauen, Männer zu erschießen, widersetzt hätte. Ein klares, festes Ja kann er sich darauf nicht geben. Also kein Freispruch. Bei Nietzsche hatte er gelesen: «im gesamten Gang der Dinge […] gibt es nichts Isoliertes: das Kleinste trägt das Ganze, auf deinem kleinen Unrechte steht der ganze Bau der Zukunft.» Kleine Unrechte hatte er viele begangen. Allein schon mit den Liedern, die er gesungen hatte.

Die Bibel, in der er mit der Mutter so gern gelesen hatte, war die des Martin von Kochem. Er rettete den Folianten über den Krieg und alle Ortswechsel und hütete ihn wie einen Schatz. 1979 ließ er ihn restaurieren und neu in Leder einbinden. Erst 1995 las er zum ersten Mal den ganzen Text dieser Bibel und erschrak, welch liebevoll gehegten Sprengstoff von Begriff er sein Leben lang mit sich herumgetragen hatte. Dieser Sprengstoff hatte Geschichte gemacht, auch seine. Zum ersten Mal gelingt ihm über die Distanz zu sich selbst hinaus der Perspektivenwechsel. Ohne ihn wäre die Studie zu Heine, Freud, Kafka, Goldhagen nicht entstanden. Der Dreibibelhoch und Hitlerjunge, der Judenknecht und SS-Junker, dessen Mutter Opfer der Euthanasie wurde und dem ein junger jüdischer Emigrant sein «O.K.» gab, war ich, Rudolf Josef Kreis, geboren am 21. Juli 1926. Mit fast siebzig erst war ich soweit, mir selbst historisch zu werden.

Ob ich jetzt ein anderer bin? Aber da bleibt der Gedanke Heines, «daß wir nicht einmal als Originale dahinsterben, sondern als Kopien von längst verschollenen Menschen ... und daß nach uns wieder Menschen geboren werden, die wieder ganz so aussehen und fühlen und denken werden wie wir und die der Tod ebenfalls wieder vernichten wird – ein trostlos ewiges Wiederholungsspiel, wobei die zeugende Erde beständig hervorbringen und mehr hervorbringen muß, als der Tod zu zerstören vermag [...]» Und das wie lange? Bis die Substanz der Erde aufgezehrt sein wird? Oder werden wir Menschen es schaffen, Leben und Lehre in eins zu bringen?

Anmerkungen

Heine und Kafka werden so vermittelt, daß der Leser mit jeder guten Gesamtausgabe zurechtkommt.

Einleitung

1 Mythos Internet. Hg. von St. Münker u. A. Roesler. Frankfurt/M. 1997.

2 G. Brockhaus, Psychoanalytische Hitler-Deutungen. In: Luzifer-Amor. Zs. zur Geschichte der Psychoanalyse. Tübingen 5/9 (1995), S. 297.

3 J. Leibowitz, Gespräche über Gott und die Welt. Mit M. Shashar. Frankfurt/M. 1990 S. 210 ff.

4 J. Fest, Hitler. Frankfurt/M. 1995, S. 297.

5 S. L. Gilman, Freud, Identität und Geschlecht. Frankfurt/M. 1994, S. 169 ff.

6 G. Denzler u. V. Fabricius, Christen und Nationalsozialisten. Frankfurt/M. 1995, S. 66 f.

7 Zitiert nach Leibowitz (Anm. 3), S. 72.

8 G. Heinsohn, Warum Auschwitz? Reinbek 1995, und Y. Blumenberg, Antisemitismus als Gegenbesetzung und Erinnerung. In: Psyche 12 (1997), S. 1154 ff.

9 J. B. Metz, Mit der Autorität der Leidenden. SZ an Weihnachten 1997.

10 Leibowitz (Anm. 3), S. 127.

11 Fest (Anm. 4), S. 298.

12 H. Friedlander, Der Weg zum Genozid. Von der Euthanasie zur Endlösung. Berlin 1997.

13 Vortrag anläßlich der Vorstellung der «Deutsch-jüdischen Geschichte in der Neuzeit», München 1997, zitiert nach SZ 275, S. 17.

14 Gilman (Anm. 5), S. 287 ff.

15 J.-F. Lyotard, Heidegger und «die Juden». Wien 1988, S. 53.

16 Zitiert nach Süddeutscher Zeitung vom 4. 12. 97.

17 Rahel Varnhagen, Briefe und Tagebücher aus verstreuten Quellen.

Gesammelte Werke. Hg. von K. Feilchenfeldt, U. Schweikert u. R. E. Steier, München 1983, Bd. IX, S. 813.

18 R. Maresch, Öffentlichkeit im Netz. Ein Phantasma schreibt sich fort. In: Mythos Internet (Anm. 1), S. 205 f.

19 S. Zizek, Die Pest der Phantasmen. Wien 1997.

I. Vom Karfreitagskomplex zum Ödipuskomplex

1 S. L. Gilman, Freud. Identität und Geschlecht. Frankfurt/M. 1994.

2 Y. Blumenberg, Freud – ein «gottloser Jude»? In: Luzifer-Amor. Zeitschrift zur Geschichte der Psychoanalyse 10/19 (1997), S. 65 f.

3 S. Freud, Das Unbehagen an der Kultur. In: Gesammelte Werke (GW). Frankfurt/M. 1969, Bd. 14, S. 443.

4 E. Barnavi (Hg.), Universalgeschichte der Juden. Wien 1993, S. 6 f.

5 S. Freud, Der Witz und seine Beziehung zum Unbewußten. In: GW (Anm. 3), Bd. 4, S. 97.

6 R. von Bieberstein, Die Theorie von der Weltverschwörung 1776–1945. Frankfurt/M. 1976.

7 Gilman (Anm. 1), S. 33 f.

8 Jüdische Witze. Ausgewählt und eingeleitet von S. Landmann. München 1968, S. 22.

9 F. Nietzsche, Sämtliche Werke. Kritische Studienausgabe (KSA), Bd. 1–15, Hg. von G. Colli u. M. Montinari. München 1988 (in der Rechtschreibung aktualisiert), Bd. 11, S. 472, Bd. 13, S. 532 f.

10 Martin von Kochem, Das große Leben Christi oder Ausführliche, andächtige und bewegliche, ganz vollkommene Beschreibung des allerheiligsten Lebens und bitteren Leidens unseres Herrn Jesu Christi und seiner glorwürdigsten lieben Mutter Mariae. Neu herausgegeben von Pater G. Koch unter dem Obertitel: Von der Schöpfung bis zum Himmelreich. Köln u. München 1912.

11 R. Kreis, Kafkas ‹Proceß›. Das große Gleichnis vom abendländisch ‹verurteilten› Juden. Heine – Nietzsche – Kafka. Würzburg 1996.

12 Martin von Kochem (Anm. 10), S. 487–526.

13 Ebd. S. 586. Die Formel «Sein Blut komme über uns» ist eine den Sanhedrin verfälschende Textmontage. Vgl. dazu C. Cohn, Der Prozeß und Tod Jesu aus jüdischer Sicht. Frankfurt/M. 1997.

14 Martin von Kochem (Anm. 10), S. 632.

15 H. de Boor, Geschichte der deutschen Literatur. 2 Bde. München 1953, Bd. 2, S. 379–386.

16 E. Hollender, Zwei hebräische Klagelieder aus der Zeit nach dem Zweiten Kreuzzug. In: ASCHKENAS, Zeitschrift für Geschichte und Kultur der Juden. Wien, Köln u. Weimar 6/1 (1996), S. 11 ff.

17 H. Röckelein, «Die grabstain, so vil tausent guldin wert sein»: Vom Umgang der Christen mit Synagogen und jüdischen Friedhöfen im Mittelalter und am Beginn der Neuzeit. In: ASCHKENAS 5/1 (1995). S. 11 ff.

18 F. Lotter, Die Predigt des Giordano da Pisa am Fest der «Passio imaginis Salvatoris» 1304 in Florenz. In: ASCHKENAS 6/1 (1996), S. 70 ff.

19 R. Po-chia Hsia, Trient 1475. Geschichte eines Ritualmordprozesses. Frankfurt/M. 1997.

20 W. Hayek, Geschichte der Juden in Löwenberg/Schlesien (bis 1453). In: ASCHKENAS 6/2 (1996), S. 347 ff.

21 J. Lacan, Schriften 1. Frankfurt/M. 1975, S. 67.

22 H. Schreckenberg, Die Juden in der Kunst Europas. Göttingen 1996, S. 347 f. Ich folge dieser in zwei Jahrzehnten entstandenen Bildersammlung, die eindringlicher als die Textquellen den vernichtenden Haß auf Israel belegt.

23 Nietzsche (Anm. 9), Bd. 4, S. 270 ff.

24 W. Salberg, Theologische Praxis nach Auschwitz. In: Auschwitz als Herausforderung für Juden und Christen. Hg. von G. B. Ginzel. Heidelberg 1980, S. 521 ff.

25 dtv-Atlas der Philosophie. München 1991, S. 153 ff.

26 G. Denzler u. V. Fabricius, Christen und Nationalsozialisten. Frankfurt/M. 1995, S. 67.

27 Schreckenberg (Anm. 22), S. 31 ff.

28 J. J. Petuchowski u. C. Thoma, Lexikon der jüdisch-christlichen Begegnung. Freiburg 1994, S. 425 ff.

29 D. Flusser, Das Christentum, eine jüdische Religion. München 1990, S. 17 ff.

30 Y. Blumenberg, Die Crux mit dem Antisemitismus. In: Psyche 12 (1997), S. 1153 ff.

31 K. Briegleb, Bei den Wassern Babels. Heinrich Heine, jüdischer Schriftsteller in der Moderne. München 1997, S. 91 u. 117.

32 Petuchowski u. Thoma (Anm. 28), S. 162 f.

33 M. Goldstein, Texte zur jüdischen Selbstwahrnehmung aus dem Nachlaß. Mit einer Einführung von E. Albanis. In: ASCHKENAS 7/1 (1997), S. 105–133.

34 J.-F. Lyotard, Heidegger und «die Juden». Wien 1988, S. 104 f.

35 J. Leibowitz, Gespräche über Gott und die Welt. Frankfurt/M. 1990, S. 141.

36 E. Levinas, Vier Talmudlesungen. Frankfurt/M. 1993, S. 64–93.

37 Briegleb (Anm. 31), S. 143.

38 M. Forschner, Über das Glück des Menschen. Darmstadt 1994, S. 101 ff.

39 W. Goetschel, Ent-Mythologisierung der Philosophie: Heines Projekt der Entzauberung. Vortrag Internationaler Heine-Kongreß 1997, Sektion 7.

40 G. Deleuze, Spinoza und das Problem des Ausdrucks. München 1993, S. 232 u. a.

41 Zur ökologischen Kritik an der geschichtsphilosophischen Entwicklungstendenz Hegels «Von der Natur zum Geist» vgl. V. Hösle, Praktische Philosophie in der modernen Welt. München 1992, S. 174 ff.

42 F. Schlingensiepen, Heine als Theologe. München 1981, S. 171.

43 M. Luther, Tischreden. Weimarer Ausgabe. 6 Bde. Weimar 1912–21, Bd. 1, S. 317 f.

44 Gilman (Anm. 1), S. 231.

45 Schreckenberger (Anm. 22), S. 343–49.

46 K. Klezok, Leiter des Heinrich-Heine-Gymnasiums in München-Neuperlach, seine Ausstellung 1997 zu: Heine in München.

47 Briegleb (Anm. 31), S. 412.

48 N. Luhmann, Was ist Kommunikation? In: F. B. Simon (Hg.), Lebende Systeme. Berlin 1988, S. 10–18.

49 J. Assmann, Kollektives Gedächtnis und kulturelle Identität. In: ders. (Hg.), Kultur und Gedächtnis. Frankfurt/M. 1988; zum «außerpersönlichen Gedächtnis» vgl. Mythos Internet. Frankfurt/M. 1997, S. 99 ff.

50 J. Fest, Hitler. Frankfurt/M. 1995, S. 74 f.

51 W. Welsch, Vernunft. Die zeitgenössische Vernunftkritik und das Konzept der transversalen Vernunft. Frankfurt/M. 1995, S. 673 ff.

II. Freud und der doppelt entstellte Ödipus

1 S. Freud, Fünf Vorlesungen. In: Gesammelte Werke (GW). Frankfurt/M. 1969, Bd. 8, S. 29, 43 f, 53 f.

2 S. L. Gilman, Freud. Identität und Geschlecht. Frankfurt/M. 1994, S. 63 f.

3 In: GW (Anm. 1), Bd. 12, S. 4 f.

4 S. Freud, Rede zum Goethepreis 1930. In: GW (Anm. 1), Bd. 14, S. 547 ff.

5 S. Freud, Eine Schwierigkeit der Psychoanalyse. In: GW (Anm. 1), Bd. 12, S. 8 f.

6 Gilman (Anm. 2), S. 194.

7 In: GW, Bd. 10, S. 121.

8 Gilman (Anm. 2), S. 192.

9 Vgl. K. Briegleb, An den Wassern Babels. München 1997, S. 189–204.

10 Gilman (Anm. 2), S. 74.

11 S. Freud, Die Traumdeutung. In: GW (Anm. 1), Bd. 2/3, S. 142–150.

12 Gilman (Anm. 2), S. 41 ff.

13 S. Freud, Die Traumdeutung (Anm. 1), S. 54.

14 G. Deleuze u. F. Guattari, Anti-Ödipus. Frankfrut/M. 1977, S. 143.

15 S. Freud, Die Traumdeutung (Anm. 11), S. 264.

16 Ch. Brenner, Grundzüge der Psychoanalyse. Frankfurt/M. 1979, S. 104 ff.

17 K. Kerényi, Die Mythologie der Griechen. 2 Bde. Stuttgart 1997.

18 S. Freud, Die Traumdeutung (Anm. 11), S. 267 ff.

19 Deleuze, Guattari (Anm. 14), S. 142.

20 Zitiert nach: Gilman (Anm. 2), S. 114.

21 S. Freud, Gesammelte Werke (Anm. 1), Bd. 15, S. 171.

22 Zitiert nach Gilman (Anm. 2), S. 123 ff.

23 E. Banarvi (Hg.), Universalgeschichte der Juden. Wien 1993, S. 106 f.

24 L. de Mause, Hört ihr die Kinder weinen. Eine psychogenetische Geschichte der Kindheit. Frankfurt/M. 1979.

25 Gilman (Anm. 2), S. 140.

26 Brenner (Anm. 16), S. 111–115.

27 Martin von Kochem, Das große Leben Christi (Anm. I, 10), S. 505–626, und A. Holl, Die linke Hand Gottes. München 1997, S. 205–244.

28 Ch. Bürger, Eines Tages nicht mehr allein zu denken. Lebensentwürfe von Frauen aus vier Jahrhunderten. Stuttgart 1996, S. 145 ff.

29 Gilman (Anm. 2), S. 66.

30 Deleuze, Guattari (Anm. 14), S. 57 f.

31 Brenner (Anm. 16), S. 38.

32   R. Safranski, Das Böse. München 1997, S. 211 f.

33   Gilman (Anm. 2), S. 279.

34   S. Freud, GW (Anm. 1), Bd. 16, S. 245.

35   F. Nietzsche, Sämtliche Werke (Anm. I, 9), Bd. 6, S. 193 ff.

36   J. Figl, Biographie und Atheismus. In: Ateismo e Società. A cura di Albino Babolin. Perugia 1992. Hier wird Freuds Gleichsetzung Vater = Gott nicht selbstkritisch gesehen, sondern ihm angekreidet. Zwar wird der «interreligiöse Horizont» beschworen, aber vom kinderlosen Gott des Judentums ist nirgends die Rede.

37   D. P. Schreber, Denkwürdigkeiten eines Nervenkranken. Hg. von P. Heiligenthal u. R. Volk unter dem Obertitel: Bürgerliche Wahnwelt um Neunzehnhundert. Wiesbaden 1973.

38   Gilman (Anm. 2), S. 203.

39   Schreber (Anm. 37), S. 9.

40   Deleuze, Guattari (Anm. 14), S. 7.

41   Schreber (Anm. 37), S. 47.

42   Gilman (Anm. 2), S. 287 ff.

43   S. Freud, GW (Anm. 1), Bd. 8, S. 383.

44   Gilman (Anm. 2), S. 217 f.

45   S. Freud, GW (Anm. 1), Bd. 8, S. 271, Anm. 1.

46   Gilman (Anm. 2), S. 219.

47   Schreber (Anm. 37), S. 354.

48   Gilman (Anm. 2), S. 229.

49   Vgl. A. Hein, Es ist viel ‹Hitler› in Wagner. Rassismus und antisemitische Deutschtumsideologie in den ‹Bayreuther Blättern› (1878–1938). Tübingen 1996.

50   R. Kreis, Nietzsche, Wagner und die Juden. Vorwort von Gottfried H. Wagner. Würzburg 1995.

51   Hein (Anm. 49), S. 110.

52   Vgl. Kreis (Anm. 50), S. 108–120.

53   Kreis (Anm. 50), S. 177–199.

54   F. Nietzsche, Sämtliche Werke (Anm. I, 9), Bd. 5, S. 72.

55   Der Opernführer. Richard Wagner, Parsifal. Hg. von U. Drüner. Darin: Originallibretto. Analyse von Text und Musik, von U. Drüner, München 1990, S. 89 f, S. 105 f (u. a.).

56   H. Zelinsky u. K. Umbach (Hg.), Zu schönen Klängen eine brutale Ideologie. In: Richard Wagner, Ein deutsches Ärgernis. Reinbek 1982.

57   Protokolle der Wiener Psychoanalytischen Vereinigung. Hg. von H. Numberg u. E. Federn. Frankfurt/M. 1976, Bd. 1, S. 33.

58 F. Nietzsche. Sämtliche Werke (Anm. I, 9), Bd. 6, S. 430f.
59 S. Friedländer, Das Dritte Reich und die Juden. Die Jahre der Verfolgung. 1933–1939. München 1998.
60 Hein (Anm. 49), S. 29f.
61 J. Fest, Hitler. Frankfurt/M. 1995, S. 683f.
62 J. Kaiser, Matter Venusberg – glänzender Domingo. In: Süddeutsche Zeitung Nr. 175 vom 2. 8. 93.
63 Kreis (Anm. 50), S. 203–218.
64 Protokolle der Wiener Psychoanalytischen Vereinigung (Anm. 57), Bd. 1, S. 16, 278.
65 J. Assmann, Moses der Ägypter. Entzifferung einer Gedächtnisspur. München 1998.

III. Der abendländische Strafvollzug in den Gleichnissen des Franz Kafka

1 G. Deleuze u. F. Guattari, Kafka. Für eine kleine Literatur. Frankfurt/M. 1976, S. 101 ff.
2 Kafka-Handbuch. 2 Bde. Hg. von H. Binder. Stuttgart 1979, S. 503–505; R. Robertson, Kafka, Judentum, Gesellschaft, Literatur. Stuttgart 1988, S. 9 ff.
3 Kafka-Handbuch (Anm. 2), Bd. 1, S. 563.
4 F. Kafka, Tagebücher 1910–1923. Frankfurt/M. 1973, S. 352.
5 Kafka-Handbuch (Anm. 2), Bd. 1, S. 556.
6 F. Kafka, Tagebücher (Anm. 4), S. 74.
7 R. Robertson, Kafka (Anm. 2), S. 120.
8 J. Leibowitz, Gespräche über Gott und die Welt. Frankfurt/M. 1990, S. 67 ff.
9 Robertson (Anm. 2), S. 169.
10 Die faksimilierte kritische Stroemfeld-Edition des Proceß-Romans (Frankfurt/M. 1995) belegt, daß Kafka sich, kurz bevor der Gefängniskaplan die Legende «Vor dem Gesetz» erzählt, aufschlußreich verschrieben hat. Statt «sagte der Geistliche» schreibt Kafka: «sagte der Türhüter». In dieser intuitiven Verwechslung ist der Geistliche zugleich als das identifiziert, was schon sein legendäres Vorbild Paulus war: ein Türhüter der nunmehr 60. Generation. Deshalb die symbolische Benennung als «Gefängniskaplan», war es doch Paulus, der das GESETZ zum «Gefängnis» (Gal. 3,23) erklärte, vor dem man sich zu hüten hätte.

11 P. Watzlawick, J. H. Beavin u. D. D. Jackson, Menschliche Kommunikation. Bern 1974, S. 195 ff.

12 J.-F. Lyotard, Heidegger und ‹die Juden›. Wien 1988, S. 11.

13 F. Kafka, Hochzeitsvorbereitungen auf dem Lande. Frankfurt/M. 1953, S. 90 f.

14 Briefe an Felice. Frankfurt/M. 1967, S. 650.

15 M. Carrouges, Les Machines Célibataires. Paris 1954, S. 27 ff.

16 H. Kaiser, Franz Kafkas Inferno. Eine psychoanalytische Deutung seiner Strafphantasie. In: Imago (1931), Heft 1, S. 41 ff.

17 H. Schreckenberg, Die Juden in der Kunst Europas. Göttingen 1996, S. 286–292.

18 Kafka-Handbuch (Anm. 2), Bd. 1, S. 213.

IV. Daniel Jonah Goldhagen, «Hitlers willige Vollstrecker» und der Streit um die Einmaligkeit der Shoah

1 D. Wardi, Siegel der Erinnerung. Stuttgart 1997.

2 D. J. Goldhagen, Hitlers willige Vollstrecker. Ganz gewöhnliche Deutsche und der Holocaust. Berlin 1996, S. 6 ff.

3 W. Hofer, Der Nationalsozialismus. Dokumente 1933–1945. Frankfurt/M. 1957, S. 113.

4 Goldhagen (Anm. 2), S. 236.

5 U. Raulff, Herz der Finsternis. FAZ vom 16. 8. 96.

6 Goldhagen (Anm. 2), S. 510 ff.

7 J.-F. Lyotard, Heidegger und ‹die Juden›. Wien 1988, S. 53.

8 L. Baeck, Das Wesen des Judentums. Berlin 1925, Neudruck Wiesbaden 1988, S. 311.

9 K.-H. Minz, Erschwindelte Identität. Leo Baecks Kritik am Protestantischen Antijudaismus. Evangelische Kommentare. Stuttgart 1/97, S. 36 f.

10 Baeck (Anm. 8), S. 19 f.

11 P. Legendre, Das Verbrechen des Gefreiten Lortie. Abhandlung über den Vater. Freiburg 1998, S. 75.

12 E. Levinas, Vier Talmud-Lesungen. Frankfurt/M. 1993, S. 93 u. 79.

13 A. Künzli, Gotteskrise. Fragen zu Hiob. Reinbek 1998, S. 259 f.

14 J. Leibowitz, Gespräche über Gott und die Welt. Frankfurt/M. 1990, S. 127.

15 Levinas (Anm. 12), S. 93.

16 Leibowitz (Anm. 14), S. 202.

17 Legendre (Anm. 11), S. 165.

18 F. Nietzsche, Sämtliche Werke (Anm. I, 9), Bd. 6, S. 194 f u. 253.

19 R. Giordano. Die zweite Schuld oder Von der Last, Deutscher zu sein. München 1990, S. 30 ff u. 269 ff.

Namenregister